Wehrwächter

C. Bernd Sucher
Suchers Leidenschaften

C. Bernd Sucher

Suchers Leidenschaften

Was bleibt von der
Literatur des 20. Jahrhunderts?

Claassen

Der Claassen Verlag ist ein Unternehmen der
Econ Ullstein List GmbH & Co. KG, München

ISBN 3-546-00242-3

Gesetzt aus der Sabon bei Franzis print & media, München
Druck: Spiegel, Ulm

eine widmung*

ehe der mensch sich seiner LEIDENSCHAFT Überlässt, schaudert er einen Augenblick davor, wie VOR einem Fremden elemente; Doch KAum hat er sich Ihr ergeben, so wird er, WIE der SchwIMMER von dem wasser, angenehm umfaßt und getragen, er befindet sich in dem neuen zustande WOHL und gedenkt NIE mehr AN den Festen boden, bis ihn die kräfte verlassen oder DER kampf ihm droht, ihn unter die wellen zu ziehen.

johann wolfgang goethe, Theatralische Sammlung

*in Heiner-Müller-Manier

INHALT

Vorwort

Keine Frage, der Titel dieses Buches ist eitel – und er wäre zu verhindern gewesen. Wir haben ihn dennoch gewählt, also muss er erklärt werden.

Von den zwölf Essays in diesem Band sind sechs überarbeitete Vorträge, die ich im Winter 2000/2001 in München gehalten habe. Diese öffentlichen szenischen, inszenierten Vorlesungen, an denen auch Schauspieler des Bayerischen Staatsschauspiels mitwirkten, brauchten einen publizistisch werbewirksamen Auftritt, eine rasante Ankündigung, die aufmerksam machen, erregen und anregen sollte.

Doris Janhsen, die mir bei diesem Projekt viel mehr war als beratende Verlagsleiterin, und ich, wir fanden nach vielen anderen diesen Titel, weil er – ungeachtet der Anmaßung, die er signalisiert – eines schon ganz klarmacht: Die Auswahl der Schriftsteller, die hier einer Revision, einer Relektüre unterzogen werden, ist subjektiv. Und die Urteile, die gefällt werden, die Fürsprachen und die Ablehnungen sind es auch. Mein Vorgehen ähnelt der Aschenputtel-Methode. Eine Auslese des Erlesenen.

Mit Leidenschaft – auch dies soll nicht verheimlicht werden – ist im übrigen nicht jenes Gefühl, jenes Sehnen gemeint, das das Hirn verbrennen kann, wie Lessing formulierte, sondern ich halte es mit Goethe. Der wusste, dass

9

Leidenschaft Leiden bringt. Meine Leidenschaften schaffen mir Verdruss; und sie bereiten mir Vergnügen. Leidenschaft im doppelten Sinn: Einmal ganz in der Bedeutung, die dieses Wort bekam, als es in der Mitte des 17. Jahrhunderts erfunden wurde; zum anderen im Kantschen Sinn. Auf der Suche nach einer trefflichen Übersetzung des französischen Wortes *passibilité* fanden die Verfasser von deutschen Wörterbüchern den Ausdruck »Leidenschaft«. Kant beschreibt Leidenschaft als eine »durch die Vernunft des Subjects schwer oder gar nicht bezwingliche Neigung«. Wobei ich mich bemüht habe, meine Passionen vernünftig darzustellen, ohne meine (bezwinglichen) Neigungen und Abneigungen zu verheimlichen.

Eine letzte Vorbemerkung: Es war von Anfang an unsere Absicht, nicht polemisch zu verdammen oder blind zu loben. Deshalb war das Konzept der Vortragsreihe – die im Frühling und Sommer in Weimar am Deutschen Nationaltheater fortgeführt wurde und dort wie in München auch im Winter 2001/2002 weiter veranstaltet werden wird –, die Beweisstellen für meine Thesen vortragen zu lassen: zur sofortigen Überprüfung meiner Ansichten durch die Zuhörer. Diese Methode ist in der Überarbeitung beibehalten und für die sechs Autoren übernommen worden, die in diesem Buch hinzugekommen sind: Nelly Sachs, Nathalie Sarraute, Else Lasker-Schüler, Christa Wolf, Peter Weiss und Jean Cocteau. Zu meinem großen Bedauern wurde es uns von den Rechteinhabern nicht gestattet, ausführliche Passagen aus den Werken Heiner Müllers und Thomas Bernhards zu zitieren. Umso mehr muss hier mein Buch Anregung zur eigenen Lektüre dieser Werke sein.

Ich danke allen, die an diesem Projekt, das kein kleines ist, beteiligt waren. Den Sponsoren und Veranstaltern in München und Weimar. Den Zuhörern, die mir mit ihrer Freude und ihren Kommentaren Mut machten, meine Leidenschaften zu veröffentlichen. Und dem Claassen Verlag, der nicht nur von Anfang an dieses Buch wollte, sondern sich auch einsetzte für die Vorträge. Ich danke Doris Janhsen für ihren leidenschaftlichen Einsatz. Und ganz besonders meiner Lektorin Ilka Heinemann. Sie hat meine Aufsätze redigiert, so sorgfältig, so genau, wie ich das zuvor selten erlebt habe.

Und ich danke meinen Freundinnen und Freunden, die sich alle Vorträge anhörten: erst in der Küche, dann im Theater und die selbst den weiten Weg nach Weimar nicht scheuten. Wenn dieses Buch die Neugier schürt für die vorgestellten Autoren, dann habe ich mein Ziel erreicht. Wenn die Lektüre zudem Vergnügen bereitet, dann freue ich mich.

München, im Juli 2001   C. Bernd Sucher

1. Elfriede Jelinek

Als ich 1983 den ersten Roman von Elfriede Jelinek las, *Die Klavierspielerin*, hatte die Autorin, 1946 in Mürzzu-schlag in der Steiermark geboren, schon vier Prosawerke geschrieben und publiziert: *wir sind lockvögel baby!* (1970), *Michael. Ein Jugendbuch für die Infantilgesell-schaft* (1972), *Die Liebhaberinnen* (1975) und *Die Aus-gesperrten* (1980). Ich kann nicht behaupten, dass mich die Geschichte von der Klavierlehrerin Erika Kohut besonders amüsiert, gar fasziniert hätte. Ich verstand die damalige Euphorie der Kritiker nicht. Wenngleich die Kar-riere der Frau Kohut, so wie sie Elfriede Jelinek beschreibt, durchaus außergewöhnlich ist. Eigentlich wollte die Dame Konzertpianistin werden. Doch so weit brachte sie es nicht und wurde stattdessen Klavierlehrerin. Daneben entwi-ckelte sie sich zu einer entschlossenen, geradezu fanati-schen Voyeuristin. Sie besucht Peepshows, guckt Pornos und kann von dem Rein-und-Raus-Spiel nie genug bekom-men, weswegen sie nachts den Prostituierten und ihren Freiern bei deren Lustspielen auf den Wiener Praterwiesen zusieht. Frau Kohut mag das Vergnügen bereiten, mir hin-gegen schwand es während der Lektüre. Auch die maso-chistischen Lustbarkeiten des Fräulein Kohut, das ein selbstzerstörerisches Verhältnis zu ihrem Meisterschüler Walter Klemmer eingeht, den sie erst vergewaltigt, dann

13

von ihm vergewaltigt wird, machten wenig positiven Eindruck auf mich. Und beider Entwicklung gleichfalls nicht: Aus dem missbrauchten Masochisten wird allmählich ein missbrauchender Sadist.

Nicht dass ich schockiert gewesen wäre von diesem Roman, ich war bloß erstaunt und ein wenig angewidert. Die Penetrationsbeschreibungen machen es dem Leser nicht eben leicht. Und es geschehen die seltsamsten Dinge, die Elfriede Jelinek beschreibt, als sähe sie beim Akt des Formulierens unter einem Mikroskop den Geschlechtsakten zu, als betrachte sie seelenruhig monströs vergrößert Phallus und Vagina, verspannte Hintern und grapschende Hände.

Ich habe das Buch zu Ende gelesen; auch jene Passage, in der der arme Walter so gar nicht kriegt, was er will, aber immerhin lustvoll bedient wird. Nur Befriedigung wird ihm nicht zuteil. Ihm wird eben nicht jenes Glück gegönnt, das Elfriede Jelinek später, 1989, in dem Roman *Lust* dem Fabrikdirektor gewährt und mit den aberwitzigsten Assoziationen, unglaublich erfindungsreich beschreibt:

Der Mann kommt vom zweiten Rasieren, die Frau wie ein Schifferl vor seinem Schwall herzutreiben. Ihre Berge und Täler samt Gezweige sind zwar reichliche Entwürfe, doch es fehlt durch Entwürdigung der letzte Schliff daran. Der Mann erschafft, vom Wind emporgeweht, die Frau, er zieht ihr den Scheitel und wirft ihre Beine auseinander wie welke Knochen. Er sieht Gottes tektonische Verwerfungen an ihren Oberschenkeln, sie machen ihm nichts aus, er klettert in seinen Hausbergen herum auf sicherem gewohnten Steig, er kennt jeden Tritt, den er austeilt. Der stürzt nicht ab, der ist hier zuhaus. Endlich die Beine unter den Tisch strecken zu können, wer wünschte sich das nicht. Eigentum ver-

pflichtet den Besitzer zu nichts, den Konkurrenten zu Neid. Diese Frau hat schon seit Jahren ihren Rückwärtsgang ins Buch des Lebens eingelegt, was erwartet sie noch. Er greift ihr unter den Rock, er prasselt durch die Wände ihrer Unterwäsche. Er will sich (die Familie ist unter sich, einer unter dem anderen) in seine Frau hineinzwängen, damit er seine Grenzen spürt. Er würde über die Ufer treten, ich glaube bald, wenn ihm, dem Steuerlosen, nicht schwindlig würde auf seinem eigenen Pfad. Überhaupt, die Männer würden uns über den Kopf wachsen, wenn wir sie nicht manchmal in uns einschlössen, bis sie klein und still von uns umgeben sind. Die Frau streckt jetzt unwillkürlich die Zunge heraus, denn der Direktor hat einen Muskel an ihrem Kiefer betätigt, mit dessen Hilfe eine Schlange jederzeit Gift kotzen könnte, man muß es ihr nur zeigen. Der Mann führt sie ins Bad, redet beruhigend auf sie ein und bückt sie über den Wannenrand. Er greift in ihrem Gebüsch herum, damit er endlich einsteigen kann und nicht erst auf die Nacht verwiesen werden muß. Ihr Laub, ihre Zweige biegt er auseinander. Die Fragmente des Kleides werden ihr abgerissen. Haar fällt in den Abfluß. Fest wird ihr auf den Hintern geschlagen, die Spannung dieses Portals soll endlich nachlassen, damit die Menge brüllend und schiebend ans Büffet stürzen kann, dieser liebe Verbund von Konsumenten und Lebensmittelpunktkonzernen. Hier sind wir und werden zum Dienst gebraucht. Der Frau wird ein gleichartiges, gleichwertiges oder ähnliches Organ entgegengestreckt. Er reißt ihr den Arsch auf! Mehr braucht er eigentlich nicht, mit Ausnahme seines monatlichen Spitzengehalts. Sein Gebein erbebt, und er verschwendet seinen ganzen Inhalt, viel mehr als er an Geld einzunehmen vermochte, an die Frau, wie könnte sie nicht gerührt sein von diesem Strahl.

So beschreibt Elfriede Jelinek in *Lust* Lust. Doch zurück zum verklemmten, unbefriedigten Herrn Klemmer; zurück zur *Klavierspielerin*. Herr Klemmer – Frau Jelinek will es so – darf seinen Inhalt nicht verschwenden. Fräulein Kohut verhindert dies erfinderisch. Elfriede Jelinek leiht ihr die eigene Phantasie. Und die ist verblüffend. Sie ist stark; und sie unterliegt keiner Selbstzensur. Die Autorin hat keine Schere im Kopf und keine Löschtaste auf ihrer Computertastatur. Was sie imaginiert, wird Wort.

Erika Kohut und Walter Klemmer besorgen es einander auf eine Weise, die allein Elfriede Jelinek so realistisch, so emotionslos, so nüchtern zu beschreiben vermag. Die Lust – eine Mechanik.

Erika hält Walter Klemmer auf die Entfernung ihres Arms von sich ab. Sie holt seinen Schwanz heraus, den er selber auch schon dafür vorgesehen hatte. Es fehlt nur noch der letzte Kunstgriff, denn das Glied ist bereits vorbereitet. Erleichtert, daß Erika diesen schwierigen Schritt für ihn getan hat, versucht Klemmer, seine Lehrerin auf den Hinterkopf zu stürzen. Nun muß Erika ihm die ganze Schwere ihrer Person entgegensetzen, damit sie aufrecht stehen bleiben kann. Sie hält Klemmer an dessen Glied auf Armlänge ab, während er noch wahllos in ihrem Geschlecht herumfuhrwerkt. Sie bedeutet ihm, damit aufzuhören, weil sie ihn sonst verläßt. Sie muß es etliche Male leise wiederholen, weil ihr plötzlich überlegener Wille nicht so leicht bis zu ihm und seiner rammeligen Wut durchdringt. Sein Kopf scheint vernebelt von zornigen Absichten. Er zögert. Fragt sich, ob er etwas falsch verstanden habe. In der Geschichte der Musik nicht und auch nirgendwo sonst wird der werbende Mann aus dem Geschehen einfach entlassen. Diese Frau – kein Funken Hingabe. Erika beginnt, die rote Wurzel zwischen ihren Fingern zu kneten. Was für sie gilt, verbietet sie jedoch dem Mann streng. Er darf an ihr nichts unternehmen. Klemmers reine Vernunft gebietet ihm, sich von ihr nicht abschütteln zu lassen, er ist der Reiter, schließlich ist sie das Pferd! Sie unterläßt es sofort, seinen Schwanz zu masturbieren, wenn er nicht aufhört, ihren Unterleib abzugrasen. Ihm kommt die Erkenntnis, daß es mehr Spaß macht, selbst zu empfinden als andere empfinden zu machen, und so gehorcht er. Seine Hand sinkt nach mehreren Fehlversuchen von Erika endgültig herab. Ungläubig betrachtet er sein von ihm losgelöst scheinendes Organ, das sich unter Erikas Hand aufplustert. Erika fordert, er solle sie dabei anschauen, nicht die Größe, die sein Penis erreicht hat. Er soll nicht messen oder mit anderen vergleichen, dieses Maß, das nur für ihn gilt. Ob klein, ob groß, ihr genügt es. Ihm ist das unangenehm. Er hat nichts zu tun, und sie arbeitet an ihm. Umgekehrt wäre es sinnvoller, und so geschieht es auch im Unterricht. Erika hält ihn fern von sich. Ein gähnender Abgrund von etwa siebzehn Zentimetern Schwanz und dazu Erikas Arm und zehn Jahre Altersunterschied tut sich zwischen ihren Leibern auf. Das Laster ist grundsätzlich immer Liebe zum Mißerfolg. Und Erika ist immer auf Erfolg abgerichtet worden, hat ihn jedoch trotzdem nicht errungen.

Klemmer will auf dem zweiten Bildungsweg, und zwar auf verinnerlichtere Weise zu ihr durchdringen und ruft mehrfach ihren Vornamen. Er paddelt mit den Händen in der Luft und wagt sich erneut in verbotenes Gelände, ob sie ihn nicht doch ihren schwarzen Festspielhügel öffnen läßt. Er prophezeit ihr, daß sie, und zwar beide, es noch viel schöner haben könnten, und er erklärt sich schon dazu bereit. Sein Glied zuckt bläulich aufgedunsen. (...)

Nicht die Beschreibung an sich ist die eigentlich ärgerliche Seltsamkeit in diesen Texten der Elfriede Jelinek, also nicht der Fakt, dass sie uns minutiös, gefühllos und detailliert schildert, was wer wann mit wem treibt – das machen der Marquis de Sade und Jean Genet auch –, sondern wie sie es tut. Ich leide bei der Lektüre an und mit Elfriede Jelinek, der ihr schriftstellerisches Temperament durchgeht wie eine rossige Stute.

Nur in wenigen Texten, auf die ich erst am Ende eingehen werde, hält sie sich im Zaum und schafft Sprachkunstwerke. In den Romanen *Lust* und *Die Klavierspielerin* aber kennt die Jelinek keine sprachliche Ökonomie. Jedes Bild ist ihr recht und jedes schiefe ist ihr das liebste. In *Lust* finden sich Stilblüten ganz wundersamer Art. Brüste beschreibt sie als zwei Fladen Dung, die auseinander fallen. Interessant. Sie behauptet, die Zunge einer Frau sei ein Kleid, »das alles zudeckt«. Sie, die Zunge, absolviere sich dabei »knisternd in dem gesalzenen Knabbergebäck, das im Fernsehen viel größer aussieht als in unsren Mündern, wo es rasch unscheinbar wird«. Was soll das heißen? Was meinen?

Elfriede Jelinek nimmt es mit der Sprache nicht genau, sie verschießt Worte, als besäße sie bis ans Ende ihrer Tage Freikugeln genug. Sie erfindet monströse Bilder, den Schwanz, der sich aufplustert. Ein anderes Beispiel aus dem oben zitierten Text: »Er hat nichts zu tun, und sie arbeitet an ihm«, schreibt Elfriede Jelinek. So weit, so richtig. Aber was soll der Zusatz: »umgekehrt wäre es sinnvoller«? Ist das Sprachsatire? Mal abgesehen davon, dass man das Adjektiv sinnvoll wohl schwerlich steigern kann. Bleiben wir bei der Logik: Warum gibt es mehr Sinn, wenn ein Mann an einer Frau rumfummelt als umgekehrt?

Es gibt so viele Verfehlungen in Jelineks Text, so viele manierierte, verunglückte, gestelzte Formulierungen, dass man nicht nach Beispielen suchen muss: Die Vagina als einen »schwarzen Festspielhügel« zu beschreiben, mag ja noch angehen, man denkt an Venushügel und Richard Wagners *Tannhäuser*. Aber wie öffnet sich ein Hügel? Und wann ist das weibliche Geschlechtsorgan geschlossen, ohne Möglichkeit penetriert zu werden? Und was ist denn nun der Penis: wurmiger Fortsatz? Schwanz? Auswuchs, der Luftwurzeln schlagen will? Gerät? Gewehr? Oder ein Er, der wie ein Schuss herausknallt? Das Glied als personifizierte Kugel? Sehr seltsam ist dies alles. Und bei den Luftwurzeln fiel mir nur ein, dass in Mutter Jelineks Haus wohl sehr viele Philodendren rumgestanden haben müssen – jener typische Zimmerschmuck der sechziger Jahre, als Tochter Elfriede pubertierte.

Aber nicht nur wenn es um erfolgreiche Vereinigungen oder verhinderte Vereinigungen geht, stelzt Elfriede Jelinek durch die deutsche Hochsprache, wühlt sich in den Schmutz der Umgangssprache oder verliert einfach jedes Sprachgefühl. Da entblößt sich einer »bis zum Gehtnichtmehr« – eine wenig elegante Formulierung für Nacktheit. Manchmal – und wir sind immer noch bei der *Klavierspielerin* – ist Elfriede Jelinek so verliebt in eine Metapher, ein Bild, dass sie gar nicht mehr bemerkt, wie ihr mit vielen Worten Sinn und Gedanke verloren gehen.

Nähern wir uns nochmals dem Klavierspielschüler Klemmer, der auf dem Konservatoriumsgang auf und ab geht. Seine Schritte, so schreibt Elfriede Jelinek, »hallen«. Doch dann heißt es plötzlich: »Er federt betont von Stufe zu Stufe hinab«, und die Autorin vergleicht dieses Federn mit einem Gummiball, der – und jetzt wird es absurd – »von Ast zu Ast« falle. Man kann diese Assoziationen, diese Sprachschöpfungen auch anders sehen, anders werten: Elfriede Jelinek riskiere schonungslose Wortreibungen und Verdrehungen, schrieb einer der wenigen männlichen Jelinek-Interpreten, Tilman Urbach. Er glaubt, Elfriede Jelinek arbeite so berserkerhaft an der Dekonstruktion, Ironisierung und Verletzung von Sprache, weil sie allein ein Ziel kenne: dem Wortgebirge Sprache Herr zu werden, ihr etwas eigenes einzupflanzen. Glücke diese Transaktion, so Urbach, dann treibe Elfriede Jelinek die Sprache »ins Schwarzblühende«. Sie schwärze auf diese Weise – höchstes Urbach-Lob – die Sprache an.

Man kann also diese vielen Assoziationen, auch die vielen falschen, durchaus positiv sehen, wenn man denn unbedingt will. Ich schließe mich in der Bewertung der manischen Spracharbeit lieber einer Selbstbeurteilung der Autorin an. Die Jelinek behauptet, »Wort-Marmelade« herzustellen, die sie »den Leuten aufs Brot« schmiere. Ihr ist dieser Akt des Wortmarmeladekochens »natürlich ein lustvoller Vorgang«, mir aber schmecken diese Brote mit der Jelinek-Konfitüre nicht. Das mag an mir liegen. Womöglich an meinem schlechten Geschmack.

Der frühe Roman *Die Klavierspielerin* ist eine Abrechnung mit den geilen, machthungrigen Männern. Und zugleich eine Abrechnung Elfriede Jelineks mit ihrer Mutter. Also Jelineksche Selbsthilfe, vielleicht Autopsychoanalyse. Der Mutter Kohut widmet die Autorin viele Passagen, verächtliche, verräterische wie diese:

Die Mutter klappert Freunden und Verwandten, und viele sind es nicht, denn man hat sich frühzeitig vollkommen von ihnen abgesondert und auch das Kind von ihrem Einfluß abgetrennt, eifrig entgegen, daß sie ein Genie geboren habe. Sie merke es immer deutlicher, kommt aus dem Schnabel der Mutter. Erika ist ein Genie, was die Betätigung des Klaviers betrifft, nur wurde sie noch nicht richtig entdeckt. Sonst wäre Erika längst, einem Kometen gleich, über den Bergen hochgestiegen. Die Geburt des Jesusknaben war ein Dreck dagegen. (...) Im Lauf der Jahre übertrifft Erika ihre Mutter noch darin, wenn es gilt, auf jemanden herabzusehen. Auf diese Laien kommt es letztlich nicht an, Mama, ihr Urteil ist roh, auch ihr Empfinden ist nicht ausgereift, nur die Fachleute zählen in meinem Beruf. Die Mutter entgegnet: Spotte du nicht des Lobes einfacher Menschen, die mit dem Herzen Musik hören und sich daran mehr freuen als die Überzüchteten, Verwöhnten, Blasierten. Die Mutter versteht selbst nichts von Musik, doch sie zwingt ihr Kind ins Geschirr dieser Musik. Es entwickelt sich ein fairer Rachewettkampf zwischen Mutter und Kind, denn das Kind weiß bald, daß es über seine Mutter musikalisch hinausgewachsen ist. Das Kind ist der Abgott seiner Mutter, welche dem Kind dafür nur geringe Gebühr abverlangt: sein Leben. Die Mutter will das Kinderleben selber auswerten dürfen. (...) Hübsch ist Erika nicht. Wollte sie hübsch sein, die Mutter hätte es ihr sofort verboten.

So getriezt wie Erika wurde auch Elfriede. Nach eigenen Angaben wurde Frau Jelinek von ihrer – wie sie schreibt – »dämonischen«, äußerst leistungsbezogenen Mutter, zum Wunderkind dressiert. Allein, die Dressur misslang, obwohl Mutter Jelinek keine Übung, keine Folter ausließ. Elfriede Jelinek erhielt erst Ballett- und Musikunterricht, erlernte später das Geigen-, Klavier- und Orgelspiel – alles noch während der Volksschulzeit. Nach dem Abitur studierte sie in einer Klosterschule – nicht zuletzt, weil ihre Mutter es so wollte – Klavier und Komposition. Nebenbei belegte sie an der Universität zusätzlich die Fächer Theaterwissenschaft und Kunstgeschichte. Ein Nervenzusammenbruch und die Entscheidung, von der Musik zu lassen und sich dem Schreiben zuzuwenden, brachten die Ablösung von der überstarken Mutter, den Bruch.

Die Klavierspielerin erzählt auch dieses private Drama. Und führt fort, was Elfriede Jelinek mit dem Band *wir sind lockvögel baby!* 1970 begonnen hatte und in ihren letzten Werken, vor allem in dem Text *Wolken.Heim* zur Perfektion führte. Elfriede Jelinek schreibt Collagen. In dem Lockvögel-Roman verwendet sie die Slogans von Werbespots, den Stil von Sciencefiction- und Illustrierten-Romanen. Sie montiert Film- und Literaturzitate. Und zu den drei eigentlichen Romanfiguren – Otto, Emanuel und Maria – gesellen sich, als wär's das Normalste von der Welt, Heintje und James Bond, Batman und die Beatles.

12. kapitel keuchend rang otto

keuchend rang otto nach atem und gleichzeitig spürte er nach der eiskalten furcht die ihn vorher beseelt hatte eine welle der wärme in sich aufsteigen des stolzes. er war in letzter minute der falle entkommen und der hang breitete sich rettend vor ihm aus. auf ihm standen der grösse nach geordnet einige häuschen ländlichen aborten ähnlich mit herzen in den türen aus den schindeldächern qualmte rauch und little john little paul little george little ringo streckten ihre fröhlichen gesichter zum fenster hinaus. ladymadonna. über ihnen schwebten farbige ballons die tuckerten wie tommy guns und spien ladungen blei auf die vorübergehenden dass sie wie von der sense des schnitters getroffen umsanken. john sprang auf die blumenbesteckte brüstung und sagte jetzt habe ich nur noch euch & mein lebenswerk. über den himmel ziehen die scharen der widersacher eine bronzene schar von raudis. dem feindlich uniformierten bürgermeister machte little paul inzwischen eine doppelreihe kirschroter knöpfe auf seinen sergeantenrock so dass der

sein jesuherz krampfhaft an sich pressend in das
unglaublich green grass stürzte. eine hölzerne nackte frau
stakte stereotüp vom brunnen zum krug und vom krug
zum brunnen der guerillakrieg machte ihr arg zu schaf-
fen klack klack see how they run!

Der Rezensent im Wiener *Kurier* frohlockte in seiner Besprechung, dass *wir sind lockvögel baby!* ein durchpoppi-
sierter Pop-Roman sei. Dieser Meinung bin ich nicht. Denn
schließlich kann kein Pop-Kunstwerk das Label Pop ernsthaft für sich beanspruchen, wenn es nicht populär ist. Sich
populär zu geben, ist jedoch bei aller Kunst und Künstlichkeit nicht ausreichend, um als Pop-Autorin in die Literaturgeschichte einzugehen. Pop ist nicht allein ein Stil,
sondern auch ein Zeichen der Rezeption. Und deshalb
taugt die Jelinek so wenig wie Rainald Goetz als Pop-Iko-
ne. Gewiss aber kann dieser Jelinek-Lockvogel-Text als in
seiner Zeit experimentell gelten. Avantgardistisch allerdings war er schon bei seinem Erscheinen nicht (mehr). Indes, bereits dieser Erstling machte deutlich, dass Elfriede
Jelinek es auch so meinte, wenn sie behauptete, dass Menschen und subtile Verhaltensweisen sie nicht interessierten.

Das beweist sie in jedem ihrer Werke. Sie interessieren Pro-
totypen. Sie macht Menschen zu Karikaturen. Sie zeichnet
Pars-pro-toto-Situationen, überzeichnet Wirklichkeit und
Wirklichkeiten, um die sozialen und politischen Verhältnisse – von ihr selbst zum Popanz, zum Schreckgespenst
vergrößert –, umso besser attackieren zu können. Elfriede
Jelinek ist immer auf Seiten derjenigen, die sie für benachteiligt hält. Das ist aufrecht, das ist manchmal mutig und
immer sehr korrekt. Niemand kann an dieser geradezu
samariterhaften Haltung, an diesem Einsatz für die Entrechteten und Beladenen etwas aussetzen. Ein wenig

bedenklich wird die Sache allerdings, wenn Elfriede Jelinek diejenigen, für die zu streiten sie sich vorgenommen hat, erst zu Benachteiligten stilisieren muss, damit sie dann selber zum Einsatz ziehen kann. Vor allem ist es wahrscheinlich von keinem Autor zu leisten – auch von keinem, der Ideen und Sprache vorsichtiger behandelt als sie es tut – was Elfriede Jelinek sich aufbürdet: Sie will proklamieren, also Politik machen, antikapitalistische, marxistische, feministische, und zugleich will sie in der Darstellung dekonstrukiv vorgehen. Wie aber will man spielerisch Dogmen verteidigen oder gar verkünden? Das kann schwerlich funktionieren. Und es funktioniert auch nicht.

Elfriede Jelinek ist eine charmante Falschspielerin, die das Falsche als das Richtige darstellt und sich selbst und ihr Werk zum Kult stilisiert und – auch dies kein kleiner Widerspruch – sehr nach kapitalistischen Regeln vermarktet.

Die Gegner dieser Autorin sind vor allen anderen jene, die sich auch Thomas Bernhard vorknöpfte: *die* Österreicher, *die* katholischen Österreicher, *die* nationalsozialistischen Österreicher. Was Elfriede Jelinek antreibt, ist der Hass auf ihr Heimatland und eine ungeheure Zerstörungswut. Sie ahnt, dass sie dieses Land nicht verlassen kann, da es ihre Kraftmaschine ist. Wahrscheinlich wäre die Jelinek in jedem anderen Land der Welt sprachlos.

Zerstören will Elfriede Jelinek aber nicht nur ihre Gegner – zu denen zählen alle Männer, welcher Herkunft auch immer –, sie müssen keinen österreichischen Pass besitzen, um auf Elfriede Jelineks Verachtung Anspruch zu haben. Zerstören will sie auch die Sprache, wie die Männer sie benutzen. Deshalb malträtiert sie bereits in ihrem Erstling die Syntax und vergeht sich an den Regeln der Rechtschreibungen in einem Maße, das die Rechtschreibreformer nicht annähernd erreichten. Elfriede Jelinek schreibt das Wort Visionen mit W. Das haben sich die Kultusminister und -senatoren nicht getraut.

Was Elfriede Jelinek bei den Männern verachtet, erlaubt sie sich selber allzu gern: Sie ist die Hoherichterin der Moral und der Ethik. In keinem Buch wurde das so sichtbar wie in dem 1995 vollendeten Roman *Die Kinder der Toten*, den sie selber, durchaus eitel, also ganz unironisch, als ihr »opus magnum« bezeichnete. Und damit niemand diese knapp siebenhundert Seiten falsch lese oder interpretiere, erklärte sie, was dieser Roman sei: Eine »Gespenstergeschichte zur österreichischen Identität«. Die Jelinek als wüste Mahnerin, als erbitterte und verbitterte Ruhestörerin.

Millionen Österreicher handeln unbewußt. Gelassene Zuschauer, hören sie einander die Berichte ihrer Taten ab, und das Wesen der Wahrheit verändert sich dabei ständig, es kommt mit dem Umziehen und dem Umerziehen gar nicht mehr nach. Überall liegen seine blutigen Kleider auf den Dielen verstreut, während es lässig den Gedankengang entlangspaziert, zu dessen Öffnung der Herr Bundespräsident eingeladen hat, einen guten Schlosser hat er gleich mitgebracht. Er sagt den Bundesbürgern, sie sollen alle Ur-Sachen für düsteres Sinnieren in die Säcke für die Altkleidersammlung packen, und die Folgen? Es flackern hysterisch die Lichter an den Wänden, ein Einvernehmen wird gewährt, und es zeigt sich unser Wesen jetzt in seinem schönsten Kleid: der Idee zur Tausendjahrfeier. Ein scharfes Kostüm!

Ihre Feinde kennen wir jetzt. Wer aber sind Elfriede Jelineks Freunde?

Zu den Freuden und den Freunden der Elfriede Jelinek

zählen zuerst und überhaupt die Frauen. Für sie streitet sie geradezu kämpferisch; und sie streiten ebenso entschlossen für sie. Ein Grund, weshalb die meisten Buchhändlerinnen Jelineks Werke immer vorrätig haben, aber, so meint die Autorin, immer am falschen Platz ausstellten. Man könne in eine beliebige Buchhandlung gehen, ihre Bücher würde man fast immer in der Frauenabteilung finden. Das findet Frau Jelinek gar nicht gut; und dass nur weibliche Studenten und Professoren ihr Werk erkunden, gefällt ihr gleichfalls nicht. Der Schluss, den sie daraus zieht, scheint mir trotzdem ein Kurzschluss zu sein: Das Werk einer Frau sei nicht der Mühe wert vom anderen Geschlecht gewürdigt zu werden, klagte sie in einem Interview – und griff dabei zur Verallgemeinerung, damit sie im Recht blieb und sich so richtig benachteiligt fühlen konnte. So ganz unmasochistisch ist auch Elfriede Jelinek nicht.

Neben den Frauen mag Elfriede Jelinek die Vampire. In *Die Kinder der Toten* sind sie die Hauptfiguren: erwachte Tote, die als Untote wiederkehren, natürlich ins Alpenland Österreich. Sie erstehen aus dem blutgetränkten Heimatboden auf, um hier wieder mordlustigen Lebenden zu begegnen. Aber vielleicht sind sie alle – die Auferstandenen und die Noch-Lebenden – Zombies.

Vampire sind auch die Protagonisten in dem Stück *Krankheit oder Moderne Frauen*, 1987 von dem Regisseur Hans Hollmann am Schauspiel Bonn uraufgeführt und nicht eben häufig nachgespielt, was kein Beweis für mangelnde Qualität sein müsste – Corneilles Frauen-Rache-Tragödie *Rodogune* wird auch nur alle hundert Jahre inszeniert. Aber im Fall von Elfriede Jelinek ist die Abstinenz mit dem Text selber erklärbar. Nicht dass sie sich mit dem Stück wieder auf einem Tabu-Terrain bewegt, macht es angreifbar. Das Sujet kann in der Literatur nie Grund sein für Ablehnung. Wieder ist die sprachliche Ohnmacht der

Jelinek der Grund. Iris Radisch nannte diesen Mangel eine »poetische Ohnmacht« und kritisierte in ihrer Rezension der *Kinder der Toten* in der *Zeit* scharf die »sprachliche Beliebigkeit« der Autorin.

In der Szenenfolge *Krankheit oder moderne Frauen* ist diese Schwäche besonders auffallend. Selbst wenn wohlmeinende Rezensenten das Horror-Blut-Stück, in dem Geburt dargestellt wird als schaurige und tödliche Last der Frauen und als Metzgerarbeit der Frauenärzte, auch als ein Künstlerinnendrama lesen: Es bleibt ein grausam schlecht geschriebenes Stück, eine Banalität, die mühsam als ein Rätsel gestemmt ist. Und: Nur weil die vampiristische Krankenschwester Emily als Vorbild die englische Romanschriftstellerin Emily Brontë vorweisen kann – weswegen ein Gedicht von ihr in der Übertragung von Arno Schmidt auftaucht –, wird aus dieser albernen Ferkelei kein weiblicher *Tasso* von Frauenhand. Komisch übrigens, dass Elfriede Jelinek sprachlich den Vampir bloß als Maskulinum kennt und keinen Neologismus des femininen Geschlechts erfunden hat. Im Personenverzeichnis erscheint hinter dem Namen Emily die Angabe »Krankenschwester und Vampir«. Frau Carmilla wird charakterisiert als »Vampir, österr.«. Österreichische Vampire sind offensichtlich die schlimmsten ... Aber warum gibt Elfriede Jelinek den Damen keine eigene Berufsbezeichung? Warum heißen die Blutsaugerinnen nicht Vampiretten? Dass es außer bei ihr in der Literatur nur männliche Vampire gibt, Elfriede Jelinek nach eigenem Bekunden nur eine einzige weibliche Vampirgeschichte gefunden hat und dass darin eine lesbische Vampirin auftaucht, erklärt sie gleichfalls feministisch: Es sei unmöglich, dieses falsche Begehren zu überschreiten und es auf einen Mann zu wenden, also müsse es sich auf eine andere Frau richten.

Zurück zu Emily Brontë: Selbst wenn der Leser oder

der Zuschauer bei *Krankheit oder Moderne Frauen* die
Brontë mitdenkt und den Kampf der weiblichen Künstle-
rinnen gegen eine asoziale Wirklichkeit, die von den
Männern bestimmt wird, gleichfalls in Betracht zieht und
meinetwegen auch den immer währenden Geschlech-
terkampf, und überhaupt alle Jelinek-Themen in seinem
Herzen bewegt: Das Werk ist und bleibt unterirdisch tot.
Es ist sprachlich abgestanden, altmodisch und abstrus.
Elfriede Jelineks Verlegerin Ute Nyssen verstieg sich in
einem Aufsatz zu der Bemerkung, dass ihre Autorin in
allen ihren Stücken durch eine Sprachmächtigkeit über-
zeuge, die man ganz gelassen der eines Kleists an die Seite
stellen könne. – Frau Nyssens Gelassenheit möchte ich gerne mein Eigen nennen. Oder ist dieser Vampiretten-Mono-
log kleistisch:

*FRAUENSTIMME vom Band: Wir sind mit uns intim.
Wir bekommen Briefe. Wir mit unseren Menschenstir-
nen. Wir sind nicht einfach. Wir kennen den Ausgang.
Wir kaufen etwas. Man soll uns nicht unnötig behalten.
Uns ist einmal etwas passiert. Gebührt es uns? Herrlich
fallen Säulen aus ganzer Kultur über uns zusammen. Das
Gehen wird geradezu zu einem Genuß. Man kann in uns
lesen, ohne daß einem das Hirn schwer würde. Die Denker haben nur ein Geschlecht, das der Idee. Sie sind tro-
ckene Leichen. Geben nichts heraus. Wir müssen noch
zum Fleischhauer um Wurst gehen. Wir müssen auch uns
noch beschauen lassen. Wir können ja Trichinen sein in
einem Fleisch! Parasiten. Wenigen gelingt es, eine Substanz einzunehmen, die sie am Sterben hindert. Wir
machen uns ja selbst unglaubwürdig, einmal dies, einmal das. Wir müssen irgendein Geheimnis haben, das
mit Leben nur unzureichend erklärt ist. Wir können nur
kurze Strecken zurücklegen. Wir sind nicht irrsinnig. Wir*

färben uns das Haar und schreien unverwundet über Wehtaten. Echt zu sein ist nicht alles. Froh zu sein bedarf es wenig. Mit solcher Art von falschem Gesang gehen wir in ein großes Haus offiziell hinein. Man staunt über uns. Wir suchen Krawatten und Socken aus. Was kochen wir? Unsere Tätigkeit orientiert sich an der Aufhebung der Vergeßlichkeit. Wir leben ähnlich den Organen im Körper: Festgewachsen an Schläuchen und Stielen. Schön kann man trotzdem sein. Wir fallen durch fahlweiße Haut auf: Ameisen sind wir auch. Viele und flink. (...) Die Frau und der Körper gehören untrennbar zusammen. Geht der Körper, geht auch die Frau. Die Frau gehört in vielen Ländern zum Alltag des Straßenbilds. Das Bild der Frau läßt sich in vielen Ländern im Alltag nachvollziehen. Der Alltag der Frau vollzieht sich im großen und ganzen vor den Bildern der Frau. Nach der Frau folgt nur mehr Alltag. Groß die einen Frauen, die anderen klein. Mehr. Vor dem Bild der Frau verblaßt sogar das All. Die Frauen haben Tage. Die Frau ist das Kleine neben ihrem Bild. Das Vermögen der Frau ist von ihrer Größe abhängig. Die Größe des Bildes besteht in dessen Abhängigkeit von der Natur. Die Frau ist Natur. (...) Das Innere der Natur verkörpert in der Frau. Der Körper der Frau geht ins Innere. (...) Ein Bild der Frau. Her Natur. Fort Frau.

Die Frauenstimme in dem Stück *Krankheit oder Moderne Frauen* erklingt auf – oder von – einem Abort. Das Klo ist ein Lieblingsort von Elfriede Jelinek. Ihr Stück *Raststätte oder Sie machen's alle*, 1994 uraufgeführt, spielt darum gleich in mehreren Wasserklosetts, in einem Mega-Abort. Wohlmeinende Leser und Zuschauer begriffen dieses Stück als eine Porno-Satire, als eine höchst moderne Auseinandersetzung mit dem Sexualtrieb als solchem. Und da man nicht lange suchen muss, um den Köder zu finden, den Elfriede Jelinek ausgelegt hat, gab es auch Interpreten des Werkes, die *Così fan tutte* assoziierten, weshalb über Werner Burkhardts Kritik der Hamburger Aufführung die kalauernde Überschrift stand *Kose die Nutte*. Sie machen's alle. Na klar.

Die Aufführung, die ich sah, es war die Hamburger Inszenierung von Frank Castorf, hielt ich für eine Zumutung der besonderen Art – und so gar nicht lustig. Sie war, wie auf jeder Eintrittskarte zu lesen war, »frei ab 18 Jahren«. Die Altersbeschränkung: Ein Novum in der Geschichte des Theaters.

Zwei Frauen – Isolde und Claudia – wollen eine animalische außereheliche Variante des Vollzugs ausprobieren, verabreden sich mit zwei Herren, die als »Elch« und »Bär« ihr Begehren im Wochenblättchen inseriert hatten, und treffen auf dem Klo einer Raststätte auf ihre eigenen verkleideten Männer, Kurt und Herbert, die sie wegen der Maskierung nicht erkennen. Die Szenenanweisung lautet: »In den Kabinen eine Art Orgie mit Gekicher und Gestrampel, man sieht manchmal nur die Füße (Pfoten) kurz auftauchen und wieder verschwinden. Es kommen verschiedene Leute kurz herein, manche halb, manche ganz in Kostüm oder ganz ohne und machen Fotos oder kurze Video-Aufnahmen in die Kabinen hinein.«

Danach legen die vier los:

ISOLDE: *Sie, Herr Elch, Sie erinnern mich an den männlichen Teil eines Paares, der nicht vergeblich nach etwas sucht. Ich muß es ihm dann holen gehen.*
KURT: *Du Halogen-Sau!*
CLAUDIA: *Wissen Sie, die einzige Freude meines Partners ist es, mich unrecht haben zu sehen. Er ist nämlich*

einer Ansicht, die auf eine einzige Ansichtskarte drauf-
geht.

HERBERT: *Du alte Sau!*

CLAUDIA: *Jetzt haben Sie Körperteile herausgeholt, die sich in ihrer Kleidung langweilen wie Menschen in einem regenreichen Park oder im Museum.*

ISOLDE: *Jemand wie Sie hätten wir nicht voraussagen können. Wir haben einfach nicht zu rasen begonnen. Macht ja nichts!*

KURT: *Drecksau!*

CLAUDIA: *Einer wie Sie muß zu dem Tier in sich noch etwas dazulegen, damit man überhaupt merkt, daß er da gewesen ist.*

HERBERT: *Alte Sau! Nutte!*

ISOLDE: *Der Hund, der äußerln geht, sollte den Weg kennen, den er davonläuft, wenn ein stärkeres Tier auf-tauchte.*

HERBERT: *So eine Sau! Und das uns!*

KURT: *Wollt wohl den Schein, der von unserer Wirt-schaftskraft ausgeht! Sonst nichts. Nutten! Alles Nutten! ›Karin‹ und ›Emma‹!*

CLAUDIA: *Auf diese Klingel hören wir nicht. Schen-ken Sie uns Ruhe! Umwickeln Sie sich mit Fetzen!*

ISOLDE: *Es ist, als ob wir unseren Männern den Lebensfaden des Fernsehens abgeschnitten hätten.*

CLAUDIA: *Aber kein Saft schießt ihnen in die Lege-batterie, wo ihre Eier gelagert sind.*

KURT: *Säue! Säue! Säue!*

Jetzt kann man streiten, ob Elfriede Jelinek wortverliebt das Sexuelle nur umkreist und mit viel Künstlichkeit in die Sphären des Höheren hebt, also Zivilisationskritik übt, oder ob nicht sexistisches Gegröle und Gewinsel diesen Text ausmachen. Ist der *Raststätten*-Text ein Porno oder ein Anti-Porno? Dieser Frage muss nicht die Gretchensorge vorausgehen: Mensch, wie hältst Du's mit dem Geschlechtlichen? Mag sein, dass die Autorin den Teufel mit dem Beelzebub austreiben wollte, trotzdem: *Raststätte* ist die Vereinigung der beiden auf niederstem sprachlichen Niveau. Das Schlimme dabei ist, dass Elfriede Jelinek den aufgeklärten Menschen – zu denen übrigens durchaus auch Männer zählen können – erzählen oder hinter die Ohren schreiben will, was alle längst akzeptiert haben. Wir wissen, was Frau Jelinek stört: Dass Sex manchmal den kapitalistischen Gesetzen des Marktes gehorcht. Dass Frauen nicht nur am Schreibtisch, hinter der Theke, beim Servieren unterjocht und ausgebeutet werden von ihren Männern, sondern eben auch im Bett. Dass dies eine Verallgemeinerung ist, die zudem nicht stimmt, sei dennoch angemerkt. Und die Frage ist, ob denn wirklich ein emanzipatorischer Fortschritt darin gesehen werden kann, wenn Jelineks Frauen jetzt rumpöbeln und rumferkeln wie zuvor die Männer am Stammtisch.

Warum mir – und allen Männern, die Jelineks Texte negativ kritisieren – all dies missfällt, haben die Exegetinnen von Jelineks Werk längst aufgedeckt. Es sei, so erklärt Ute Nyssen, der phallische Gestus ihrer Sprache. Was bitte ist das? Und wenn es ist, was ich vermute, nämlich das Eindringen in die Sprache: Warum sollte dieser Vorgang, der ja ein intellektueller ist, Männer stören? Weil die Frau ihn beherrscht? Weil sie Worte übernimmt, die jahrhundertelang nur den Männern zu benutzen erlaubt war? Sind also männliche Leser, männliche Zuschauer, die sich nicht anfreunden wollen mit dieser Sprache, nur neidisch, verletzt, dass eine Frau ihnen ihre Worte geklaut hat oder zu den Wurzeln von Wörtern gedrungen ist? Ich glaube nicht. Selbst die Autorin will weder eine weibliche Sprache behaupten noch definieren, woraus sie besteht.

Wenngleich Elfriede Jelinek darauf besteht, dass die weibliche Dramaturgie eine Kreisdramaturgie sei – der Vampir-Monolog offenbarte es –; eine, die über die Ränder fließe »ähnlich dem weiblichen Genital«, so ist für sie etwas ganz anderes entscheidend als die Diskussion um weibliche und männliche Sprache: »Das Entscheidende ist«, so klagt sie, »daß die patriarchalische Kultur existiert, daß die Frauen keinen Ort haben in ihr und sich nur als Gegenbilder definieren können.«

Die Jelinek schreibt die Gegenbilder. Erstaunlich bleibt für mich, dass einige Kritikerinnen bereits die Obszönität der Jelinek als einen Sieg der Frauen und einen Sieg der Autorinnen feiern. Und weil Sigrid Löffler schon ahnte, dass nicht alle wie sie die Jelineksche *Raststätte* feiern würden, warnte sie schon in ihrer Uraufführungsrezension in der *Süddeutschen Zeitung* davor, diesen Text zu missachten. Frohgemut schaute Frau Löffler in eine wunderschöne *Raststätten*-Zukunft: Ein Kulturbetrieb, der neuerdings einer Marlene Streeruwitz willig in die öffentliche Bedürfnisanstalt und einem Peter Turrini in den Pornoladen gefolgt sei, werde sich Jelineks Damenklo mit Elch schwerlich verschließen können, glaubte sie. Die Theatermacher haben sich dennoch – entgegen der gereizten Warnung von Sigrid Löffler – allen drei genannten Texten verschlossen. Auch die *Raststätte* öffnete ihre Toiletten nur sehr selten nach der Uraufführung. Was soll komisch, gar ernsthaft aufklärerisch sein an so verkorksten Frauen-Äußerungen wie dieser, die so rätselhaft wie missglückt ist: »Ich will«, sagt eine Raststätten-Frau traurig: »Ich will keine verschlossene Natur mehr sein. Ich will verschmutzt werden! Ich will auf dem Nest eines schnellen Bodenbrüters laut schreien!« Verschlossen, verschmutzt – so weit, so gut. Aber schneller Bodenbrüter im Nest? Ist das phallischer Gestus? Oder nicht doch nur Gestammel? Ist ein Satz wie der folgende ironischer Bruch oder nicht doch Originalton aus einem Hardcore-Porno, was auch aus dem *Raststätten*-Text wieder eine Collage machen würde. Der Satz ist zu schlicht, als dass er von Elfriede Jelinek formuliert sein könnte. So etwas lässt sich diese Autorin nicht einfallen. Hier ist er: Einer der Männer prahlt vor dem Akt (der, wen wird das noch wundern, ausgerechnet Vögeln heißen muss, wenn Elche und Bären über Frauen herfallen), mit den Männer-Künsten: »Ihr solltet uns mal sehen, Mädels, wenn wir einige Stunden in euren Ärschen und Mösen zugebracht haben!«

Was auch immer Elfriede alles noch möchte, die Provokation will sie auf jeden Fall. Ihre Themenwahl zeigt es. Und ihre geradezu manische Lust an der Wiederholung der wiederholten Provokation. Man glaubt alles schon vielerorts früher einmal gesehen oder gelesen zu haben. Dass sie längst nicht mehr provoziert, sondern nur noch langweilt, weiß sie es?

Elfriede Jelinek ist es zuerst einmal eine Lust und erst danach ein gesellschaftspolitisches Anliegen, gegen jede Art von Sattheit, Saturiertheit und Lüge zu demonstrieren. Ihre Äußerungen zur Politik und zur österreichischen Vergangenheit und Gegenwart finden sich dabei nicht allein in ihren Werken, sondern auch in Interviews. Gewiss ist es verdienstvoll und achtbar, wenn sie gegen den Rechtsruck und die Neonazis in Österreich kämpft. Aber nur wenige Gleichgesinnte hören auf sie. Offensichtlich hatte sie in den frühen neunziger Jahren bei vielen den Respekt verspielt, der ihr zuvor gezollt wurde und den sie sich nun mühsam wieder ertrotzt.

Als Reaktion auf die zunehmende Hetze, die während des österreichischen Wahlkampfs ausging von der rechten Boulevardpresse und dem Rechtspopulisten Jörg Haider,

der auch Elfriede Jelinek verunglimpfte – unter anderem mit dem Plakat-Slogan »Lieben Sie Jelinek und Peymann oder Kunst und Kultur?« –, verkündete die Autorin im Mai 1996 ein Aufführungsverbot ihrer Stücke in Österreich und erklärte, sie gehe fortan in die »innere Emigration«. Das Aufführungsverbot – und das sei ohne jede Häme vorgebracht – war für die österreichischen Theater keine übergroße Drohung. Die Jelinekschen Stücke wurden nicht eben oft dort inszeniert; für Jelineks Werke interessierten sich neben dem Burgtheater unter der Intendanz von Claus Peymann allein das Bonner Schauspiel und das Deutsche Schauspielhaus in Hamburg. Das bedeutete, dass Elfriede Jelinek durch diesen gar nicht so mutigen Schritt keine größeren Tantiemenverluste zu befürchten hatte, was ihr den Entschluss gewiss einfacher machte. Als sie indes wieder etwas verdienen konnte, nahm sie das Verbot nicht etwa öffentlich zurück, was ihr mit dem Text, der dann gezeigt wurde, sehr leicht hätte fallen können, sondern beinahe heimlich, ohne darüber Worte zu verlieren.

Nach siebzehn Monaten war die Jelinek also wieder da: mit dem Stück *Stecken, Stab und Stangl*, das zuvor in Hamburg uraufgeführt worden war. Die Wiener Inszenierung von George Tabori wurde sehr verschämt im kleinsten Spielort des Burgtheaters gezeigt, im Kasino am Schwarzenbergplatz. Wollten Elfriede Jelinek und Claus Peymann dem Abonnentenpublikum das Stück ersparen oder wollten der Herr Direktor und die Jelinek sich dem Abonnentenpublikum nicht aussetzen? Wie auch immer: Es war die falsche Entscheidung.

Das Stück ist nämlich kein kleines Kammerspiel, sondern eine einzige große Rede, einer Gruppe von nicht definierten Menschen in den Mund gelegt. Elfriede Jelinek benutzte Zeitungsartikel und Statements von jenen beiden österreichischen Männern, die dem Text den Titel geben:

Mit Stab ist Herr Staberl, der Kolumnist der rechten *Kronen-Zeitung*, gemeint; mit Stangl der KZ-Kommandant von Treblinka.

Das Stück kann durchaus als ein Epitaph für jene fünf Roma gelesen und betrachtet werden, die 1995 im burgenländischen Oberwart einem besonders hinterhältigen Sprengstoff-Attentat zum Opfer fielen. *Stecken, Stab und Stangl* gleicht einem Requiem. Und wie viele andere Texte der Jelinek ist auch dieses Stück eine Collage. Dreiste Werbesprüche treffen auf Leitartikler-Gedröhn, auf Staberl-Geplärr, auf einige wenige Zeilen von Paul Celan.

Während die sieben Menschen, die alle häkeln, damit ein Riesenschonbezug das eklig blutige österreichische Land bedecken kann – weswegen das Stück im Untertitel »Eine Handarbeit« heißt –, liegen im Raum daneben die fünf toten Roma aufgebahrt. Man wird sie nicht los, die »lieben Herren Opfer«. Ein bitterer Text, der von Jelineks Gespür für Sprache und Rhythmus zeugt.

MARGIT S. zum Fleischer: *Ich denke, den Tod können wir höchstens als einen Betriebsunfall zulassen, lieber Herr Stab. Da wir den Glauben an die Unsterblichkeit verloren haben, können wir auch nicht mehr recht an die Sterblichkeit glauben. Nicht alle werden, so wie ich, durch die Frage nach einem Sinn des Lebens beruhigt.*

Danke, daß ich hier auftreten durfte, wenn auch nur kurz. Leider war es mir verwehrt, mich dabei zu beobachten. Aber ich habe meinen Videorekorder programmiert, wenn ich schon nicht live bei mir dabeisein darf. Nein, das kann doch nicht ich sein! Das Gerät muß kaputt sein. Halt, ich sehe jetzt doch etwas, aber nicht mich! Ich sehe eine Frau, die mit irgendwelchen Übungen anfängt. Sie macht gerade eine unbeholfene und doch oft geübte Bewegung in der Wassertiefe, und dann holt sie doch wieder nur Geschirr aus der Abwasch heraus. Mir, unserer Frau Margit, wird das gewiß vertraut vorkommen. Es ist eine Situation wie jeden Tag. Die Geräusche werden scharf beobachtet. Was regen Sie sich auf wegen der paar Toten? Was sagen Sie? Wer regt sich auf? Es regt sich ja gar keiner auf. Hören Sie bitte weiter:

Die einen, nicht die Unglücklichsten, haben die Seele des Kindes, das noch nicht danach fragt; die anderen fragen nicht mehr, sie haben das Fragen überhaupt verlernt. Zwischen ihnen stehen wir, die notorisch unzufriedenen Suchenden. Wo bitte bekomme ich den inländischen Käse? Ich möchte bitte eine Österkrone, das ist der oberste Käse, von unten her gesehen.

KUNDE *begütigend: Österreichliche Menschen sind manchmal fast ein wenig kleinlich, vor allem, wenn sie sich irgendwo anstellen müssen. Doch das kommt eigentlich nicht aus ihrem Wesen. Es fliegt ihnen aus ihrer täglichen Umgebung zu, wie die Backhenderln. Da setzt sich ihnen was auf die Schulter, und sie merken, noch im Zusammenbrechen: das sind ja Adler gewesen! Oh je, Herr Stab, ich glaube, ich habe das Wahre jetzt noch nicht recht getroffen. Ich fürchte, ich werde noch einmal draufhauen müssen.*

Der Mordfall an den fünf Roma erregte Elfriede Jelinek in besonderem Maße, weshalb sie das Attentat das katastrophalste Ereignis in der zweiten Republik nannte. Der Stecken-Text ist eine Abrechnung mit ihrem Land: höhnisch und erfüllt von einem gigantischen Ekel über ein gemütliches, menschenverachtendes, braunes Österreich. Eine Erregung, gewonnen aus Reden, Bemerkungen, Texten, Moderationen, die nach dem Anschlag an die Oberfläche brachten, was zuvor immer unter den Teppich gekehrt wurde. Oder unter den gehäkelten Überzug ge-hört.

Elfriede Jelinek thematisiert in den Dialogen die Bana-lisierung des rechten Terrors in den österreichischen Medien. Sie stemmt sich gegen das Verbrechen und – mehr noch – gegen die Beschwichtiger, die heuchlerischen Trau-erredner und gegen ein Leben, das solche Morde durch-aus verkraftet. *Stecken, Stab und Stangl* gilt mir neben dem Robert-Walser-Monolog *er nicht als er* und *Wolken.Heim* als Elfriede Jelineks wichtigstes Werk. Hier ist der Tod kein Mätzchen, sondern ein Menetekel. Hier ist Elfriede Jelinek eine Sprachbeherrscherin, eine Sprachkritikerin. Vielleicht nicht Kleist auf den Spuren, aber gewiss dem anderen Österreich-Hasser Thomas Bernhard.

Elfriede Jelinek gelingt mit diesem Drama, das für mich zu ihren starken Arbeiten zählt, seltsamerweise – oder naturgemäß – kein ähnlich großer Auftritt wie mit der *Raststätte*. Die Aufmerksamkeit war gering, das Echo in den Medien kleinlaut. Dabei ist *Stecken, Stab und Stangl* der Höhepunkt jener aufklärerischen Dramatik der Jeli-nek, Glanzpunkt auch ihrer Schreibtechnik, der Montage.

Begonnen hat sie mit dieser Art von Texten 1985, als das Stück *Burgtheater* herauskam. Es war eine Ausei-nandersetzung mit der nationalsozialistischen Vergangen-heit berühmter Burgtheater-Mimen. Diese »Posse mit Gesang« bietet amüsiert und amüsant und zugleich blitz-gescheit eine Demonstration der österreichischen Operet-tenkultur, an der selbst der Charakterdarsteller und die Heroine teilhaben. Elfriede Jelinek zeigt ein Land, in dem alles unmöglich ist, aber alles möglich gemacht wird. Das Stück, böse und komisch zugleich, beschreibt Vergangen-heit als Folie für die Gegenwart, oder anders formuliert: Schon in der Burgtheater-Posse zieht Elfriede Jelinek das Häkeldeckchen fort, jene aus Lügen gewirkte Schutzdecke, die das Land schont, bedeckt, versteckt und die Toten vergessen macht.

In den Dramen der Elfriede Jelinek, die meine Leidenschaften sind, reißt die Schriftstellerin den Menschen die Masken vom Gesicht; und schon sieht sich eine Gesellschaft von Lügnern demaskiert und an den Pranger gestellt.

Nach *Burgtheater* kam 1988 *Wolken.Heim* auf die Bühne. Deutschland und Österreich – Groß-Deutschland unter der Jelinekschen Zerr-Lupe. Die Jelinek seziert darin Sprache, und zum Vorschein kommen entkleidete, nackte Gedanken. *Wolken.Heim* ist eine Collage aus Prosatexten. Das deutsche Wir, das in diesem Monolog spricht, ist ein Wir, das von vielen gebildet wird. Von Fichte, dessen *Reden an die deutsche Nation* zitiert werden. Von Heidegger, dessen Rektoratsrede Elfriede Jelinek verwendet. Von Hegel, der mit seinen *Vorlesungen über die Philosophie der Geschichte* vertreten ist, von denen die Autorin Teile der Einleitung ausgewählt hat. Und die Einschätzung Afrikas als »Kindernation« stammt aus Hegels *Geographischer Grundlage der Weltgeschichte*. Von Hölderlin verwendet die Dramatikerin dessen Gedichte *An die Deutschen* und *Der Neckar*, die sie miteinander verschränkt. Von Kleist benutzt sie Textsegmente aus der *Hermannsschlacht* und den Dramen *Prinz Friedrich von Homburg*, *Die Familie Schroffenstein* und *Penthesilea* – akribisch hat sie darin nach Vaterland, Krieg und nach dem Zwist zwischen Staat und Individuum gesucht. Und von der RAF werden Auszüge aus sieben Briefen der Mitglieder in den Text eingearbeitet. Als zusätzliches Textreservoir fungiert ein 1987 erschienener Aufsatz von Leonhard Schmeiser mit dem Titel *Das Gedächtnis des Bodens*, in dem sich viele Zitate finden – unter anderem von Alfred Rosenberg –, die die Jelinek braucht für ihre in *Wolken.Heim* entwickelte Bodenmythologie.

Das neue, das Jeleneksche Wir scheint einen endlosen Monolog zu sprechen. Allein, es ist keiner. Es gibt Brüche in den Sprachebenen; es gibt neben dem modernen Vokabular veraltete, längst vergessene Worte; es gibt neben einfach gebauten, durchaus redundanten Sätzen metaphernreiche Ausdrücke und Ausdrucksketten. Und das »Wir«, das auftritt und sich Gehör verschafft, es vertritt verschiedene Subjekte: Deutsche, Tote, Untote, Einheimische und Fremde, Dichter und Philosophen. Elfriede Jelinek hat den Text komponiert wie Musik, das »Wir« wird artikuliert von vielen Einzelstimmen. »Wir sind wir«: Diese drei Worte bilden eine rhythmische, immer wiederkehrende musikalische Schleife, die stark und erschreckend in dem Erinnerungsraum erklingen, den Elfriede Jelinek mit Sprache gebaut hat. Auch *Wolken.Heim* ist ein Requiem, eine Anklage. Und ein Warnruf, nicht die Vergangenheit zu bannen, sondern das Gedächtnis zu schärfen für die Zukunft.

Elfriede Jelinek schafft es, die idealistische Aufbruchstimmung zu kontrastieren mit einem Bild des Untergangs, mit einem Endspiel. Der Kontrast entsteht durch Entwicklung vom Hehren zum Verheerten. Es ist kein Zufall, dass in der Darstellung der Schlacht, aus dem Wir, aus der Gruppe, eine individualisierte Stimme erklingt, und erklärt, dass das Kollektiv zwar kämpft, aber der Tod kein kollektiver sein kann, sondern ein einzelner, ein einsamer:

Nun sei gegrüßt in deinem Adel, mein Vaterland, mit neuem Namen, reifeste Frucht der Zeit! Mit unserm Blut getränkt, verliert der Boden sein Gedächtnis. Wir sind zu viele. Das Vaterland ist nicht der Boden. Es ist in uns. Das übrige mag in Flammen aufgehn, wir werden uns dran wärmen. Wir sind wir! Wasch die Erde, dein deutsches Land, mit deinem Blute rein! Und wir, die darunter liegen, Zeichen unsrer selbst, wir kommen herauf auf den Hügel und werden zerstreut. Der Wind nimmt uns mit. Wir liegen über dem Land und verhallen in der Tiefe, Geister der Stille. Oder diese unerträglichen Entzückungen, dieser ganze Betrug, in den ein Mensch sich in der bisherigen Gesellschaft flüchten mußte – Himmel, Beichte, Sekte, eben weil er eine Seele hat, im Unterschied zum Affen denkt, und wo er sich genau nur verlieren, sich selbst betrügen, entfremden, zum Schwein, zum Ekel werden konnte. In der Isolation der Folter jetzt ganz nackt: Mensch und Imperialismus, was sich ausschließt. Was rauskommt, ist diese einzige Produktivkraft, auf dies ankommt: revolutionäre Gewalt, die Fähigkeit zur Gegengewalt. Wie wenn die alten Wasser, in andern Zorn, in schrecklichern verwandelt wieder kämen, zu reinigen, da es not war, so gählt' und wuchs und wogte von Jahr zu Jahr rastlos und überschwemmte das bange Land die unerhörte Schlacht, daß weit hüllt Dunkel und Blässe das Haupt des Menschen. Fragst du mich im allgemeinen, wie der Kampf enden wird? Ich antworte: mit dem Sieg. Fragst du mich aber im besonderen, dann antworte ich: mit dem Tod.

Wolken.Heim kann nicht als ein einheitliches Gebilde gelesen werden und gelten – und so eines wollte Elfriede Jelinek bewusst auch nicht schaffen: Sie setzt mit harten Schnitten die Fragmente gegeneinander. Als sei der Text ein Musikstück, komponiert sie Dissonanzen und Duette. Wer *Wolken.Heim* hört oder liest, wird von der Autorin in einen Dialog gezwungen mit den toten Texten, derer sie sich bedient. Den Vorgang vampiristisch zu nennen, ist gewiss nicht falsch. Die Textsegmente werden zu Leben erweckt, wieder vernichtet, weil in ein neues, spannungsreiches Umfeld montiert und in eine neue Bewegung versetzt, also wieder belebt. Jelineks Sprachflächen gleichen einem Atom, in dem die einzelnen Teilchen gegeneinander stoßen, Energie, Sprachenergie entwickeln und deshalb in ständiger Bewegung bleiben.

In Jelineks Collage-Texten, so auch in *Wolken.Heim,* fehlen die Anführungszeichen. Die Manipulatorin kennzeichnet die verwendeten Texte nicht als Fremdmaterial. Dieses Verschweigen von Urheberschaft ist nichts Neues, lässt sich schon bei Flaubert finden, in der Moderne und später in der Postmoderne. Doch Jelineks Vorgehen folgt im Gegensatz zu dem der anderen einem Programm. Nichts ist zufällig in dem rhetorischen und poetologischen Verfahren dieser Autorin. Die Collage – ein genau bedachtes und geformtes Konstrukt. Eigentlich dürften die verwendeten Zitate gar nicht mehr Zitate genannt werden. Elfriede Jelineks frecher, respektloser Umgang mit den Texten offenbart, dass sie den Urhebern das literarische Eigentum streitig macht. Und ihre Fähigkeit, aus dem Verschiedensten ein Neues zu schaffen, also einen Prozess der literarischen Amalgation einzuleiten und aus dem zeitlich entfernten ein Kontinuum zu bilden, ist alle Bewunderung wert.

Wolken.Heim – schon der Titel ist ein Spiel mit Konnotationen: Elfriede Jelinek will den (gebildeten) Leser oder/und Zuschauer lenken. Hin zu der aristophanischen Komödie. *Die Wolken*, in der der Dichter eine satirische Invektive gestaltete gegen die sophistische Philosophie seiner Zeit. Zudem ruft der Titel eine weitere Komödie des Aristophanes in Erinnerung: *Die Vögel* – und damit auch das Wolkenkuckucksheim, jenes Zwischenreich zwischen den Göttern und den Menschen, zwischen Himmel und Erde. In diesen Komödien macht sich Aristophanes lustig über jene, die glaubten allein mit Sprache Welt erschaffen zu können, als bedürfte es für Welt, Staat und Gesellschaft nicht realer Existenzgrundlagen. Wer die beiden Aristophanes-Komödien assoziiert, hat schon einen wohlmeinend helfenden Hinweis, wie *Wolken.Heim* zu lesen ist. Dass vielleicht auch Heinrich Heines Strophe aus *Deutschland. Ein Wintermärchen* im Titel mitschwingt – die Idee vom »Luftreich des Traums« –, mag sein, scheint mir aber – verglichen mit den Aristophanes-Quellen, nicht so bedeutend.

Mit dem Punkt im Titel zerstört Elfriede Jelinek eine Einheit. Zwischen Himmel und Heim gibt es bei ihr und fortan bei uns keine Verbindung mehr. Sie ist gekappt. Und damit ist die Utopie von der Einheit zerstört. *Wolken.Heim* ist keine banale Verballhornung der Klassiker. Keine Sprachsatire, als die gutwillig *Lust* und *Die Klavierspielerin* gelesen werden könnten, wenn man sich denn darauf einlässt, was ich mir nicht abverlange. *Wolken.Heim* ist eine Auseinandersetzung mit deutscher Geschichte anhand von deutschen Texten. Die gefundenen Segmente werden manipuliert, werden zu Lupen, zu Zeitraffern, provozieren zur Analyse.

Wir sind wir. Zu eng begrenzt unsere Lebenszeit, zu enge Grenzen, wir schießen hervor, wir quellen wie Laut aus der Brust, wir gönnen den andern keine Blicke. Wir sind wir und scheuchen von allen Orten die anderen fort. Es rinnt uns Geist von der Stirne. Zu eng begrenzt unsre Lebenszeit. Die Orientalen wissen es nicht. Sie wissen nur, daß Einer frei ist, aber ebendrum ist solche Freiheit nur Willkür, Wildheit, Dumpfheit und Leidenschaft, und die Milde ein Zufall. Wir aber wir aber wir aber. Wir Lieben! Auch uns, so will es scheinen, kann niemand von der Stirne nehmen den Traum! Aber wir Guten, auch wir sind tatenarm und gedankenvoll! Wir! Aber kommt, wie der Strahl aus dem Gewölke kommt, aus Gedanken vielleicht, geistig und reif die Tat? Folgt die Furcht, wie des Haines dunklem Blatte, der stillen Schrift? Und das

Schweigen im Volk, ist es die Feier schon vor dem Fest?
Oder die Ruh vor dem Sturm? Oder der Wind, der vor
dem Gewitter herfliegt? Oder wer scheucht uns hier fort,
wir sind hier zuhaus! Wir sind hier zuhaus.

Mit *Stecken, Stab und Stangl*, diesem wichtigen Stück, war
Elfriede Jelinek wieder in ihrem Land präsent – und blieb
es. 1998 wurde sie mit einer großen Reihe innerhalb des
Salzburger Festspiel-Programms geehrt, zu dem die Uraufführung des Robert-Walser-Stücks *er nicht als er* gehörte,
daneben gab es Lesungen und eine Multimediashow. Kurz
zuvor hatte sie Claus Peymann alle zukünftigen Uraufführungen ihrer Stücke versprochen. Und am 6. Februar 2000
kündigte Elfriede Jelinek erneut an, dass sie Aufführungen
ihrer Stücke in Österreich von nun an verbieten werde.
Was Hohngelächter bei den Rechten in Österreich auslös-
te – wenig wünschten sie sich sehnlicher.

Das letzte große Werk für die Bühne ist ein 1998 urauf-
geführtes, von Einar Schleef inszeniertes Monolog- und
Prosawerk mit dem Titel *Ein Sportstück*. Hierin behandelt
Elfriede Jelinek – durchaus auch im medizinischem Sinne –
noch einmal ihre Wunden und pflegt ihre Obsessionen: Es
gibt die Autorin sogar als Bühnenfigur, das Jelineksche
Alter Ego trägt den Namen Elfi Elektra; die böse Mutter
spukt herum; und die Toten sprechen. Die These des
Stücks: Krieg ist Sport, Sport ist Krieg. Hier wie da dieselbe Terminologie. Es geht um das Töten, das Niedermachen, das Auslöschen. Es geht ganz im Sinne von Elias
Canetti um die Massen, um das Töten in Haufen. Um jene
Individuen, die Komplizen sind, oder Aufhetzer. Penthesilea ist so eine Aufrührerin; Elektra ist so eine, stiftet in
ihrem Hass zum Muttermord an. Die Jelinek präsentiert
und demaskiert die geistigen Führer, die Verführer, die mit

nationalistischen Parolen die Jugend befeuern und sie dann verfeuern.

»Es hat mich schon oft interessiert, weshalb diese Sportler, meine großen Vorbilder, obwohl berühmt, doch eigentlich nicht wirklich jemand sind«, beginnt der Sohn in der Rolle des Opfers seinen ersten Monolog. Auch im *Sportstück* geht es um Gewalt und ihre Verherrlichung. Elfriede Jelinek bleibt ungeachtet der wachsenden Kritik an ihren Arbeiten bei ihrem Thema. Auch in ihrem letzten Roman *Gier*, der ein Abklatsch ist von *Lust*. Allein, allmählich und vor allem in ihren Text-Montagen für die Bühne, in ihren szenischen Essays, lässt sie ab von ihren Obsessionen – das Verhältnis von Tochter und Mutter, Frau und Mann. In den Mittelpunkt ihrer Debatten, Diskurse und Demonstrationen stellt sie jetzt eine verrottete und verrohte Gesellschaft. Genau darüber reflektiert Jelineks Elfi Elektra:

Endlich Ruhe. Die Flüsse, die das Blut von meinem Vater rot gefärbt hat, sind wieder sauber, oder fängt jetzt gleich ein neuer Krieg mit Mama an? Mir doch egal. Inzwischen zieht längst das Verhalten von Massen meine viel größere Aufmerksamkeit auf sich. So viele Menschen mit persönlichen Tatantrieben und plötzlich, als zerschmetterte der Schlag einer unsichtbaren Uhr etwas in ihren Schädeln und stellte sie auf eine imaginäre Zeit ein, ticken sie alle im gleichen Takt, ergreifen ihre Sportgeräte und dreschen aufeinander los, zertrümmern ihre Schalen, die sie eben noch, vorm hübsch gedeckten Frühstückstisch oder in der Kneipe geboten hatten, um einen Schluck vom Nachbarn zu nehmen. Na prost. Jetzt geben sies ihm, aber ordentlich! Hoch die Tassen! Runter die Köpfe! Forellen treiben mit den Bäuchen nach oben unter der Brücke durch. Sie kommen für den Fremden-

verkehr nicht mehr in Betracht, weil der Tourismus im Betrachten besteht, und hier gibts nun wirklich nichts mehr zu sehen. Gehn Sie weiter, zum nächsten Ort! Die Fische sind kaputt und weg. Bitte weitergehn! Wissen Sie, was dem Fluß in meiner unmittelbaren Nachbarschaft morgen oder spätestens übermorgen passieren wird? Was sie mit ihm machen werden, diese Unmenschen? Sie wollen ihn, durch künstliche Natürlichkeit, zu einem unverwechselbaren machen, unverwechselbarer jedenfalls als all die Menschen es sind, die ihre Krawatten an den Nagel gehängt haben, um ihre Uniformen, die Sportdressen, anzuziehen. Dazu haben die Leute erst einmal ihre unverwechselbare Natur zerstören müssen, oder kam die dadurch erst zum Vorschein? Dies geschah, damit sie alle auch wirklich gleich, einheitlich aussehen konnten. Wie Soldaten. Jeans, T-Shirts, Baseballkappen. Genau wie es dem armen Fluß passieren wird: total neue Einkleidung für die Olympiade im Ufertreten.

Im *Sportstück* hat Elfriede Jelinek auch das Kalauern überwunden, beinahe zumindest. Denn selbst in diesem späten Werk haben sich noch einige Albernheiten gehalten, die ein Lektor hätte verhindern müssen. Da hat sich zum Beispiel ein Junge »den neuesten Haarschnitt verpassen lassen, den er natürlich nicht verpassen durfte«. Da kauft sich einer ein »Handbuch«, der eigentlich, so Elfriede Jelinek, eher »ein Fußbuch« gebraucht hätte. Ausrutscher. Im *Sportstück* hat Elfriede Jelinek (endlich) eine eigene Sprache gefunden.

Viel schöner noch! Die Sprache hat endlich Körper gefunden, die zu ihr passen. Denn weil Elfriede Jelinek nicht zuerst eine Figur erfindet, der sie beim Schreiben dann Gedanken und Gefühle zuordnet, sondern genau gegensätzlich arbeitet, muss über die Sprache die Figur entstehen. Oder, wie sie es selber ausdrückt: Nicht eine Person oder sechs Personen suchten bei ihr einen Autor, sondern das Sprechen suche eine Hülle. Ganz anders formuliert: Die Zeugen ihrer Anklage gegen Gott, gegen ihre Heimat, gegen die Regierung, gegen die Dichter und Denker und gegen die Zeitungen, auch gegen die Männer überhaupt, sind schon da, bevor es sie gibt, denn sie sind gefundene oder erfundene Sprache, die ein Gefäß sucht. Jemanden, der sie spricht oder spielt.

Je weniger Elfriede Jelinek während des Schreibens nach den Hüllen sucht, also sich bewusst entfernt von Rollen und Rollenbildern, wie sie sie für all ihre Romane und für ihre frühen Stücke und die *Raststätte* benutzte, also sehr konventionell Figuren gestaltete; je entschiedener sie mit Prosatexten, mit der Montage von aufgefundenen Materialien arbeitet und es dem Regisseur überlässt, wie er den Text verteilt, auf welche Schauspieler: Desto bestechender, desto verletzender werden ihre Texte. Dann entlarvt sie nicht die Lüge allein. Sie sagt wahr.

»Wie wollen Sie«, spricht der Chor im *Sportstück*, »wie wollen Sie einem jungen Mann klarmachen, daß er in den Krieg ziehen soll, wenn er vorher keinen Sport getrieben hat? Ihr Sohn ist nötig! Wir brauchen Menschen, die Sorge um ihren Leib tragen und ihre Seele jederzeit unbesorgt wegschmeißen würden, wie Plato uns sagte, nachdem er ein einziges Mal ordentlich verschwitzt hatte.«

Wenn Elfriede Jelinek ihren Zorn, ihren Ekel in eine Form bringt, dann verehre ich sie leidenschaftlich. Als Übersetzerin von Eugène Labiches Farce *Die Affäre in der Rue de Lourcine* verdient sie darüber hinaus jeden Lorbeerkranz und viele weitere Übersetzungsaufträge. Sie hielten sie auch ab vom Verfassen neuer Nummern der alten Lüste. Wenn Elfriede Jelinek, außer sich vor Wut, die Wut bändigt, ihr

Sprache gibt und Sätze, die sorgsam geformt und ungestüm ausgespien werden, dann folge ich ihr leidenschaftlich gern. Deshalb ist *Wolken.Heim* mir der liebste ihrer Texte. Ein starkes, durchaus analytisches Prosakunstwerk, eine Auseinandersetzung mit deutschem Denken von der idealistischen Philosophie des 18./19. Jahrhunderts bis zum idealistischen Herrschaftsanspruch der RAF. In diesem Werk – wie in keinem anderen – schafft es Elfriede Jelinek, ohne nornenhafte Angestrengtheit Kleist und die Rote Armee Fraktion als zwei sehr deutsche und nicht sehr verschiedene Wege zu zeigen. Und gleichzeitig zu offenbaren, dass unsere Geschichte nicht verscharrt werden kann. Die Geschichte kommt immer wieder: Das Gedächtnis des Bodens hält die Toten nicht in der Erde. Sie kommen – mahnend, fordernd, klagend – immer wieder herauf.

Kleist und Heidegger und die RAF-Terroristen: Untote, Vampire – Hüllen für Elfriede Jelineks Sprache. Wenn sie denn phallisch sein soll, dann ist sie es in einem Sinne bloß, gegen den aber niemand, nicht Frau, nicht Mann, Einwände vorbringen kann: Elfriede Jelineks beste Texte zeugen Denken. Penetrieren Sprach- und Denkmuster, Gewohnheiten des Nicht-mehr-Bedenkens.

Just das, was manche Theaterkritiker Elfriede Jelinek ankreiden – dass sie keine dramatischen Texte schreiben kann, keine herkömmlichen Dialoge –, ist für mich ihre Stärke. Sie will ein anderes Theater. Misslingt es ihr, misslingt, was sie mit ihren Texten will, dann sagt sie schnippisch: »Ich weiß, dass alles aus und im Arsch ist.«

Es gibt noch einen Jelinek-Text, den ich leidenschaftlich mag und den gewiss nur die wenigsten kennen. Nach dem Tod von Thomas Bernhard schrieb sie einige kluge, gefühlsreiche Gedanken auf, abgedruckt in der Wochenzeitung *Die Zeit*:

Atemlos
An diesem Toten Giganten wird niemand mehr vorbei-
kommen. Seine lebenslange Krankheit hat ihn herausge-
hoben, seinen stets fehlenden Atem hat er festschreiben
müssen. Daher war seine Literatur eine Literatur des
Sprechens (im Gegensatz zum Denker Handke), der
Endlos-Tiraden. Solange ich spreche, bin ich. Auch wenn
man längst kannte, was gesagt wurde – in ihrer Musi-
kalität, in ihrer rhythmischen Gliederung, einer Endlos-
Sinuskurve, waren die Texte unerreicht, mußte man,
selbst atemlos geworden, immer weiterlesen. (…) Tho-
mas Bernhard ist an seinem wütenden Atem erstickt.

Elfriede Jelinek atmet, und sie hat kräftige Lungen. Gut
so. Sie wird also geradezu berserkerhaft und besessen
weitermachen, was sie einmal angefangen hat – nichts
fürchtend. Nicht die Kritiker. Nicht die Wiederholung.
Und nicht die politische Vereinfachung, die dann dazu
führt, dass das Objekt ihres Hasses gegen unsere Überzeugung plötzlich unser Mitgefühl genießt: So ein Phra-
sendrescher, so ein abgeschmacktes Klischee, so ein däm-
licher Pappkamerad ist Haider nicht, wie Elfriede Jelinek
ihn in einem Kurzdrama mit dem Titel *Das Lebewohl*
gezeichnet hat. Die Übertreibung führt – wie übrigens auch
einst bei Thomas Bernhards tagespolitischem Auftrags-
werk *Heldenplatz* – eher dazu, sich gegen die Autoren
selbst zu wenden. Die übertriebene Vereinfachung erzielt
das Gegenteil von Aufklärung: Abkehr und Verhärtung.
Elfriede Jelinek weiß das – und tut's trotzdem. So machen's
eben nicht alle.

»Unsere Geschichte ist die der Toten, bis der Boden endgültig verstummt«, heißt es in *Wolken.Heim*, dem Poem
über Deutschland. Es endet mit einem Bild, das wohl nur
eine Frau ans Ende setzen kann, womit die Diskussion um

das Phallische beendet ist: »Wir aber. Wir schauen mit offenen Augen und suchen immer nur uns. Wachsen und werden zum Wald.«

ii. Gertrude Stein

Von Elfriede Jelinek, die Hüllen suchte für ihre Sprache, möchte ich weiterwandern zu Gertrude Stein, die nicht einmal Figuren braucht für ihre Spracherfindungen. Gertrude Stein gehört zu meinen Lieblingsautoren, weil sie an Verrücktheiten von keinem absurden Autor, von keinem Dadaisten je überflügelt worden ist. Weil sie ihre zeitgenössischen Interpreten genarrt hat. Und uns – die wir uns heute ihrem durchaus großen Œuvre, das grob gerechnet etwa neuntausend Buchseiten umfasst, nähern – narrt sie noch immer. Bis auf die beiden Autobiographien, die sie geschrieben hat, bis auf einen seltsamen Befindlichkeitsroman über Hitler, Lenin und den Krieg, bis auf ein kleines Bändchen über Paris sowie einige konventionelle Erzählungen, ist alles eher kryptisch, verworren, manchmal auch gespenstisch. Gertrude Stein ist ein Phänomen; sie war so klug, dass sie selbst ihre Dummheiten noch für das Avantgardistischste, das Entwickeltste, das Beste in der Literatur der Neuzeit ausgeben konnte. Durchaus selbstbewusst, stellte sie ihre Texte ohne jeden Zweifel denen von Marcel Proust, den sie schätzte, und James Joyce, den sie für überschätzt hielt, an die Seite. Es fiel ihr nicht schwer, von sich zu behaupten, allwissend zu sein. »Ich glaube«, schrieb sie in *How to write*, »ich glaube der Grund weshalb ich wichtig bin, ist daß ich alles weiß.«

Langsam wollen wir uns dieser Dame nähern, von der die meisten – wenn sie ehrlich sind – zwar einiges wissen, aber – wenn sie ehrlich sind – sehr wenig nur, oder gar nichts gelesen haben werden.

Bei Gertrude Stein fällt den meisten wohl nur das Rosenzitat ein, das noch dazu oft falsch zitiert wird. Selbst Ulla Hahn, die 1996 behauptete, ob dieses einen Satzes die Kollegin ganz besonders zu schätzen, kennt nicht das Original. Vollmundig tönte Frau Hahn das Kompliment von Frau zu Frau:

»Hat sie nicht die berühmtesten Zeilen der amerikanischen Literatur geschrieben? Genügen nicht diese drei Worte, um ihren Rang als ›Mutter und Muse der Moderne‹ zu rechtfertigen? A rose is a rose is a rose – Ist das ein Satz? Sind es drei? Drei Sätze? Drei Fragen? Eine Frage? Eine Rose? Drei Rosen? Eine gefragte Rose? Eine gesagte Rose? Ein Rosensatz? Ein Satz Rosen? Ein Ein? Ein Sein? Drei Ein? Ein Drei mal Sein? Rose sein? Wort Sein? Rosenwort? Wortrose? Magie. Der Wörter? Der Dinge? Der Wörter. Die Wörter abzulösen von den Dingen. Ding-Wörter zu verwandeln in Wortdinge. Das ist ihr Vermächtnis.«

Ulla Hahn hätte nicht so viele Fragen stellen, nicht bemüht den Stein-Stil abkupfern, sie hätte nur den Satz im Werk finden müssen, um die Antwort auf die eine Frage, die magische, zu finden.

Der Satz, der die Stein berühmt machte, existiert in ihrem Werk mindestens in acht Variationen. »Rose ist eine Rose ist eine Rose ist eine Rose«, heißt es zum Beispiel in *Geography and Plays*, das 1922 erschien. Hier haben wir also vier Rosen. »Nehmen wir an, daß sie nicht vergißt, daß eine Rose eine Rose eine Rose eine Rose ist«, steht in *Operas and Plays*, von 1932. Auch hier vier Rosen. »Sie schnitzte immer in den Baum Rose ist eine Rose ist eine Rose ist eine Rose bis es ganz darum herum ging«, finden wir in einem dritten Werk. Dieses Zitat ist das wichtigste. Es taucht 1939 auf, in einem vom New Yorker Verlag Young Scott Books publizierten Buch. Es ist ein Kinderbuch und trägt den deutschen Titel *Die Welt ist rund*. Der Verlag war erst ein Jahr zuvor gegründet worden und hatte sich zum Ziel gesetzt, Literatur für Kinder herauszubringen. Also fragten die Verleger bei bekannten Autoren an, ob sie nicht eine Geschichte für Kinder schreiben mochten. Ernest Hemingway winkte ab, Gertrude Stein sagte zu. Sie erzählte die Geschichte eines Mädchens namens – Rose. Diese Rose lernt in der Schule, dass die Welt rund sei und macht sich nun auf den Weg, um nachzusehen, ob die Behauptung stimmt. Auf ihrer Reise kommt sie an einem Baum vorbei, in dessen Rinde sie rundherum den Satz ritzt: »Rose ist eine Rose ist eine Rose ist eine Rose ist eine Rose.« Das Kind Rose sieht sich selbst als eine Rose – ein Umstand, den die vielen ungenauen Zitate mit dem fälschlich vor den Namen gestellten unbestimmten Artikel verschleiern. Der Satz bleibt jedoch auch in abgewandelter Form, selbst mit dem unbestimmten Artikel, schön, weshalb die Stein auch nicht von ihm lassen mochte. 1947 wetterte sie gegen ihre Kritiker:

»Nun hören Sie mal zu! Ich bin kein Idiot«, schrieb sie in jenem Jahr in *Four in America*, »ich weiß, daß wir im alltäglichen Leben nicht herumlaufen und ›... ist ein ... ist ein ... ist ein‹ sagen. Nein, ich bin kein Idiot; aber ich glaube, daß in dieser Zeile die Rose zum ersten Mal in der englischen Dichtung seit hundert Jahren die Rose wieder rot ist.«

Schön daran ist, dass das Rot der Rose in allen Wiederholungssätzen der Stein nicht auftaucht, sondern in den *Tender Buttons* von 1914, die den deutschen Titel *Zarte Knöpfe* tragen. Dort finden wir auch »If the red is rose and there is a gate surrounding it, if inside is let in and their places change than something is upride.« Diese Passage lässt sich durchaus im Jelinekschen Sinne als ein erotisches Statement lesen, sogar als ein »vaginaler Orgasmus« interpretieren, wie der Stein-Forscher Bruce Kellner behauptet. Erotik kann man auch einer anderen Rosen-Passage aus den *Zarten Knöpfen* nicht abstreiten: »Eine kühle rote Rose und ein rosa beschnittenes rosa, ein Kollaps und ein losgeschlagenes Loch, ein bißchen weniger heiß.«

Ganz andere Sätze als die Rosen-Wiederholungen hätten Gertrude Stein berühmt machen sollen, aber sie blieben verborgen. Gertrude Stein ist eine Vergessene besonderer Art. Jeder Mensch von mittlerer literarischer Bildung behauptet sie zu kennen – wegen des Rose-Bekenntnisses, das als Floristensatz missverstanden wurde –, doch die wenigsten haben je etwas von ihr gelesen.

Die »Mama of Dada«, wie der amerikanische Kritiker Clifton Fadiman die Dichterin nannte – und sich wohl gerade mit dieser Bezeichnung über sie mokieren wollte –, »The Mother Goose of Montparnasse«, wie andere sie noch zu Lebzeiten tauften, diese Gertrude Stein macht es Lesern nicht eben leicht.

Selbst jenen nicht, die sich ihrem Werke zu nähern suchten. Wenn jemand sie um eine kleine oder größere Erklärung bat, erklärte sie nichts, sondern ohrfeigte den Frager. Quittierte Ignoranz mit Arroganz. Den amerikanischen Journalisten, der sie bereits an Bord des Ozeanliners »Champlain«, mit dem sie am 24. Oktober 1934 zu einer Vortragsreihe in New York angekommen war, interviewte, kanzelte sie ab. »Warum schreiben Sie nicht wie Sie sprechen?«, fragte der junge Mann. Und die ältere Dame antwortete indigniert: »Warum lesen Sie nicht, wie ich schreibe?«

Auch wer sich mit Gertrude Steins Vorträgen zur Literatur beschäftigt, die sie 1934 und 1935 auf Einladung der Universität von Chicago hielt, wird mit den Funden eher unzufrieden sein. Wir erfahren: »Erzählung ist was jeder über irgend etwas das auf irgendeine Weise geschehen kann, geschehen ist oder geschehen wird auf irgendeine Weise zu sagen hat.«

Thornton Wilder, der 1935 ein kurzes Vorwort zu der Ausgabe von vier Stein-Vorträgen geschrieben hat, verwies darauf, dass eine fast erschreckende Exaktheit in Gertrude Steins Verwendung gerade jener Worte steckt, die die übrigen Menschen in der Umgangssprache meist unbedacht verwenden: everybody, everything, every way.

Was Gertrude Stein in diesen Vorträgen über die Prosa sagt, über das Schreiben, das Erzählen, das sie als das Fortschreiten und Fortschreiben von Absätzen beschreibt, soll hier nicht erörtert werden. Eine Passage aus diesen Vorträgen aber hat mich schon als Student beeindruckt, weshalb sie zitiert sein soll. Die Maxime ist mir zu einem Maßstab geworden – auch meiner eigenen Arbeit. Gertrude Stein philosophiert über das Schreiben in Zeitungen, über das Schreiben als Kontinuum, das sich auch nur in der Kontinuität erschließe, weil es bei der Zeitung keinen Anfang und kein Ende gebe, und dann sagt sie vor den Studenten: »Ich habe gesagt daß es die Aufgabe des Künstlers ist Spannung zu erzeugen und es ist seine Aufgabe und wenn er ein Künstler ist ist alles was er tut wirklich tut wirklich spannend. Mit spannend meine ich daß es bei Ihnen wirklich etwas auslöst wirklich innen in Ihnen.«

Dass ausgerechnet Gertrude Stein so über die notwendige Wirkung von Geschriebenem, von Literatur gesprochen hat, verwunderte mich und verwundert mich noch heute. Denn was geschieht bei einem Leser während der Lektüre des Stein-Gedichts *Bee Time Vine* – ob man es nun im Original oder in einer der drei deutschen Übertragungen liest?

Call It A Table
Do not dispute me.
Oh no.
Do you call it a table.
(Gertrude Stein, Bee Time Vine / Spinnwebzeit)

sog a disch
sog ned i hob ned recht.
owa na.
soxt oiso des is a disch.
(Ernst Jandl)

Nenn Es Tisch
Streit mit mir nicht.
Oh nein.
Nenn es Tisch.
(Erica & Raymond Federman)

Ist ein Tisch
Nix da.
Du verstehn!
Sagst du Tisch dazu.
(Jennifer Poehler)

Der Leser – selbst wenn er das Gedicht laut deklamiert – wird wahrscheinlich nur mäßig beeindruckt sein und der Dichterin (und ihren Bewunderern) einen Spleen nachsagen. Womöglich wird er denken, dass diese Frau die Tinte nicht habe halten können. Stimmt! Wollte sie nicht.

»Ich liebe das Schreiben, es ist so angenehm wie die Tinte etwas auf das Papier niederschreibt während es immer so weitergeht. (...) aber ich korrigiere nicht, manchmal lasse ich etwas weg nicht sehr oft und nicht sehr viel nur eben korrigierend denn was in deinem Kopf ist kommt herunter in deine Hand und wenn es heruntergekommen ist kann es nie wieder kommen nein nie wieder«, bekennt Gertrude Stein in *Jedermanns Autobiographie*.

Abstruses Geschwätz? Unverständliches Geraune? Vielleicht. Trotzdem bleibe ich bei meiner Behauptung, dass manche Texte der Stein von Genie künden. Und hierfür möchte ich den Beweis antreten – auch, weil ich glaube, dass es sich manche Leser oder Zuschauer zu einfach machen, wenn sie Bilder, Texte oder Inszenierungen, die sie auf Anhieb nicht verstehen, schlicht ablehnen als unverständlich und demnach missglückt. Gertrude Steins steinige Texte zu dechiffrieren ohne zu stolpern oder die Wanderung auf verschlungenen Satzpfaden vorzeitig aufzugeben, ist ein besonderer Kraftakt.

Vielleicht schafft mein nächster Fund aus einem der Vorträge, die sie in Amerika hielt, einen Zugang zur Arbeit dieser Schriftstellerin: »Ich mag das Gefühl von Wörtern die tun was sie wollen und was sie tun müssen, wenn sie leben, wo sie leben müssen also wo sie angekommen sind um zu leben was sie selbstverständlich auch tun«, erklärte sie den Studenten und hatte leichtes Spiel, ihnen Beispiele für die willensstarken Wörter vorzutragen. Bei Gertrude Steins Theaterstücken, bei ihren Opernlibretti, Gedichten und Porträts machen die Worte wirklich, was sie wollen. Was Gertrude Stein von ihnen will!

Die Wörter proben den Aufstand gegen den Sinn, der ihnen innewohnt. Sie verweigern sich jeder bisher gebräuchlichen Syntax, weil die Stein davon ausgeht, dass Grammatik nutzlos ist. Ihre Wörter stellen alles an, damit wir Leser oder Hörer wütend werden, weil wir uns von Gertrude Stein und von ihren Wörtern gefoppt fühlen. Und mit Verben fährt sie gern Geisterbahn, wie sie in ihren Vorträgen kokettierte: »Außer daß das Verb falsch verstanden werden kann und Fehler machen kann können sich Verben verändern so daß sie wie sie selber aussehen oder wie was anderes aussehen, sie sind, sozusagen auf Achse und Adverben fahren mit ihnen und sie beide finden sich überhaupt nicht lästig aber sehr oft ziemlich falsch verstanden.«

Auch Satzzeichen erlaubt Gertrude Stein alles. Das heißt zunächst, dass sie Kommata hasst: »Ein Komma indem es einem weiterhilft und den Mantel aufhält und die Schuhe anzieht hält einen davon ab sein Leben so aktiv zu leben wie man es leben sollte und für mich war für lange Jahre und ich denke immer noch so darüber nur achte ich jetzt nicht so sehr auf sie, war ihr Gebrauch absolut erniedrigend (...) Allerhöchstens ist ein Komma ein schlechter Punkt daß er einen Luftholen läßt aber wenn man Luft holen will sollte man selbst wissen daß man Luft holen will.«

Punkte, so scheint es, setzen sich in den Stein-Sätzen selber, wann immer sie Lust haben: »Punkte haben ihr eigenes Leben ihre eigene Notwendigkeit ihr eigenes Gefühl ihre eigene Zeit.« Und Fragezeichen möchten vielleicht gern einmal auftauchen, aber da ist Gertrude Stein davor, sie kann sie nicht leiden: »Das Fragezeichen ist in Ordnung wenn es ganz allein ist wenn es als Brandzeichen für Vieh benutzt wird oder wenn man es zur Dekoration nehmen könnte aber im Zusammenhang mit schreiben ist es vollkommen absolut vollkommen uninteressant ... Eine Frage ist eine Frage, jeder kann wissen daß eine Frage eine Frage ist also warum dazu noch das Fragezeichen wenn sie schon da ist wenn die Frage schon da im Text ist.«

Soviel zu Gertrude Steins sprachlichen und grammatikalischen Freiheiten. Es gibt Stein-Texte, die mich ärgern, zu deren Lektüre ich mich zwingen muss und von denen ich schon nach wenigen Zeilen weiß, dass ich es wieder nicht schaffen werde, sie zu Ende zu lesen. Ihre dramatischen Arbeiten, die niemand wirklich als Theaterstücke bezeichnen kann, gehören – allesamt – zu diesen von mir oft begonnenen, nie beendeten Stein-Lektüren. Eines der eher kürzeren, eher witzigen, ganz und gar unverständlichen, trägt den Titel *Nicht ansehnlich*. Es ist ein Fünfakter mit mehreren fünften Akten. Der erste sei hier zitiert:

Ein wenig schmerzhaft und wirklich befriedigender verengt und erwähnt in langen sondernden Geburtstagen. Soll es seltsam scheinen.
Nicht überwintert meine Teure.
Nicht überwintert meine Teure.
Nicht überwintert meine Teure.

Gefährten
Neun im Verein mit Straichy und perl matt und leis summen. Warum kriegen Braten im Kaufschnitt Münzsaucen. Sie brauchen sie.
Sie brauchen sie doch noch.
Sie brauchen sie doch noch.
Sie brauchen sie doch noch sie brauchen sie doch noch.

Eine längere Pause.
Wenn Sorten von ähnlichen Zehnen will sagen zwanzig leiden, wenn ähnliche Zehnen und vielleicht fünfzig knien, wenn ähnliche und verbundene und gepriesene und gesteppte enge Trikots still gesteppte enge Geister wenn dreimal innerst aufwendiges Achselzucken mehr bedeuten so war da eine Belastung und wenig von Bedeutung kleine Wasserflecken erschienen und blieben.

Sie sorgten dafür.
Eine besondere Linderung.

In einer besonderen Linderung.
Nicht nicken.
Erklär Blicken. Erklär erneut Blicken. Alice erklär erneut Blicken.

Und noch etwas.
Wirklich nicht meine Teure.
Warum sollte ich Souper sagen.
Nicht alle laufenden Sachen meine Teure. Es tut mir leid einander zu verlassen.
Dann nicht.

Ich habe lange Bande.
Ich konnte es nicht dahinter tun. Ich konnte es nicht dahinter tun. Ich würde Lena niemals sehen. Ich würde getrennt horten wollen. Ich würde sicherlich was nassauern. Ich würde sicherlich genug nassauern.

Unterbrechung.
Was soll das heißen.
Es hat keinen Sinn Freitag auszulassen. Es hat schon einen Sinn.

Achtzehn.
Dreiundzwanzig.

Zeiten.
Wenn da ein Arrest sein kann und ich will nicht gehen, als es endlich Wasser gab, Pflanzen sind, zwischen ihnen. Pauls. Sie kamen und sagten ein anderer war schneller. Sie kamen und spezialisierten sich. Sie waren in einem

Jahr und alt.
Nun will ich weiter.
Hör auf. Hör auf Affen anzufassen, hör auf Vögel anzu-
fassen, hör auf zu lehnen, hör auf bei einem Gefährten
zu lehnen.
Ich kam zum Grabe getragen Drehen zu sehen und schla-
ge in das vorsichtige Außen was doch einen minderen
Unterschied ergibt Unterschiede mehr beider. So ist es
eben vorsichtig auszusprechen.

Ein Text wie dieser lässt es ahnen: Gertrude Stein war mit
ihren Werken zunächst wenig erfolgreich. Aber stärker als
die späteren Erfolgswerke sind jene Texte, die nur von
wenigen geschätzt wurden, denn allein mit ihnen erweist
sich die Stein als Revolutionärin, auch der Bühne, für die
sie zeit ihres Lebens geschrieben hat.

Ihr erstes Stück war der kleine Fünfakter *What happe-*
ned von 1913, ihre letzten großen Theatertexte waren *Doc-*
tor Faustus lights the Lights von 1938 und *John Breton*
von 1946. Mit diesen Werken für die Bühne habe ich
durchaus Schwierigkeiten, was wohl nicht verwunderlich
ist. In den frühen Stücken versucht Gertrude Stein das
Unmögliche: Zu erzählen, »was erzählt werden könnte,
wenn man gar nichts erzählt«. Danach versuchte sie Stücke zu schreiben, die aussehen sollten wie Landschaften,
die sich nicht bewegten, in denen aber alles – Bäume,
Hügel, Felder – zueinander in Beziehung stehen sollte.
Sprache, die einen Sinn erzeugt, will sie nicht. Sie will auch
keine Konversation im herkömmlichen Sinn, sondern eine
Konversation, einen Dialog zwischen den verschiedenen
Ebenen einer Aufführung, zwischen Wort, Szene und
Musik. Aber damit kein Missverständnis aufkommt: an
ein Gesamtkunstwerk im Wagnerschen Sinn hat sie ganz
und gar nicht gedacht. Sie wollte ein Theater, in dem der

Zuschauer nicht beunruhigt, nicht nervös gemacht wird. In *Jedermanns Autobiographie* berichtet sie von einer Aufführung zweier ihrer Stücke, die ihr offensichtlich gefallen hat: »Das Schauspiel begann, wir waren rechtzeitig da und das Schauspiel begann aber es war zu weit weg aber es begann. Ich schaute es an und ich hörte es gerne. Mrs. Goodspeed hatte gedacht wir könnten zu weit weg sein und deshalb hatte sie uns nähere Plätze besorgt. Die nahmen wir später ein und dort saßen wir näher. Da begann gerade der zweite Akt. Es war ein hübscher Anblick und die Bewegung war alles man bewegte sich und tat nichts, genau das ist was ein Heiliger oder ein Lanzer tun sollte sie sollten nichts tun, sie sollen nichts tun, sie sollen ein paar Leute bewegen und sie bewegten auch ein paar und sie taten nichts es war sehr befriedigend.«

Kein Wort schreibt sie über den Text und dessen Vortrag. Das verwundert, schließlich will Gertrude Stein im Theater nur, dass ein bestimmtes Etwas da ist: die Sprache, ausgerechnet. Sie will eine Welt schaffen, aus Sprache. Ist dies gelungen, interessiert die Stein sich nur noch wenig für ihre Schöpfung auf der Bühne. Auch dies erklärt, warum sie als Dramatikerin nie populär geworden ist. In der 1980 erschienenen Dissertation von Betsy Alayne Ryan über Gertrude Stein sind von 1970 an bis 1982 nur neununddreißig Inszenierungen aller ihrer Werke weltweit nachgewiesen. Nicht eben viele.

Der Erfolg stellte sich anderswo ein: 1933 erschien *Die Autobiographie von Alice B. Toklas*. Die Dichterin war zu dieser Zeit 59 Jahre alt. Und das Buch hatte mit dem, was die Stein bisher gemacht hatte, wenig gemein. Seine Sprache war vergleichsweise schlicht, bar der üblichen Steinschen Kapriolen. Doch das war egal, die literarische Avantgarde hatte Gertrude Stein längst anerkannt; und dass jetzt auch noch ein Erfolg beim Publikum dazukam, nahm ihr niemand übel. Die Stein war darüber glücklich. Schon die oben erwähnte Schiffsreise nach New York gefiel ihr, mehr noch der nun einsetzende Ruhm. In *Jedermanns Autobiographie*, die eigentlich ihre eigene Autobiographie ist, schreibt sie über den Aufenthalt an Bord, wo ihr jeder Luxus genehm war und sie von allen Passagieren hofiert wurde: »Es war der Anfang vom Reisen als Berühmtheit und mit allen Vorrechten die damit zusammenhängen. (…) Als Berühmtheiten zahlten wir weniger als den vollen Preis einer kleinen Kabine und wir hatten eine sehr luxuriöse.«

Endlich wieder in Amerika, wo sie seit ihrer Studienzeit nicht mehr gewesen war, missfiel ihr eines nur: das Essen, wie sie in *Jedermanns Autobiographie* schimpft:

Essen ist ein Thema und eine Gewohnheit und das Land in dem man lebt braucht die Art von Essen die jedermann dort ißt. Alle unsere französischen Freunde die in Amerika gewesen waren hatten immer gesagt das Essen dort sei ungenießbar. Jeanne Cook hatte gesagt in ganz Amerika gäbe es keinen Lattich und keine Salate. Jetzt natürlich gibt es gar nichts anderes als das aber das ist es schließlich was Amerika nötig hat es hat nötig das alles zu tun solange es das nötig hat.

Das Land in dem wir im Sommer leben ist ein französisches Land wo Brillat-Savarin geboren wurde und es ist ein Land in dem man über das Essen spricht. Jedes Land spricht über Essen aber in diesem Land spricht man über das Sprechen über das Essen. Lamartine kam aus diesem Land und Brillat-Savarin und Madame Recamier. Sie alle hatten offenbar gerne gegessen und vielleicht das reizendste Buch über Essen das je geschrieben wurde ist das von Tendret, ein außergewöhnlich reizendes. Nun ja.

Von den manierierten Sprachspielereien der frühen Zeit ist in *Jedermanns Autobiographie* wenig übrig geblieben. Es gibt sie zwar noch, die Wiederholungen, die Kreisbewegungen der Sprache, es gibt noch dieses Erzählen, dass sich mit den einfachsten Worten fortentwickelt, aber ver-rückt ist an diesem Text wenig. Es ist eine assoziative Erzählweise, die Gertrude Stein schon früher gepflegt hatte. Im Gegensatz zu der *Autobiographie von Alice B. Toklas*, in der die Autorin es schaffte, eine kurze Handlung bis zu ihrem Ende zu erzählen, einen Gedanken bis zu Ende zu denken, erliegt sie hier wiederum ihrer Lust am gedanklichen Exkurs. Die Nebenhandlungen überwuchern oft, was zum gegebenen Zeitpunkt ihr Thema ist. Außerdem sperrt sie nicht, wie in dem Toklas-Buch zuvor, die Erzählzeit in der Erzählung aus, im Gegenteil: Die Erzählzeit, also die Zeit, in der sie schreibt, dringt ein in die erzählte Zeit, die Zeit, von der sie erzählt. Zudem ist die Erzählerin geschwätzig oder höflicher formuliert: weitschweifig.

Wie sehr es Gertrude Stein darum ging, mit diesem Buch an ihren ersten finanziellen und publizistischen Erfolg, die Toklas-Autobiographie, anzuknüpfen, wird deutlich schon auf den ersten Seiten von *Jedermanns Biographie*, und allzu deutlich wird auch, dass sie ihre eigene Berühmtheit übertreibt und stilisiert:

Es ist sehr nett eine Berühmtheit zu sein eine wirkliche Berühmtheit die entscheiden kann wen sie zu treffen wünscht und es auch sagen kann und sie kommen oder kommen nicht wie man es wünscht. Ich habe mir nie vorgestellt dass es mir passieren könnte solch eine Berühmtheit zu werden aber es kam und als es kam gefiel es mir aber das alles kommt erst viel später. Immerhin war ich eine Berühmtheit und als ich in Pasadena war

bat uns Mrs. Ehrmann, die ich bei Carl van Vechten in
New York kennengelernt hatte, nach Beverly Hills hinü-
ber zu kommen und bei ihr zu essen. Wen wir zu tref-
fen wünschten. Wen immer sie mochte, sie sagte sie wür-
de Charlie Chaplin und die Emersons bitten und noch
ein paar andere nicht mehr als zwölf im ganzen und ob
das recht wäre. Ja. Und Alice Toklas hängte ein.

Später am Tag, ich stehe nie früh auf ich stehe so spät
wie möglich auf ich mag nicht am Morgen aufstehen
und es weckt mich nie jemand jedenfalls hat man es mir
gesagt und ich war erfreut, dann plötzlich am nächsten
Tag sagte ich aber ich wollte doch Dashiell Hammett
treffen und jemand in New York sagte der sei in Kali-
fornien.

Wer war diese Alice B. Toklas? – Sie war Gertrude Steins
Leidenschaft, ihre große Liebe. Beide Frauen lebten ganz
offen ihre Homosexualität, wenngleich Gertrude Stein ihr
sexuelles Begehren nie thematisierte und nur in einer posthum veröffentlichten Erzählung die lesbische Liebe zum
Gegenstand eines Textes machte. Zeit ihres Lebens scheint
die Schriftstellerin hin- und hergerissen gewesen zu sein zwischen ihrer Leidenschaft und der Furcht vor der gesellschaftlichen Ächtung. In *Jedermanns Autobiographie* distanziert sich die Erzählerin von einer Sie, mit der sie sich
selbst meint, und schreibt: »Sie sagt immer, daß sie das
Abnorme nicht leiden könne, es sei so durchsichtig. Das
Normale sei auf so viel simplere Art kompliziert und deshalb interessant.«
Gertrude Stein hat in allen Lexika, in denen völlig unsinnig homosexuelle Dichterinnen und Denker, Malerinnen,
Komponisten und Photographinnen aufgelistet sind, einen
Ehrenplatz. Und es stimmt, die Stein lebte mit Frauen
zusammen und liebte sie. Diskret. Über ihre frühen Lie-

ben, über ihre sexuelle Orientierung erfahren wir wenig. Wer danach sucht, muss klitzekleine Puzzleteile aneinander fügen.

Relativ viel findet man über Alice B. Toklas in dem Porträt *Ada*, wozu ich später noch komme. Kurze Verweise gibt es in dem Opernlibretto *Four Saints in Three Acts*, zum Beispiel: »Es ist ganz einfach allein zu lieben.« Und in dem Familien-Roman *The Making of Americans* lesen wir, es sei schwer, die angeborenen Veranlagungen zu unterdrücken. Wir wissen, dass Gertrude Stein, die am 3. Februar 1874 in Allegheny/Pennsylvania als Kind wohlhabender Eltern deutsch-jüdischer Abstammung geboren wurde, in ihrem Leben drei Freundinnen gehabt hat: May Bookstaver, Etta Cone und Alice B. Toklas.

Die erste war eine ihrer Kommilitoninnen aus Baltimore, wo Gertrude Stein an der John Hopkins School of Medicine studierte. Diese Affäre, die 1900 begann, endete nicht glücklich; und sie wäre uns nie bekannt geworden, hätte nicht Fräulein Toklas Gertrude Steins kurzen Roman *Q.E.D. – Quod Erat Demonstrandum* posthum veröffentlicht. Der Text ist ein konventioneller naturalistischer Roman, in dem die Stein auch die Korrespondenz mit May Bookstaver verwendet. Er erzählt auf sehr schlichte Weise eine komplizierte lesbische Dreierbeziehung. Drei Frauen, die den weiblichen Figuren von Henry James nachempfunden sind, einem Autor, den die Stein schätzte, sind verstrickt in ein schwieriges Liebesgeflecht, das sein Vorbild im realen Leben hatte. May Bookstaver nämlich lebte mit Mabel Haynes zusammen und wurde gleichzeitig von Gertrude Stein begehrt. Dieses Gefühlsdreieck griff die Autorin in ihrem Buch auf. Alle drei Romanheldinnen sind wohlerzogene Amerikanerinnen, alle drei sind finanziell unabhängig – wie es auch die Stein zeitlebens war –, alle drei Frauen unternehmen gemeinsam drei Europareisen.

Die Frau der Begierden der beiden anderen heißt im Roman Helen Thomas und wird von den beiden Verliebten die schöne Helen genannt – dies ist eine ironische Anspielung auf die schöne Griechin. Helen wird umworben von Mabel – hier outete Gertrude ihre reale Gegenspielerin, indem sie den Namen beibehielt. Mabel ist prüde und berechnend. Die Dritte heißt Adele, ist geschwätzig und direkt. Adele, also Gertrude Steins Alter Ego, ist das zentrale Bewusstsein dieses Romans, in dem sich nichts entwickelt, weder die Beziehungen kommen vom Fleck, noch die Charaktere. *Q.E.D.* ist so etwas wie eine Comedy of Manners, die einen Status quo beschreibt – und der ist für alle drei Frauen unbefriedigend.

May Bookstaver fand also Eingang in Gertrude Steins Werk. Etta Cone aus Baltimore hingegen taucht dort nicht auf – mit ihr verband Gertrude Stein aber eine lebenslange Freundschaft.

Die dritte ist Alice B. Toklas. Sie kam Ende 1907 nach Paris, wo Gertrude Stein seit 1904 mit ihrem Bruder Leo in einem Haus in der Rue de Fleurus 27 lebte, in unmittelbarer Nähe des Jardin du Luxembourg. Gertrude Stein hatte vor, Schriftstellerin zu werden und in dieser Stadt zu leben. Die Gründe nennt sie in dem 1940 erschienenen Bändchen *Paris Frankreich*, das ebenfalls zu den späten, konventionellen Werken gehört, in denen es der Autorin darum ging, wenn nicht bei der Wahrheit zu bleiben, so doch die persönlichen Erinnerungen derart zu formulieren, dass sie leicht zu dechiffrieren waren. Gertrude Stein war als Kind in Paris gewesen, woran sie sich aber nicht erinnern konnte. Dennoch steht dieser erste Aufenthalt zu Beginn dieses Bändchens: »Paris, Frankreich ist aufregend. Ich war erst vier Jahre alt als ich zum ersten Mal in Paris war und dort französisch sprach und dort fotografiert wurde und dort zur Schule ging, und Suppe zum Frühstück aß und Hammelkeule und Spinat zum Lunch, ich habe Spinat immer gemocht, und eine schwarze Katze sprang auf den Rücken meiner Mutter.«

Ihr Entschluss bei Bruder Leo zu bleiben, mit ihm Gemälde zu sammeln und Schriftstellerin zu werden stand fest: »Schließlich ist jeder, das heißt, jeder der schreibt daran interessiert in sich selber zu leben damit er sagen kann was in ihm drinnen ist. Darum müssen Schriftsteller zwei Länder haben, eines wohin sie gehören und eins in dem sie wirklich leben. Das zweite ist romantisch, es ist getrennt von einem selbst, es ist nicht wirklich aber es ist wirklich da.«

Ihr Leben lang sprach Gertrude Stein in Frankreich ausschließlich französisch, allerdings mit einem sehr starken Akzent; und sie schrieb ihr Leben lang auf englisch. Diese Sprache war ihr also kein Medium der Kommunikation, sondern ausschließlich eines der Kunst.

Im September 1907 trafen sich Alice B. Toklas und Gertrude Stein das erste Mal. Es heißt, schon bei der ersten Begegnung sei ein gegenseitiges Interesse sofort zu bemerken gewesen. Aber es dauerte viele Monate, bis Fräulein Toklas zu der bekannten Kunstsammlerin und zu ihrem Bruder in die Rue de Fleurus zog. Dennoch scheint es ein coup de foudre gewesen zu sein. Gertrude Stein bekennt als Alice in der Toklas-Autobiographie sehr selbstverliebt, welchen Eindruck Gertrude auf Alice, Alice auf Gertrude gemacht hatte. Die Begegnung fand statt im Haus von Michael Stein und seiner Frau: »Innerhalb eines Jahres war auch ich gegangen und ich war nach Paris gekommen. Dort besuchte ich Mrs. Stein, die inzwischen nach Paris zurückgekehrt war, und in ihrem Haus lernte ich Gertrude Stein kennen. Ich war beeindruckt von der Korallenbrosche die sie trug und von ihrer Stimme. Ich kann sagen, daß ich nur dreimal in meinem Leben einem Genie begegnet bin und jedesmal erklang in mir eine Glocke und ich irrte mich nicht, und ich kann sagen in jedem Fall war es bevor sie allgemein als Genies anerkannt waren. Die drei Genies über die ich sprechen möchte, sind Gertrude Stein, Pablo Picasso und Alfred Whitehead. (…) In keinem der drei Fälle habe ich mich geirrt. So begann ein neues und erfülltes Leben.«

Die Stein-Toklas-Verbindung, die bis zum Tode der Dichterin hielt, war eine literarische und emotionale Symbiose. Leben und Kunst wurden eins in diesem Paar. Alice B. Toklas schrieb die Texte ihrer Freundin ab, versah sie während der Lektüre mit Randbemerkungen und führte das gemeinsame Haus. Sie empfingen Freunde und an ihren Jours Fixes auch Fremde, die sich für die Steinsche Kunstsammlung interessierten. Die beiden müssen, sieht man sich die Gemälde von ihnen an oder das Foto, auf dem die beiden Frauen beim so genannten »Hochzeitsausflug« auf dem Markusplatz in Venedig Tauben füttern, ein seltsames Paar gewesen sein.

Die Beziehung zu Alice B. Toklas änderte Gertrude Steins Leben und ihre literarische Arbeit. Sie ging offener mit ihrer lesbischen Neigung um, schrieb Alice Liebesgedichte und Liebesschwüre wie in dem Text *Lifting Belly*:

Kiss my lips. She did
Kiss my lips again she did
Kiss my lips over and
over and over again
she did

Gertrude Stein sang während dieser Ehe Liebesglück und widmete der Braut ein Porträt mit dem Titel *Ada*, in dem Ada Alice ist und Gertrude Stein »jemand«: »Ada war dann eine und ihr ganzes Leben war dann eines völlig Geschichten zu erzählen die bezaubernd waren, völlig Geschichten zu lauschen die einen Anfang hatten und eine Mitte und ein Ende. Beben war ganz Leben. Leben war ganz Lieben, jemand war dann die andere. Sicherlich liebte diese eine diese Ada dann. Und sicherlich war Ada in ihrem ganzen Leben glücklicher im Leben als sonst irgend jemand der jemals leben konnte, lebte lebt und jemals leben wird.«

Alice machte sich unentbehrlich für Gertrude. Und sie wurde von allen Freunden der Stein akzeptiert, nahm an allen Gesprächen und Essen teil, war auch dabei, als Picasso für Henri Rousseau das berühmt gewordene Banquet Rousseau gab. Wie sehr Alice B. Toklas ihre Lebensgefährtin nach dem Tod der Stein 1946 vermisste, lässt sich Briefen entnehmen. Einem Freund vertraute Fräulein Toklas an, dass sie dem Andenken an Gertrude ihr ganzes Leben widme, so, wie sie es ihrer Freundin zu Lebzeiten gewidmet hätte.

1909 erschien der Band *Three Lives*, den die Stein, da sie keinen Verleger fand, auf eigene Kosten drucken ließ. Die Autorin beschreibt hierin drei verschiedene Frauenschicksale, vereinigt zwei Erzählungen über die Haushälterinnen Lena und Anna mit einem zuvor gerade beendeten Text mit dem Titel *Melanctha*. Diese dritte Frau ist eine moderne Gestalt, ein Mädchen, das sich finden und nicht anpassen will. Erzählt wird die Liebesgeschichte zu Jeff, einem Farbigen. Zum erstenmal in der Literatur der USA lässt ein weißer Autor eine Geschichte nur unter Farbigen spielen. Auch die Erzählungen aus *Three Lives* sind noch realistisch.

Es folgt der Roman *A long gay book*, der bereits den Stilwechsel andeutet. Der erste Teil knüpft noch an die zuvor geschriebenen Romane an, auch an das fast tausend Seiten lange Opus *The Making of Americans*, das erst 1925 erschien und die Geschichte zweier amerikanischer Familien beschreibt, die deutlich als die Stein-Vorfahren zu erkennen sind; der zweite Teil verzichtet auf Weitschweifigkeit, versucht Kürze und Prägnanz und gibt die chronologische Erzählhaltung auf. Trotzdem sind beide Teile gleichermaßen manieriert.

1914 endlich erschien in New York Gertrude Steins *Tender Buttons (Zarte Knöpfe).* Mit diesem Buch wurde sie für die einen zur avantgardistischen Kultautorin, von den anderen endgültig als Verrückte abgestempelt. Letztere nahmen die Stein erst wieder ernst, als sie zu einem konventionellen Stil zurückkehrte. Dies tat sie in den beiden zuvor erwähnten Biographien, aber auch in dem kruden Werk *Frau Reinelt*, einem geschwätzigen Roman über den Zweiten Weltkrieg, in dem Hitler als Angelus Harfenist auftritt und Stalin als Josef Linn. Den Avantgardisten missfielen diese Rückschritte. Und auch ich kann mich für *Frau Reinelt* nicht erwärmen.

Meine Neugier auf Gertrude Stein wurde geweckt durch einen Begriff, der ihr zugeschrieben wird, aber nicht von ihr stammt. Es ist der der »verlorenen Generation«, die Kriegsgeneration meinend. In *Jedermanns Autobiographie* stellt sie die Sache richtig: »Es war dieser Hotelbesitzer der das sagte wovon man sagt ich hätte es gesagt dass nämlich die Kriegsgeneration eine verlorene Generation sei. Und er sagte es auf diese Weise. Er sagte jeder Mensch werde im Alter zwischen achtzehn und fünfundzwanzig zivilisiert. Gehe er zu dieser Zeit seines Lebens nicht durch eine zivilisierende Erfahrung werde er kein zivilisierter Mensch. Und die Männer die mit achtzehn in den Krieg gingen versäumten die Periode der Zivilisierung und könnten nie zivilisiert sein. Sie seien eine verlorene Generation.

Wenn sie im Krieg sind empfangen sie natürlich nicht den Einfluß von Frauen, von Eltern und von Schulung.«

Diese Erklärung war meine Gertrude-Stein-Einstiegsdroge. Meine Leidenschaft für die Stein war entfacht, wuchs durch die Lektüre ihrer Vorträge, sie wurde befeuert durch den Spaß, den ich beim Lesen der *Autobiographie der Alice B. Toklas* hatte. Es ist ein stilistisch braver, keineswegs verwegen formulierter Text, der aber – dessen ungeachtet – immer noch zu den amüsantesten Berichten zählt, die über die Pariser Bohème von 1900 bis 1950 geschrieben wurden. Ein Buch voll mit Klatsch, voll mit sehr genauen Beobachtungen, voll mit Beleidigungen der Künstler in Gertrude Steins Umgebung, der Menschen, die sie nicht schätzte. Witzig und gemein ist dieser Text. Und meine Leidenschaft lodert, wenn ich jene Bücher lese, die die Stein nicht für ein Publikum schrieb, also nicht, um damit Erfolg zu haben bei Kritik, Verlegern und Lesern, sondern ganz egozentrisch für sich allein – und für Alice. Jene Texte, in denen sie mit allen literarischen Konventionen bricht: Fabel, Logik, Zeichensetzung, Form – in den Orkus damit. Nicht, dass ich alles verstehe, aber ich freue mich mit Unverstand an dem Unverständlichen, an den Rätseln, versteckt unter dem Holzhaufen. Freue mich, dass Spaß weder Erklärung braucht noch Sinn.

Gertrude Stein war ihrer Zeit voraus und bleibt es, welche Zeit auch anbricht. Sie ist die Ausnahmedichterin. Oder wie sie in dem 1940 publizierten Werk *Was sind Meisterwerke* formulierte: »Niemand ist seiner Zeit voraus, es ist nur daß die bestimmte Art seine Zeit zu schaffen die ist die seine Zeitgenossen die ebenfalls ihre eigene Zeit schaffen sich weigern anzuerkennen ... Der Schöpfer einer neuen Zusammenstellung in den Künsten ist ein Ausgestoßener bis er Klassiker ist.«

Meine Favoriten sind die Gedichte aus dem Band *Spinnwebzeit*, sind die Porträts und die *Zarten Knöpfe* sowie die Un-Stücke. Ich liebe Gertrude Stein dafür, wie sie ein Huhn beschreibt: »Ach eine schmierige Manier, ach eine schmierige Vier, ach eine schmierige Vier, ach ein schmieriges Tier.« Und was sie zu Kartoffeln, so der Titel einer kurzen Passage in den *Zarten Knöpfen* zu sagen hat, gefällt mir auch: »Bei der Zubereitung von Käse, bei der Zubereitung von Crackers, bei der Zubereitung von Butter, dabei.«

Die *Zarten Knöpfe* sind vielleicht die schwierigsten Texte der Stein. Sie sind ebenso experimentell wie unverständlich. Vielleicht sogar unsinnig. Aber welche Lust ist es, diesen Unsinn laut zu lesen, zu rezitieren, zu deklamieren – dann spürt man das Gefühl der Stein für Rhythmus und für die Farben von Vokalen und Konsonanten. Es sind Texte, die mit Sprache Picassos kubistischen Gemälden nacheifern wollen. Aber nicht als Imitation, nein, sie schafft einen literarischen Kubismus als Analogon. Sie gibt den Wörtern die Freiheit, sich selbst zu bestimmen. Sie haben keine Funktion mehr, nicht einmal den, als Laut zu funktionieren, sich ein- und anzupassen; sie sind für sich; sie haben sich emanzipiert gegen alle Regeln. Wobei Gertrude Stein durchaus mit Alliterationen im herkömmlichen Sinn arbeitet, auch mit Assonanzen und Reim. Die Unbestimmtheit, die Offenheit der Texte bedeutet, dass jeder Übersetzer einen Text anders liest – wie das Tisch-Beispiel aus *Spinnwebzeit* deutlich machte. Und jeder Leser ist gleichfalls aufgefordert, seine Lesart zu finden. Seinen Un-Sinn hineinzulesen.

Dass Gertrude Stein während der Besatzungszeit die besten Kontakte zu französischen Kollaborateuren hatte; dass sie gar Hitler als Friedensnobelpreisträger vorgeschlagen haben soll, möchte ich hier nicht verschweigen und auch nicht, dass es viel Allerweltsprosa in ihren Werken gibt, Reaktionäres und Eklektizistisches. Aber all diese Einwände gegen den Menschen Gertrude Stein und gegen die Autorin sind keine Gründe für mich, die Stein nicht zu lesen, nicht zu mögen und sie anderen nicht zu empfehlen.

Ich möchte neugierig machen auf Gertrude Stein, die weit Besseres geschrieben hat, als die Schlager, die jeder kennt, die Rosen-Arien, den Spruch von der Eiscreme – »Toasted Susie is my ice-cream« – und den Spruch vom Genie: »Es braucht viel Zeit ein Genie zu sein, man muß so viel herumsitzen und nichts tun, wirklich nichts.«

Nach Gertrude Steins Tod schrieb Alice B. Toklas ein Kochbuch. Und wer es liest, denkt, es ist das Kochbuch von Gertrude Stein. Der Stil ist der nämliche. Die Freundschaft, die zugleich eine literarische Symbiose war, hatte Spuren hinterlassen. Essen war Frau Steins Leidenschaft – und Alice kochte auf. Sie experimentierte mit den Zutaten wie Gertrude Stein mit den Worten und Satzzeichen: aberwitzig, unverfroren, geschmacklos. Das heißt: Alice B. Toklas häufte, sie ließ weg und vermengte, was nicht zusammenpasste. Bei ihr gingen Schnecken und Äpfel, Austern und Kastanien abenteuerliche Ehen ein, und sie schreibt darüber, als wären diese Kombinationen das Gewöhnlichste von der Welt.

Ehe ich nach Paris kam, interessierte mich Essen, aber nicht das Kochen. Als ich 1908 zu Gertrude Stein in die Rue de Fleurus zog, sagte sie, Sonntagabends sollten wir amerikanisch essen, denn französische und italienische Küche gab es sonst zur Genüge; sonntags hatte die Köchin Ausgang, und ich hatte die Küche für mich. So begann ich die einfachen Gerichte zuzubereiten, die ich zu Hause im San Joaquim Valley in Kalifornien gegessen hatte – Hühnerfrikassee, Maisbrot, Apfel- und Zitronen-Pie. Nachdem die Pie-Kruste Gertrude Steins Zustimmung gefunden hatte, machte ich Mincemeat, und zu Thanksgiving gab es Truthahn, den Hélène, die Köchin, briet, zu dem ich aber die Füllung machte. Da Gertrude Stein sich nicht entscheiden konnte, ob sie als Füllung lieber Champignons, Kastanien oder Austern wollte, wurde sie aus allen dreien gemacht. Das Experiment glückte und wurde in der Folge noch oft wiederholt, und es fand Eingang in mein Repertoire, das sich im selben Maß erweiterte, in dem ich unternehmungslustiger und abenteuerfreudiger wurde.

Vielleicht ist auch gar nicht so sehr Gertrude Stein meine Leidenschaft, sondern Alice B. Toklas, die Köchin. Und vielleicht war Alice Toklas gar die Autorin ihrer Autobiographie, für die Gertrude Stein kühn-männlich die Autorenschaft beanspruchte. Die Texte in dem Kochbuch legen diese Vermutung nahe. Wahrscheinlich hat Gertrude Stein in ihren erfolgreichen Büchern den eigenen Stil unterdrückt zugunsten der Sprache, wie sie Alice B. Toklas verwandte. Das erklärte, warum das Kochbuch der Toklas-Autobiographie so nah ist und andere Texte von Alice und Gertrude so grundverschieden, denn Einfachheit war nun eben nicht Frau Steins Stärke und wahre Freude.

Am Ende ihres Buches berichtet Alice B. Toklas, wie Gertrude und sie Abschied nahmen von ihrem Landhaus und ihrem Garten in Bilignin, einem Ort in der französischen Provinz, wo sie viele Sommer verbracht hatten: »Ach, es würde einen anderen Garten geben, dieselben Freunde, möglicherweise, oder nein, wahrscheinlich neue, und es würde andere Geschichten zu erzählen und zu hören geben.

Und so verließen wir Bilignin auf Nimmerwiedersehen. Und jetzt amüsiert mich die Erinnerung daran, daß ich das einzige vertrauliche Geständnis meines Lebens zweimal, zwei Freunden gegenüber, im oberen Garten gemacht habe. Der eine erwiderte fröhlich: Das wird sicher köstlich. Der andere fragte mit nicht geringer Besorgnis: Aber, Alice, haben Sie denn je zu schreiben versucht? Als ob ein Kochbuch irgend etwas mit Schreiben zu tun hätte.«

Am 27. Juli 1946 starb Gertrude Stein in Neuilly-sur-Seine. Die Beerdigung fand erst drei Monate später statt: am 22. Oktober. Begraben ist sie auf dem Friedhof Père Lachaise in Paris. Gertrude Stein hatte immer gelästert, die Franzosen würden auf dem Grabstein gewiss ihren Geburtsort falsch schreiben. Sie behielt Recht. Doch nicht nur der Geburtsort ist falsch geschrieben, auch der Todestag stimmt nicht. Auf dem Stein steht 29. Juli. Gertrude Stein hätte ihre Freude daran gehabt. Sie fürchtete den Tod nicht, obwohl sie an keine Auferstehung glaubte. Zum einen meinte sie, selbst das Sterben müsse gelernt werden, zum anderen sah sie den Tod durchaus nicht als etwas befremdlich Böses. »er ist so freundlich«, schrieb sie in *Paris Frankreich*, »es ist so freundlich so schlicht freundlich und obwohl zwangsläufig keine Traurigkeit und obwohl ohne Schock geschehend.«

1956, also posthum, erschien noch einmal ein Steinscher Gedichtband: *Stanzas in Meditation*. Seine Gedichte sind mir leidenschaftlich lieb, weil sie, wiewohl nicht eben leicht verständlich – und vielleicht sind sie auch gar nicht geschrieben, um verstanden zu werden –, in Wortwahl und Rhythmus von Eintracht, Harmonie und Liebe erzählen.

I will be well welcome when come.
Because I am coming.
Certainly I come having come.

III. Bertolt Brecht

Jetzt wage ich etwas. Trete an gegen Germanisten, Dramaturgen, Regisseure und Gymnasiallehrer. Von Elfriede Jelineks Romanen und ihren Stücken *Krankheit oder Moderne Frauen* und *Raststätte* habe ich mich schon getrennt. Ebenso von Gertrude Steins konventionellen Autobiographien und dem Hitler-Roman. Nun geht es einer heiligen Kuh oder besser einem heiligen Ochsen an den Kragen: Bertolt Brecht.

Nein, ich will mich nicht damit beschäftigen, dass dieser Mann die Frauen, die ihn liebten, ausgebeutet hat, ausgebeutet haben soll; dass womöglich sie den größten Teil der Arbeit geleistet haben und er, Brecht, nur seinen Namen den Werken gab. Diese Enthüllungsgeschichte haben andere schon geschrieben, zuletzt John Fuegi in seinem spektakulären Buch *Brecht and Company*. Mir geht es darum, auszusortieren, zu trennen. Zu kritisieren, in des Wortes einziger Bedeutung, zu unterscheiden.

Ich bekenne gleich zu Beginn: Ich mag sie nicht, die Brechtschen Lehrstücke. Also jene dem epischen Musiktheater zuzuordnenden Stücke aus den Jahren 1929/30, die einer marxistisch-leninistischen Gesellschaftslehre verpflichtet sind und an modellhaften Situationen gesellschaftliche Missstände aufzeigen. Zum Beispiel *Das Badener Lehrstück vom Einverständnis*, uraufgeführt 1929, vertont von Paul Hindemith. Oder *Der Jasager und der Neinsager* aus dem Jahr 1930, mit der Musik von Kurt Weill. Oder *Die Maßnahme* aus demselben Jahr, mit Hanns Eislers Kompositionen. Sie gilt als das eigentliche Modell des proletarischen Lehrstücks. Hanns Eisler berichtet, wie er Brecht kurz vor und während der gemeinsamen Arbeit noch ein bisschen Unterricht in Sachen Arbeiterbewegung gegeben und deshalb eigentlich mehr wie der Bote der Arbeiterbewegung funktioniert habe.

Die Maßnahme, ein Zwitter aus Drama und Oratorium, behandelt das Klassenkampfinteresse der Proletarier: Die Agitatoren ziehen aus, um »den Unterdrückten des Klassenbewußtseins« die Lehre der Klassiker – »das Abc des Kommunismus« zu bringen. Für diesen Zweck, so die Botschaft, ist jede Niedrigkeit erlaubt, wenn nur am Ende die Niedrigkeit der anderen getilgt wird. Julius Bab, der im Januar 1931 eine Kritik der Uraufführung veröffentlichte, die bereits am 13. Dezember 1930 in der Berliner Philharmonie gezeigt wurde, war nicht sonderlich enthusiasmiert, zollte dem jungen Dramatiker aber einen gewissen Respekt.

Babs Kritik ist aber deswegen spannend, weil er hier bereits den Autorenbegriff diskutiert und sich über den Menschen Brecht Gedanken macht: »Es kann nicht geleugnet werden, daß es für einen Menschen von Kultur und Geschmack einige Widerstände zu überwinden gibt, wenn er sich mit Bert Brecht, und sogar im positiven Sinne, beschäftigen muß. Die Art, wie dieser Mann der kommunistischen Schlagwörter das Privateigentum zu seinem Vorteil benutzt, fremde Autoren plündert und großmächtige Prozesse über seine Filmrechte anstrengt und wie er in der geistigen Polemik einen Jargon einführt, der früher den Kaschemmen vorbehalten war, all das kann diesen Autor in hohem Maße unsympathisch machen. Es kann uns aber nicht der Verpflichtung entheben, festzustellen, daß er in der Tat ungewöhnlich begabt ist. Die Aufführung dieser ›Maßnahme‹ ist jedenfalls ein wichtiges Ereignis, und es kann uns auch gleich sein, wie weit hier das persönliche Verdienst von Brecht reicht und wo der Anteil seiner genannten oder ungenannten Mitarbeiter beginnt.«

Letzteres ist mir gleichfalls eher gleichgültig, und was die Plünderung anderer Autoren angeht – Brecht verwandte schon in seinem Stück *Im Dickicht der Städte* Verse von Rimbaud und Verlaine –, so hat sich der Autorenbegriff in den letzten siebzig Jahren völlig verändert. Aber Brechts ständige Anwendung des Abc des Kommunismus auf jede Fabel ist mir nicht gleichgültig: Sie ist mir ein Ärgernis. Und sie ist, wie wir alle wissen, inzwischen ein Anachronismus besonderer Art. Nehmen wir zum Beispiel den Schlussgesang des so genannten »gelernten Chors« in Brechts *Badener Lehrstück*. In einer Wechselrede zwischen einem sterbenden Flieger, einigen Einzelpersonen und einem Chor, aufgeteilt in verschiedenen Betrachtungen und Untersuchungen, unterbrochen von einem Totentanz und einem Clownsspiel, wird der Flieger schließlich belehrt, dass sein persönliches Schicksal völlig unbedeutend ist. Und dass der Mensch dem Menschen nicht hilft, dass aber dennoch die Menschheit verändert, verbessert werden muss, nach dem Abc des Kommunismus.

Der gelernte Chor redet die drei gestürzten Monteure
an:
Ihr aber, die ihr einverstanden seid mit dem Fluß der
Dinge
Sinkt nicht zurück in das Nichts.
Löst euch nicht auf wie Salz im Wasser, sondern
Erhebt euch
...

Denn euch
Fordern wir auf, mit uns zu marschieren und mit uns
Zu verändern nicht nur
Ein Gesetz der Erde, sondern
Das Grundgesetz:
Einverstanden, daß alles verändert wird
Die Welt und die Menschheit
Vor allem die Unordnung
Der Menschenklassen, weil es zweierlei Menschen gibt
Ausbeutung und Unkenntnis.

Die Uraufführung in Baden-Baden während der Musik-
festwochen im Juli 1929 löste wie andere Brecht-Uraufführungen einen Skandal, sogar Tumulte aus; und Brecht
wurde Geschmacklosigkeit vorgeworfen. Sein Kampf um
den absoluten Bolschewismus löste bei einer Kritikerin
Wutausbrüche aus. Brecht freute sich über den Aufruhr
im Saal und in den Zeitungen, freute ich über den ge-
lungenen Affront, auch über die Filmeinlagen, die der
Bühnenbildner Caspar Neher, mit dem Brecht später sehr
oft zusammenarbeiten wird, für Erich Engels Inszenierung ausgesucht und eingeblendet hatte. In seiner Theorie des Lehrstücks amüsiert sich Brecht nochmals über
diesen Coup und erzählt, wie er die Menge, die toste
und tobte, anstachelte, weiter zu schimpfen und zu grö-
len: »... als die Menge den Film, der tote Menschen
zeigte, mit großer Unruhe und Unlust ansah, gab der
Stückschreiber dem Sprecher den Auftrag, am Schluß aus-
zurufen: ›Nochmalige Betrachtung der mit Unlust aufge-
nommenen Darstellung des Todes‹, und der Film wurde
wiederholt.«
Hindemiths und Brechts Wege trennten sich nach dieser
Aufführung. Der Komponist wollte den Begriff Lehrstück
in erster Linie künstlerisch-experimentell verstanden wis-

sen, Brecht, der inzwischen Marxist geworden war, verstand ihn politisch.

Warum ich all die gut gemeinten Politstücke, die Lehrstücke, zu denen Brecht selbst auch das Schauspiel *Die Mutter* zählte, bekanntermaßen ein »Stück ohne Musik«, nicht mehr sehen möchte; warum ich alle Stücke, die der Autor selbst der »antimetaphysischen, materialistischen nichtaristotelischen Dramatik« zuordnete und von denen er hoffte, die Zuschauer würde durch sie ein praktisches, die Änderung der Welt bezweckendes Verhalten gelehrt, für unspielbar halte, kann ich am besten mit einem Text von Brecht erklären. 1954 veröffentlichte er *Anmerkungen zu Stücken und Aufführungen*, denen er ein Vorwort und eine Anmerkung des Herausgebers voranstellte. Sie trägt den Titel »*An die Sowjetleser*«:

Der Stückeschreiber, dessen Stücke Sie hier vorgelegt bekommen, lebte sozusagen in zwei Zeitaltern, dem des Kapitalismus und dem des Sozialismus, während einer gigantischen Umwandlung der ganzen Menschheit. Er legte sich ernstlich die Frage vor, ob seine Stücke, spielend zumeist im Kapitalismus, den neuen Lesern noch etwas geben könnten. Sie werden vielleicht zur Lösung der unmittelbaren, drängenden Alltagsprobleme nichts oder wenig beitragen können? Das ist seine Befürchtung. Aber seine Hoffnung ist, daß die Probleme des Alltags vielleicht besser angegangen werden können, wenn sie mit den Problemen des Jahrhunderts verknüpft betrachtet werden können. Und die großen Probleme stehen wohl im hellsten Licht zur Zeit der größten Kämpfe, der großen Revolutionen. Im Kampf mit den alten gewinnen die neuen Ideen ihre schärfsten Formulierungen. Und es handelt sich bei der großen Umwälzung, die wir erleben, nicht nur um den Austausch einer Lage mit der

anderen, sondern das neue Zeitalter ist ein Zeitalter der
Umwälzungen schlechthin. In unerhörtem Maße wird
der Mensch seine Umwelt ändern und zugleich die Form
des Zusammenlebens der Menschen.

Wenn es also stimmt, dass alle Texte Brechts nur ein Ziel
kennen, wie der Autor behauptet, nämlich das, dem Sozialismus zum Durchbruch zu verhelfen, indem seine Vortei-
le gepredigt werden, sodass die Stücke im real existierenden Sozialismus, so des Autors Befürchtung, womöglich
nichts mehr zu erzählen und zu verkünden hätten – was
sollten sie heute erzählen? Nach dem Zusammenbruch des
Kommunismus? Sie erzählen Geschichte. Nicht mehr, nicht
weniger. Brecht wollte dies und würde dies auch heute wollen. Ich will es nicht. Wiewohl mir durchaus bewusst ist,
dass die Lehrstücke ihre Gültigkeit in der Darstellung von
gesellschaftlichen und historischen Abläufen, also als Do-
kumentationen, als zugespitzte, polemische Vergegenwärtigungen von Vergangenem, nicht verloren haben. Doch
die Folgerungen, die Brecht daraus für den Kampf gegen
politische Systeme zieht, sind nicht mehr ernsthaft zu dis-
kutieren. Was soll uns, zum Beispiel, heute noch der Kon-
trollchor aus der *Maßnahme*, der so artig das Lied der Partei singt?

Der Einzelne hat zwei Augen
Die Partei hat tausend Augen.
Die Partei sieht sieben Staaten
Der Einzelne sieht eine Stadt.
Der Einzelne hat seine Stunde
Aber die Partei hat viele Stunden.
Der Einzelne kann vernichtet werden
Aber die Partei kann nicht vernichtet werden
Denn sie ist der Vortrupp der Massen

Und führt ihren Kampf
Mit den Methoden der Klassiker, welche geschöpft sind
Aus der Kenntnis der Wirklichkeit.

Ich möchte diese klassenkämpferischen Lieder aus der *Maß-nahme* auf keiner Bühne mehr hören und nicht den Gesang der Schwarzen Strohhüte aus der *Heiligen Johanna der Schlachthöfe*, in dem den armen Leuten Mut gemacht werden soll zum Aufstand, weil sie als Masse eine große Armee seien. Auch auf das *Lied vom Flicken und vom Rock* kann ich verzichten, denn mit der gesellschaftlichen Realität haben Brechts Analysen von Macht und Herrschaft nichts mehr gemein, wenngleich wir bemerken, dass selbst in westeuropäischen Gesellschaften die Armut keineswegs besiegt ist. Brechts Aufwiegelungen zum Widerstand gegen diese wirtschaftlichen und politischen Verhältnisse sind indes so unendlich alt, dass sie lächerlich geworden sind. So lautet des Demonstrationssongs letzte Strophe:

Wir brauchen nicht nur den Flicken
Wir brauchen den ganzen Rock.
Wir brauchen nicht nur das Stück Brot
Wir brauchen den Brotlaib selbst.
Wir brauchen nicht nur den Arbeitsplatz
Wir brauchen die ganze Fabrik.
Und die Kohle und das Erz und
Die Macht im Staat.

Es ließe sich jetzt leicht so weitermachen mit den späten Stücken, uraufgeführt nach dem Zweiten Weltkrieg, mit der *Mutter Courage*, mit dem *Herrn Puntila und seinem Knecht Matti*, mit den *Gewehren der Frau Carrar* und dem *Kaukasischen Kreidekreis*, mit dem *Aufhaltsamen Aufsteig des Arturo Ui* und dem Herrn *Schweyk im Zweiten Welt-*

krieg. Überall ließe sich leicht finden, was für mich niemand auf der Bühne suchen muss: Der gute, der gerechte, der kämpferische, der sozialistische Brecht. Der Aufklärer, der sich die Sache ein wenig leicht machte, denn die Verhältnisse, die er nach seiner Façon darstellte, damit er sie nach seiner Façon anprangern konnte, sie waren nie so, wie sie bei ihm waren. Ich weiß, er musste sie – um des dialektischen Denkens willen – zuspitzen; er musste schwarz-weiß malen, damit die im Hellen eklig leuchten und die im Dunklen bemitleidet verschwinden konnten – und trotzdem mahnen. Der dialektische Vorgang hat gedankliche und analytische Methode. Dennoch: Brecht ist für mich der größte literarische Vereinfacher des zwanzigsten Jahrhunderts. Er war ein genialischer Vermarkter eines einzigen Gedankens, den er variierte. Alle Stücke, seit *Mahagonny,* 1927 uraufgeführt – damals war Brecht 29 Jahre jung – sind Variationen des einen Themas, das ich am besten und am schlichtesten in den Schlussstrophen des *Dreigroschenfilms* in der *Dreigroschenoper* formuliert finde:

Und so kommt zum guten Ende
Alles unter einen Hut.
Ist das nötige Geld vorhanden
Ist das Ende meistens gut.

Daß nur er im trüben fische
Hat der Hinz den Kunz bedroht.
Doch zum Schluß vereint am Tische
Essen sie des Armen Brot.

Denn die einen sind im Dunkeln
Und die andern sind im Licht.
Und man siehet die im Lichte
Die im Dunkeln sieht man nicht.

Da ich gerade dabei bin, mich zu verabschieden – ich sage mich auch los von Brechts Anmerkungen zum Theater. Das epische Theater war nie »das moderne Theater«, als das es Brecht proklamierte. Das heißt, auch jene schematische Darstellung des dramatischen und des epischen Theaters, als Gegenüberstellung, als Polarisierungen, als Schwarz-weißbilder von Brecht entworfen, verwerfe ich – ohne Furcht und ohne Angst, es würde dem Theater etwas verloren gehen:

DRAMATISCHE FORM DES THEATERS	EPISCHE FORM DES THEATERS
Die Bühne verkörpert einen Vorgang	*sie erzählt ihn*
verwickelt den Zuschauer in eine Aktion und	*macht ihn zum Betrachter, aber*
verbraucht seine Aktivität	*weckt seine Aktivität*
ermöglicht ihm Gefühle	*erzwingt von ihm Entscheidungen*
vermittelt ihm Erlebnisse	*vermittelt ihm Kenntnisse*
der Zuschauer wird in eine Handlung hineinversetzt	*er wird ihr gegenübergesetzt*
es wird mit Suggestion gearbeitet	*es wird mit Argumenten gearbeitet*
die Empfindungen werden konserviert	*bis zu Erkenntnissen getrieben*

der Mensch wird als bekannt vorausgesetzt	der Mensch ist Gegenstand der Untersuchung
der unveränderliche Mensch	der veränderliche und verändernde Mensch
Spannung auf den Ausgang	Spannung auf den Gang
eine Szene für die andere	jede Szene für sich
die Geschehnisse verlaufen linear	in Kurven
natura non facit saltus	facit saltus
die Welt, wie sie ist	die Welt, wie sie wird
was der Mensch soll	was der Mensch muß
seine Triebe	seine Beweggründe
das Denken bestimmt das Sein	das gesellschaftliche Sein bestimmt das Denken

Weg auch mit der Brecht-Gardine und dem Verfremdungseffekt. Nur damit niemand mich missverstehe, hier nochmals seine Definition: Der Verfremdungseffekt ist eine verfremdende Abbildung. Und: »Eine verfremdende Abbildung ist eine solche, die den Gegenstand zwar erkennen, ihn aber doch zugleich fremd erscheinen läßt. Das Theater muß sein Publikum wundern machen, und dies geschieht vermittels einer Technik der Verfremdungen des Vertrauten. Welche es dem Theater gestattet, die Methoden der neuen Gesellschaftswissenschaft, die materialistische Dialektik, für seine Abbildungen zu verwerten. Echte, tief eingreifende Verwendung der Verfremdungseffekte setzt voraus, daß die Gesellschaft ihren Zustand als historisch und verbesserbar betrachtet. Die echten V-Effekte haben kämpferischen Charakter.«

Der Kampf ist zu Ende, verloren. Vielleicht lag's gerade am V-Effekt. Nicht verschwiegen werden soll, dass die Verfremdung, dass überhaupt Brechts theatertheoretische und theaterpraktische Überlegungen noch heute in der Ausbildung von Schauspielern eine nicht zu unterschätzende Rolle spielen. Es geht dabei um die Frage, ob Darsteller sich ihre Figuren einverleiben, sie annehmen, sie erfühlen oder erfüllen sollen oder ob sie sich besser den Rollen – mit dem Vorgang der Verfremdung – intellektuell, analytisch und dialektisch nähern und auch im Spiel noch die Distanz wahren. Die Lust am V-Effekt und die Notwendigkeit, an Brechts Schauspielermethode festzuhalten, ist in der Ausbildung also noch vorhanden. Es wäre nicht verwegen von mir, sondern dumm, Brecht aus den Akademien und Hochschulen zu verbannen. Allein, auf der Bühne, als Konzept von Inszenierungen, als Stilmittel, wie es etwa Alexander Lang benutzte in seinen streng choreographierten, gänzlich unpsychologischen Vergegenwärtigungen alter Stoffe, taugt mir die Verfremdung nicht (mehr). Die Freude an dieser Form des Theaters ist jungen Regisseuren und Zuschauern längst vergangen. Ebenso die (intellektuelle) Lust am sozialistischen Realismus, von dem Brecht behauptete, er bedeute eine wirklichkeitsgetreue Wiedergabe des Zusammenlebens der Menschen, natürlich bei Brecht, vom sozialistischen Standpunkt aus, mit den Mitteln der Kunst. Er verstieg sich, theoretisch, noch weiter, mit der Behauptung, das größte Vergnügen, das Kunst schaffen könne, sei jenes, die Meisterungsmöglichkeit des menschlichen Schicksals durch die Gesellschaft zu entdecken.

Bei der Durchsicht seiner ersten Stücke – und diese Durchsicht begann Brecht zu Beginn der fünfziger Jahre – war er nicht recht zufrieden mit seinen frühen Werken. Zu *Trommeln in der Nacht* bemerkte er, dass die Arbeit daran ihn beinahe zur Verwerfung einer großen sozialen Auflehnung geführt habe, was er auf seine Jugendlichkeit und seine noch unvollständigen Kenntnisse der proletarischen Erhebungen im Winter 1918/19 zurückführte. Auch mit *Baal* war er nicht zufrieden, nicht mit *Mann ist Mann*, nicht mit *Im Dickicht der Städte*. Ihn ärgerten die erfundenen sozial negativen Helden, die nicht ohne Sympathie behandelt werden, und die falschen Kollektive – vor allem in dem Stück *Mann ist Mann*. Brecht bekannte, dass er dennoch ohne Bedauern auf diese frühen Stücke zurückschaue, schließlich zeigten sie – trotz aller Fehler, die ihnen innewohnten –, wie die Sintflut über die bürgerliche Welt hereinbreche und diese Welt überschwemme, von der erst noch Inseln übrig blieben, die den Wassermassen standhielten.

Diese Stücke sind mir die liebsten und von den vieren bevorzuge ich leidenschaftlich *Baal*, das Stück und die Figur. Baal, so schrieb Brecht 1918 in einem »Letzten Willen«, Baal entstamme der Zeit, »die dieses Stück aufführen wird«. Und er behielt Recht. Es ist das modernste seiner Stücke. Eines, das Albert Ostermaier für seine Szenenfolge *The making Of. B.-Movie* kaum verändern musste, um mit diesem jungen Mann den Geniekult und den Medienrummel heute zu beschreiben und zu kritisieren.

Baal, der frisst; Baal, der tanzt; Baal, der sich verklärt – der Text ist ein Geniestreich. Auch ein Dichterdrama ist er, vor allem aber ein Stück über die Liebe: »Und die Liebe ist, wie wenn man seinen nackten Arm im Teichwasser schwimmen läßt, mit Tang zwischen den Fingern«, sagt Baal, »wie die Qual, vor der der trunkene Baum knarzend zu singen anhebt, auf dem der wilde Wind reitet; wie ein schlürfendes Ersaufen im Wein an einem heißen Tag, und ihr Leib dringt einem wie sehr kühler Wein in alle Hautfalten, sanft wie Pflanzen im Wind sind die Gelenke, und die Wucht des Anpralls, der nachgegeben wird, ist wie Fliegen gegen Sturm, und ihr Leib wälzt sich wie kühler Kies über dich. Aber die Liebe ist auch wie eine Kokosnuß, die gut ist, solange sie frisch ist, und die man ausspeien muß, wenn der Saft ausgequetscht ist und das Fleisch bleibt über, welches bitter schmeckt.«

Baal ist ein Stück über die Unmöglichkeit zu lieben. Baal sitzt im Laubwerk zusammen mit seinem Freund Ekart und philosophiert: »Das Wasser ist warm. Auf dem Sand liegt man wie Krebse. Dazu das Buschwerk und die weißen Wolken am Himmel. Ekart!« Ekart, der sich verborgen hat, antwortet harsch mit der Frage: »Was willst du?« Und Baal gibt nur drei Worte zur Antwort: »Ich liebe dich.« Ekart geht auf dieses Geständnis nicht ein, sondern verweigert eine Stellungnahme, so als habe er nicht vernommen, was Baal gesagt hat: »Ich liege zu gut.« Wie in den Gedichten, in denen Brecht gleichfalls, wenn er von Liebe singen will, den Himmel beschreibt, macht Baal einen Rückzieher: »Hast du die Wolken vorhin gesehen?« – »Ja«, antwortet Ekart, »sie sind schamlos. Vorhin ging ein Weib drüben vorbei« – Angewidert verweigert Baal den Gedanken: »Ich mag kein Weib mehr …«

Im März 1918 schrieb Brecht an Caspar Neher einen Brief, in dem er seinen Freund, der seit 1915 als Freiwilliger an der Front stand, darüber informiert, dass er ein Stück schreiben wolle über François Villon, über den Mörder, Straßenräuber und Balladendichter. Das ist die erste Erwähnung des Stückes.

Mitte Juni 1918 meldete er Neher bereits, dass die vierundzwanzig Szenen fertig seien: »Lieber Cas, es begäben sich die enormsten Dinge. 1) Meine Komödie: Baal frißt!

Baal tanzt!! Baal verklärt sich!!! Was tut Baal? 24 Szenen. ist fertig und getippt – ein stattlicher Schmöker! Ich hoffe damit einiges zu erreichen. (...) Dein dankbarer Bert Brecht.«

Diese erste Fassung des *Baal*, den Brecht selbstbewusst, als wolle er mit Goethe konkurrieren, den »Ur-Baal« nannte, legte er am Ende des Sommersemesters 1918 dem Münchner Privatdozenten Arthur Kutscher vor. Dem jedoch missfiel das Werk des aufmüpfigen Studenten. Brecht wußte jedoch unabhängig von dessen Kritik, dass dieser »Ur-Baal« unaufführbar war. Darum machte er sich im Frühjahr 1919 an die Umarbeitung des Textes – in jenem Frühling also, in dem in Bayern die Räterepublik errichtet wurde. Brecht wollte seinen dramatischen Bilderbogen unbedingt auf die Bühne bringen. In einem Brief an Jacob Geis vom 28. April 1919 schreibt er: »Ich bin mit dem Pferd gestürzt und zur Zeit halb lahm. Das gab mir die Muße, zwischen Fluchen und Stöhnen in einem halbdunklen Zimmer den ›Baal‹ umzuarbeiten (...), und ich bedauere nur, daß ich es ohne Ihre Ratschläge tun mußte. (...) Jedenfalls hat ›Baal‹ viel gewonnen, besonders in der Kurve, aber auch im Detail, es sind Szenen ganz umgeändert, andre rausgeschmissen, etliche eingefügt. Er ist überhaupt erst jetzt aufführbar.«

Diese zweite *Baal*-Fassung gilt in der Forschung als die geschlossenste, als die poetischste. Sie ist Zeugnis des Enthusiasmus einer intellektuellen Anarchie, die das politische Klima im Zentrum Bayerns eine Zeit lang bestimmte. Da Brecht nach eigenem Bekunden den Expressionismus »furchtbar« fand, weil sich darin alles »Mystische, Geistreiche, Schwindsüchtige, Geschwollene, Ekstatische« blähe, kritisierte er die idealistische Tradition dieser Stilrichtung und schlug sich selbst an die Seite von Strindberg und Wedekind. Um sich von den Expressionisten so weit wie möglich abzusetzen, vor allem vom expressionistischen Pathos, konstruierte er für sich und seinen Baal eine beeindruckende Ahnenreihe, in der die Besten aller Ausgegrenzten Platz haben: François Villon, Paul Verlaine, Frank Wedekind und Karl Valentin. Letzteren schätzte Brecht besonders, lobte ihn als »eine der eindringlichsten geistigen Figuren der Zeit«.

Von den oben genannten hatte Verlaine – nicht dessen Dichtung, sondern sein Leben – den größten Einfluss auf Brecht und auf sein Werk. Wie Baal lebte Verlaine ein Vagabundenleben mit seinem Geliebten Arthur Rimbaud. Verlaines Ausbruch aus der Bürgerlichkeit, seine Sauferei, sein Mordversuch an Rimbaud, seine geniale Lyrik: All das finden wir in *Baal* wieder.

In der letzten Fassung – sie entstand 1955 – hat Brecht Verlaine herbeizitiert, zur Parallelität der Lebensläufe tritt eine physiognomische Ähnlichkeit.

Eine junge Dame: *Mich erinnern Sie eher an Walt Whitman. Aber Sie sind bedeutender. Ich finde das.*
Ein anderer Mann: *Dann hat er aber eher etwas von Verhaeren, finde ich.*
Piller: *Verlaine! Verlaine! Schon physiognomisch.*

Zum besseren Verständnis: Walt Whitman, dessen Lyrik die Expressionisten ebenso beeinflusste wie die Dichter der Beatgeneration, galt schon zu seinen Lebzeiten, also im 19. Jahrhundert, als Freiheitskämpfer. Whitman, der homosexuelle Autor, lebte ziemlich offen seine Liaisons und Lieben, wie auch sein *Gesang von mir selbst* offenbart:

Ich bin der Dichter des Leibes und ich bin der Dichter der Seele;

*Die Seligkeiten des Himmels sind bei mir, und bei mir
sind die Qualen der Hölle.*

*Jene veredle und vermehre ich in mir, diese übertrage
ich in neue Zungen.*

*Ich bin der Dichter des Weibes gleicherweise wie der
des Mannes,*

*Und ich sage: es ist ebenso erhaben, ein Weib wie ein
Mann zu sein.*

Walt Whitman, ein Kosmos, Manhattans Sohn;

*Stürmisch, fleischlich, sinnlich, essend, trinkend und
zeugend:*

*Kein Empfindler, der sich über Männer und Weiber
stellt oder sich von ihnen absondert,*

Nicht mehr bescheiden als unbescheiden.

Und noch näher an Brechts *Baal* sind fünf Zeilen aus Whitmans Poem *Kinder Adams*:

Ich bin der, der mit stürmischer Liebe peinigt.

*Übt die Erde nicht ihre Anziehungskraft? Ziehen nicht
alle Stoffe schmerzvoll alle Stoffe an?*

*So auch zieht mein Körper alle an, denen ich begeg-
ne oder die ich kenne.*

Wie Whitman wird Emile Verhaeren zum Vergleich mit Baal von Brecht eingeführt. Auch er ein Lyriker des 19. Jahrhunderts, ein Vorläufer der Expressionisten und ein Schriftsteller, der in seinem Alterswerk – er starb 1916 – durchaus ein humanitäres Engagement im Sinne einer Neugestaltung der Welt durch den Sozialismus vertrat.

Brechts Bearbeitung ist also durchaus eine geschickte Manipulation der Figur des Baal und eine Brecht-Selbstinszenierung. Baal, der Verlaine-Whitman-Baal, erweist sich – von der Uraufführung bis heute und vor allem im

Gesamtwerk Brechts – als sehr stark. Der Genussmensch Baal, der vitale Baal, der Intellektuelle Baal, der Philosophie und Sinnlichkeit in sich vereint, gibt seine Wesenszüge selbst noch an jene Brecht-Figuren weiter, die der Autor keineswegs als sympathische Figuren gesehen wissen wollte, weshalb er diese Gestaltungen als »Unfälle« bezeichnete. Baals vitalistisches Bekenntnis zum Genuss, auch zum Genuss des Lebens, imponiert mir. Und ich finde es erstaunlich, dass Brecht, der bekennende Marxist, von der Baal-Charakterstruktur nicht hat lassen können: Puntila, Azdak und vor allen Galileo Galilei sind späte Baal-Kumpane. Von Galileo sagt der Papst im Stück zum Beispiel: »Er kennt mehr Genüsse als irgendein Mann, den ich getroffen habe. Er denkt aus Sinnlichkeit. Zu einem alten Wein oder einem neuen Gedanken könnte er nicht nein sagen.«

Für seinen *Baal* wünschte sich Brecht das so genannte »Rauchtheater«, eines in dem, wie im Theater von Karl Valentin, gepafft und getrunken werden durfte. Er wollte auf der Bühne und im Zuschauerraum den Exzess, den Tumult, den Genuss. Der Tumult fand statt, in den zwanziger Jahren immer, auch bei der von Brecht selbst inszenierten Berliner Aufführung 1926. Nach der Uraufführung am 8.12.1923 im Alten Theater von Leipzig, als Alwin Kronacher Regie führte, wurde *Baal* abgesetzt. Bei der Berliner Premiere wäre ich gern dabei gewesen, Hans Henny Jahnn beschreibt ein *Baal*-Tohuwabohu: »Der Raum war mit Spannung und Ungeduld geladen, geradezu vergiftet. Es war heiß. Es war unnatürlich. Irgendwann, ich glaube, es war nach dem Gesang Orges: ›Der liebste Ort, den er auf Erden hab / Sei nicht die Rasenbank am Elterngrab‹, brach der Tumult aus. Baal war abgetreten, die Chansonnette war allein auf der Bühne. Man pfiff, schrie, heulte, klatschte, im Zuschauerraum. Die Schauspielerin schwang sich aufs Klavier, bearbeitete mit den Füßen die Tasten und sang dazu. ›Allons enfants de la patrie!‹ Der Lärm wurde ungeheuer. Ich glaubte eine Panik werde ausbrechen.« Die Aufführung wurde beendet, ausgepfiffen, beklatscht. Und verboten. Herbert Ihering kritisierte im *Berliner Börsen-Courier* vom 14.12.1923 das Verbot vehement und warnte, dass Verbote keine Entwicklung unterdrückten – »sie schädigen nur die geistige Ehrlichkeit auf beiden Seiten«.

Wenngleich *Baal* niemanden mehr so erregt, dass er türschlagend ein Theater verlässt, in diesem Text steckt die Gegenwart. Baal, der lustvoll sich in das Schöne und das Eklige wühlt; der in sich aufnimmt, frisst, säuft, schlabbert, was immer ihm vors Maul, vor die Augen, die Ohren und die Nase kommt, er ist Zeitgenosse. Mit Worten penetriert und verletzt er wie mit seinem Genital. Dieser Baal gilt mir als Prototyp des Lebensgierigen, der – ohne Rücksicht auf andere und ohne Rücksicht auf sich selbst – ekstatisch lebt und es schafft, für sich Kunst und Leben zu vereinen, im Leben den Tod zu denken, das Ende nicht zu fürchten. Baal ist ein reaktionärer Revolutionär. Einer, der verändern will, doch zugleich von nichts lassen will, was gut ist in der alten Ordnung: Er mag den Champagner, die weißen Hemden, Wein und Aal.

Baal geht unter, Baal verreckt. Aber seine letzten Worte gelten dem Himmel und den Sternen: »Mama! Ekart soll weggehen, der Himmel ist auch so verflucht nah da, zum Greifen, es ist alles wieder tropfnaß. Schlafen. Eins. Zwei. Drei. Vier. Man erstickt hier ja. Draußen muß es hell sein. Ich will hinaus. Ich werde hinausgehen. Lieber Baal. Ich bin keine Ratte. Es muß draußen hell sein. Lieber Baal. Zur Tür kommt man noch. Knie hat man noch, in der Tür ist es besser. Verflucht! Lieber Baal! *(Er kriecht auf allen vieren zur Schwelle)* Sterne … hm.«

Baals Untergang ist schön. Und er, der alle verschlingt

und in sich hineinsaugt, vertilgt, bevor er Aas wird, das von Aas sich ernährende Tier. Baal, das Untier, der Lebenskünstler und der Künstler, beschleunigt damit den eigenen Untergang, das eigene Sterben, wie es in der fünfzehnten Strophe des Chorals vom großen Baal heißt. In jenem Choral, der in der ersten Fassung des Stückes in der Mitte des Textes stand, an dem Wegkreuz des Baalschen Lebenslaufs, an jenem Ort, wo Baal sein bisschen Leben schon genossen hat und von nun an dafür zahlen wird:

Zu den feisten Geiern blinzelt Baal hinauf
die im Sternenhimmel warten auf den Leichnam Baal.
Manchmal stellt sich Baal tot. Stürzt ein Geier drauf
speist Baal einen Geier, stumm, zum Abendmahl.

Diesen Choral schätze ich, weil er so genau Strophe um Strophe die Szenenfolge schon verrät und zugleich verrätselt. Und ich liebe ihn wegen der Farben. Die Geburt ist weiß: der Mutterschoß. Violett ist der Abend und aprikosenfahl der Morgen, dunkel der Tod. Der Choral ein Kreis: Leben in nuce. Zwei seiner Strophen verunsichern mich immer wieder, wenn ich sie lese: »Ob es Gott gibt oder keinen Gott / Kann, so lang es Baal gibt, Baal gleich sein.« Wird es, wenn es Baal nicht mehr gibt, Baal nicht egal sein, ob es Gott gibt oder nicht gibt? Spekuliert dieser asoziale Baal, der jeden Versuch, ihn in ein bürgerliches Lebens- und Leistungssystem einzugliedern, ablehnt, auf ein Leben danach? Baal, der Außenseiter, antwortet dem Geistlichen, der ihn in seiner Zelle besucht, und ihn warnt, dass es nichts Furchtbareres gibt als die Einsamkeit: »Daß ich allein war, war bis jetzt mein Vorsprung. Ich möchte keinen zweiten Mann in meiner Haut haben.« Auf das Gesuch des Geistlichen, er wolle ihm die Ruhe seiner Seele wiedergeben, entgegnet er nur: »Geben Sie mir den blauen Him-

mel und eine Hand voll Ähren, weiche Frauenarme und
Freiheit, hinzugehen, wo ich will! Das ist Ruhe der Seele!«

Dieser Baal zerstört sich selber durch ein Übermaß an
Selbstliebe, Selbstüberschätzung und Subjektivismus. Baal
ist sich, so lange es Baal gibt, das Maß aller Dinge. Doch
danach? Die Antwort gefällt mir – Himmel, nichts als Himmel:

Und wenn Baal der dunkle Schoß hinunter zieht:
Was ist Welt für Baal noch? Baal ist satt.
Soviel Himmel hat Baal unterm Lid
Daß er tot noch grad gnug Himmel hat.

Als im dunklen Erdenschoße faulte Baal
War der Himmel noch so groß und still und fahl
Jung und nackt und ungeheuer wunderbar
Wie ihn Baal einst liebte, als Baal war.

Ist es möglich, ist es fair, ist es literaturwissenschaftlich
haltbar, nur drei oder vier Stücke von Brecht übrig zu lassen und sich selbst vom *Kleinen Organon* zu trennen, vom
Messingkauf, vom *Dreigroschenroman* und den *Flücht-
lingsgesprächen*? Es ist möglich, wenn auch vielleicht
unfair, und die Germanisten werden mir sicherlich zürnen.
Doch ich kann mich leidenschaftlich gern trennen. Und
anderes leidenschaftlich behalten wollen.

Ich will mich freuen an den frühen Dramen und an den
kurzen Geschichten, die zwischen 1913 und 1939 geschrieben wurden und vor allem und immer wieder an den
Gedichten. Das einzige, was mich ärgert, ist, dass Brecht,
der ohne größere Anstrengungen eine bürgerliche Karriere als antibürgerlicher Untergangspoet hätte machen können, nach der Lektüre marxistischer Aufsätze zum Weltverbesserer aufsteigen wollte. Der andere, der chaotische

Brecht gefällt mir einfach besser, jener Autor, der 1919 wohl, also vor der Wende in seinem Denken, ins Tagebuch notierte: »Vierzig Jahre, und mein Werk ist der Abgesang des Jahrtausends. Ich habe die Liebe zu den Untergehenden und die Lust an ihrem Untergang.«

Zuerst die Geschichten, die wahrscheinlich nur die wenigsten kennen. Es gibt zwar auch unter ihnen sozialistische Märchen und Durchhalte-Dialoge und *Die Supppengeschichte*, die Ruth Berlau Brecht aus dem spanischen Bürgerkrieg erzählt hat und die er 1937 niederschrieb, aber daneben hat uns Brecht sehr genaue Alltagsbeobachtungen überliefert, witzige aphoristische Texte wie der mit dem Titel *Kritik*: »In der Münzstraße rief mir vor einigen Wochen ein Mädchen, das allein unter einem Torbogen stand, folgende sechs Worte entgegen: › L a n g ist modern! N i c h t kurz! B i t t e !!!‹ Bei den Worten: L a n g ist modern! vollführte sie mit der rechten Hand eine lange, zunächst abwärts und dann dem Trottoir parallel streichende Geste, als wolle sie mich einladen, eine Schleppe zu tragen. Die Worte: N i c h t kurz! begleitete sie, indem sie mir ihren Handrücken in der Höhe meines und ihres Gesichtes etwa einen Dezimeter weit ruckartig entgegenführte, ihn in der Luft eine Sekunde stehen ließ, den Kopf schräg nach vorn schob und mich lediglich mit ihrem linken Auge fixierte. Das Wort: B i t t e !!! aber stieß sie ohne irgendeine Bewegung und ohne die nicht zu leugnende Anteilnahme, die die beiden vorhergehenden Sätze so eindrucksvoll gemacht hatten, einfach heftig aus. Dennoch saß es vielleicht gerade wegen seiner reinen Feindlichkeit am besten. Ich aber erkannte aus ihren Worten genau, daß meine neue Hose zu kurz ist.«

Die Suppen-Episode möchte ich, obwohl ich sie entsetzlich gut gemeint und zugleich bösartig finde, niemandem

vorenthalten, weil sie offenbart, dass Brecht in allen literarischen Gattungen korrekt, sozialistisch korrekt, erfand
und schrieb. Der Text trägt den Titel *Für die Suppe*: »Im
Dorf Mija hatten die Faschisten jedes fünfte Haus nieder-
gebrannt und die Bauern mit Maschinengewehren abgehal-
ten, das Feuer zu löschen. Als das erste proletarische Regi-
ment durchkam, trat aus einem Stall eine Bauersfrau mit
drei kleinen Kindern. Alles was ihr geblieben war, war ein
Kalb, und sie gab es den Partisanen. Als sie weiterzogen,
folgte sie ihnen eine kleine Strecke und reichte ihnen, so, daß
die Kinder es nicht sehen konnten, aus einem Tüchlein, das
sie in der Bluse trug, eine Handvoll Mehl. ›Behalt es‹, sagten sie, ›deine Kinder hungern auch.‹ ›Nehmt nur‹, sagte sie.
›Macht die Suppe dick, ihr müßt den Feind schlagen.‹«

Für die frühen Stücke und für einige Prosatexte wie die
Kritik kann ich streiten. Und für Brechts Lyrik. Wiederum
sind es nicht jene Gedichte, in denen er Hitler und die
Nationalsozialisten brandmarkt und den Kommunismus
preist. Die Lehrgedichte sind nicht meine Favoriten. Aber
ich schätze durchaus das Gedicht, 1920 entstanden, in dem
Brecht Deutschland beweint. Es trägt den Titel *Deutschland du Blondes, Bleiches*:

Deutschland, du Blondes, Bleiches
Wildwolkiges mit sanfter Stirn!
Was ging vor in deinen lautlosen Himmeln?
Nun bist du das Aasloch Europas.

Geier über dir!
Tiere zerfleischen deinen guten Leib
Dich beschmutzen die Sterbenden mit ihrem Kot
Und ihr Wasser
Näßt deine Felder. Felder!

Wie sanft deine Flüsse einst!
Jetzt vergiftet von lila Anilin!
Mit nackten Zähnen raufen
Die Kinder das Getreide aus vor
Hunger

Aber die Ernte schwimmt in das
Stinkende Wasser!

Deutschland, du Blondes, Bleiches
Nimmerleinsland! Voll von
Seligen! Voll von Gestorbenen!
Nimmermehr, nimmermehr
Schlägt dein Herz, das vermodert
Ist, das du verkauft hast
Eingepökelt in Salz von Chile
Und hast dafür
Fahnen erhandelt!

O Aasland, Kümmernisloch!
Scham würgt die Erinnerung
Und in den Jungen, die du
Nicht verdorben hast
Erwacht Amerika!

Als Kind liebte ich nur eines und nur einen: den *Fisch Fasch*. Heute mag ich eher die Gedichte der frühen Schaffensperiode. Zum Beispiel auch die 1920 erschienene *Erinnerung an die Marie A.*:

1.
An jenem Tag im blauen Mond September
Still unter einem jungen Pflaumenbaum
Da hielt ich sie, die stille bleiche Liebe

In meinem Arm wie einen holden Traum.
Und über uns im schönen Sommerhimmel
War eine Wolke, die ich lange sah
Sie war sehr weiß und ungeheuer oben
Und als ich aufsah, war sie nimmer da.

2.
Seit jenem Tag sind viele, viele Monde
Geschwommen still hinunter und vorbei.
Die Pflaumenbäume sind wohl abgehauen
Und fragst du mich, was mit der Liebe sei?
So sag ich dir: ich kann mich nicht erinnern
Und doch, gewiß, ich weiß schon, was du meinst.
Doch ihr Gesicht, das weiß ich wirklich nimmer
Ich weiß nur mehr: ich küßte es dereinst.

3.
Und auch den Kuß, ich hätt ihn längst vergessen
Wenn nicht die Wolke dagewesen wär
Die weiß ich noch und werd ich immer wissen
Sie war sehr weiß und kam von oben her.
Die Pflaumenbäume blühn vielleicht noch immer
Und jene Frau hat jetzt vielleicht das siebte Kind
Doch jene Wolke blühte nur Minuten
Und als ich aufsah, schwand sie schon im Wind.

Dieses Gedicht wurde von Brecht aufgenommen in seine Gedichtsammlung *Hauspostille*. Das Faszinierende daran ist die Beschreibung von Natur, die Himmel- und Wolkensymbolik. Während wir über die Geliebte nichts erfahren, erfahren wir von dem Lyriker alles über das Wetter und über die Wolkenformationen. Einem Theaterkritiker fällt naturgemäß bei den vielleicht abgehauenen Pflaumenbäumen Tschechows Kirschgarten ein, dessen Fällen ja gleichfalls zusammenfällt mit dem Ende aller Liebesbeziehungen, den bestehenden und den nie eingegangenen, uneingestandenen.

Die *Hauspostille* zeichnet sich durch eine besondere Sprache aus, vereinigt geradezu archaisch-geistliches und christlich-volkstümliches Vokabular. Doch niemand täusche sich: Brechts *Hauspostille* sollte kein Volksbuch werden; er wollte seine destruierenden Gedanken beim Volk einschmuggeln. Nein, wie sein Baal hatte es Brecht abgesehen auf die Kinder des Bürgertums, wollte brillieren bei jenen, die die Diskrepanz zwischen Form und Inhalt begriffen und denen dieser Gegensatz Reiz bedeutete: hier die gelehrige, lehrreiche antiquierte Sprache des Erbauungsbuches, dort der destruktive Inhalt.

Die Natur erzählt in diesen frühen Gedichten von der Liebe. So das *Sonett* von 1925. Auch dieses Poem berichtet von einer verlorenen Liebe, von der Vergänglichkeit der Liebe. Während wir auch in diesem Gedicht nichts erfahren über die Frau, da der Schreiber statt ihrer nur den Wald und das Sausen des Wassers zu erinnern scheint und somit suggeriert wird, dass mit dem Stillen der Begierde die Frau bereits Vergangenheit ist, passiert im gleichfalls 1925 entstandenen Gedicht *Entdeckung an einer jungen Frau* genau das Gegenteil. Schon der Titel macht deutlich, dass da ein Wesen nicht vergessen wurde, dass die Gesichtszüge, die der Dichter nicht verdrängte, eben nicht bloß »bleich und still« waren, also nicht eben aufregend anders als andere und deshalb schnell aus dem Bewusstsein gefallen. Sondern in dieser Erinnerung wird just die Vergänglichkeit Thema und gleichzeitig Grund, das Vergangene und Vergehende nicht zu vergessen. Die graue Strähne im Haar der flüchtigen Geliebten, die sonst wie die anderen aus dem Sinn gefallen wäre, macht aus einer kurzen Begegnung eine Beziehung, die hält, in der Erinnerung bleibt.

Des Morgens nüchterner Abschied, eine Frau
Kühl zwischen Tür und Angel, kühl besehn.
Da sah ich: eine Strähn in ihrem Haar war grau
Ich konnt mich nicht entschließen mehr zu gehn.

Stumm nahm ich ihre Brust, und als sie fragte
Warum ich Nachtgast nach Verlauf der Nacht
Nicht gehen wolle, denn so war's gedacht
Sah ich sie unumwunden an und sagte:

Ist's nur noch eine Nacht, ich will noch bleiben
Doch nütze deine Zeit; das ist das Schlimme
Daß du so zwischen Tür und Angel stehst.

Und laß uns die Gespräche rascher treiben
Denn wir vergaßen ganz, daß du vergehst.
Und es verschlug Begierde mir die Stimme.

Diese frühen Gedichte zeigen Männer, wie Baal einer war: einer, der verschlingt und dessen Sehnsucht und Begehren nicht gestillt werden kann. Selbst die graue Strähne, die das Altern zeigt, facht neue Begierde in ihm an.

Mitte der zwanziger Jahre gibt es dann einen allmählichen Bruch in Brechts Liebeslyrik. Nicht der Mensch vernichtet Beziehungen durch Ichsucht oder weil die Vergänglichkeit Begehren tötet, sondern für den marxistisch gebildeten Mann ist jetzt die Gesellschaft an allem schuld: Jenny und Paul besingen die Liebe in der Oper *Aufstieg und Fall der Stadt Mahagonny*; sie besingen sie in einem Bordell, und dieses Duett hat unter dem Titel *Die Lieben-den* Eingang gefunden in Brechts lyrisches Werk. Die Liebe – ein gefährlicher Schwebezustand, verstanden als Flucht aus der Gesellschaft, als eine Flucht, die nicht gelingen kann, weswegen auf die Frage, wann werden sie sich trennen?, nur die Antwort kommen kann: Bald. Denn auf Jenny, die Dirne, warten schon die nächsten Kunden. Liebe ist hier ein Traum von der Menschenwürde in einer entmenschlichten Gesellschaft, die übrigens auch kaum noch Sprache hat. Am Ende des Dialogs gehen den Liebenden die Verben verloren: So ist die Liebe nur den Liebenden, die Liebe sich trügerisch einbilden, ein trügerischer Halt.

Jenny und Paul auf zwei Stühlen in einigem Abstand nebeneinander. Er raucht, sie schminkt sich:

Jenny: *Sieh jene Kraniche in großem Bogen!*
Paul: *Die Wolken, welche ihnen beigegeben*
Jenny: *Zogen mit ihnen schon, als sie entflogen*
Paul: *Aus einem Leben in ein andres Leben*
Jenny: *In gleicher Höhe und mit gleicher Eile*
Beide: *Scheinen sie alle beide nur daneben.*
Jenny: *Daß so der Kranich mit der Wolke teile*
        Den schönen Himmel, den sie kurz befliegen
Paul: *Daß also keines länger hier verweile*
Jenny: *Und keines andres sehe als das Wiegen*
        Des andern in dem Wind, den beide spüren
        Die jetzt im Fluge beieinander liegen
Paul: *So mag der Wind sie in das Nichts entführen*
        Wenn sie nur nicht vergehen und sich bleiben
Jenny: *So lange kann sie beide nichts berühren*
Paul: *So lange kann man sie von jedem Ort vertreiben*
        Wo Regen drohen oder Schüsse schallen.
Jenny: *So unter Sonn und Monds wenig verschiedenen Scheiben*
        Fliegen sie hin, einander ganz verfallen.
Paul: *Wohin ihr?*
Jenny: *Nirgend hin.*
Paul: *Von wem entfernt?*

Jenny:	*Von allen.*
Paul:	*Ihr fragt, wie lange sind sie schon beisammen?*
Jenny:	*Seit kurzem.*
Paul:	*Und wann werden sie sich trennen?*
Jenny:	*Bald.*
Beide:	*So scheint die Liebe Liebenden ein Halt.*

Für mich bringt dieser Dialog, dieses wundersam schöne, weltenfern-lichte Gedicht, in Terzinen geschrieben, am ehesten zum Ausdruck, dass Brecht sich nach der absoluten Liebe sehnte und doch bei kritischer Reflexion Abschied nehmen musste von der Liebe als romantisch-subjektiver Erfüllung dieser Sehnsucht.

Während des Zweiten Weltkriegs, im Exil und auch später in der DDR schreibt Brecht keine Liebeslyrik. Erst mit dem Liederzyklus *Liebeslieder*, entstanden 1950, findet er wieder zu dem Thema. Aber was für ein Unterschied: Vom Baal keine Spur mehr, von jugendlichem Ungestüm ein Abglanz nur. Statt der vergänglichen, der schnellen Liebe, die starke, die andauernde, die treue Liebe. Der reife, der ältere Brecht, er ist damals 52 Jahre. Auch im Stil und Ton Veränderungen: Schlicht sind diese Gedichte, einfach, schön und anmutig, geradezu volksliedhaft wie diese vier Liebeslieder:

Liebeslieder

I
Als ich nachher von dir ging
An dem großen Heute
Sah ich, als ich sehn anfing
Lauter lustige Leute.

Und seit jener Abendstund
Weißt schon, die ich meine
Hab ich einen schönern Mund
Und geschicktere Beine.

Grüner ist, seit ich so fühl
Baum und Strauch und Wiese
Und das Wasser schöner kühl
Wenn ich's auf mich gieße.

II
Lied einer Liebenden
Wenn du mich lustig machst
Dann denk ich manchmal:
Jetzt könnt ich sterben
Dann blieb ich glücklich
Bis an mein End.

Wenn du dann alt bist
Und du an mich denkst
Seh ich wie heut aus
Und hast ein Liebchen
Das ist noch jung.

III
Sieben Rosen hat der Strauch
Sechs gehör'n dem Wind
Aber eine bleibt, daß auch
Ich noch eine find.

Sieben Male ruf ich dich
Sechsmal bleibe fort
Doch beim siebten Mal, versprich
Komme auf ein Wort.

IV
Die Liebste gab mir einen Zweig
Mit gelbem Laub daran.

Das Jahr, es geht zu Ende
Die Liebe fängt erst an.

Einige Werke, die Brecht in den USA geschrieben hat, imponieren mir gleichfalls, weil sie so hellsichtig wahr sind. Da sehen wir den Glückssucher in einem Jammertal, hoffend auf einen Glücksgott, einen sinnenfrohen chinesischen Glücksgott, was an den *Guten Menschen von Sezuan* erinnert. In Amerika, also nach dem Tod seiner früheren Lebensgefährtin Margarete Steffin, entsann sich Brecht dieses Gottes und notierte am 16. November 1941 in sein Arbeitsjournal, dass er einen kleinen chinesischen Glücksgott gekauft habe und überlege, ein Stück mit dem Titel »Die Reisen des Glücksgottes« zu schreiben. Wenige Tage später, am 4. Dezember, schickte er Fritz Lang so eine ähnliche Figur und fügte das Epigramm hinzu »Ich bin der Glücksgott, sammelnd um mich Ketzer / Auf Glück bedacht in diesem Jammertal. / Bin Agitator, Schmutzaufwirbler, Hetzer / Und hiermit – macht die Tür zu – illegal.«

Zu den tristen Gedichten, in denen er im Exil das Glück beschwor, oder das Unglück, zählen zwei über Hollywood. So folgender Vierzeiler, in dem Brecht berichtet, wie erniedrigend es ist für einen wie ihn, in diesem Land Geld zu verdienen:

Hollywood
Jeden Morgen, mein Brot zu verdienen
Gehe ich auf den Markt, wo Lügen gekauft werden.
Hoffnungsvoll
Reihe ich mich ein zwischen die Verkäufer.

1941 hatte sich Brecht in Hollywood niedergelassen, genauer in Santa Monica, wo auch Thomas und Heinrich Mann wohnten, fünf Meilen entfernt von Hollywood. Er selbst beklagte in Briefen, dass er in einer »würdelosen Stadt« lebe, aber kein Geld und demnach keine Wahl habe. Er entwarf Filme, zusammen mit Vladimir Pozner, Fritz Kortner, Eric Bentley und Fritz Lang, aber alle Versuche, die Szenarien zu verkaufen, schlugen fehl, wie der Vierzeiler ja andeutet. Nur ein Drehbuch wurde gekauft und tatsächlich verfilmt: *Hangmen also Die.* Weil Brecht starrsinnig war und wohl zugleich verzweifelt, machte er sich daran, das Kommunistische Manifest in Verse zu übertragen, um – wie er schrieb – es mit neuer propagandistischer Wirkung zu versuchen. Diese Übertragung blieb Fragment.

In den sieben Jahren im kalifornischen Exil hatte Brecht nur einen Erfolg, nicht als Dichter, nicht als Theatertheoretiker, sondern als Regisseur. Zusammen mit Charles Laugthon schuf er das Modell der *Galileo Galilei*-Inszenierung, die 1946 in einem kleinen Theater in Beverly Hills herauskam. Diese Arbeit und diese Aufführung machte ihn glücklich, sonst waren die sieben Jahre schlechte Jahre, wie auch die Hollywood-Elegien belegen:

I
Das Dorf Hollywood ist entworfen nach den Vorstellungen
Die man hierorts vom Himmel hat. Hierorts
Hat man ausgerechnet, daß Gott
Himmel und Hölle benötigend, nicht zwei
Etablissements zu entwerfen brauchte, sondern
Nur ein einziges, nämlich den Himmel. Dieser
Dient für die Unbemittelten, Erfolglosen
Als Hölle.

II
Am Meer stehen die Öltürme. In den Schluchten
Bleichen die Gebeine der Goldwäscher. Ihre Söhne
Haben die Traumfabriken von Hollywood gebaut.
Die vier Städte
Sind erfüllt von dem Ölgeruch
Der Filme.

III
Die Stadt ist nach den Engeln genannt
Und man begegnet allenthalben Engeln.
Sie riechen nach Öl und tragen goldene Pessare
Und mit blauen Ringen um die Augen
Füttern sie allmorgendlich die Schreiber in ihren
Schwimmpfühlen.

IV
Unter den grünen Pfefferbäumen
Gehen die Musiker auf den Strich, zwei und zwei
Mit den Schreibern. Bach
Hat ein Streichquartett im Täschchen.
Dante schwenkt
Den dürren Hintern.

V
Die Engel von Los Angeles
Sind müde vom Lächeln. Am Abend
Kaufen sie hinter den Obstmärkten
Verzweifelt kleine Fläschchen
Mit Geschlechtsgeruch.

VI
Über den vier Städten kreisen die Jagdflieger
Der Verteidigung in großer Höhe

Damit der Gestank der Gier und des Elends
Nicht bis zu ihnen heraufdringt.

Meine Brecht-Leidenschaft sind die Gedichte, vor allem die Liebesgedichte, die einen großen Reichtum an Formen und überraschenden Beschreibungen kundtun und in denen Brecht das Sinnliche, also die Liebe, vor den Sex stellt. In der altersgeilen Lyrik des greisen Brecht ist der Sex dann wichtiger als die Liebe, diese Werke missfallen mir sehr, deshalb möchte ich auch keines zitieren. Den frühen Liebesliedern fehlt indes jedwede Obszönität. Sie sind erotisch, nicht sexistisch. Sie sind schön. Liebe wird beschrieben als ein Gefühl, das äußerst stark und doch vergänglich ist. Zu diesen zärtlichen Gedichten möchte ich auch jene späten lyrischen Arbeiten zählen, dem Andenken Margarete Steffins gewidmet, wenngleich diese Verse eher Totenklagen sind denn Liebeshymnen.

Natürlich habe ich bei meiner Wegwerf-Aktion, bei meinem Versuch, Brechts übriges Œuvre den Theaterhistorikern und Theaterwissenschaftlern, überfleißigen Dramaturgen und Brecht-Exegeten zu empfehlen – und sonst niemandem –, ein schlechtes Gewissen. Nicht zuletzt, weil ich einst selbst so ein unglücklicher Theaterwissenschaftler war. Darum bedarf es für mein Tun noch einer Versicherung, die der Dichter selbst mir liefert. Zwei Strophen eines Gedichts aus dem Jahr 1932 bestätigen mein wahnwitziges Tun. Das Poem heißt in bester Lehrgedichtsmanier: *Über die Bauart langdauernder Werke*. Und die ersten neun Verse lauten so:

Wie lange
Dauern die Werke? So lange
Als bis sie fertig sind.

So lange sie nämlich Mühe machen
Verfallen sie nicht.

Einladend zur Mühe
Belohnend die Beteiligung
Ist ihr Wesen von Dauer, so lange
Sie einladen und belohnen.

Just diese Qualität, Mühe zu machen und zur Beteiligung einzuladen, haben Brechts von mir verabschiedete Werke nicht. Sie sind fertig und überholt. Sie sind Behauptungen, die man hinnimmt, teilt, gar glaubt, aber die zu keiner Diskussion, zu keiner neuen Interpretation mehr einladen. Sie sind Lehre, leere Lehre.

Wer etwas von Bertolt Brecht lernen will, suche den Anarchen, den Liebhaber, den Wüstling, den Egozentriker und den valentinesken Clown, der sich im *Kleinen Lied* zeigt:

1
Es war einmal ein Mann
Der fing das Trinken an
Mit achtzehn Jahren, und –
Daran ging er zugrund.
Er starb mit achtzig Jahr
Woran, ist sonnenklar.

2
Es war einmal ein Kind
Das starb viel zu geschwind
Mit einem Jahre, und –
Daran ging es zugrund.
Nie trank es: das ist klar
Und starb mit einem Jahr.

3
Daraus erkennt ihr wohl
Wie harmlos Alkohol ...

Meine Brecht-Kritik, ich weiß es, ist verwegen. Der Dichter, das Genie Bertolt Brecht, wird mir vergeben. Er wusste, dass der Unterschied zwischen Ja und Nein nicht so groß ist wie er in dem frühen Gedicht *Man sollte nicht zu kritisch sein* bemerkte.

Wer meine Anmerkungen zu Brecht lustvoll kontert mit Brecht und damit an der Kritik und dem Kritiker zweifelt, dem sei nicht widersprochen. Schon weil Brechts Gesang so zärtlich wahr ist:

Ach
Wer von einem Sternenhimmel eine
Vorstellung hat
Der
Könnte eigentlich sein Maul halten.

IV. Alfred Kerr

Dass ich ein Kerr-Bewunderer bin, hat weniger damit zu tun, dass ich denselben Beruf ausübe und immer denke, er ist uns allen überlegen, die wir schrieben und schreiben nach 1945. Vielmehr mag ich Kerr wegen ganz anderer Qualitäten. Kerr war ein ganz außerordentlicher Genussmensch und ein Kritiker, der nicht nur Geschmack besaß, wenn er ihn anderen absprechen musste – qua Profession sozusagen –, sondern auch in Bezug auf sich selbst. Er war eitel – auch was sein Äußeres anging, was die Wahl der Hotels, der Restaurants und, ganz wichtig, der Freunde anging. Er war ein Mann, der durchaus auch das gesellschaftliche Leben genoss. Der vorlebte: Intellektualität und ein luxuriöses Dasein sind kein Widerspruch, müssen es zumindest nicht sein. Kerr – ein Hedonist.

Ich mag ihn, weil er behauptete, in Deutschland keinen Frack zu besitzen, sei das »Sprungbrett zur Tiefe«. Für das Gebaren vieler heutiger Kritikerkollegen, gerne mal in Cordhose, offenem Hemd und alter Tweedjacke zu den Salzburger Festspielen zu gehen, hätte Kerr nicht viel übrig gehabt. Ich mag ihn, weil er den Dichtern – und er zählt sich selbstbewusst zu dieser Berufsklasse – Lebenslust verordnete, gemäß dem On-dit von Manet, der behauptet hatte, sich nur deswegen soviel Mühe beim Malen zu geben, damit abends die Damen in Gesellschaft äußerten:

»Da kommt der berühmte Maler!« Ich mag Kerr, der durchaus ein ebenso verehrter wie verachteter und bekämpfter Kritiker war, weil er den Intellektuellen just das gesellschaftliche Leben schmackhaft machte und sie und sich in Schutz nahm für gesellschaftliche Abenteuer – wie Abendeinladungen, Bälle, Banketts: »Es soll Erdbewohnern, die zeitweilig etwas Glanz, etwas Leichtsinniges, Verwehendes und Schwindelsames gern haben, nicht am inneren Wert abgezogen sein, wenn sie um elf unter Menschen sind.«

Bevor ich mich aber und zuerst Alfred Kerr, dem Kritiker, zuwende, ein Exkurs. Zu einem anderen Mann dieser journalistischen Spezies, einem, den Honoré de Balzac erfand: zu Lucien Chardon, einem jungen Mann aus dem südfranzösischen Provinzstädtchen Angoulême. Ein talentierter Junge ist er und noch dazu ein sehr schöner. Er ist die Hauptfigur in Balzacs Roman *Verlorene Illusionen*. Und er ist Journalist, schlimmer noch: Feuilletonist, Kritiker. Also einer von denen, über die Goethe schrieb: »Schlagt ihn tot den Hund! Es ist ein Rezensent.« – Es, nicht er.

Dieser Balzacsche Lucien also, der um der Karriere willen den Namen der Mutter annimmt und sich Lucien de Rubempré nennt, ist einer der ersten dieser Spezies, der den eigenen Text als Literatur versteht und dem eine Aufführung zuweilen nur Anlass ist für einen Aufsatz, keineswegs Gegenstand desselben. Und Lucien ist einer, den der theatergeschichtliche und theatertheoretische Ballast nicht im Mindesten interessiert, den andere – gebildetere – Kritiker mitschleppen, um damit die Leser zu belasten, sich selbst zu entlasten und zugleich meinen, mit dieser Lastenverteilung Bildung und Esprit bewiesen zu haben.

Dieser Lucien ist ein Vorfahre Kerrs und vieler Kritiker, denen Kerr wiederum Vorbild war und ist. Luciens ehemaliger Freund d'Arthez entwirft in einem Brief an Luciens Schwester ein Porträt des erfolgreichen Kritikers: »Ihr Lucien ist ein poetischer Mensch, aber kein Poet, er träumt, aber er denkt nicht; er ist leidenschaftlich, aber nicht schöpferisch. Kurz, er ist, gestatten Sie mir das Wort, ein Weibchen, das den Schein liebt, und das ist der Hauptfehler der Franzosen. So wird Lucien immer dem Vergnügen, seinen Geist glänzen zu lassen, seinen besten Freund opfern.«

Alfred Kerr konnte denken, er war schöpferisch – er unterscheidet sich also sehr von Lucien de Rubempré. Er war leidenschaftlich wie dieser, aber im Unterschied zu ihm durchaus sprachschöpferisch, und, das eint die beiden wieder, Kerr opferte wie Rubempré zuweilen Person oder Gedanken für eine Pointe. Doch er war, im Gegensatz zu Lucien, in seinen Kritiken und in seinen Reportagen immer ein Analytiker.

Wer war dieser Schreiberling, der es zu Ruhm und Nachruhm gebracht hat wie kein anderer Rezensent? – Alfred Kerr wurde am 25. Dezember 1867 als Sohn des Weinhändlers Emanuel Kempner in Breslau geboren. Während seiner Schulzeit hatte er seine Liebe zur Musik entdeckt und lernte bei dem Organisten der Breslauer Kreuzkirche, bei Herrn Professor Bohn, wie der Schüler später mitteilt, »Klavier und Bassbezifferung«. Zur selben Zeit packte ihn die Lust am Theater. In seinem Lebenslauf notierte er die ersten Erlebnisse als Zuschauer. *Wallenstein* guckte er von der Galerie aus, er sah den *Tell* des bekannten Meininger Hoftheaters. Und am liebsten waren ihm Mozart-Aufführungen. Er habe als Gymnasiast, so prahlte er später, nicht einen *Don Giovanni* verpasst; er habe diese Musik getrunken. Nach dem Abitur begann er sein Studium der Germanistik und der Philosophie in Breslau und wechselte 1887 an die Universität von Berlin, wo er 1894 zum Dr.

phil. promoviert wurde. Thema seiner Dissertation war der Roman *Godwi oder Das steinerne Bild der Mutter* von Clemens von Brentano, eine Arbeit, die 1898 unter dem Titel *Godwi – ein Kapitel deutscher Romantiker* erschien. Ob diese Arbeit brillant war, wegweisend in der Brentano-Forschung, wie Kerr-Verehrer behaupten, oder doch nur das Klischee aufnahm von dem genialischen jungen Brentano und dem alten senilen Frömmler, tut an dieser Stelle nichts zur Sache.

Bereits ein Jahr vor der Promotion, 1893, begann Kerr regelmäßig Theaterkritiken zu schreiben, arbeitete für die Wochenschrift *Die Nation*, außerdem für die *Neue Rundschau*, die angesehene *Vossische Zeitung*, für die auch Fontane schrieb, und die *Frankfurter Zeitung*.

Gleich nach der Promotion trat Kerr seine erste Italienreise an, worüber er im Einleitungsband seines Hauptwerkes *Die Welt im Drama* berichtete:

Im Jahr 1894 hatte ich Berlin verlassen, um für drei Monate dieser Stadt fernzubleiben, allerhand Zerwühlendes loszuwerden. Es war hohe Zeit, daß ich fortkam; wäre man damals ein ›Klugerfahrener‹ gewesen, so konnte man mit Mephistopheles sprechen:

Und hat mit diesem kindlich-tollen Ding
Der Klugerfahr'ne sich beschäftigt.
So ist führwahr die Torheit nicht gering,
Die seiner sich am Schluß bemächtigt.

Beim Schwager, in einem schlesischen Gebirgsdorfe, saß ich die ersten Wochen vor der Anreise nach Italien. Es war der Zustand, wo die Natur, Luft, Berge nicht die geringste Wirkung üben; wo man gepreßt, totengleichgültig, voll verhaltener Ausbrüche ist, von keinem Weib

etwas wissen will und nur das unstillbare wütende Ver-
langen fühlt nach dem einzigen Körper des verfluchten
geliebten Frauenzimmers, das man verlassen hat, für die
man mit Bräutigam und Mutter auf seiner Bude sich he-
rumgeschlagen hat und die man aus dem Wasser holte,
da sie aus Wut und Jugend und Liebesbestialität und
Komödie hineinhopste.

Nach seiner Rückkehr nach Berlin arbeitete Kerr als Kritiker, zunächst ausschließlich für das durchaus angesehene *Magazin für Literatur*, für das er von August 1893 bis
Dezember 1895 schrieb. Anfang 1895 wurde er stolzer
Korrespondent für die *Breslauer Zeitung*, die er, so war
der Vertrag gestaltet, wöchentlich mit Plaudereien über seine Erlebnisse in der Hauptstadt belieferte. Sie wurden später ediert als die so genannten *Berliner Briefe*. Diese Texte
sind das, was man klassische Feuilletons nennt, Plaudereien unter dem Strich. Daneben erlaubte sich Kerr vom
Oktober 1895 an auch Theaterrezensionen in dem Blatt,
aber nie wirklich große Besprechungen, eher kurze präg-
nante Texte, nicht viel länger als diejenigen, die man heute aus den besseren Boulevardzeitungen kennt. Mit einem
kleinen Unterschied – und ich möchte wirklich niemanden
beleidigen, auch Kerr nicht –, dass Kerr besser zu formulieren verstand als seine Kollegen der Kurzkritik heute. Seine erste Korrespondenten-Kritik erschien am 25. November 1895, eine Rezension von Grillparzers *Die Jüdin von
Toledo*:

*Am Sonnabend hatte das Deutsche Theater in Berlin
einen großen Abend. Grillparzers* Jüdin von Toledo *lebte unter Otto Brahms Herrschaft wieder auf, nachdem sie
unter L'Aronge dieser Bühne gewonnen worden war, und
der Beifall der Hörer wurde gegen den Schluß hin so stür-*

misch, daß ein langer Zwischenakt nicht ausreichte, ihn zu dämpfen: es schien, als ob dieses vornehme und sonst kühle Publikum gewaltsam einen Bruch des Hausgesetzes durchsetzen wollte. Kainz spielte den edlen, gütigen und frauenfremden Kastilierkönig, der an eine nüchterne, hygienische Britin verheiratet ist und plötzlich Herz und Sinne an ein toledanisches Judenmädchen verliert, der alles, selbst die Pflichten der Regierung preisgibt, um in seligem Taumel mit dieser Rahel zu leben, der erst erwacht, als die Schöne auf Befehl der Königin ermordet wird: aus der zerstörten Schönheit, die ihn kalt läßt, erkennt er die bloße Sinnlichkeit dieser Liebe und die Verirrung, die in ihr lag. Das Publikum stand dieser Schlußwendung, die ihm vielleicht zu psychologisch war, mit zögerndem Verständnis gegenüber, aber hinreißen ließ es sich von der Art, wie Kainz die erwachende und wachsende und halbzerstörte und wieder aufflackernde und schließlich ersterbende Leidenschaft des Königs stark und klug, mit Feuer und Feinheit und Schmerzensgewalt darstellte. Das Gütige und Unbeholfene kam im Anfang nicht so heraus, wie es hätte sollen: aber das Ganze ist wahrscheinlich die bisher größte Leistung dieses schwer berechenbaren Künstlers. (…) Die ganze Aufführung wird dem Deutschen Theater stürmischen Zulauf bewirken; in Einzelheiten mag gefehlt worden sein (den leichten Mädchenhelden Garcerau gibt der schwerblütige Gregori, ein Marquis Posa!), aber das Ganze wird man so nur in diesem einen Theater sehen können.

Ein eher langweiliger Text, der auch noch nicht jene typische äußere Form hat, an der man Kerr-Kritiken bis heute erkennt: Nämlich an den römischen Zahlen, mit denen der Autor einzelne Abschnitte, einzelne Gedanken voneinander scheidet. Manchmal auch nur Absätze und im

Extremfall einzelne Sätze gar. Diese Marotte begann Kerr, als er die Zeitung wechselte. Und dieser stilistische Spleen wurde später viel kopiert.

Am 11. Oktober 1898 erscheint in der *Neuen deutschen Rundschau* eine sehr lange Besprechung von Rostands *Cyrano de Bergerac*. Es ist weniger eine Aufführungskritik, als vielmehr ein Essay über das Drama, das bereits die Kerr-spezifischen Ziffern aufweist. Aber noch gibt es viele Texte ohne dieses Spezifikum.

1901 wird Kerr Theaterkritiker der Berliner Zeitung *Der Tag*, für die er bis 1919 schreibt. Hier wird die Zählerei nun endgültig zur nie mehr fallen gelassenen Masche, zur Manie und Manier. Und bleibt es. Selbst in den Tagebucheintragungen und bei den Reiseberichten verwendet Kerr die römischen Ziffern. An dieser Zeitung entwickelt Kerr seinen Stil, der geprägt ist durch Prägnanz, Schärfe, Kürze und Pointensicherheit. Über sein Ziel beim Schreiben äußert er sich mehrfach. Einmal sehr pathetisch: »Ich bin hier, eine Wirkung zu üben auf das Aussondern des Minderen, auf das Stützen des Wertvollen.« Einmal eher nüchtern: »Der criticus tut sich nicht als Weltenrichter auf. Er haßt, was ihn wurmt. Er liebt, was ihn lockt. Und sagt es.«

Bei allem, was Kerr zum Berufsbild des Kritikers sagt, fällt auf, dass er für sich die Rolle des Einzelgängers in Anspruch nimmt und sich in dieser Rolle sehr wohl gefällt. Deshalb nimmt er es auch nicht eben erfreut zur Kenntnis, dass einige ihn mit dem irischen Schöngeist Oscar Wilde vergleichen. Nein, so wie dieser weise er die Menschen nicht zurecht, Wilde aber sei ein »Feiergeck ohne Derbheit« gewesen. Er selber schreibe ganz anders, einzigartig, sage ungeschminkt die harte Wahrheit. »Dem Iren dämmert zwar, wie mir: Kritik solle Kunst sein; doch ich hab's getan! Ich schuf diese Kritik. Die schärfste Gratkunst.«

Wie sieht eine Kerr-Kritik aus? Was ist scharfe Gratkunst? Am 24. Oktober 1920 erschien eine Besprechung
von Hans Müllers Stück *Die Flamme*, uraufgeführt am Berliner Lessing-Theater. Es ist eine der frühen Kritiken Kerrs
für das *Berliner Tagblatt*, zu dem er im Jahr zuvor gewech-
selt war. Kerr bespricht *Die Flamme* in dieser Rezension
jedoch gar nicht – sondern huldigt wortreich allein einer
Schauspielerin.

»Der Abend hieß: Dorsch«, steht als erster Satz unter I.
Dann kommt bereits der erste Absatz. Kerrs Sätze sind
meist extrem kurz, und seine Absätze sind es auch. Die
nächsten Sätze sind nichts als eine Liebeserklärung, die
heutzutage in keinem deutschen Feuilleton durchging, so
besoffen scheint der Rezensent:

> *Deutschlands Bühne hat einen Menschen mehr. Eine*
> *Kraft mehr. Eine Wucht mehr. Eine Pflanze mehr. Eine*
> *dufte Nummer mehr. Eine Seele mehr.*
> *Wir sind nicht arm. Die Fortsetzung der Sorma heißt:*
> *Lossen. Die Fortsetzung der Lehmann heißt: Höflich.*
> *Aber die andere Fortsetzung der Lehmann heißt:*
> *Dorsch (Käthe). Das ist die süddeutsche Fortsetzung.*

Nach diesen Sätzen mußte sich Käthe Dorsch um ihre weitere Karriere keine Sorgen mehr machen. Unter Punkt II.
weiter nichts als Dorsch:

> *Ich sah sie zum erstenmal. Sie scheint aus der Erde*
> *gewachsen. Eine Volksgestalt. Von der Tiefe kommt sie.*
> *Kennt keine Furcht vor der Roheit; keinen Mangel an*
> *Blut; keine Not an Lieblichem und Wildem und Mädel-*
> *starkem. Sie hat einen Schrei und ein Antlitz.*
> *In diesem Stück macht sie ein Straßenfrauenzimmer,*
> *das ein junger Musikus, vernarrt und erfahrungslos, für*

sich retten, für sich bergen, für sich hegen will. Sie scheint lieb und gutartig von Hause her – bloß mit einem haltlosen und zum Krachen prallen Geblüt. Sie kann's halt nicht lassen. Bricht aus … und fällt zurück.

Die Schauspielerin Käthe Dorsch gibt hier ein blondblutjunges, herrliches, springsaftiges Ungeheuer. Mit aller frischen Arglosigkeit im Dreck. Mit Dirnengeschrei; mit Ausbruchshysterie. Auch mit Weibrufen; und mit Menschenblicken. Wunderbar.

Wir sind nicht arm: wenn so was nachwächst.

Unter Punkt III. kriegt der Autor Hans Müller sein Fett weg – und dass Kerr damals recht tat, wissen wir heute, Müllers *Flamme* ist längst erloschen:

Über Herrn Hans Müllers Stück, welches immerhin der Anlaß war, kein böses Wort. Es ist der äußerste Kitsch. (Zumal er geschmackvoll im Kitschigen waltet).

Die Grüning, Pröckl, Götz fanden eine Menge Beifall. Der Autor kam – das Haus rief: »Dorsch!«

Kerr war ein begeisterter Schwärmer und ein ebenso begeisterter Vernichter und Angeber. Denn eines vermochte Kerr, der so vieles konnte, überhaupt nicht: Sein Licht unter den Scheffel zu stellen. Kerr wollte immer leuchten. Kerr war Lieblingskritiker vieler Schauspieler und Lieblingsfeind vieler Autoren zugleich. Nach Kerrs Verriss der Hofmannsthalschen *Elektra* in der *Neuen Rundschau* im Oktober 1903 kündigte Hofmannsthal dem Verleger Oscar Bie an, ab sofort kein Wort mehr für die *Neue Rundschau* zu schreiben – wegen Kerr, dessen Stil er in diesem Brief »ungezogen« und »unpassend« nannte. Kerrs schnoddrige Berlinismen, sein unverhohlener Spott mussten Hofmannsthal ein Graus sein.

Aber nicht nur Hofmannsthal fiel Kerrs spitzer Feder zum Opfer. Auch von Gerhart Hauptmann, den er zuerst gefördert, ja hochgejubelt hatte, zuletzt in seiner Rezension des Dramas *Vor Sonnenuntergang* 1932, sagte Kerr sich öffentlich los, mit einem Hass, der den Leser noch heute verstört. Der Titel dieser Schmähschrift ist *Gerhart Hauptmanns Schande*. Kerr vermutete, dass Hauptmann sich mit den Nationalsozialisten eingelassen hatte – und in Wahrheit ließ sich Hauptmann ja auch vom nationalsozialistischen Gedankengut beeinflussen, wenngleich er sich niemals politisch betätigte –, und reagierte deshalb so schroff: »Hier starb jemand vor seinem Tod«, schreibt Kerr, »verachtet selbst von denen, die von allen verachtet sind. Das ist der Schluß. Sein Andenken soll verscharrt sein unter Disteln; sein Bild begraben im Staub.«

Und ein drittes Beispiel. Wie sein Kollege und Konkurrent Herbert Ihering besuchte er am 27. September 1926 die Uraufführung von Brechts *Mann ist Mann* am Landestheater in Darmstadt. Ihering war begeistert – wie von allem, was Brecht schuf und sich erlaubte. Kerr hingegen fand es wieder einmal abgeschmackt:

B. Brecht: ›Mann ist Mann‹
Landestheater Darmstadt

I.
Es wird mir schon fast schenant, über dieses Brechtsche Stück wieder zu sagen, daß es nicht viel wert ist. Ich hätte, wie gern, einen Gewinn für das deutsche Drama festgestellt – wenn man die Reise schon einmal gemacht hat; (allerdings auch eine unserer feinsten Städte gesehen – und einen Guck nach Wiesbaden getan hat). ... Ich hätte wie gern, ein Plus für das deutsche Drama bei dem Anlaß verbucht.

II.

Es geht nicht. Lieber soll der Mensch unpopulär sein als unwahr.

Die programmliche Jugendanschmeichelung (gleichviel, in welcher Zeit man lebt: ob Flut oder Ebbe) hat etwas von der urteilsschwachen Komik des Lokalpatriotismus. Man macht Subalternheiten solcher Art nicht mit. Sei der Mensch auch erzbereit, jeden wirklich bestehenden Vorzug, so er morgen erscheint, bei dem oder bei dem, ob er Brecht oder Barlach oder Schmidt heißt, als etwas Gekonntes mit Lust anzuerkennen inmitten dieser etwas belangloseren Enklave, als der Kubismus eine war. (...)

XII.

Wenn dieser ungekonnte Verwechslungsschwank, nach den verborgenen Grüßen an Pirandello, nicht Vertiefung und rhythmischen Zeithumor an langweiligen Stellen besitzt: so müßte das mit wem zugehen? Mit dem Teufel.

Einmal macht der Chinesenwächter aus dem Betrunkenen »einen Gott«. Völlig zusammenhanglos und sinnlos. Aber mit dem bunten Rhythmus unserer Zeit. Während »Pension Schöller« ... seid aufrichtig! (...)

XV.

Fest steht jedoch: den Grundriß irgendeiner Idee (auch wenn sie verpönt ist) kann jemand ... auch mit einem noch schlechteren Stück ausdrücken. (Es lohnt jedoch nur, ein Stück drum-herum zu schreiben, wenn es zugleich ein wertvolles Stück ist.)

Dies war ein ... harmloses Stück.

Seine großen, seine eigentlichen literarischen Triumphe feierte Kerr von 1919 an beim *Berliner Tagblatt,* herausgegeben vom Verlag Rudolf Mosse. Die Machtergreifung der Nationalsozialisten setzte dieser goldenen Zeit ein Ende. Gewarnt, dass ihm der Entzug des Reisepasses drohe, verließ Alfred Kerr am 15. Februar 1933 überhastet und trotz einer schweren Grippe Berlin. Mit 39 Grad Fieber und nur mit einem Rucksack, gefüllt mit dem Allernötigsten, habe er der Hauptstadt den Rücken gekehrt, so erinnert er sich später. Er sei, so seine Formulierung, »vor Geiern« geflohen.

Kerr war den Nationalsozialisten schon lange zuvor suspekt. Schon 1929 hatte Joseph Goebbels Kerr in der Zeitung *Angriff* zu einem der intellektuellen und politischen Hauptfeinde der Bewegung erklärt, Kerr ebenso wie Heinrich Mann und Arnold Zweig auf eine schwarze Liste gesetzt und gefordert, solche Leute an die Wand zu stellen. Nach seiner Emigration wurden Kerrs Werke öffentlich verbrannt. Und noch 1938 war er den inzwischen etablierten Machthabern ein ernst zu nehmender Gegner. Am 24. November 1938 beschimpfte der *Völkische Beobachter* ihn als »alten Narren«, der »das gegenwärtige Deutschland verwünscht und das zukünftige verachtet«.

Erste Station der Emigration war die Tschechoslowakische Republik. Hier blieb er nur einige Wochen. Im März 1933 traf er in der Schweiz ein, der er das Adjektiv »edelbeißig« verpasste. Mittellos und ohne Unterstützung – weil sein früherer Arbeitgeber, der Mosse-Verlag, jede Art von Honorarzahlung verweigerte, die sich durchaus aus den Vertragsverpflichtungen ergab –, floh die Kerr-Familie weiter nach Frankreich. Hier fand Kerr Arbeit bei dem von Emigranten gegründeten *Pariser Tagblatt.* In Paris traf er auch noch einmal den Schauspieler Ernst Busch, der 1934 im »Deutschen Klub« Arbeiter- und Kampflie-

der vortrug. Als Dank für diesen Abend schrieb Kerr ihm
ein Gedicht:

Und er kündete Streit der Frohn
und dem Leid
Des blutigen Jammertals,
Und er stand und er sang
das »Lied der Zeit«
Und es war wie dunnemals.

Da ist er wieder, der Kerrsche Berlinismus. 1935 emigrierte
Alfred Kerr nach England, bezog in London eine Wohnung
und empfand »eine große Dankbarkeit für dieses Land«.
Später meinte er sarkastisch, er müsse den Nazis eigentlich dankbar sein, »daß sie unsereins zu dieser Bekanntschaft verhalfen – und nicht nur dieser. Kurz und gut: Adolf
Hitler, der von der Natur vielleicht zum Hundeschlächter
bestimmt war, jedoch zu Unrecht an das Ruder eines Volkes geriet, war mein Wohltäterich. Man muß hier sagen:
Wem Mob will rechte Gunst erweisen, den schickt er in
die weite Welt.«

Von nun an publizierte Kerr keine Kritiken mehr. Von
London aus attackierte Kerr das Naziregime und widme-
te sich der Arbeit des Freien Deutschen Kulturbundes. Ihm
wurde das Amt des Präsidenten der deutschen Gruppe des
PEN-Clubs übertragen. Hier hielt er ebenso wie bei der
BBC Vorträge in deutscher Sprache, in denen er sich nicht
mit Kultur, sondern mit den politischen Vorgängen in
Deutschland beschäftigte.

Insgesamt hat Kerr ungefähr 1500 Kritiken geschrieben.
Eine große Zahl davon veröffentlichte er zu seinem 50. Geburtstag in fünf Bänden im S. Fischer Verlag – *Die Welt*
im Drama betitelt, ein nicht eben unehrgeiziges und uneitles

Unternehmen. Kerr war der erste Kritiker, der die Kritik in den Stand der eigenständigen literarischen Form erhob – auch deshalb ist er meine Leidenschaft. Er stellte die Kritik neben Lyrik, Drama, Epos. Mehr noch, einmal schwang er sich gar über die Dichter auf: »Dichter haben keine Sprachkraft. Sprachkraft ist in der Kritik. Mein Werk bietet nicht etwa ›die Geschichte des Dramas in der Zeit von ... bis‹ ... Sondern Kritiken vom Beginn des Verfassers bis zu seiner Akme. Dies Werk ist zwar ein Werk ›über‹ – aber zunächst ein Werk ›von‹.«

Dieses Bekenntnis sollte eine Leseanleitung und voller Stolz richtungweisend sein, wie Kerr in der Einleitung zu seinen *Gesammelten Schriften* 1917 formulierte. Viel früher schon, im November 1904, kurz vor seinem 37. Geburtstag, schrieb er das Vorwort zu dem Sammelband *Das Neue Drama*, ein Buch, das auch der erste Band sein wird von *Die Welt im Drama* und aus dem ich im folgenden Auszüge wiedergebe, die belegen, wie hoch Kerr die Kritik als literarische Form, wie hoch er sich selbst einschätzte und wie viel er von der Kritik forderte, die er als eine Kunst der Unterscheidung und der Sprachbehandlung sah. Kerrs Forderungen scheinen mir heute, da in vielen Feuilletons die Befindlichkeitsprosa hoch geschätzt wird, von besonderer Bedeutung:

Ich fordre vom wahren Kritiker: ›Er gebe die Kritik des Hasses und der Liebe temperiert durch historische Gerechtigkeit. Davidsbündlerkritik, die gleich dem biblischen König zwei Werkzeuge liebt: die Schleuder und die Harfe.‹ Für den Kritiker sind, wie ich glaube, diese zwei Werkzeuge symbolisch: die Schleuder und die Harfe.

Im folgenden spricht sich der Kritiker dafür aus, mit Hass und Liebe zu reagieren, das sei allemal besser als mit Neigung und Abneigung. Und weiter:

Der Anblick jedes Kunstwerkes führt zu einer unbewußten Addition. Die Stärke der guten und der schlechten Einzeleindrücke denke man in Zahlen umgesetzt. Von der Höhe der Addenden hängt die Stimmung, von der Höhe der zwei Summen das Urteil ab. Nichtig bleibt alles, bis es in seelische Bestandteile zerlegt wird. Das zu tun ist der ernsteste Teil der Kritik. Die Kritik mag also beides geben: Willkür und Sachlichkeit. Die Willkür darf in der Darstellung, die Sachlichkeit muß in der letzten Wertung liegen.

Hier haben wir die Definition der subjektiven Kritik, die analysiert und bemisst, also zu objektivieren versucht. Die Maßstäbe verwendet; Maßstäbe, die das Kunstwerk selbst fordert.

Was macht Kerr den Kritiker-Beruf zu einer Lust? – Ernste Dinge heiter zu sagen: »Ich bin jedem dankbar, der in Deutschland erfaßt, daß hinter einer kunstheiteren Form nicht ein Windhund stehen muß, sondern ein Ringender stehn kann (...) Einbleuen möcht' ich meinen Landsgenossen, daß, wer die Dinge heiter sagt, sie darum nicht weniger ernst sagt. Einbleuen.«

Und schließlich kommt Kerr zum Kern seiner Aussage:

Der blöden Abgrenzung: »Dieser ist kein Dichter, sondern ein Kritiker« setzt das Buch ein Ziel. Der wahre Kritiker bleibt für mich ein Dichter: ein Gestalter. Und es ist beinahe kein großer Unterschied, ob er einen ernsten Autor gestaltet oder einen ulkigen und schlechten Autor gestaltet. Sowie ein Dichter (beinahe) gleich groß

sein kann, indem er einen Falstaff oder indem er einen
Vorbild-Helden malt. Auch der Dichter hat sie nur aus
dem Leben: Phantasie ist Erinnerung. Der Dichter ist ein
Konstruktor. Der Kritiker ist ein Konstruktor von Kon-
struktoren. Er zergliedert das Wesen eines Autors, läßt
sein Inneres auferstehn; er reproduziert den Kern seiner
Gehirnkonstruktion, stellt die ganze reproduzierte
Gestalt (wie er sie sieht) auf zwei Beine und äußert:
Männlein, wandle! Der wahre Kritiker bleibt ein Dich-
ter: ein Gestalter.

Kerrs Selbstbewusstsein war groß und deshalb fürchtete er
nicht, die Kritik könne als literarische Gattung, als Kunstwerk, vergänglich sein. Und er wandte sich mit seiner Definition von der produktiven Kritik gegen alle seine Kriti-
ker-Kollegen, die den Kerr für eitel und übergeschnappt
hielten und »produktive Kritik« als Mitarbeit bei der Produktion, sozusagen als Tun eines schreibenden Dramaturgen verstanden. In einer Kritik, so Kerr, müsste man nicht
nur die Wahrheit sagen, was Voraussetzung sei, sondern
man müsse Schönheit zeugen, etwas eigenes bilden, allein
dies sei eine produktive Kritik.

Kritik, so schreibt er weiter im Vorwort zum *Neuen Drama,* ist

*(…) im schönsten Fall eine Kunst. Sie wird um so grö-
ßer sein, je mehr sie Kunst ist. Man denke an den erha-
benen Lessing; seine Lehre vom transitorischen Moment
ist heut Unsinn, seine Lehre von der Katharsis Gerede
auf dem mißverstandenen Aristoteles ruhend: nur die
Art, wie er beides sagt, bleibt unsterblich. Die Kunst im
Kritiker, sie lebt fort. Was ist produktive Kritik? Es hat
noch kein Kritiker einen Dichter erzeugt, produziert!
Produktive Kritik ist solche, die ein Kunstwerk in der*

Kritik schafft. Jede andere Deutung ist leer. Unter den Kritikern hat nur das Recht, einem abgestempelten »Dichter« zu nahen, wer selbst einer ist.

Im Sommer 1917 verfasste Kerr das Vorwort zu allen fünf Bänden seiner *Welt im Drama*. Es endet wie unter XXI. mit einem Abschiedswort: »Ich sehe zurück. Ich war ein Kritiker.« Unter Nummer XX. findet sich ein anderer Passus, den ich leidenschaftlich mag, weil der Übereitle angesichts eines genossenen Lebens, eines glücklichen Lebens, das ja danach noch 31 Jahre währen wird, ganz demütig wird: »Ich schaue zurück auf mein Leben. Das Ganze hat man, wie jede Einzelheit, sprechend oder stumm verbucht; hergebeugt oder weggeboxt; geküßt oder bespuckt – aber meistens geküßt. Ja, wenn man in möglichster Wachheit und wahnlos, richtend-sichtenden Mutes, zwar das Unzureichende stärker fühlt als andre Menschen: so fühlt man doch die Schönheit gleichfalls stärker; und vermag sie besser zu sagen; leidenschaftlicher und gestufter und inniger und erkenntlicher – wenn man ein Kritiker ist.«

Auch in diesem Vorwort drängte es Kerr, nochmals Grundsätzliches zur Kritik und zum eigenen Werk zu äußern. Natürlich ohne das Understatement, das er an den Briten so schätzte, und naturgemäß arrogant und hochmütig. Aber just darum ist mir Kerr lieb: weil er leidenschaftlich er selber war – Genussmensch und Genie, Künstler und Kauz, ein Egoist und ein großer Liebender, der seinen zwei Frauen, Inge Thormählen, die er 1918 heiratete und die schon drei Monate später starb, und Julia Weismann, mit der er sich 1920 vermählte und die ihm zwei Kinder, Michael und Anna Judith, schenkte, glühende Liebes- und Treueadressen schrieb. Aber, wenn es um die Kritik, wenn es um ihn als Dichter ging, da kannte Kerr nur das Auftrumpfen:

Wenn jemand sagt: »Der Verfasser und seine hervorra-
genden kritischen Aufsätze« ..., den soll der Schlag tref-
fen am schönsten Feiertag. Wenn aber jemand sagt: »Der
Verfasser und seine harten Dichtungen (die von den
Besprochenen manchmal erreicht werden)« ..., dem soll
es wohl gehn; und soll sich Häuser bauen; und sein
Andenken sei gesegnet.

Ich weiß, daß diesem Werke heut keine Beurteilung
wird, die es im Kern wertet. Die Zeit ist kaum dafür. Die
Freundlichsten werden sagen: »Eine reiche Fülle von
trefflichen Zergliederungen zeitgenössischer Dramati-
ker ...« Oder: »Manche gute Beobachtung findet sich
besonders in ...« Oder auch: »Die Kunst des Kritisierens
ist hier seit Lessing am stärksten ausgebildet.«

Ich selber jedoch sage, was ich als ehrlicher Mensch
im Grunde sagen muß: daß ich in die Welt Klänge
gesetzt, so vorher nicht bestanden. Daß ich Möglichkei-
ten des Ausdrucks gab für eine schlaffere Menschheit.
Daß ich auf einem bestimmten Gehölz baute, was kei-
ner vor mir. Daß ich, die Zukunft im Geblüt, Extrakt
aus Wassern geholt; Weideland aus Tang und Salz und
Geblüh des Meeres mit meinen Armen.

Nicht eben unbescheiden. Und was Lessing angeht, eine
Bemerkung: Er gilt zwar als Vater der deutschen Theater-
kritik; allein, er ist in seiner *Hamburgischen Dramaturgie*
doch viel eher ein reflektierender Dramaturg als ein Theaterkritiker – nicht zuletzt, weil ihm, der am Nationaltheater in Hamburg angestellt war, um als Dramaturg und
Kritiker in den hauseigenen Blättern zu publizieren, von
den Schauspielern just das Bekritteln untersagt wurde.

Je stärker Kerr kritisiert wurde, desto sicherer wurde er
sich seines richtigen Tuns. Herbert Ihering lehnte Kerr ab,
und auch der andere berühmte Kollege Julius Bab ging

harsch vor gegen die so genannte künstlerische Kritik, gegen die Kritik, die als Literatur gelesen werden soll. Bab begriff Kritik als die »Bewältigung eines Gesetzten durch begriffliche Zerlegung«; erschreckend, wenn man diese Definition nach der Kerrschen liest. Und deswegen auch kein weiteres Wort über diesen Papierkameraden Kritiker. Der von Walter Benjamin behauptete Gedanke von der Superiorität des Kritikers über den Dichter – und damit ist gemeint, dass der Kritiker die Werke der Autoren weiterschreibe –, er wird von Kerr gegen alle klugerfahrenen anderen behauptet.

Noch eine letzte Bemerkung zum Kritiker Kerr, denn dem unbekannten Kerr, dem Reiseschriftsteller, soll auch noch Raum gegeben werden. Sie betrifft Kerrs Verhältnis zu Brecht. Kerrs Ablehnung des Brechtschen Dichterwerks hat nichts mit der Vertretung bourgeoiser Interessen zu tun, nichts mit seiner Lebensbejahung, seinem Hedonismus, wie ihm linke Kritiker immer wieder vorwarfen. In der ersten Phase sah Kerr den Dramatiker Brecht nur als einen Kraftmeier ohne Rhetorik und als einen Egoisten. Hier hat sich Kerr geirrt. Und mit dem Vorwurf des Egoismus sollte man vorsichtig umgehen, wenn einem diese Charaktereigenschaft selbst so fremd nicht ist. In der zweiten dialektischen Phase Brechts sah Kerr einen Verfall in einen hohen Ton, der Banalitäten mit dem Anspruch von letzten Weisheiten vorträgt. Und Brechts polemische Wendung gegen das Theater der Einfühlung, sein Eintreten für das epische Theater, dieser Versuch, als der bessere Aristoteles aufzutreten, galt Kerr als eine ungeheure Anmaßung. Wie wenig er mit Brecht anfangen konnte, beweist seine Rezension einer Aufführung von *Die Mutter* am 18. Januar 1932 im Berliner Komödienhaus:

I.
Mildernde Freundlichkeit bleibt es, zu sagen: es sei ein Stück für primitive Hörer. Sondern es ist das Stück eines primitiven Autors.

Das »epische Drama« ist ein Fremdwort für: das »ungekonnte Drama«. Für (entschuldigen!) das Idiotenstück.

Ein starker Beginn. Eigentlich könnte man jetzt zu lesen aufhören, denn nichts ist ungeschickter, als in einer Kritik gleich am Anfang klipp und klar seine Meinung zu verkünden. Aber bei Kerr wussten die Leser, dass dieser starke Tobak mild sein und der Autor sich noch steigern würde. Das tut er:

II.
Was Gustav von Wangenheim einleuchtend in einer Revue macht (die also nicht mehr nach Drama aussieht), nämlich Unpathetisches, rein Sachdenkliches, Volkswirtschaftliches, nur die Kenntnis Förderndes: das wird hier vermanscht mit einer Affekthandlung.

Kinder! Kinder!

III.
Tatsächlich wirken bloß die Szenen, wo die Affekthandlung durchscheint. Der Rest ist namenlos unfähig. Flach; leer; arm; zurückgeschraubt; kurz: nichtgekonnt. (Aber mit Theoriephrasen.)

Die Mutter sagt gleich zu Beginn dem Parkett (nach Urväterart, als noch kein entwickeltes Drama bestand): Ich bin nämlich die Mutter, das dort ist mein Sohn, er hat an Gewicht in der letzten Zeit abgenommen. ... In solcher zurückgeschraubten falschen Kindlichkeit aus Impotenz.

Im Aufsageton aus Mangel an jeder Vertiefungskraft.

IV.
Wie jemand bei dem vergangenen Tieck an den Souff-
leurkasten trat –: »Ich bin der heilige Bonfazius«.

Was heute so im Theater zugelassen wird –. Dies noch
in Verbindung von »Aufricht-Produktion«, jottedoch,
mit »Gruppe junger Schauspieler«.

Und für alles das ... eins, zwei, drei, vier Autoren. Fest
haltet's mich.

Nämlich Gorki schrieb den Roman. Weisenborn machte daraus ein Stück. Günther Stark half dabei. Und Brecht
hat es für das »ungekonnte Theater« zugerichtet.

Dann erst kam das heraus – was oben geschildert
ist. (...)

VI.
Gorkis Roman ist noch hier untötbar. Wo er durchkuckt,
wacht man auf. Der Rest: platteste Dürftigkeit; infan-
tilste Leere; vollkommener Schwund.

Bitte, nichts vormachen. Der deutsche Arbeiter
(mögen schon Mitglieder der an sich berechtigten jungen Volksbühne pflichtgemäß Beifall klatschen) ... der
deutsche Arbeiter ist lange nicht so zurückgeblieben wie
der Autor.

Da liegt der Hund begraben.

VII.
Helene Weigel macht beinah die schlappen Inhaltslosig-
keiten wett. Sie ist einfach herrlich: in Mildheit, Zähheit,
dazwischen Freundlichkeit; rechtens entfernt von allem
Heldentum, eine Arbeiterfrau, irgendeine Hoffnung aus
der Masse, bloß eine Nummer ... und doch, im her-
vorragenden Sinn, eine Nummer. Es gibt kaum Schöneres. (...) Diese ganze Welt, Umwelt, Armenwelt ist ja
unsagbar wesentlich – es fehlt bloß ein Autor dazu.

Auch an Brechts epischem Theater mochte Kerr kein gutes Haar mehr lassen:

VIII.
Auf dem Programm steht was über das »epische Drama« – von dem nichtvorhandenen Autor. Das muß man sehn, in allem Mumpitz. Es gibt kein andres Wort: in allem zugemuteten Mumpitz. In aller schlampigen, doch anspruchsvollen Schwachgeistigkeit. Glatter Kohl. Das epische Drama; das dramatische Epos; dunkel war's, der Mond schien helle ... (...)

IX.
Da steht etwa: »Dramatische Form des Theaters: der Mensch als bekannt vorausgesetzt. Epische Form des Theaters: der Mensch ist Gegenstand der Untersuchung.« So dreister Unsinn wird gewagt. Seit wann ist im Drama der Mensch als bekannt vorausgesetzt? wenn man ihm doch mit der verpönten Psychologie beikommt? Auf der andren Seite: »Der Mensch ist Gegenstand der Untersuchung.« Wenn er bloß ganz flaches Zeug aufsagt? für Quartaner?

X.
Ja, mag es unhöflich klingen: schlampigste, doch anspruchsvolle Schwachgeistigkeit. So tun als ob.
   Das ganze schiefe Programm ist ähnlich. »Im Drama: Spannung auf den Ausgang. Im epischen Drama: Spannung auf den Gang.« Namenlos dumm. Bei Ibsen nur Spannung auf den Ausgang ...
   Wie lange wird man sich solche Impotenz gefallen lassen? Analphabetischen Bluff. Ein Verein reicht nicht aus. Schluß, bitte.

Mitnichten soll hier Schluss sein, sondern: Weiter! Weiter durch Alfred Kerrs Leben, durch seine Welt. Kerr, der von sich sagte, dass er fühle, »vom Geschlecht der Schwärmer« zu sein, war ein leidenschaftlicher Reisender, ein leidenschaftlicher Lebenslüstling.

Er liebte, was teuer und schön ist. Und er behielt seine Eindrücke nicht nur im Kopf, im Herz und Bauch. Er notierte sie in kleine Tagebücher, schwarze Quarthefte. Er versuchte festzuhalten, was er sah, wer ihm begegnete und was ihm begegnete – auch die eigenen Stimmungen fixierte er. Depressive Momente, nur wenige, viele Augenblicke der Hochstimmung hingegen – und Gedanken der Dankbarkeit. Nicht, dass mir die Hochstimmung, die nicht selten gepaart ist mit Schabernack, nicht auch gefiele. Aber eigentlich bevorzuge ich die Zeilen, in denen der eitle Gockel, der den Individualismus in seinem Beruf, in seiner Schreibkunst, auf die Spitze trieb, ganz anders ist, in denen Kerr einfach nur glücklich ist, oder sich entsinnt eines Glücks, das im Moment des Schreibens noch währt.

Aus diesen Texten spricht ein ganz naives Glücklichsein, eine Zufriedenheit, dass die Welt ist, wie sie ist, angelegt, so glaubte Kerr, auf das Schöne, das Lustvolle. In solchen Texten verströmen die Worte Zärtlichkeit, eine – uns abhanden zu kommen drohende – Lebensliebe. Kerr, der bereits Fünfzigjährige, mag von der Welt nicht lassen, weil er immer wieder neugierig Neues, Anderes von ihr erwartet. Und auch Kerrs andere Sucht macht ihn mir so liebenswert: Seine Sucht »Menschen festzuhalten«; er, der kalte Criticus, findet es ganz wunderbar, wenn für das Unternehmen, Menschen für sich zu gewinnen und sie zu behalten, das Herz größer ist als der Sachverstand. *Ich habe gelebt* ist einer meiner Lieblingstexte überschrieben:

I.

Gestern, Freitag morgen, großes Gewitter. Es wurde plötzlich so dunkel. Halb acht. Jählings eine schreckliche Verdüsterung.

II.

Es wurde finsterer und finsterer, daß ich dachte: Nun, wenn jetzt die Welt untergeht: ich bin für alle Fälle gewappnet.

Denn immer war ich bemüht, mein Leben so einzurichten, daß ich, wenn der Tod plötzlich erschiene, sprechen kann: die köstlichsten Dinge dieser Welt sind mir nicht unbekannt geblieben. Auf manches blaue Meer sah ich Abende sinken. In mancher Julinacht schritt ich durch manchen deutschen Wald. Ich sah die Völker des Erdballs; ich sah die Gigantenzypressen der arabischen Friedhöfe; ich stand auf der Cheopspyramide; ich hörte die Musik der Stadt Byzanz oder Stambul; ich habe Sonnenscheidestunden auf der Akropolis verbracht – und sah die Stätte, wo Rahel begraben liegt, und wo der König David seinem Herrn opferte, wo Johannes in der Wüstenei gelebt hat; ich sah den Garten, wo der Nazarener abseits vom Lärm Jerusalems nachsann, ... ich sah die alte, die jetzige Welt, die künftige drüben am Broadway, am Grand Canyon, an Yellowstonegeysern; wie ein lauer Sturm trug es mich durch Tiefen und Höhen der gallischen Zauberstadt Paris (ich muß beim Abschied sie besonders in mein Herz einschließen, als holdeste Erinnerung); bewahre tief das Gedächtnis der Stadt Venedig, in der ich zu allen Witterungszeiten und in allen Seelenstimmungen gehaust, alljährlich bis zu dem Tage, da der Campanile sank – und ich höre noch einmal alle Beethovenschen Melodien, im festen Glauben, daß sie forttönen werden auch nach dem Untergang dieser Erde ...

III.

(...) um es kurz zu machen: mein Dasein war so, daß ich in jedem Augenblick sagen könnte: »Adieu. – ich habe gelebt und ...«

Und dann macht er sich noch Gedanken über sein Werk: Wird es bleiben? Wird ein guter Gott es bewahren?

Soll etwa mein Geschreib' jemals untergehn? ... Eli – das, das, das kannst du nicht wollen. Versprich ...! Gut. Erlauchter Familienchef vom Sinai! Bei allen meinen Vettern, den Erzengeln: ich traue dir. Immerhin zur Sicherheit: ich habe gelebt und – .
Nicht böse sein, Ahndl!

Alle Notizen, die sich Kerr machte, übrigens in feiner, scharf gestochener deutscher Schrift, waren bei der Niederschrift bereits gedacht als Vorlage für zu publizierende Berichte. Faszinierend, wenn der Schwärmer vergleicht oder wenn er, auf Vergleichen fußend, Tipps gibt zur Hotelsuche oder zum Benehmen. Diese Texte meinte ich, wenn ich vom Kerrschen Schabernack spreche.

Anhand von sechs Punkten will Kerr verdeutlichen, wodurch sich ein edles, einfühlsames Fremdenhaus von einem stumpferen unterscheidet, wodurch ein erstes Hotel von einem allerersten. Um das zu wissen, muß man sie kennen – Kerr kannte sie.

Erstens: Der Henkel des Teekännchens beim Frühstück ist heiß, daß die Finger schmerzen? Dies Hotel ist für mich erledigt. Es ist vielleicht ein erstes, nicht ein allererstes. Der Henkel, Mitmensch, hat isoliert zu sein, durch ein Beinplättchen – daß er nicht warm wird.
Zweitens: Das Bett steht so, daß man mit dem Gesicht

nach dem Fenster sieht? Erledigt! Denn die Tiefe des Schlafes wird gemindert, wenn auch nur schwacher Lichtschein ins Auge dringt. (Der Fall bleibt sanfter zu beurteilen, wo Verdunkelung eine letzte Vollkommenheit erreicht hat.)

Drittens: Das Leintuch ist an der Bettdecke nicht angeknöpft, sondern lose draufgebreitet? Erledigt! Denn es wird sich verschieben – der Körper wird von der (nicht waschbaren) Wolldecke berührt ... die gestern einen andren Körper berührt hat. Pfui! – – Freilich ist (nicht ohne »Trauer«) festzustellen, daß in West- und Südeuropa noch berühmte Gasthäuser hohen Ranges nur das lose Leintuch kennen. Hach ja, ich sage!

Viertens: Das Innere des Nachttisches ist bloß aus Holz? Erledigt! Es müssen Glasplatten oder Gesteinplatten oder etwas Ähnliches oberhalb und unterhalb des Nachttopfs eingesetzt sein. Weil Holz anzieht.

Fünftens: ... Aber das Fünfte versteht sich beim guten Hotel von selber.

Sechstens: Die Frage bleibt, ob das Stubenmädel jung oder alt sein soll. Was ist besser für die Ruhe der Nerven? –

Man bedenke, wieviel Erregungen sowieso schon der Aufenthalt in einer fremden Stadt, in fremdem Betrieb mit sich bringt. Also da soll der Mensch nicht auch noch durch das hohe Alter des Zimmermadels geärgert, enttäuscht werden.

Es empfiehlt sich eine Junge.

Der Kerrsche Schabernack lässt sich noch steigern. In einem anderen Text gibt Benimmonkel Kerr augenzwinkernd Tipps zum richtigen Benehmen. Winke für den Weltmann nennt er seinen 20-Punkte-Plan.

1. *Trink bei Tisch die Fingerschale nicht zu hastig aus – und laß die Zitrone drin.*

2. *Fasse Lachsbrötchen bei Tees nicht seitlich an, sondern mit Zeigefinger und Mittelfinger von oben. Schüttle dann einer Dame die Hand.*

3. *Lege deinen Hut auf den Eßtisch mit der Öffnung nach unten – wenn dir warm war.*

4. *Ziehe bei Tisch einen Zahnstocher heraus und entferne mit Ruhe, was dich stört. Nur im Notfall nimm ein Streichholz.*

5. *Brauche für die Soße nie das Obstmesser, sondern das größere.*

6. *Fülle dein Weinglas zuerst, und nur wenig über den Rand. Frage darauf die Nachbarin, ob sie was trinken will. Reiche dann die Flasche langsam an ihrem Gesicht vorbei dem nächsten Herrn.*

7. *Sage, wenn du mit einer Auster nicht fertig wirst: »In England ißt man sie mit dem Bart.«*

8. *Krebsscheren zerbeiße. Halte dann die Hand vor und recke den kleinen Finger graziös nach oben, wenn du die Schalen auf den Teller spuckst.*

9. *Von herumgereichten Weißbrötchen nimm eins, knacke es mit den Fingern und wähle dann lieber ein andres.*

10. *Sei überzeugt, daß der schwer zu lösende Innenteil eines Hummers auf die Tischblumen gehört, nicht auf die Deckenlampe.*

11. *Gib dem Tischgespräch eine persönliche Note. Sprich von deinem eingewachsenen Fußnagel. Oder von der Straßenbahnlinie »16« mit dem Umsteiger.*

12. *Sage zu einem Herrn: »Gestatten Sie, daß ich Ihnen meine Frau vorstelle.«*

13. *Tust du am kalten Büfett zum zweiten Male Salat auf den Teller, so bediene dich dazu deiner Gabel.*

14. *Daß du ein Auto hast, erwähne nur indirekt. (»Unser armer Chauffeur friert gewiß«)*
15. *Iß die Suppe so, daß du Worte deiner Nachbarin immer noch hörst.*
16. *Sag einer jüdischen Tischnachbarin sofort: »Mich stört das nicht, ich bin Philosemit.«*
17. *Binde die Serviette so, daß sie ohne Zeitverlust aufzuknoten geht. Nie so fest, daß die Gesundheit leidet.*
18. *Hast du einen Gast, so nötige zum Essen mit der Begründung: »Es wird bis morgen doch schlecht.«*
19. *Hilf einer Dame ins Auto stets am Popo mit waagrecht gehaltener Hand, die du dann aufwärts hebst.*
20. *Radiere nicht zu oft mit deinem Gummikragen, damit er seinen Glanz behält.*

Aber Kerr war nicht nur Kritiker und Schabernackautor – er war auch ein großartiger Reiseschriftsteller. Es gibt ganz wunderbare Berichte über seine Reisen nach New York und Venedig. Kerrs Lieblingsstadt aber war Paris. Er reiste mehrfach dorthin und war glückselig. Kerrs Texte, die in Paris entstanden sind, schwärmerisch nur zu nennen, ist eine Untertreibung. Angesichts dieser Aufsätze muss man sich fragen (dürfen), ob ein fieser Kritiker sein kann, wer so abheben, sich so von Emotionen leiten lassen kann? Nein!

Da wird man von einem Lebensgefühl emporgetragen, das gewaltiger redet als an irgendeiner Stätte dieser Welt.
Nicht bloß weil die Stadt so schön ist, ein steinernes Zauberbild mit Wohnungen am Ufer, Wohnungen auf dem Gebirg, mit allem was dazwischen liegt an Türmen, Brücken, alten Bäumen, grauen Häusern; nicht bloß, weil auf allen Straßen zu dieser Stunde geschmaust

wird, weil in jedem Winkel witzige Kunst leuchtet, weil schwarzäugige Mädel von zarten Sitten und selbstverständlicher Liebesfreiheit die Gefährtinnen der holden Magie werden, weil jede Nachricht vom Weltgetrieb gleich öffentlich – verkündet wird, weil alles flutet, berückt, still erglänzt. Das allein ist es nicht. Paris ist so schön: weil man alle Dinge, die einen wirklich bewegen, hier sagen kann. Weil man in dieser Stadt größere Lust bekommt, die wahrhaften Dinge auszusprechen.

Als der Dithmarse Hebbel von Paris fortging, schrieb er in sein Tagebuch: »Blühe länger als alle Städte der Welt zusammengenommen!« (…)

V.

Heiteres Behagen in der Luft. Sogar die Hunde (nicht lachen!) sind hier behaglich heiter. Niemand neckt sie scharf – darum bellen sie nicht so; sind nicht so kriegerisch. Vielleicht auch, weil sie besseres Futter im reichen Land des guten Essens schlingen … Die Jagdhunde wie die putzigen vierschrötig-torkelnden Bulldoggen (von den Pinschern schweig' ich), alle machen einen recht lebensheiter-befriedigten, manche gar einen seligen Eindruck. Haben Recht.

Nicht lachen! Auch in Bayern sind die Hunde zärtlicher als in Preußen; und vergnügter.

Die Hunde bringen uns nach Bayern und zu den Bayern. Ich bin keiner. Aber als ich während der Studentenzeit Kerrs Bayern-Hymnen las, wusste ich: Hier muss es schön sein, fast wie in Paris:

Ich glaube nach allem, was ich gesehn, geatmet, getrunken; nach allem, wovon man beglückt war; nach allem, wofür eine hochfliegende Dankbarkeit aufkam (...) – ich glaube, trotzdem ich das Wort »wie Gott in Frankreich« zu oft bejaht, um es jetzt feig zu leugnen; ich glaube, man soll mitunter sprechen: »Wie Gott in Bayern«.

Dies Gefühl setzt sich aus tausend Kleinigkeiten zusammen. Schwer zu sagen ist, worauf das Glücksempfinden ruht – ein paar Ursachen lassen sich ermitteln. Die Leute hier – – wahrscheinlich lernt man bei dauerndem Zusammensein die Schattenseiten kennen. Wer jedoch als fremder Wanderling ihren Bezirk durchstreift, kommt sich wie geliebkost vor: von der Freundlichkeit; von der derben, doch sachten Lebkraft einer ungezwungenen Schar. (...) Häusel mit Blumen und Heiligenbildern. Hütten mit Blumentöpfen, mit Blumenkästen, mit frei und hoch davorwachsenden Blumenstauden, Blumensträuchern. Kleine bunte Fensterläden – stumpfblaue Läden, grüne Läden; oder eine blaue Bank neben dem Eingangstür'l.

Kerr war kein gläubiger Jude, wie er mehrfach kundtat, obwohl er ein strikter Gegner der Assimilation war. Einmal kokettierte er sogar mit seiner jüdischen Herkunft, als er erklären wollte, warum er die Mittelmeerländer so liebt: Er sei ein Mittelmeermensch, nach dreitausend Jahren immer noch. Kerr war ein deutscher Patriot jüdischer Herkunft. Und bis auf einen Ausrutscher 1914 nie ein Nationalist. Er, der den Nationalsozialisten als der Prototyp des jüdischen Intellektuellen, des jüdischen Journalisten galt, empfand sich selber nie stolz als Jude, als Auserwählter. Er gehörte, so sah er es wohl, qua Geburt dazu, andererseits verheimlichte er sein Judesein nie. Bei seinem Jerusalem-Besuch notierte er: »Man nennt euch, um Euch zu schmähen. Man nennt Euch, um ein dunkles Gegenstück zu haben für die sonnig-wonnig-verwaschene Mehrheit,

Mehrheit, Mehrheit, Mehrheit – das ist es.« Man nennt *euch* – nicht uns! Obwohl Kerr selber nicht religiös war, wurde er ein sentimentaler Träumer, wenn er Zeichen oder Zeugen eines tiefen Glaubens begegnete, so in dem Gedicht *Bernried*:

Auf einem Giebel im Gebirge, nicht weit ab, las ich
die Worte:
Dies Haus ist mein und doch nicht mein.
Der nach mir kommt, des wird's auch nicht sein,
Der wird's dem Dritten übergeben,
Und dem wird es wie mir ergehen.
Den Vierten trägt man auch hinaus –
Freund sag mir: wem gehört das Haus?
Darunter stand:
»Gelobt sei Jesus Christus –
In Ewigkeit, Amen!«
Auf einem winzigen Friedhof las ich: Hier ruht in Gott
Frau Afra Pfyffer, von Altishofen ... geb. auf dem Schep-
pacherhof, gest... Requiescat in pace.
Darunter stehn, am Schluß der Tafel, die Worte:
Süßester Jesu, sei nicht Richter, sondern Seligmacher.

Und Kerr fügt an – wie eine Erklärung oder eine Ent-schuldigung für sein seliges Schwärmen –, dass man beim Lesen solcher Dinge begreife, dass es zwei Deutschlands gebe – in Norddeutschland sei die Tat zu Haus, in Süd-deutschland die Kunst.

Zeit seines Lebens wollte Kerr, wie er es nannte, »Lebens-steigerung«, wollte den »Lebensgipfel« erreichen. Kerr setzte seine lustvolle optimistische Weltschau gegen den landläufigen Pessimismus, den damals Oswald Spengler mit seinem Werk über den Untergang des Abendlandes ausgelöst hatte. Die Lust am Sein machte ihm kein Mensch, keine Nation zunichte.

Während des Krieges verfasste er für die BBC politische Kommentare, schrieb Aufrufe und Flugschriften, und wieder und immer wieder Gedichte.

Das Dichten – das Dichten in Versen, muss Kerr sehr leicht gefallen sein, denn er produzierte Reime in Hundertschaften. Von der Jugend bis zum Tod. Theaterkritiken, Neujahrsgrüße, Geburtstagswünsche, Widmungen, sogar Nachrufe: alles in Versform. Nur zum Film äußerte Kerr sich ausschließlich in Prosa. Er machte sich also auf beinahe alles seinen Reim. Und wollten sich die Worte nicht reimen, so zwang er sie dazu: »kavalierig« reimt auf »schwierig», »Härterer« kalauert auf »Märtyrer«, »du lächelst« auf »du verröchelst«. Der dichtende Satiriker war nicht feinfühlig, war kein Meister der subtilen Andeutung, sondern sagte, was er zu reimen hatte, direkt aggressiv, salopp und – nicht selten – holperig. Kerrs Theaterkritiken in Versen erschienen in den beiden ersten Jahrzehnten des 20. Jahrhunderts. Sie sind schlagfertig, manchmal bösartig und ruppig. Er verspottete ungeniert Menschen und benutzte, um sie lächerlich zu machen, gar ihre Namen, wie im Fall von Hermann Bahr, dem Kritiker und Dramatiker: »Bahr! Barbar! bar wieviel willste / Wenn du aufhörst, Abstandsgeld?«

Daneben gibt es einige wenige zärtlich schöne Gedichte und ein rührend hilflos formuliertes Gedicht als Erinnerung an seine verstorbene Frau; es trägt den Titel *Requiem*.

Wichtiger als diese Gedichte sind mir Kerrs politische Reimarbeiten – auch wenn sie hölzern und direkt sind und so gar keinen eigenen Ton besitzen. Kerr, der Villenbesitzer im Grunewald, der sich selber als Bohemien verstand, der ein überzeugter Demokrat war, er begann nach 1910 politische Gelegenheitspoeme zu verfassen, die auch alle publiziert wurden. Die nationalistischen Stücke, die er bei Ausbruch des Ersten Weltkrieges schrieb, kann ich nicht leidenschaftlich gutheißen, nicht einmal entschuldigen. Und es stört mich, dass Kerr sich von ihnen nicht distanzierte, denn er ließ sie später nachdrucken in den Bänden *Die Harfe* und *Caprichos*.

Nach der Machtergreifung der Nationalsozialisten reimte er unversöhnlich gegen Hitler und das Dritte Reich, nannte Hitler einen »Hausknecht« und seine Anhänger »Abschaum«. Eines dieser Gedichte trägt den Titel

Hitlers Kunst-Ukas

I.
Was in der Kunst erlaubt ist,
Und was ihr Ziel überhaupt ist,
Bestimmt ein provinzialer
Ansichtskartenmaler.

Wer nicht bei diesem Leisten bleibt,
Wer etwa grüne Schatten schmiert
Und Farbenphantasie betreibt,
Wird sterilisiert.

II.
Kommt einst die Hitlerei auf den Hund,
Und geht der braune Schund zugrund,
Und wir sind dann die Siegerschar –
Wir machen keinen unfruchtbar.

Nicht sterilisieren mit Gewalt!
Darüber sind wir uns schlüssig.
(Bei mancher einflußreichen Gestalt
Wär' es auch überflüssig).

Von 1939 bis 1947, als diese Gedichte entstanden, präsidierte Kerr dem deutschen PEN-Club in England; und dort trug er auch einige davon vor. Im Club diskutierte er auch seine politische Haltung. Kerr war ein strikter Gegner aller, die versuchten, eine Versöhnung mit dem Naziregime zu erreichen. Die Appeasement-Politik westlicher Demokratien war ihm zutiefst zuwider. Er wertete sie sehr früh als das, was sie war: eine internationale Aufwertung Hitlers und des Regimes. Kerr reagierte auf die Vorgänge in Deutschland mit seinen Gedichten rasch und spontan. Er engagierte sich in einem für George Grosz und spottete in einem anderen satirisch, nein: ätzend über Deutschland, das »Hitler-Heil!« brüllte. Er wollte des Hausknechts Namen wohl nicht als Reimwort am Zeilenende:

Wahn, Wahn, überall Wahn
Nach Hirnkraft kräht kein Hahn.
Du fühlst den Sinn der Sache:
»Deutschland, zerkrache!«
Wie höhnend haucht was: »Hitler-Heil!«
Aus einem vollen Hinterteil.

Kerrsche Hass-Objekte waren darüber hinaus sein Kritikerkollege Ihering, Maximilian Harden, Herausgeber und Autor der politischen Wochenschrift *Zukunft*, Karl Kraus, Herausgeber und Autor der *Fackel,* sowie Thomas Mann. Dass der Jude Kerr die beiden Autoren jüdischen Glaubens – Harden und Kraus – verurteilte und öffentlich bloßstellte, verwundert, und ist doch erklärbar. Kerr war zwar kein orthodoxer, kein gläubiger Jude, aber sein Credo – wahrhaftig sein! – bestimmte auch seine politische, seine ethische und moralische Haltung. Assimilation an eine christliche Nation, an ein erstarktes, rechtes Bürgertum, konnte er nicht gutheißen. Und die Verleugnung der jüdischen

Herkunft missfiel ihm bei allen, auch bei seinem Freund Walther Rathenau, der zumindest eine Zeit lang seine jüdische Familie verheimlichte. Wer sich eindeutschte – wie Harden –, musste es sich gefallen lassen, von Kerr als »Schminkeles Harden« vorgeführt zu werden. Schon im Juli 1920 machte sich Kerr lustig über ihn:

Herrn Harden prellte das Geschick:
Man liest ihn nicht. Er schnalzt noch immer,
Ein ält'res Mannsbild-Frauenzimmer,
Und lebt von seinem alten Trick:
Personenklatsch als Politik.

Neun Jahre zuvor, 1911 schon, attackierte Kerr in der Zeitschrift *Pan* Karl Kraus und siedelte seinen Kollegen an zwischen »Talmi und Talmud«.

Mit Neid haben diese Zeilen vielleicht zu tun – Journalisten, vor allem Kritiker, gönnen einander nichts oder lieber noch: das Schlimmste. Jüdischer Selbsthass, so glaube ich, offenbart sich darin jedoch nicht. Kerr äußerte nur, allerdings auf extreme Weise, seine Kritik an der Anpassung dieser Männer, an deren Verleugnung ihrer Herkunft und ihrer Identität.

Die letzte Veröffentlichung Kerrs in Deutschland vor der Emigration war ein Text mit dem Titel *Die Insel heißt Korsika*. Am Ende dieses Textes stehen einige Strophen für seine Frau Julia. Diese Zeilen sind wieder von einer Zartheit, die denjenigen, der nur Kerrs Rezensionen kennt, so sehr verblüfft.

Ich lauschte lange dem Gesing,
Die Zeit verging ...
(...)

Ich schwieg. Die Amsel sang vom Ast,
Doch klang es anders als zuvor:
›Je chante la vie! Je chante la mort!
Ihr haltet eine Lebensrast?
Ihr zwei im Schlupf des Laubgehegs:
Der Tod ist immer unterwegs –
Aufgepaßt!‹
Wir sprachen, du und ich, kein Wort,
Das Tier flog fort.
Der Tod schleicht zwischen den Stämmen her,
Er wandelt abends auf dem Meer,
Er lächelt durch das Mittagslicht,
Er sagt: ›Noch nicht.‹

Und wenn ich einst krepieren muß,
Dann küßt er mich mit deinem Kuß –
Leb wohl, mein Page Lucius.

Obwohl er in einem Gedicht über die deutschen Weine, geschrieben im englischen Exil, sich sicher war, niemals nach Deutschland zurückkehren zu wollen, fliegt Kerr mach dem Krieg, 1948 schon, zu einer Vortragsreise nach Hamburg. Dort angekommen, erleidet er einen Schlaganfall. Die Lust am Sein war ihm vergällt – und er reagierte, wie man es erwartete von ihm, konsequent und schnell. Am 12. Oktober schied Alfred Kerr freiwillig aus dem Leben.

Kerr, der Satzbildner, wie er sich selber hieß, besaß alles. Intellektualität, Bildung, Verstand, Herz, Gefühl, Seele. Zwei Eigenschaften indes habe ich noch nicht genannt, habe die Worte sorgsam vermieden, nicht benutzt als Substantiv oder Adjektiv. Alfred Kerr besaß auch Ironie. Das ist etwas ganz anderes als Spott, bei ihm eher der Polemik verwandt. Und er hatte Witz im Übermaß. Vielleicht kennt oder findet jemand einen komischeren Text von Kerr als ich, gleichviel, mir ist die *Erhebung in den Adelsstand* von 1920 ein besonderes Vergnügen, eines der albernen Art.

Erhebung in den Adelsstand

I.
Bin doch wieder in Berlin ... Die erste deutsche Zeitung, die ich öffne –:

Jemand legt sich als Graf Münster schlafen und erhebt sich als Fürst Derenburg. Oder Derenstein; weiß nicht mehr.

Wilhelm der Zweite hat neulich einen Grafen Caprivi gemacht, einen Fürsten Lauenburg gemacht, einen Grafen Bülow gemacht, einen Herrn von Miquel gemacht – und einen Fürsten Derenfels gemacht.

Zeitgenossen, vielleicht werd' ich selbst geadelt. Auf Grund hervorragender Kritiken erhebt man mich in den Edelmannsstand. Ich habe vorhin darüber nachgedacht, was ich dann täte. Kein Schwanken denkbar. Sobald ich Alfred von Kerr hieße, adoptiert' ich einen. Er müßte dafür schwer zahlen. Ich nähme diesen Betrag – und umgehend nach Paris zurück.

Die Hälfte des Kapitals würd' ich einem Mädel, Fräulein Flamary, Rue Victor Massé 26, schenken. Sie ist augenblicklich in der Klemme (...) Ich würde von meinen dreimalhunderttausend Mark ihr hundertfünfzigtausend Mark widmen.

Sie ist ein Engel. (...)

Nochmals (alle Cherubim und alle Teufel!!) will ich auf mein Verdienst als dramatischer criticus weisen ...

Alfred von Kerr ... Zum Adoptieren gesucht wird ein älterer Affe mit sichergestelltem Vermögen ...

Zum Schluss eines Rätsels Lösung: Warum heißt einer, der als Alfred Kempner geboren wird, plötzlich Kerr? Der Name Kempner sei für einen Schreibenden durch die Dichterin Friederike bloßgestellt, erklärte Alfred Kerr den Namenswechsel zu Beginn seiner journalistischen Karriere. Friederike Kempner, auch der »schlesische Schwan« oder die »schlesische Nachtigall« genannt, war Lyrikerin, Novellistin, Dramatikerin und wegen ihrer missglückten Schreibversuche eine Komikerin wider Willen. Da hörte für den jungen Alfred der Spaß auf. Aber ganz losgeworden ist er den Namen nicht. Im Brockhaus findet man ihn unter Kempner, als ersten Eintrag. Immerhin. Pech gehabt.

v. Thomas Bernhard

Mit Thomas Bernhard kann man wohl niemanden überraschen. Oder gar verblüffen. Dennoch sei der Versuch
gewagt. Meine leidenschaftliche Verehrung für das Bernhardsche Werk rührt keineswegs – was bei einem Theaterkritiker zu erwarten wäre – allein vom dramatischen
Werk her, das Thomas Bernhard populär gemacht hat, sondern von Bernhards Lyrik und Prosa. Bernhards erste
Gedichte, in den fünfziger Jahren entstanden, sind nur den
absoluten Bernhard-Bewunderern bekannt. Vielleicht ist
das Gedicht aus dem Band *In hora mortis* schon deshalb
ein Fund besonderer Art. Eine Neuigkeit zum einen. Zum
anderen begegnen wir in diesen Strophen einem durchaus
bekannten Thomas Bernhard. Nämlich dem Dichter, der
in jedem seiner Werke vom Tod kündet.

> *o hör mich an*
> *ich will nicht mehr allein die Übelkeit*
> *und diese Welt ertragen*
> *hilf mir (...)*

beginnt das Gedicht. Und es endet mit einem Hilferuf:

> *ich bin schwach und arm*
> *mein Wort verbrennt in Traurigkeit*
> *für Dich.*

1987, 29 Jahre nach der Publikation dieses Gedichtes, das – trotz aller Verzagtheit und Trauer, Angst und Verstörung – ein Vertrauen in Gott kundtut, also den Glauben an einen Gott voraussetzt, negierte Bernhard jedweden Gedanken an ein Weiterleben nach dem Tod, an eine Auferstehung. Allein, ein Glauben, ein Gottvertrauen muss es für den Dichter bis zum Lebensende gegeben haben, denn wie sonst hätte Bernhard sich später von seinem Gott lossagen und immer wieder über ihn nachdenken können? Selbst die Antwort, die er Asta Scheib auf die Frage gab, ob er, Bernhard, daran glaube, dass nach dem Tod noch eine Form der Existenz möglich sei, ist nicht ganz eindeutig: »Nein, Gott sei Dank nicht. Das Leben ist wunderbar. Doch der schönste Gedanke ist, daß es endgültig endet. Das ist mir der größte Trost, den ich überhaupt in der Tasche hab'. Aber ich habe eine große Lust zu leben. Das war immer so, bis auf die Phasen, wo Selbstmordgedanken, und -absichten da waren. Das war mit 19, mit 26 stark, mit 40 Jahren dann noch mal. Wenn man einen Menschen sieht, der aus der Welt gehen muß, aber mit allem am Leben hängt – dann begreift man das.«

In seinem letzten Interview, posthum veröffentlicht, ist er brüsker. Ob er an die Wiedergeburt glaube, wird er gefragt. Seine Antwort ist kurz und schneidend und sehr selbstbewusst: »Das ist doch ein vollkommener Blödsinn. Das ist für schwache Kasperl wunderbar, aber ich brauch' das nicht.« Thomas Bernhard ist also froh, dass das Leben vorbei ist – Antwort Nummer eins. Und er ist froh, dass er kein schwacher Kasperl ist und ergo nicht an eine Wiedergeburt glauben muss – Antwort Nummer zwei. Ob er glaubt? Diese Frage beantwortet er den Fragern nicht. Wenngleich es also so scheinen mag, als wären seine frühen Gedichte, die man zum Teil durchaus als religiöse Lyrik bezeichnen kann, später von Bernhard verworfen oder zumindest mit großer Distanz betrachtet worden, ist das Gegenteil der Fall, allen anderen mündlichen Äußerungen zum Trotz.

In den achtziger Jahren gab Bernhard eine persönliche Auswahl von Gedichten der Christine Lavant heraus, einer Autorin, die, 1915 geboren, 1973 gestorben, in ihren Erzählungen, stärker noch in ihren Gedichten, die Frage nach Gott und nach der Möglichkeit von Segen und Gnade ins Zentrum ihres Schaffen stellte. Wie nah er dieser Frau, der er dreißig Jahre zuvor begegnet war, noch am Ende seines Lebens war, offenbaren die Sätze, in denen Bernhard die Lavant rühmte als eine Dichterin, die in ihrer Existenz durch sich selbst gepeinigt und in ihrem christlich-katholischen Glauben zerstört und verraten worden war. Was er über die Lavant schrieb, gilt für ihn selbst. Bernhard sagt sich zumindest in seinem lyrischen Œuvre nie von diesem christlich-katholischen Glauben los. Denn er lässt den christlich-katholischen Gott – wenn diese Formulierung erlaubt ist – ja nur sterben, um mit Worten, wobei Gottes Stimme die seine wird – »Deine Stimme wird meine Stimme sein« – einen neuen Gott aufzubauen: »o Herr aus Nacht und Furcht«, ruft er in einem Gedicht seinen Gott an. Und preist ihn in einem anderen, weil er ihn erlöst: »Preisen will ich dich mein Gott in der Verlassenheit und die Angst verweht.« Selbst in der Blasphemie also bleibt Bernhard als Verweigerer, als schärfster Kritiker der Kirche, ein Gottgläubiger. Dass er den alleinigen, den uralten Gottvater sich erschaffen wollte, zeigt zudem, dass er dem einigen und einzigen Gott wohl weit näher stand – also dem jüdischen Glauben – als dem dreieinigen Gott der Christen. Als *In hora mortis* erschien – es war bereits Bernhards zweiter Lyrik-Band nach *Auf der Erde und in der Hölle* von 1957 – war Bernhard, der am 9. Februar 1931 im niederländischen Heerlen geboren wurde, 27 Jahre alt.

1948, also knapp zehn Jahre vor dieser Veröffentlichung, war Bernhard an einer Rippenfellentzündung erkrankt, ein Jahr später stellten die Ärzte eine Krankheit fest, die den Namen Morbus Boeck trägt, schubweise verläuft und vor allem die Lunge in Mitleidenschaft zieht. An dieser Krankheit litt Bernhard lebenslang. Schnelle Interpreten, wie einer im *Spiegel*, nannten diese Krankheit später absurderweise »sein Lebenselixier«. Bernhard verbrachte viele Monate des Jahres 1949 im Krankenhaus. 1951 lebte er in der Lungenheilanstalt Grafenhof, wo er zu schreiben begann. Über diesen Aufenthalt berichtet er in *Die Kälte*: »Ich hatte mich schon zu dieser Zeit in das Schreiben geflüchtet, ich schrieb und schrieb, ich weiß nicht mehr, Hunderte, Aberhunderte Gedichte, ich existierte nur, wenn ich schrieb.«

In Grafenhof, der Lungenheilstätte bei St. Veit, lernte Bernhard 1950 die 35 Jahre ältere Hedwig Stavianicek kennen. Sie begleitete bis zu ihrem Tod im Jahr 1984 seinen Lebensweg. Hedwig Stavianicek war einer der ganz wenigen Menschen, denen Bernhard sein Leben lang verbunden blieb. Sie durfte, was der Dichter wenigen nur erlaubte: in seinem Haus übernachten. Und sie war die Einzige, die er längere Zeit bei sich ertrug. Mit dieser Frau unternahm er viele Reisen, auch seine erste Venedig-Reise 1952. 1953 machten sie sich gemeinsam auf nach Jugoslawien; 1956 war Sizilien ihr Ziel. Hedwig Stavianicek, die aus einer bekannten Wiener Familie stammte, nannte Bernhard zärtlich seinen »Lebensmenschen«. Diese Frau gab Bernhard nach dem Tode seines Großvaters, dem Heimatschriftsteller Johannes Freumbichler, Halt. Bei ihm in Seekirchen im Salzburger Land war Bernhard aufgewachsen, und wie wir wissen, galt Bernhard diese Kinderzeit als seine glücklichste überhaupt. Statt des Großvaters hatte er also von 1950 an eine mütterliche Freundin, eine »Lebensfreundin«, wie er sagte. In einem Interview offenbarte er, dass er ihr nicht nur sehr viel, sondern mehr oder weniger alles verdanke.

Diese Beziehung war keine Romanze, sondern eine innige Freundschaft. Ich gebe ihr so viel Raum, weil diese Liaison beweist, dass jene Spötter und vor allem die Spötterinnen Unrecht haben, die immer wieder behaupten, Bernhard sei misogyn gewesen, ein Frauenhasser. Das war er nicht – wie ich später noch an zwei Texten zu beweisen versuche. Hedwig Stavianicek war ihm, wie er sagte, »das Zurückhaltende, das Disziplinierende. Andererseits auch das Weltaufmachende.« Obwohl Bernhard selber schwer krank war, pflegte er die Sterbende aufopfernd. Hedwig Stavianicek fand auch Eingang in sein Werk. Sie ist die Frau Reger in dem Roman *Alte Meister*, der 1985 erschien.

Der alte Reger berichtet, dass ihm die Frau starb, die ihn mit größter Sorgfalt jahrzehntelang am Leben erhalten habe. Der Bestattungsritus der Frau Reger ist jener der Frau Stavianicek: Bloß in ein weißes Leinentuch gehüllt, wurde sie in den Sarg gelegt. Die Sätze, die Reger spricht, sind Bernhards Worte für seine Freundin, mit denen kündet er, wie viel sie ihm bedeutete: »Wir gewöhnen uns natürlich in Jahrzehnten an einen Menschen und lieben ihn schließlich mehr als alles andere und ketten uns an ihn und wenn wir ihn verlieren, ist es tatsächlich so, als hätten wir alles verloren.« So viel zu dieser ungewöhnlichen Liebesgeschichte.

Nach der Entlassung aus dem Krankenhaus arbeitete Bernhard zunächst, 1951/52, als freier Journalist beim *Demokratischen Volksblatt* in Salzburg. Hedwig Stavianicek lebte in Wien, was Bernhard erlaubte, dort zuweilen zu wohnen. 1952 wurde Bernhard, der damals bereits unter den Pseudonymen Thomas Fabian und Niklas von Heerlen auch kleine Prosawerke im *Salzburger Volksblatt* publiziert hatte, beim *Demokratischen Volksblatt* zuständiger Redakteur für regionale Kulturberichterstattung und Gerichtsreportagen.

1955 dann die Lebenswende des Thomas Bernhard: Er begann ein zwei Jahre dauerndes Studium der Musik und Schauspielerei am Mozarteum in Salzburg.

Das oben erwähnte Gedicht entstand also in der Zeit, als Bernhard sich seiner Krankheit bewusst wurde; zu einer Zeit, da er an Selbstmord dachte. Wann aber dachte Bernhard nicht an Selbstmord? Konträr gefragt: Wann freute er sich nicht über das Leben? Wann lebte und dachte er nicht diesen Widerspruch? Nie! Das ist meine Behauptung. Er lebte, dachte und dichtete diesen Widerspruch. Und das ist der Grund, warum ich Thomas Bernhard leidenschaftlich schätze. Einerseits behauptete er, dass man sich einmal am Tag freue, dass man am Leben sei und noch nicht tot; das, so Bernhard, sei ein unwahrscheinliches Kapital. Andererseits sagte er der französischen Zeitung *Le Monde* 1983, sechs Jahre vor seinem Tod, also zu einer Zeit, da er anderenorts frohlockte, alle Selbstmordabsichten längst aufgegeben zu haben: »Daß ich mich beim morgendlichen Rasieren vor dem Spiegel noch nicht umgebracht habe, ist allein meine Feigheit.«

Bernhard, die Person, und Bernhard, das Werk, zeichnen sich durch diesen Widerspruch aus. Der Januskopf: Lebensfreude und Todessehnsucht. Er schrieb Stücke, Gedichte und Romane, die im weitesten Sinn eigentlich alle autobiographisch sind. Und alle diese Werke kreisen nicht um ein Thema, wie die vorschnellen Exegeten behaupten und ihn so zum Erfinder des Skandal-Kunstwerks machen, wie sein Biograph Hans Höller formuliert, sie sind nicht die ewige Wiederholung von Österreich-Hass, Krankheit, Tod. Auch Marcel Reich-Ranickis Interpretation, 1984 geäußert, Bernhard praktiziere die Revolte um der Revolte willen, scheint mir unangemessen falsch. Ebenso Sigrid Löfflers Urteil, die ihn nach der Uraufführung des *Theatermachers* 1985 in Salzburg einen »Theaterschwätzer« hieß. Selbst der geschätzten Kollegin Karena Niehoff muss ich widersprechen. Sie missinterpretierte Bernhard auf fatale Weise, als sie schrieb, der Autor habe nur einen Einfall und nur eine Melodie, kurz: er litte unter einer großen stofflichen Not. Erst recht sind mir jene Interpreten ein Graus, die lästerten, Bernhard thematisierte das Beckettsche »rien que le tout«, eben nur alles.

Ganz falsch. Bernhard schrieb in allen Texten über ein Thema nur, weswegen meine Leidenschaft nur einem einzigen Bernhardschen Werk gilt – nämlich allen seinen Texten als einem Ganzen. Das Œuvre ein Opus magnum. Obwohl nicht alle Stücke, Gedichte und Prosawerke von gleicher künstlerischer Dichte sind, obwohl es Gelegenheitsdramolette gibt, für die *Zeit* flink zu Papier gebracht, die eher dürr daherkommen: Das Disparate ist ein Ganzes. Und das Ganze hat ein Hauptthema und viele Nebenthemen, viele Motive und Melodien. Das Hauptthema von Thomas Bernhard erkannte und beschrieb niemand treffender als Ingeborg Bachmann: »Es sind Bücher über die letzten Dinge, über die Misere des Menschen, nicht über das Miserable, sondern die Verstörung, in der sich jeder befindet.« Just diese Verstörung finden wir im Bernhardschen Widerspruch. Leben: eine Lust und eine Last.

Mit Leidenschaftlichkeit möchte ich mich diesem Bernhard-Befund anschließen. Bernhard hat Recht: »Wer viel sieht, sieht viel Häßlichkeit«, schreibt er in dem Band *In der Höhe – Rettungsversuch, Unsinn*, das ein großes Gedicht ist, obwohl es sich als Erzählung ausgibt. Bernhard hat Recht: »Alles ist lächerlich, alles und jedes, darüber besteht kein Zweifel, nur der Tod ist nicht lächerlich, nur der Tod nicht«, heißt es wenig später in demselben Buch. Bernhard hat Recht: »Geborenwerden ist ein Unglück, sagte er, und solange wir leben, setzen wir dieses Unglück fort, nur der Tod bricht es ab. (...) nur über den Umweg des Unglücks können wir glücklich sein« – aus dem Roman *Der Untergeher*. Und er hat Recht, wenn er in dem Roman *Beton* in der Person des Morbus-Boeck-kranken Rudolf sich nach einem Freund oder einer Freundin sehnt und damit eingesteht, dass das Leben, unerträglich, erst erträglich wird, wenn man es mit einem Menschen teilt. Reger und seine Frau, Bernhard und Hedwig Stavianicek, oder auch Karl, der Artist, und Robert, der Schauspieler, in dem Stück *Der Schein trügt* – sie alle sind Paare.

Bernhard, der Menschenbeobachter und Seelensezierer, hat Recht, wenn er in dem mit dem Untertitel »Eine Erregung« versehenen Roman *Holzfällen* feststellt, dass wir eine Zeitlang mit Menschen in eine Richtung gingen, aufwachten und ihnen schließlich den Rücken zukehrten. Bernhard hat Recht: erst wenn man sich nicht länger selbst belügt, was die eigene Wichtigkeit angeht und die Wichtigkeit der Welt, ist das Sein, das Dasein, ein Glück, ein kleines. Und schließlich als letztes Zitat der Bestätigung, eine Phrase des Herrn Reger aus *Alte Meister*: »Nur was wir am Ende lächerlich finden, beherrschen wir auch, nur wenn wir die Welt und das Leben auf ihr lächerlich finden, kommen wir weiter, es gibt keine andere, keine bessere Methode.« Und wenige Seiten später offenbart sich die Sehnsucht nach jemandem, den man in der lächerlichen Welt ernst nehmen kann: Reger sagt, dass die Menschen nicht die geringste Überlebenschance hätten.

Thomas Bernhards Werk – nur dies wollte ich mit den Zitaten belegen – dreht sich wirklich, wie Ingeborg Bachmann sehr früh schon bemerkte, um die Misere der Welt, um die Zerstörung und Einsamkeit des Menschen. Dass er sich über diesen eher tristen Missstand in all seinen Texten lustig macht, die Trauer ironisch bricht – vor allem in seinen Theaterstücken –, dient ihm als Schutz und ist zugleich der Widerhall dieser lächerlichen Welt. Bernhards Mittel für den ironischen Bruch, für das Verspotten und das Vernichten ist die Übertreibung.

Zur Übertreibung zählt zuerst einmal und vor allem der Superlativ. Dazu zählen aber auch die Pauschalisierung, die Wiederholung und bei Bernhard darüber hinaus der Chiasmus. Also jenes Stilmittel, das Worte über Kreuz stellt, wie etwa im *Weltverbesserer*, dessen erster Satz »Das Ei weich / die Sauce süß / süß die Sauce.« lautet. Die Bernhardschen Wiederholungen, die die einen enervieren und die anderen faszinieren, die Bernhardsche Psalmen-Struktur, der Parallelismus membrorum, bei dem Verse jeweils denselben Sachverhalt wiedergeben, die kunstvoll inszenierten Wiederholungen erzeugen in allen Bernhard-Texten – mit Ausnahme der Lyrik – einen pyramidalen Aufbau. Bernhard hievt Wiederholung auf Wiederholung, auf den Spott die Beschimpfung, auf die Beschimpfung die Verurteilung, auf die Verurteilung die Verwünschung, auf die Verwünschung die Vernichtung, auf die Vernichtung die Auslöschung. Immer. Dass ihm seine Wortpyramiden nie zusammenstürzen wie der Turm zu Babel: Das ist Thomas Bernhards Sprach-Kunst. Sie verehre ich leidenschaftlich – selbst noch in den eher schwächeren Bauklotz-Reproduktionen der Pyramiden.

Sie fertigte Bernhard am Ende seines Lebens für die Bühne, zum Beispiel in *Elisabeth II. Eine Komödie.* Zu den eher schwachen Texten zählt übrigens auch das Stück *Der Heldenplatz,* eine Auftragsarbeit für Claus Peymanns Burgtheater, das dort im November 1988 uraufgeführt wurde. Wieder wollte Bernhard den Nazismus der Österreicher, die nicht aufgearbeitete Vergangenheit kritisieren und den Rechtsrutsch in seinem Heimatland noch dazu. Aber seine Übertreibungsmethode versagt, wenn er reale politische oder gesellschaftliche Zustände zu beschreiben und zu entlarven versucht. Wie soll man mit pauschalen Verurteilungen erfolgreich antreten gegen Menschen, die vereinfachen und pauschalisieren? Darüber hinaus machte Bernhard einen weiteren Fehler: Dass er sich nämlich – bei den guten Absichten, die hinter dem Unternehmen steckten – ausgerechnet eines Juden bediente, um die Kritik, diese Anklage, die überzogenen Hasstiraden zu formulieren, scheint mir gefährlich. Und es spielt just denen Argumente in die Hände, die Bernhard vorführen wollte. Es ist und bleibt gefährlich, wenn auf einer österreichischen Bühne die einstigen Opfer, heute neuerlich Schikanen ausgesetzt, zu hemmungslosen Vereinfachern werden, zu Anti-Österreich-Popanzen, zu kläffenden deutschen Schäferhunden. Bernhard arbeitete mit den Klischees, die Antisemiten für Juden immer parat haben: Sie sind Geistesmenschen, also klug. Sie sind einflussreich, Professoren mit Verbindungen zu den höchsten Kreisen und einer weltweiten Lobby. Sie sind reich und arrogant. Es ist eine gefährliche Provokation, die von denen, die man kritisieren will, leicht zur Propaganda benutzt werden kann, wenn der Jude den Österreichern vorhält:

früher kamen die Universitätslehrer aus dem Großbürgertum
aus dem großbürgerlichen Judentum
heute kommen sie aus dem verzogenen kleinbürgerlichen Proletariat
und aus dem debilen Bauernstand.

Viel klüger wäre es gewesen, wenn Bernhard seine Kritik österreichischen nicht-jüdischen Intellektuellen in den Mund gelegt hätte und vielleicht von diesem Staat und seinen Bewohnern noch etwas übrig gelassen hätte: ein wenig Integrität und Moral zum Beispiel. Der Text und die Aufführung zeigten, dass Bernhards Übertreibungs-Methode nicht taugt für ein gesellschaftskritisches, realistisches und zeitgebundenes Thema. Es sei denn, der Dichter behandelt es als ein Familienphänomen wie in dem Stück *Vor dem Ruhestand*, mit dem sich Bernhard satirisch einmischen wollte in die Diskussion um den baden-württembergischen Ministerpräsidenten Karl Filbinger, der als Marinerichter noch nach der Kapitulation Deutschlands ein Todesurteil gefällt hatte. *Heldenplatz* gehört also nicht zu meinen Lieblingsstücken.

Dennoch: Das Lob bleibt und die Leidenschaft auch. Thomas Bernhards Wortpyramiden in seiner Prosa und seinem dramatischen Werk gefallen mir. Sie ähneln Türmen, die zugleich schützen und Angst einflößen. Trutzburgen, Wehrkirchen. Blasphemisch macht Bernhard mit seinen Sätzen, seinen absatzlosen Prosawerken Gott Konkurrenz, löckt mit Sprache wider die göttliche Macht, die wiederum – zumindest im Alten Testament – sich manifestiert allein in der Sprache. Er erlaubt sich diesen Angriff nicht als Streiter, sondern als Narr an Gottes Hofe. »Es gibt nichts Besseres, als in höherem Alter zum Narren ernannt zu sein. Das höchste Glück, das ich kenne, hatte ich zu Gambetti gesagt, ist das des Altersnarren, der gänzlich unabhängig seinem Narrentum nachgehen kann.«
Dieser Satz findet sich in dem Roman *Auslöschung*, der den Untertitel trägt »Ein Zerfall«, 1986 im Suhrkamp Verlag erschienen – Bernhard war damals 55 Jahre alt. Und er hatte es geschafft: Er war der weltweise Narr des

deutschsprachigen Theaters und der Bücherbühne. Er vereinigte in sich den Lear und Lears Narren. Welch eine Mischung. »Sie haben mich gefragt, welchen Blick ich auf mich habe: Da kann ich nur sagen: auf den Narren, auf den Altersnarren. Ein junger Narr ist nicht interessant. Der wird als Narr auch gar nicht anerkannt«, sagte Thomas Bernhard zu Asta Scheib, in dem bereits zitierten Gespräch im Oktober 1987.

1981 traf die Fernsehjournalistin Krista Fleischmann Thomas Bernhard während seiner Ferien auf Mallorca und stellte ihm gleichfalls eine Frage zum Humor in seinem Werk: »Wollen Sie mit dem, was Sie schreiben, die Leute auch zum Lachen bringen? Manchmal vielleicht?« Thomas Bernhards Antwort ist überraschend direkt: »Nein, aber das kommt ja von selbst, da brauch’ ich mich gar nicht sehr bemühen. Ich lach’ ja manchmal selber hell auf, denk’ mir, naja, das ist ja eigentlich zum Lachen. Aber manchmal empfinden die Leut’, wo ich laut auflach’ – schon während dem Schreiben oder auch nachher, beim Korrekturlesen lach’ ich ja laut auf – die finden das überhaupt nicht zum Lachen. Das versteh’ ich eigentlich nicht. Wenn man *Frost* liest zum Beispiel, ich hab’ ja immer schon Material zum Lachen geliefert. Das ist eigentlich alle Augenblick’ hellauf zum Lachen. Aber ich weiß nicht, haben die Leut’ keinen Humor oder was? Ich weiß es nicht. Mich hat’s immer zum Lachen gebracht, bringt mich auch heut’ noch. Wenn mir fad ist, oder es ist irgendwie eine tragische Periode, schlag’ ich ein eigenes Buch von mir auf, das bringt mich noch am ehesten zum Lachen. Oder verstehen Sie das nicht, daß das so ist? – Das sagt nicht, daß ich nicht auch ernste Sätze geschrieben hab’, zwischendurch, damit die Lachsätze zusammengehalten werden. Das ist der Kitt. Das Ernste ist der Kitt für das Lachprogramm. Nur kann man natürlich auch sagen, es ist ein philosophisches Lachprogramm, das ich irgendwie aufgemacht hab' vor zwanzig Jahren, wie ich zum Schreiben angefangen hab'. Natürlich, eine trockne, nur ernste Philosophie ist nicht zum Lachen, das ist ja auch wahnsinnig fad. Aber beim Schopenhauer kann ich auch lachen. Je verbissener er ist, desto mehr ist er zum Lachen, nur nehmen die Leut' das alles tragisch ernst. Aber wie kann man jemanden ernstnehmen, der mit einem Pudel verheiratet ist, den kann man ja von vornherein nicht ernstnehmen. Das ist ja ein Lachphilosoph, nicht. Das sind die großen Spaßmacher in der Geschichte – Schopenhauer, Kant. Also die Allerernstesten im Grund. Da gehört der Pascal auch dazu, auf seine katholisch-mysteriöse Art – das sind eigentlich die großen Lachphilosophen. Und die Schwächeren, die zweite Kategorie, die sind im Grund fad, weil sie nur das wiederkauen, was diese Spaßphilosophen vorgeschrieben haben schon, und die les' ich eh nicht, weil wenn ich welche les', les' ich ja nur die Großen. Nur hat's eine Zeit gebraucht, bis man langsam herausfindet, was groß und weniger groß ist. Da braucht man ja Jahrzehnte, sagt einem ja niemand, weil in der Schule werden ja gleich alle kategorisiert, nicht. Das ist eine Einebnung der Philosophie, die treten da an wie so eine Riesenkompanie oder Armee – es gibt ja tausende und hunderttausende Philosophen –, und da muß man sich selber die größten langsam herauspicken. Aber da hilft einem niemand dabei. Aber wenn man, wie ich, ziemlich früh so eine Art philosophischer Aasgeier ist, dann weiß man, welche man herauspickt. Und der Kant gehört dazu, Schopenhauer – wahnsinnig zum Lachen. Finden Sie nicht? Haben Sie noch nie gelacht bei Kant? Immer, wenn so ein Kapitel aus ist, ist es wahnsinnig zum Lachen. – Zum Lachen und lächerlich ist es auf jeden Fall.«

Kant hatte es Thomas Bernhard angetan. 1978 wurde in Stuttgart seine Komödie *Immanuel Kant* uraufgeführt, dem der Dichter einen Halbsatz von Antonin Artaud vorausschickte. »Daß soll nicht heißen, daß man im Theater Leben darstellen soll …«

Ein skurriler Text ist dies. Die erste Szene spielt auf dem Vordeck eines Dampfers. Das erste Wort hat ein Steward, und natürlich wimmelt es Bernhard gemäß von Chiasmen.

Es treffen sich Frau Kant, Herr Kant, der Steward, ein stummer Diener namens Ernst Ludwig und ein plappernder Papagei. Er heißt Friedrich. Und es geht wahrhaftig Bernhardisch los:

Steward: Guten Morgen Herr Professor Kant /
Wind West / Nordwest / Herr Professor Kant.

Und so ähnlich geht es weiter. Diskutiert wird zwischen Herrn und Frau Kant und Papagei Friedrich der Imperativ und die Philosophie als solche und der Urstoff als besonderer. Am Ende der Szene, wenn endlich der Deckchair steht, den Bernhard schlicht einen Klappstuhl nennt, helfen der Steward und Frau Kant dem Philosophen in den Stuhl und der Geistesmensch beginnt zu jammern wie der Bernhardsche Weltverbesserer, auch er ein alter Mann, auch er ein Genie, auch er ein unerträglicher Grantler, der die größte Lust hat – wie Bruscon, wie Kant –, die eigene Frau zu drangsalieren, auch mit Krankengeschichten: »Manchmal scheint mir«, beginnt Kant das Kranken-Motiv, »ich höre auch / schon schlecht / Andererseits höre ich / je schlechter ich sehe / desto besser.«

Der Steward bestätigt, dass alles in Ordnung und man auf hoher See sei. Dann erhebt sich Kant aus seinem Klappstuhl, der anders hingestellt wird, damit der Philosoph endlich zufrieden ist. Das ist er nur, wenn er in der Ideallinie sitzt.

Die Wiederholung ist für Thomas Bernhard eines der wichtigsten Mittel: Aber sie ist keineswegs allein ein sprachliches, ein stilistisches Mittel. Die Wiederholung – die Kreisbewegung – ist auch ein Inhalt. Wiederholung steht für das Üben, das Lernen, für jedwede Versuche der Vervollkommnung in der Kunstausübung, welcher Disziplin auch immer. Doch was er, der Autor für sich selbst in Anspruch nimmt, dass man durch das wiederholte Tun, durch Erfahrung besser wird, just dieses Fortschreiten, diesen Fortschritt, diese Verbesserungen durch das Üben gesteht Bernhard seinen Figuren nicht zu.

Kurz nach seiner Publikation wurde am 28. August 1984 Bernhards Roman *Holzfällen* in Österreich auf richterlichen Beschluss von der Polizei beschlagnahmt. Der Komponist Gerhard Lampersberger, der zusammen mit seiner Frau Thomas Bernhard jahrelang gefördert hatte, und für den der Autor Libretti und drei Kurzschauspiele geschrieben hatte, glaubte sich in der Figur des Herrn Auersberger wiederzuerkennen und strengte eine Klage an, einen so genannten »Ehrenbeleidigungsprozess«. Bernhard, der alle seine Förderer bis auf wenige Ausnahmen im Laufe seines Lebens von sich stieß, hielt es auch mit Lampersberger so. 1958 dedizierte er diesem Mann die Gedichtsammlung *In hora mortis* dem »einzigen und wirklichen Freund«. Die Widmung fehlt naturgemäß in der Neuauflage von 1987. Während der fast dreijährigen Zusammenarbeit der beiden, die 1961 endete, hatte Bernhard immer wieder und für längere Zeit auf dem luxuriösen Lampersbergischen Tonhof in Maria Saal in Kärnten gelebt. Ohne böse Absicht kann Bernhard durchaus ein Faible für die Aristokratie nachgesagt werden – entstanden aus einem Minderwertigkeitsgefühl des unehelich geborenen Jungen. Diese Aristokraten- und Eliten-Vorliebe lässt sich unschwer belegen: Bernhards Theaterstücke spielen sehr häufig, so steht es in den Bühnenanweisungen, in »hochherrschaftlichen« Salons, in Räumen mit hohen Fenstern und hohen Türen.

Nach einem außergerichtlichen Vergleich kam *Holzfällen* 1985 wieder auf den österreichischen Markt. In diesem Roman, der wie alle anderen autobiographisch ist, diesmal nur noch ein bisschen mehr als sonst, gibt sich Bernhard besonders boshaft und treibt seinen Stil auf die Spitze. Krista Fleischmann fragte ihn zu jener Zeit in einem Inteview, ob er wisse, dass seine Sprache immer radikaler geworden sei, dass sie sich entwickelt habe über die Jahre, auch bösartiger geworden sei. Und Bernhards Antwort ist direkt und nicht zu missdeuten: »Das ist ein natürlicher Vorgang, wenn man bei einer Sache dabeibleibt, wird das natürlich immer kräftiger und sollte immer besser werden, und Prosa schreiben fangt man an, ab vierzig besser zu werden, und wahrscheinlich bis siebzig, wenn man's erlebt, wird man eben immer besser. Ich bin ja erst zweiundfünfzig, da leb' ich noch achtzehn Jahr, wenn man's erlebt', es würde zwangsweise immer besser werden.« Ob besser auch boshafter heiße, hakt Krista Fleischmann nach. Und Bernhard ist um eine Antwort nicht verlegen: »Alte Leute werden immer boshafter, natürlich. Kinder *sind* boshaft, die boshaftesten Menschen, die's überhaupt gibt. Der alte Mensch, heißt's, wird wieder zum Kind, er kriegt also die Kindheitsbosheit *wieder* und dazu noch die furchtbare Altersbosheit, die ja der größte Reiz an Menschen ist. Alte Menschen ohne Bosheit sind ja unerträglich, so wie Kinder ohne Bosheit. A braves Kind ist ja zum Abwürgen und ein alter Mensch genauso. Das, was man am meisten liebt, ist eigentlich die Bosheit, aber immer nur natürlich, wenn's *andere* betrifft, das kann Ihnen jeder sagen. Ich komm langsam in die Altersbosheit hinein. Das ist auch der Reiz meiner Bücher, die werden sicher immer boshafter werden. Hoffentlich erleb' ich noch einige und einige Abschnitte.

Es gibt ja noch *mehr* wichtige Abschnitte, die man beschreiben könnte, und die ich auch beschreiben *will*. Da ich neugierig bin und boshaft und ein Fallensteller im Grund, kann ich nur danach trachten, möglichst alt zu werden und möglichst boshaft, um möglichst gut zu schreiben. Aber das ist gar keine Schwierigkeit, weil wenn man was 30 Jahre betreibt, wird das eher immer besser. Das ist wie bei einem Klavierspieler – beim Violinisten nicht, weil die werden im Arm schwach – aber ein Schriftsteller wird im Hirn ja meistens nicht schwach.«

»Weil wenn man was 30 Jahre betreibt, wird das eher immer besser.« Von wegen. Das Üben, das Schauen, das Lesen, die Museumsbesuche: Nie führt das Wiederholen, das lebenslange Versuchen bei Bernhards Figuren zur Vollkommenheit, sondern im Gegenteil: immer zur Auslöschung des einzuübenden Kunstwerks – zum Beispiel einer musikalischen Komposition. Nehmen wir die Sängerin der Königin der Nacht in dem 1972 uraufgeführten Stück *Der Ignorant und der Wahnsinnige*. Die Frau singt ein Leben lang die Mozart-Rolle, um sie zu perfektionieren, aber statt besser zu werden, treibt sie ihre eigene Interpretation, ihre Kunst in die Künstlichkeit. In die entsetzlichste Maniertheit. Ein anderes Beispiel: der Dramatiker und Regisseur Bruscon, die Hauptperson in dem 1985 in Salzburg uraufgeführten *Theatermacher*. Auch er ist nie zufrieden mit seinem Stück, der Aufführung und den Schauspielern, seiner Frau und den beiden Kindern. Tochter Sarah lehrt er das Fürchten mit der Ankündigung, er wolle notfalls bis zwei Uhr früh proben: »Kein Pardon.«

Oder der Zirkusdirektor Caribaldi in der *Macht der Gewohnheit*, mit Bernhard Minetti in der Hauptrolle 1973 erstmals gezeigt: Er probt zusammen mit seiner Enkelin, dem Jongleur, dem Dompteur und dem Spaßmacher Schuberts *Forellenquintett*. Sie üben, sie führen nicht auf, sie exekutieren nicht einmal das Musikstück, sie üben nur, unablässig. Die Wiederholung bringt bei keinem Versuch eine neue künstlerische Qualität ins Spiel. Vielmehr zerstört das Üben die Übenden und das zu Übende. Ausgelöscht das Schubertsche Werk und jede Individualität der Übenden. Das Üben ist Trug und Selbstbetrug: Die Dauer des Übens gilt den Übenden als Fortschritt – sie bemerken nicht, dass die Zeit sich keineswegs transformiert in Qualität. Je länger, desto besser – gilt nicht! Alle diese Möchtegern-Künstler erkennen während des Übens das Werk nicht – weder Bruscon noch die Sängerin, noch Caribaldi und seine Kompagnons, sie verkennen es und opfern es. Die Wiederholung bei Bernhard ist die Negation des Kierkegaardschen Gedankens, dass Wiederholung Erkenntnis stiftet. Weil Bernhard die Wiederholung ins Absurdeste steigert, die Wiederholung potenziert, potenziert er mithin – wenn das möglich ist – die Negation, die Vernichtung. In der *Macht der Gewohnheit* gibt es am Ende ein deutliches Zeichen für das Scheitern. Caribaldi dreht entmutigt das Radio auf; und es erklingen fünf Takte des *Forellenquintetts*, das sie zunichte geübt hatten und – morgen in Augsburg – weiter zernichten werden. Anderes Beispiel: Als endlich der Vorhang aufgehen soll für die Aufführung von des Theatermachers Meisterwerk »Das Rad der Geschichte«, brennt es im Dorf – und die Zuschauer laufen fort.

Das Spielen mit der Übung ist Parodie der Wirklichkeit und zugleich das Aufbäumen gegen ein Dasein, in dem die Utopie keinen Platz hat und der Glaube einen schweren Stand. Und dennoch oder gerade deshalb ist jedes Thomas Bernhardsche Vernichtungswerk eines, das aufklärt. Aufklärt über den Zustand der Welt, der ein bedaulicher, aber nicht zu ändernder ist, eben nur durch die ständige Wiederholung erträglicher wird.

Bernhards Menschen sind alle nicht glücklich über ihre Geburt; Elternschaft ist bei Bernhard immer wieder ein Verbrechen, der Austritt aus dem Mutterleib, der Eintritt in die Welt wird von ihm stets, kontinuierlich als ein eigentlich katastrophales Ereignis beschrieben. Reger sagt es in *Alte Meister* sehr klar: »Sie haben zwei Verbrechen an mir begangen, zwei Schwerstverbrechen. (…) Sie haben mich erzeugt und sie haben mich unterdrückt, sie haben mich, ohne mich zu fragen, erzeugt und haben mich, wie sie mich erzeugt und in die Welt gestürzt hatten, erdrückt, sie haben das Erzeugungsverbrechen an mir begangen und das Unterdrückungsverbrechen.«

So wie Bernhard mit Sprache einen neuen Gott sich schafft, erschaffen sich seine Roman- und die Theaterfiguren selbst, ihre Existenz soll aber nicht körperlicher Natur sein – darum macht Bernhard sein Leben lang einen großen Bogen –, sondern geistiger. Genau deshalb wimmelt es in seinem Werk von Geistesmenschen und solchen, die es werden wollen. Das Wort Geist ist eines der von Bernhard bevorzugten, und es erscheint in allen möglichen Variationen und Mutationen. Hier die wichtigsten: Geistesambitionen, Geistesanstrengung, Geistesarbeit, Geistesbereicherung, Geistesexistenz, Geistesmensch, Geistesnormalität, Geistesprodukt, Geistesverbrechen, Geistesvermehrung, Geistesvermögen, Geistesvernichtungsanstalt, Geisteszweck.

Zurück zu der Frage: Schreibt Thomas Bernhard nur ein und denselben Text immer weiter, sind alle seine Bücher ein großes Buch? Ein großes Theaterstück? Ein großer Roman – wie manche Kritiker mal bewundernd, mal hämisch konstatierten? Oder gibt es am Anfang, das behaupten andere Rezensenten, einige wunderbare Texte und alles, was dann in den achtziger Jahren folgt, wäre nur noch Resteverwertung. Handelt es sich hier um stoffliche Tugend oder stoffliche Not? »Theaterschwätzer«? Romanplauderer? Virtuose? Oder Wort-Satz-Bastler?

Die Antwort auf die Frage gibt Bernhard selbst: »Im Grunde ist es immer die eine gleiche Prosa und die eine Art für die Bühne zu schreiben«, erklärte er. Das hieße, es gäbe zwei Bücher. Ich bin leidenschaftlich davon überzeugt, dass es nur eines gibt: Es gibt das eine große Buch über eine zerbröckelte und bis zum endlichen Verschwinden weiter zerbröckelnde Welt. Bernhards Weltsicht, Bernhards Denken und Bernhards Stil sind geprägt von einer unvergleichlichen Radikalität, die nichts neben sich duldet. Seine Erfindungen sind alle unleidlich. Sie sind hart, sie haben Samuel Becketts Endspiele schon hinter sich. Bernhards Kreaturen sind also dem Ende noch näher als Becketts Verlierer, die am Ende verstummen. Bernhards Menschen reden wieder, reden zu viel. Sprache metastasiert wie eine Krankheit und wird von ihrem Erfinder Bernhard nicht etwa geheilt oder auch nur behandelt, er benutzt sie für den erwähnten Turmbau, für den Bau von Wortfestungen und Wortschutzwällen. Sie sind der Beweis: Ich schreibe, also bin ich. Der Schreibwille ein Existenzwille. Scribo ergo sum.

Und deshalb: Thomas Bernhard hat nur *ein* Werk hinterlassen. Variationen über ein Thema mit verschiedenen Titeln. Die Romane könnten ebenso gut allesamt gemeinsam »Die Untergeher« heißen oder »Eine Auslöschung«. Die Theaterstücke könnten gleichfalls unter einem von zwei Titeln erscheinen: Entweder als »Die Macht der Gewohnheit« oder als »Der Weltverbesserer«. Alle Texte beschreiben das vergebliche Aufbäumen gegen einen nicht abzuwendenden Untergang. Dass diese negative Sicht auf die Welt so amüsant und witzig ist, das macht mir dieses Œuvre zu einer Leidenschaft. Wie verfehlt von Exegeten, sich daran zu stoßen, dass Bernhard überall und immer wieder stänkert gegen Österreich, das nationalsozialistische, antisemitische, katholische, verlogene. Wie dumm, sich zu erregen, dass er wieder und wieder Hitler sieht in österreichischen Gasthöfen und Wohnungen und wettert gegen Zeitungen, Feuilletons, Kritiker; dass er manisch daran festhält, nur darüber zu schreiben, was ihn erregt, anregt, bewegt.

Jeder habe sein Thema, darin solle er sich bewegen, war Bernhards Credo. Und er hat danach geschrieben. Dennoch unterscheiden sich die Texte durchaus. Die Themen bleiben dieselben. Allein, ihre Behandlung, oder um die Sprache der Musik zu benutzen, die Durchführungen unterscheiden sich. Thomas Bernhards Texte sind Kompositionen. Er kennt alle Formen: das Impromptu und die Sonate, das Konzert und die Sinfonie. Bernhard variiert die Themen und fügt sie in neue Zusammenhänge – das Egoisten-Motiv, das Hemden-Motiv, das Österreich-Motiv, das Burgtheater-Motiv, das Schauspieler-Motiv, das Selbstmord-Motiv, das Politiker-Motiv. Er hat, wie der Komponist elf Töne, als Dichter 26 Buchstaben zur Verfügung und komponiert Wort-Musiken. Immer neue Übertreibungsmusiken, Lamenti und Litaneien und Liturgien. Er hat Fugen geschrieben, Arien und wunderbare Duette. Und Ouvertüren, die schon alle Themen bringen – nämlich die Reizvokabeln. Nichts ist fataler, als diese Wortkompositionen – in denen die Generalpausen nicht selten die größte Spannung schaffen, zu einem alltäglichen Konversationston hinabzuziehen. Denn selbst wenn die Bernhardschen Kreaturen über das Banalste reden, sprechen sie nicht banal. Ihre Sprache, der Rhythmus, ja selbst die Tonhöhe sind komponiert, sind gemacht. Sind künstlich. Dass er Worte setzt wie ein Komponist Noten, hat Bernhard einmal nur sehr deutlich gesagt in einem Interview mit der französischen Tageszeitung *Le Monde*, im Februar 1983: »Wie ich meine Bücher schreibe?

Es ist eine Frage des Rhythmus und hat viel mit Musik zu tun. Ja, was ich schreibe, kann man nur verstehen, wenn man sich klarmacht, daß zuallererst die musikalische Komponente zählt und daß erst an zweiter Stelle das kommt, was ich erzähle. Wenn das erste einmal da ist, kann ich anfangen, Dinge und Ereignisse zu beschreiben. Leider haben die Kritiker in Deutschland kein Ohr für die Musik, die für den Schriftsteller so wesentlich ist. Mir verschafft das musikalische Element eine ebenso große Befriedigung, wie wenn ich Cello spiele, ja eine noch größere, da zum Vergnügen an der Musik noch das an dem Gedanken hinzukommt, den man ausdrücken will.«

Eines meiner liebsten Duette findet sich in dem 1984 publizierten, 1985 uraufgeführten Vier-Szenen-Stück *Der Theatermacher*. Hier gibt es eine große Sprechrolle für Bariton und eine große Schweige-Rolle für Bass – der Theatermacher Bruscon redet; der namenlose Wirt hört zu. Bruscon, ein längst gescheiterter Staatsschauspieler, zieht als Schmierenkomödiant durch die Lande, gastiert in 200-Seelen-Dörfern mit Selbsterdachtem, Selbstgedichtetem: einem groben Geschichtsverschnitt. Bruscons Ensemble ist klein und bedauerlich abhängig von dem Herrn Direktor: Es besteht aus Frau Bruscon sowie den Kindern Sarah und Ferruccio – Bruscon ist Busoni-Verehrer. Diese drei Unterdrückten haben die Sprache fast verloren, mucken selten nur noch auf. Die Frau verweigert sich, indem sie diverse Krankheiten vortäuscht, vor allem ein Lungenleiden, sie hustet, dass es alle erbarmt – nur ihren Mann nicht. Die Kinder, vom Vater zu debilen Anzieh- und Ausziehpuppen für sein Stück »Das Rad der Geschichte« abgerichtet, proben nur noch im Ansatz den Aufstand gegen den despotischen Vater. Bernhard hat dem großen Bruscon aber nicht nur die Familie zur lustvollen Zerstörung zugesellt. Bruscon ist abgestiegen im »Schwarzen Hirschen« in Utzbach, Österreich. Und auf den Wirt hat er es abgesehen, der Kerl ist eine wundervolle Bernhard-Erfindung. Der Theatersaal in diesem Wirtshaus ekelt Bruscon. Er will den armen Wirts-Wicht niedermachen, doch er schafft es nicht, er kriegt den Mann nicht klein. Der reagiert und verunsichert den Gast – zum Beispiel mit dem Blutwursttag. Dieser Dialog ist ein Duett – mein liebstes in diesem Stück, weil in ihm alle Motive anklingen: Eine gesprochene *Theatermacher*-Ouvertüre. Frittatensuppe, Blutwurst, Hitler, Kierkegaard, stumpfsinnige Orte, stumpfsinnige Menschen, stumpfsinniger Staat, Austria – Eiterbeule Europas, Nazis.

Dieses Männer-Duett zeigt, dass die Männerfiguren, die Schweiger und die Plapperer, Bernhards Stärke sind. Die Frauen sind es nicht, aber die Schwäche beweist keine Frauenverachtung, obwohl Bernhards Frauengestalten oft stumm oder dumm sind. Manchmal beides. Kurz: Mit Frauen konnte Bernhard weit weniger anfangen, weshalb ihn Kritikerinnen als frauenfeindlich beschimpften und Marcel Reich-Ranicki wetterte, Bernhard sei – wie Kafka – kein Dichter der Liebe gewesen, nicht einmal ein Dichter der Sehnsucht nach Liebe, da Frauen in seinem Kosmos kaum eine Rolle spielten oder nur abstoßend hässlich seien, oder verkrüppelt oder bösartig oder alt, was wiederum nicht besonders höflich war als Vorwurf.
    Nicht dass ich die folgende Passage aus einem Gespräch ausgesprochen gut finde. Aber wie Thomas Bernhard sich gegen Krista Fleischmanns Unterstellung wehrt, er habe etwas gegen Frauen, gefällt mir schon sehr gut. Erst sagt Bernhard, Tragödien und das große Welttheater wären einfach besser, wenn Männer sie spielten, weil die tiefere Stimmen hätten. Ein hübsches Argument. Frau Fleischmann gibt nicht auf und bohrt und bohrt – so lange, bis Bern-

hards Antworten *ihr* wehtun. Gerade hat Bernhard sie zurechtgewiesen, dass es weder früher noch in der Gegenwart Dichterinnen gegeben habe und gibt, da bittet die Fleischmann, die Männer mögen den Frauen helfen, aus ihren Rollen herauszufinden zu mehr Selbständigkeit und Freiheit. Bernhards Antwort:

Das ist so, wenn Sie einem Beinlosen einreden wollen unbedingt, er soll laufen, er hat eh Beine. Na, da richten Sie das größte Unheil an, weil der steht womöglich wirklich auf von seinem Rollstuhl und fallt z'am und bricht sich dann den Schädel auch noch, nicht. Genauso ist es, wenn man den Frauen sagen will, also steht's auf gegen die Männerwelt und nehmt's jetzt die Geschichte in die Hand und lauft's. »Frau steh' auf, nimm dein Bett und geh.« Das kann sie nicht, das ist nur ein vernichtendes Anerbieten, das ist nicht möglich.

Frau Fleischmann ist empört, dass ein Mann so verächtlich über Frauen spricht und wirft Bernhard »ungeheuren Zynismus« vor – was diesen nicht sonderlich beeindruckt:

Das ist wieder typisch weiblicher Zynismus, daß man ein Denken und ein Gespräch, das völlig normal abläuft, schon wieder einmal als Zynismus bezeichnet, und dadurch verscherzen sich's die Frauen immer, weil sie mit solchen Bezeichnungen immer argumentieren und dadurch eigentlich gar keine Argumente bringen, sondern nur überfallsartig Gemeinheiten den Männern in's Gesicht schmeißen, nicht. Damit kann man nicht operieren. Nicht einmal in der Männerwelt.

Frau Fleischmann, die politisch korrekte, inzwischen von Bernhard gereizte Fragerin, gibt nicht auf. Die Unterdrückung der Frauen, jahrhundertelang, könne Bernhard doch nun wirklich nicht negieren.

»Das kann man auch nicht sagen«, wehrt Bernhard ab. »Genauso kann man mit derselben Berechtigung sagen, sie ist jahrhundertelang in den Himmel gehoben worden von den Männern, und man kann sogar sagen, mit welchem Recht eigentlich?«

Und jetzt holt Bernhard, den Frau Fleischmann in die Enge treiben wollte, zum Gegenschlag aus:

Denn was ist überhaupt in den Himmel zu heben? Lesen Sie die Literatur nach! Sie werden immer lesen über die Frau, das großartige Wesen, und das Wunderbare, und die Frau, und wen betet man an, und kniet sich hin, und die Frau, und die Mutter, und so. Das ist eine Glorifizierung, die der Mann als Mann nie erreicht hat, außer der Herrgott. Das ist wieder was anderes. Aber der steht ja über allem. Aber die Frau ist immer glorifiziert worden eigentlich. Das wissens' doch selber, das ist ja heute noch. Die Mütter werden ausgezeichnet und kriegen nur für das, daß sie qualvoll ein paar Strudeln in die Welt bringen, kriegen sie dann Goldmedaillen umg'hängt, nicht, und ab dem fünften Kind kann die Familie praktisch schon umsonst leben. Ist ja alles auf die Mutter zurückzuführen, also wo ist eigentlich die Unterdrückung der Frau? (...) Das Machtmittel der Frau ist ja seit Jahrhunderten das, daß sie immer einredet der Welt, daß der Mann sie unterdrückt, und in Wirklichkeit sitzt die Frau ständig am Steuer der Weltgeschichte. Die Frau sitzt doch am Steuer und dreht, wohin das eigentlich immer geht. Die Frauen sind, was das betrifft, eben viel raffinierter und leben von der Methode, daß der Angriff die beste Verteidigung ist, indem sie fortwährend den Männern alles an den Kopf schmeißen mit

Zynismus und so weiter. Aber sie werden schon wissen warum. – Nichts auf der Welt ist so geschützt wie die Frau. Ob sie alleinstehend ist oder nicht. Das ist die Wahrheit. Und wenn Sie Filme sehen aus den Entwicklungsländern, verhungernde Leute, da geht die Kamera immer auf die Frauen, da hab' ich fast noch nie einen verhungerten Mann g'sehen, die wahrscheinlich genauso herumlungern, zu Tausenden und Hunderttausenden als Knochengerüste, aber die Kamera ist sofort auf hungernde Weiber und auf Kinder, nicht. Muß auch einen Grund haben. Wo ist da die Benachteiligung der Frau? Also nicht einmal in der Sahel-Zone trifft das zu, wovon Sie reden.

Bernhard redet wie Bruscon – Frau Fleischmann, die den Autor befragte, bekam die Antworten von einer Figur des Autors. Nur schade, dass sie es nicht bemerkte.

Das soll aber nicht Bernhards letztes Wort zu den Frauen sein. Es gibt neben Hedwig Stavianicek zwei Frauengestalten in seinen Romanen, die er geradezu liebevoll zeichnet: In *Holzfällen*, dem Schlüsselroman, in dem er die »Wiener Mißgestalten« und die »kulturellen Umweltverschmutzer« brandmarkt, gibt es eine Frau namens Joana, Schauspielerin, Tänzerin, Choreographin. Sie kämpft für ihren Mann, einen berühmten Tapisserie-Künstler, und geht am Alkohol zugrunde, nachdem ihr Mann sie verlassen hat – und mordet sich endlich selbst. Bernhard, der Komponist, schrieb dieser Frau ein wunderbares Requiem. Und schrieb damit der von ihm verehrten Freundin Elfriede Sklusal aus Kilb in Niederösterreich das Totengedicht in Prosa – denn sie ist das Modell für Joana.

Und eine zweite Frau gibt es, der Thomas Bernhard huldigt. Sie erscheint wie eine Lichtgestalt in dem monumen-

talen Prosawerk *Auslöschung. Ein Zerfall:* Maria. Sie verkörpert keine andere als die Dichterin Ingeborg Bachmann.
Die Hinweise sind versteckt. Allein, es gibt viele Anspie-
lungen auf die Dichterin, auch auf ihren Tod, den Brand,
in dem Ingeborg Bachmann am 17. Oktober 1973 umkam:
Murau, der Erzähler, verbrennt gemeinsam mit Maria sein
Manuskript, an dem Maria getadelt hatte, er habe sich an
der Philosophie vergriffen. Auch andere Hinweise sind
nicht fehl zu interpretieren, zum Beispiel Marias Herkunft
aus einer kleinen südösterreichischen lächerlichen Pro-
vinzstadt, also Klagenfurt. Und, so schreibt Murau,
schreibt Bernhard, Maria werde gefeiert für ein Gedicht,
das so genannte böhmische, das weltberühmt und eines
der schönsten Gedichte unserer Zeit sei. Gemeint ist Ingeborg Bachmanns *Böhmen liegt am Meer*:

Ich will nichts mehr für mich. Ich will zugrunde
                                                   gehen.
Zugrund – das heißt zum Meer, dort find ich Böhmen
                                                   wieder.
Zugrund gerichtet, wach ich ruhig auf.
Von Grund auf weiß ich jetzt, und ich bin unverloren.

Die Passagen über Maria sind Liebeserklärung und – auch
dies – Herzensergießung. Dass diese Frau Maria heißt, wie
die Mutter Christi, ist kein Zufall. Die Frauen, die er
emphatisch verehrte, verherrlichte Bernhard – ließ ab von
Ironie und Spott und Schalk. Aber wie in der Verhöhnung
ist auch die Verherrlichung Übertreibung, also unrealis-
tisch. Die Hommage an Ingeborg Bachmann ist voller Zartheit und vielleicht ein Dank, denn sie war es, die sehr früh,
1969 schon, Bernhard pries – seinen Stil und seine Bücher:
»Sie sind voll Pathos, wenn man noch weiß, was dieses
Wort wirklich bedeutet, sie sind voll von Leiden, und die

Erträglichkeit und Unerträglichkeit hängen damit aufs Engste zusammen.« Und weiter: »Stil ist zweifellos unauffällig, wenn man darunter versteht, daß man ihn ebenso vergißt wie wahrnimmt, die Eigenheit kommt aus dem Zwang, und bei Bernhard ist alles zwanghaft, die Benutzung von furchtbar, dumm, geehrter Herr, Höflichkeiten, Distanzen, [das] Vokabular des Erschreckens, eine Stigmatisierung, die Adjektive ehren wieder, die Verben sind mit [der] größten Vielfältigkeit, die das Deutsche erlaubt.« An dem »geehrten Herren« bemerkt man, dass sich Ingeborg Bachmanns Lob auch und besonders auf die frühe Erzählung *Amras* bezieht, die 1964 erschien. Ein Text, den Bernhard sein Leben lang als sein Lieblingswerk bezeichnete; eine Vorliebe, die ich mit ihm teile.

Thomas Bernhard ist meine Leidenschaft, weil er der musikalischste unter den Dichtern des ausgehenden 20. Jahrhunderts war. Und einer, der ohne Larmoyanz benannte, dass seine Sicht der Welt nicht Albtraum ist, sondern Wachtraum. Der Einzelgänger als Führer in die negative Utopie. Bernhard, so sagte er selber, redet über den Tod wie ein anderer über eine Semmel. Und schreit nach Erlösung. In seinen Gedichten gibt es den Gegenentwurf: das Glück, ja sogar das Paradies: »Im Garten der Mutter sammelt mein Rechen die Sterne, die herabgefallen sind während ich fort war.« Und dann noch einmal huldigt er der Sprache. Die Sprache, die ihm gegeben ist – von Gott? – als einzige Sicherheit, als einzige Gewißheit in einer untergehenden Welt.

Thomas Bernhard dichtete die Auslöschung und schrieb doch leidenschaftlich gegen sie an. Deshalb ist er von meinen Leidenschaften eine der größten. Wer glaubt, er könne keine Geschichten erzählen und nicht beschreiben, sondern nur übertreiben, Erfundenes übertreiben, dem empfehle ich die *Auslöschung*, besonders Seite 214 folgende. Es sind die Maria-Passagen und vielleicht das Schönste, weil Einfachste, was Thomas Bernhard gedichtet hat.

Und wenn es wirklich nur ein kleiner Schritt ist vom Schlaf zum Tod, wie Ludovico Ariosto glaubte, dann ist der Wille, schlaflos die Nacht zu verbringen, der Wunsch, Leben zu spüren. Genau dies versucht der Autor in der *Auslöschung*: im Wachen, im Traum-Wachen das eigene Sein zu spüren und nach dem Sinn dieses Seins zu forschen. Der Schlaflose ist zugleich aber auch der Kranke, der – um Schopenhauer zu zitieren – es nicht schafft, den Schlaf sich zu borgen »vom Tod zur Aufrechterhaltung des Lebens«; er ist also früher dem Tod geweiht. Was kann dann der Gewinn sein, Schlaflosigkeit sich zu ersehnen? – Einsicht. Wahrscheinlich kannte Thomas Bernhard das Diktum des Chors aus dem *Philoktet* des Sophokles: »Denn schlaflos ist ja der Kranken Schlaf / Und lauscht und sieht alles.«

In der *Auslöschung*, am Fenster stehend, in die Nacht blickend, denkend, da ist er wieder: Thomas Bernhard, der sich des Lebens freut und doch glücklich sicher ist, dass es endet. Seine besten Werke, meine Leidenschaften, sind Bücher über die letzten Dinge. Und spricht er über sie, dann sind die Farben rot, oder kardinalrot, dann tönen die Lichter wie rotes Fleisch. Thomas Bernhard: ein Narr, ein Philosoph, ein Seher – ein Weiser. Ein leidenschaftlicher Lebensgieriger und ein leidenschaftlicher Todessehnsüchtiger. Der Lebensgierige ist mir näher. Und wenn dieser Thomas Bernhard mir begegnet, dann geht es mir wie Großvater Freumbichler. Der fand in seinem Roman *Auszug und Heimkehr des Jodok Fink* eine schöne Metapher für Freude: »Mein Herz orgelt.«

VI. HEINER MÜLLER

Heiner Müller ist zweifellos ein Dichter, der mir mehr Leiden schafft als Freuden. Aber weil er mich immer wieder verstört und manchmal geärgert hat; weil er spannende Interviews gegeben und einige bemerkenswerte Gedichte geschrieben hat und zumindest zwei Stücke mir ganz außerordentlich gefallen, nehme ich ihn selbst dann leidenschaftlich in Schutz, wenn ich in Wahrheit an ihm zweifle. Und wenn jemand behauptet, dass der Beweis bereits erbracht ist, wie sehr Heiner Müller zu Lebzeiten überschätzt wurde, weil es nach seinem Tod sehr still geworden sei um ihn und nur noch ganz selten Werke von ihm aufgeführt würden, dann preise ich die Gedichte und zitiere zum Gegenbeweis eine kurze Passage aus dem Poem *Glückloser Engel, 2*:

> *Der Engel ich höre ihn noch*
> *Aber er hat kein Gesicht mehr als*
> *Deines das ich nicht kenne.*

Diese Zeilen entstanden nach 1989. Zehn Jahre zuvor verfasste Müller ein anderes Gedicht, das mir gefällt, weil sich Heiner Müller darin nicht versteckt wie so oft zuvor oder danach – sich versteckt auch in seiner Lyrik:

Etwas frißt an mir
Ich rauche zu viel
Ich trinke zu viel

Ich sterbe zu langsam

Hier, in der *Zahnfäule in Paris*, ist der Dichter als Subjekt erkennbar. Hier spricht er als Heiner Müller und vergrößert sein Ich nicht, indem er sich auf die Piedestale hievt, die für andere taugen und taugten. Es ist schon verwunderlich, dass Müller, dem nach dem Zusammenbruch der DDR nicht nur der Dramenstoff ausging, sondern offensichtlich auch der Stoff für lyrische Monologe, dass dieser Heiner Müller nach 1989, nach Ausbruch seiner Krankheit, so fleißig Gedichte bastelte, aber dabei immer Zuflucht nahm zu anderen und somit letztlich vor sich selber floh. Er zitiert in den Gedichten, zu denen er flüchtet, die anderen Großen, oder er imitiert sie. Hinter ihnen verschwindet das Ich, das Müllersche Selbst. Je angestrengter und bemühter er leiht und stiehlt und sich in literarische Gewänder hüllt, die ihm am Leibe schlottern, desto mehr geht er selbst verloren. Brecht ist noch der Geringste unter den Großen, die ihm, Müller, für sich selber gerade angemessen dünken. Daneben Herakles und Prometheus, Dante, Hegel, Michelangelo, Heidegger, Ezra Pound; und Ich Ajax gibt es auch noch. Das lyrische Werk dokumentiert Müllers bewusst vorgenommene Auflösung des Autors. Das lyrische Werk: ein Versteckspiel.

Nicht anders in den frühen Gedichten: *Geschichten von Homer* heißt eines, *Horaz* ein anderes. Wieder andere heißen *Majakowski* oder *Brecht*, *Ulyss*, *Napoleon* oder *Lear* oder *Lenin-Lied*. Diese Gedichte sind ohne Ausnahme entweder bis zum unerträglichen Kitsch pathetisch, oder bis zur Lächerlichkeit platt. Und, auch dies, unziemlich verlogen. Heiner Müller, für den – wie er in seiner 1992 erschienenen Autobiographie *Krieg ohne Schlacht* schrieb – alles Rollenspiel war, hatte zur Lüge ein sehr entspanntes Verhältnis. Mal Kommunist, mal Dissident – egal. Dem Zyniker Müller schufen diese Spiele keine Probleme.

Es gibt Müller, den wackeren Sozialisten, der sich im *Traktoristenlied* offenbart. Hier sitzt ein Mann, der natürlich ein Bruder, ein sozialistischer ist, auf dem Weg nach Stalingrad in einem Tank – und verbrennt darin. In der zweiten Strophe wird der friedliche Fortschritt besungen. Auf einem Traktor, der aus Stalingrad kommt, sitzt nun der Dichter, pflügt ein Feld und sät. Wie schön: Eine Traktorenfabrik in Stalingrad und Frühjahrssaat im Brandenburgischen.

Müllers Gedichte aus DDR-Zeiten strotzen von unerträglichem vaterländischen und sinnentleertem Pathos. Als Dichter, als reimender Agitator des Arbeiter- und Bauernstaates, kannte er mit den Lesern kein Pardon und mit sich selbst kein Einsehen. Seine *Geschichte vom Dreher Jakob Schmitt* ist für mich ein besonders eindrucksvolles Beispiel für Heiner Müllers klebrigen Sozialismus-Honig in der Brecht-Nachfolge. Es geht um Drehzahlen, um Drehzahlsoll und um sozialistisches Geld.

Müller lobte in seiner Lyrik die Bauern, die Dreher, die Kellner und sorgte sich um die jungen Männer in der Bundeswehr in der Bundesrepublik Deutschland, wie in einem unbetitelten Gedicht, das irgendwann zwischen 1949 und 1959 entstand:

Lieber Sohn, tritt ein in die Bundeswehr
Da kannst du Ordnung lern'
Die Dienstvorschrift und der Herr Korporal
Der wird dir Ordnung lern.

Kurz: Die dialektischen Gedichte des Heiner Müller sind so schlimm wie die von Brecht. Die Agitationsgedichte sind noch schlimmer ausgefallen. Und es gibt nur wenige Verse, für die sich das Streiten lohnt. Es sind jene Seltenheiten, in denen Heiner Müller nicht den politischen Predigtton draufhat, nicht das gestelzte, antiquierte Gesäusel pflegt, mit dem er sich so viel Müh' gebend, die Kält' der Welt zeigend, dennoch scheitert. Er hat die unselige wichtigtuerische Vorliebe, die eine Manie mit der anderen zu koppeln. Wahrlich nicht ökonomisch oder gar sparsam reiht er gern und oft das Partizip Präsens, sei's passend oder nicht, an die um einen Buchstaben verkürzten Substantive. Das klingt gut, dachte sich Müller. Das klingt grauenhaft, finde ich.

Die Gedichte sind also – wiewohl mir einige durchaus gefallen – nicht wirklich meine Leidenschaft. Und nicht die Prosa. Sie ist ebenso mit Pathos geladen, ebenso symbolisch überladen. Müller formuliert, fabriziert – handwerklich exzellent – gedankliche Hohlräume. Die Sprache wird zu einer Luftblase, aber von gigantischer Größe. Noch dazu so verrätselt, enigmatisch, dass man wenig versteht und bei allem Grübeln keine Spur zum Verständnis ausfindig machen kann. Das ist der genialische Trick von Heiner Müller, auf den fast alle Exegeten hereingefallen sind: Der Leser, der Zuschauer empfindet das Ausgegrenztsein, das eigene Kann-Nit-Verstan als eine Unfähigkeit zu dechiffrieren, zu erkennen, also als eigene Dummheit. Die Wortkathedralen, die Müller erbaut, erinnern mich immer an die Metrobahnhöfe in Moskau. Prunk, Pracht: eine Behauptung von Größe. Ein Schwindel, mythelnd Mythen verarbeitend.

Eine dieser Schwindeleien, der man, auch das noch, die Anstrengung beim Fabrizieren anmerkt, möchte ich anführen, um zu belegen, wie Müller vorgeht. Die Überschrift des Textes ist, sehr maniriert, in viereckige Klammern gesetzt und in derselben Schriftgröße wie der folgende Absatz. Und – wie fast in allen Texten von Müller – sind einige Worte in Versalien geschrieben. In diesem Fall ist es der Satz »TOT IST TOT«. Was Müller in Versalien schreibt, sind stets Zitate, also gefundenes, benutztes Material. Was bei ganzen Sätzen noch einen Sinn ergibt, wirkt lächerlich, wenn in einem normal gesetzten langen Text nur einzelne Worte, die überall aufgefunden werden können – in der *Bild*-Zeitung oder in Hölderlins *Hyperion* –, aus dem Text durch die Großbuchstaben herausbrechen: Sonne, zum Beispiel, oder Himmel. Oder wie in diesem Fall »tot«.

Auch die Prosa schafft also mehr Leiden als dass sie Leidenschaft entfachen könnte, denn sie erzählt wenig und gefällt sich gleichfalls in Metaphern, Klängen, Rhythmen. – Aber warum sich mit dem Nebenwerk aufhalten, wenn es doch den furiosen Dramatiker Müller gibt? Das in den achtziger und neunziger Jahren allüberall, vor allem aber in Frankreich und Deutschland, gefeierte Genie? Hier ist Müller! Mit einem absolut undramatischen Text – so undramatisch wie viele andere. *Bildbeschreibung* heißt dieses Prosastück, das zuweilen aufgeführt wurde. Beschrieben wird zunächst eine Landschaft zwischen Steppe und Savanne, der Himmel soll preußisch blau leuchten, Wolken sehen aus wie Drahtskelette. »DIE SONNE« steht im Zenit. Nicht jetzt, nicht gestern, nicht morgen, sondern »IN EWIGKEIT«. Rechts in der Landschaft wächst ein Baum, sieht Müller genauer hin, sind es drei verschieden hohe Bäume. Und ein Haus erkennt er auch. Es bekommt eine seltsame Erläuterung mit auf den Weg: »mehr Industrieprodukt als Handwerk, wahrscheinlich Beton«. Das heißt also: Es handelt sich hierbei weder um Fachwerk noch um Mauerwerk.

Doch das kann nicht sein, weil Müller den Vergleich »mehr ... als« benutzt. An dem »wahrscheinlich Beton« muss demnach auch handwerkliche Arbeit zu erkennen sein. Das Uneindeutige dieses Hauses in einer sehr früh schon, nämlich mit den Drahtskeletten – dem 18. Wort des Textes – dämonisierten, verrätselten Landschaft will Ungewissheit, ängstliche Ungewissheit stiften.

Wenig später in diesem einzigen langen Satz, der acht Druckseiten einnimmt, taucht ein Vogel auf, der etwas kann, was die wenigsten Vögel können: er vermag seine Identität zu verbergen. Vielleicht ist das Tier ein Pfau, vielleicht ein Geier, vielleicht – auch das ist möglich – ein »Geier mit Pfauenkopf«.

Gleich darauf tritt eine Frau auf: ihr Gesicht ist jung, die Nase lang, das Haar, so beobachtet Müller, »lang und strähnig, blond oder weißgrau«. Mit einem gebrechlichen Unterarm wehrt sie einen Angriff ab – und wird doch verletzt, nur blutet sie nicht.

Jetzt ist es endgültig mysteriös. Müllers Mutmaßungen verunsichern den Leser, weil die Frau so beschrieben wird, als sei sie Opfer eines Kampfes. Jetzt führt Müller den vermeintlichen Gegner ein, einen Mann, der auf seinem Bild aber gar keinen Platz gefunden hat, den der Autor bisher noch nicht eingeführt hat. Er, der Unbekannte, könnte aus dem Haus treten oder im Haus bleiben. Ist er denn überhaupt drin? Endlich, auf der nächsten Seite – solange wird spekuliert –, tritt der Unbekannte aus dem Haus heraus. Und es verwundert nicht, dass er ein mysteriöser Typ ist, eine schreckliche Gestalt, eine Schreckensgestalt: Er hat, gruselig das, überlange krumme flattrige Finger. Eine Anspielung auf Nosferatu? Wenig später fragt sich Müller, ob der Mann vielleicht blind sei und ob er statt mit den Augen vielleicht mit den Füßen sehe. Müller spekuliert: Ein Mörder? Schließlich, das hat der Dichter bemerkt, habe er »das Lächeln des Mörders, der an die Arbeit geht«.

Ein blinder Seher? Ein blinder Mörder? Ein Mörder, der sich blind stellt? Ein Blinder, der so gern morden würde, könnte er bloß sehen? Wir erfahren es nicht. Statt zu antworten, zu klären, lenkt uns Müller rätselnd auf eine neue Fährte. Wer ist der Mann? Weiter erfahren wir, dass im Garten ein Stuhl steht, nein, kein gewöhnlicher – so etwas gibt es bei Müller nicht –, sondern ein zerbrochener, ein gewaltsam zerbrochener. Ein zweiter Stuhl liegt am Boden. Schon fragt Müller, ob hier ein Mord beim wilden Geschlechtsakt geschehen sei? Womöglich, während der Mann sein Glied in der Scheide der Frau hatte? Dann der Orgasmus: ein Weinglas stürzt; ein Pokal mit Früchten rutscht fort; die Frau verbeißt sich in den Hals des Mannes. Ihr Kopf füllt sich mit Blut, die Beine zucken; gegenseitige Würgerei; Kehlkopf knackt; Halswirbel knarzt.

Ein Horror-Szenario. Bald wissen wir, auf Seite drei des Textes, dass die Frau – sie trägt einen nassen schwarzen Mantel, sieht ausgedörrt aus und ist verwundet, ähnelt also einer untoten Toten – in dieser Landschaft eine »MATA HARI der Unterwelt« sein muss. Sie, die »schrumpfende Fleischbank«, gilt dem Dichter als eine WINDSBRAUT. Und irgendwann halten Tote einen BÖSEN FINGER in den Wind.

Als ich Müllers *Bildbeschreibung* das erste Mal las, legte ich den Text an dieser Stelle beiseite.

Bei Müller klingt alles gewaltig und bedeutet – bitte was? Müller, Dank sei ihm, versucht selber eine Erklärung. In der Anmerkung am Ende des Textes erläutert er, die *Bildbeschreibung* sei als eine Übermalung der *Alkestis* zu lesen, die das Nô-Spiel *Kumasaka*, den 11. Gesang der *Odyssee*, Hitchcocks *Vögel* und Shakespeares *Sturm* zitiere. Dabei sei die Handlung beliebig. Das Ganze, so Müller, stelle nicht mehr dar als die »Explosion einer Erinnerung in einer abgestorbenen dramatischen Struktur«.

AHA! Viel schöner Dunst, viel starke Behauptung, viel kokette Angeberei – und dennoch, vielleicht gerade deshalb, angenehm leicht zu lesen. Nur leider kryptisch. Das alles ist kein Zufall. Er, Müller, will es so, denn – dies ist seine Erklärung – wenn er wisse, was er sagen wolle, sage er es. Nur wenn er nicht wisse, was er sagen wolle, müsse er schreiben. Das entbehrt nicht der Kuriosität.

Natürlich habe auch ich lange Zeit gedacht, ich bin ganz einfach nur zu blöd für Müller. Irgendwann wurde mir klar: Müller ist ein gewitzter, gescheiter Bluffer. Im Leben und in seiner Profession. Joachim Kaiser kam Müller-Kritikern mutig schon sehr früh zu Hilfe. Er erzählte in seinen Seminaren den Studenten – so brüstete er sich gut gelaunt –, Müller sei ganz einfach nur verrückt, weshalb ernsthafte Sinnsuche absolut sinnlos sei. Später fand ich eine Bemerkung des Literaturwissenschaftlers Peter von Matt, die er mit Blick auf die Bernhard-Gedichte geprägt hatte, die mir aber weit besser auf das Müller-Missverständnis zu passen scheint und mich endgültig beruhigte: Germanisten, schrieb von Matt, gäben nie gern zu, dass sie etwas nicht durchschauten. Es käme ihnen vor wie ein Verstoß gegen die Berufspflicht. Wo man nichts als Bahnhof verstünde, könne man schließlich immer noch sagen, das Werk leuchte in die Abgründe der menschlichen Existenz.

Was für die Germanisten gilt, trifft verschärft auf Dramaturgen zu. Statt in menschliche Abgründe verwiese dann die *Bildbeschreibung* auf das Grab in der Wohnung des menschlichen Spiegels. Oder, auch möglich, auf den toten Spiegel in der Wohnung, die ein Grab ist. Oder – in Erinnerung an Gertrude Stein: Ein Grab ist ein Spiegel ist eine Wohnung ist tot tot tot.

187

Gewiss nachdenklicher und besser formuliert versucht sich Uwe Wittstock in seinem Nachwort zu der von ihm herausgegebenen Reclam-Ausgabe der Müllerschen Revolutionsstücke einen Reim auf das Unverständliche zu machen: Müllers Werk, so schreibt er, »errichtet eine Kunst-Welt eigenen Rechts, deren dunkle suggestive Macht in gleichem Maße anzieht und abstößt, bestätigt und irritiert, erschreckt und verführt. Bewundernd, aber auch ratlos steht man vor diesem literarischen Monument, das in sich ruht und doch eine so beunruhigende Ausstrahlungskraft besitzt.« Lektoren-Germanisten-Dramaturgen-Gestammel. Wenig hilfreich. Und an der *Bildbeschreibung* im Besonderen schätzt Wittstock, dass Müller die Szenerie allmählich zum Leben erwecke, »indem er Mutmaßungen über das dargestellte Geschehen einfließen läßt«. Ist das Verfahren nicht in Wahrheit ein ganz anderes? Verschwindet nicht das Bild hinter den Mutmaßungen? Ist nicht die Szenerie – die Landschaft – nur ein unwichtiger Schauplatz einer erfundenen Handlung, die ein Kampf ist zwischen einer Frau und einem Mann? Ob tot, ob auferstanden; ob in vampiristischem Milieu oder bei den Wiedergängern ist mir sehr gleichgültig dabei.

Uwe Wittstock, der fleißige und treue bewundernde Müller-Exeget, hat eine Interpretation bereit, die mir Freude macht, weil sie so schlicht ist. Statt zu schreiben, der Text sei schön und dabei schön unverständlich, folgert Wittstock: Das Ganze sei – aufgepasst – ein »ritualisierter, bestialischer Überlebenskampf eines jeden gegen jeden«. Kann sein, kann auch nicht sein, muss nicht sein. Dies alles bleibt dunstig, nebelig und sehr allgemein. Glücklicherweise kann der Müller-Interpret auch noch ein Zitat des Dichters an die eigene Deutung anhängen: Der Weltenlauf, so erfahren wir von Müller – über den Umweg Wittstock –, sei eine »Blutpumpe des täglichen Mords, Mann gegen Vogel und Frau,

Frau gegen Vogel und Mann, Vogel gegen Frau und Mann«, die den Planeten mit Treibstoff versorge.

Seltsam. Müller, da sind sich alle Müller-Jünger einig, interessiere der mythische Kreislauf der Zerstörung. Und deshalb erzählt Müller immer wieder das Nämliche – in vielen Rätseltexten. Er schreibt wieder und wieder, in den abstrusesten Sätzen, metaphernreich, vom Kreislauf der Gewalten, der endlos und aussichtslos ist. Er erzählt von Revolutionen – wie in dem Stück *Der Auftrag* – und von Utopien, die der Zerstörung ein Ende bereiten könnten. Allein, Utopien – das ist ihre Natur – erfüllen sich nicht, sonst sind sie nämlich keine. Und deshalb sind sie bei Müller nie erfolgreich. Er glaubt nicht wirklich an Befreiung, an Erlösung, selbst wenn er die Utopien beschwört. Müllers Macbeth in der Shakepeare-Bearbeitung, die wieder so etwas ist wie eine Übermalung, sagt es deutlich: »Die Welt hat keinen Ausgang als zum Schinder / Mit Messern in das Messer ist die Laufbahn.«

Wo sollte, wo könnte sie klaffen, die utopische Lücke, die Müller sucht, »die Lücke im Ablauf«, wie er schreibt, »das Andre in der Wiederkehr des Gleichen, das Stottern im sprachlosen Text, das Loch in der Ewigkeit, der vielleicht erlösende Fehler«?

Heiner Müllers Dramen sind meine Leidenschaft also auch nicht. Schon gar nicht die frühen Stücke, diese gut gemeinten Lehrstücke in der Brecht-Nachfolge, die nur leider nicht mit dessen glühender Utopie gefüllt, sondern effektsicher dialektisch gebastelt sind. Wer wird sie je wieder aufführen, die Stücke vom *Lohndrücker* oder von der *Umsiedlerin*? Wer möchte den *Bau* sehen? Wer möchte sich maßregeln lassen von Heiner Müller und den Prolog zu *Die Bauern* sich anhören, in denen es wieder um Karren und Dreck geht und Traktoren, um kleine Leute und große und darum, dass, wer siegen will und den Traktor besitzen, auf den Hut hauen muss, vor dem er seine Mütze zog.

Nein, das möchte ich nicht hören. Und nicht die Revolutionsstücke sehen, die von der Revolution künden oder vom Verrat an ihr. *Der Auftrag* ist sehr rasch von den Bühnen verschwunden, und – hätte es nicht den Streit mit den Brecht-Erben gegeben – auch *Germania III* wäre längst vergessen. So wie schon jetzt die vielen Umarbeitungen, an denen, wie Wolf Biermann im *Spiegel* schrieb, Müller sein Schneiderhandwerk ausgeübt habe.

Müller hat die Literatur geplündert, zerschnippelt und wieder zusammengesetzt. Er hat Collagen hergestellt wie Elfriede Jelinek. Er hat zerschnitten und wieder zusammengeklebt, während die Jelinek mit den Funden etwas Neues, Starkes schuf. Müller spielt, Jelinek denkt – extrem formuliert. Müllers Bastelarbeiten – *Ödipus. Tyrann*, die *Hamletmaschine, Anatomie Titus Fall of Rome, Macbeth* und seine Medea-Version mit dem Titel *Verkommenes Ufer Medeamaterial Landschaft mit Argonauten* – sind Umschreibungen, höflich formuliert. Sind Bearbeitungen, Zitatenarrangements, weniger höflich gesagt. Sie sind verzerrte Vergrößerungen der Vorlagen und zugleich deren Destruktion. Der Autor hat das Material mit einer durch Metaphern deformierten Sprache deformiert. Und tat hierdurch das Gegenteil von dem, was er theoretisch als Ideal des Schreibens verkündete. Gern zitierte Müller den Maler Max Liebermann: »Zeichnen heißt weglassen.« Doch gerade weglassen, das war seine Sache nun wirklich nicht. Er brauchte Material, es zu verändern und zu unterfüttern. Er häufte an. Fragment auf Fragment zu Fragment über Fragment – und doch wird aus den vielen Fragmenten, vermengt, montiert, ob groß, ob klein geschrieben, nie ein Ganzes. Ich weiß, das ist Absicht. Aber es muss mir deshalb ja nicht gefallen. Hier gilt das Goethe-Wort: Man merkt die Absicht und ist verstimmt.

Wolf Biermann erinnerte sich, dass Heiner Müller ihn kurz nach der Wende nach einem Begräbnis beiseite geführt und ihn gefragt habe: »Haste nicht irgendn abgelegten Stoff, den ich verwendn kann? Mein Gehirn läuft so leer seit alldem. Das is nich gut. Scheußlich: Ich bin so'ne richtige Maschine, die braucht immer irgendwas zum verarbeitn.«

Müllers Material sind Texte. Müllers Thema ist die Geschichte. Vor allem die deutsche. Geschichte ist Heiner Müllers Leidenschaft, seine Obsession. Er sucht nach Angstbildern und Terrorszenen, zu beschreiben, dass Verrat das Movens aller Veränderungen ist – auch für sein eigenes Handeln. Es ging ihm, dem »Schreckensbeschreiber«, wie der Regisseur Ernst Wendt ihn nannte, darum, in den Trümmern der Geschichte Hoffnung zu finden, womöglich Reste verschütteter Utopien. Müllers dramatisches Werk: Ein Apokalyptiker zerstört, was er an Material findet, um Zuschauer und Leser zu Veränderungen, gesellschaftlichen und politischen, anzustacheln. Sein Thema war immer wieder: der gräßliche Fatalismus der Geschichte.

Dass Müller mit seiner Übermalungstechnik, seiner Schnipsel- und Schneiderarbeit schon in den siebziger Jahren, nicht erst nach dem Ende der DDR, an einem toten Punkt angekommen war, wusste er. Ihm war klar, dass er nicht so weitermachen konnte. Er sei, so räumte er bereits 1978 ein, an einem Endpunkt angelangt. Nun gelte es, sagte er, eine neue Dramaturgie zu entwickeln oder das Stückeschreiben aufzugeben. Er hörte nicht auf, Stücke zu schreiben. Er entwickelte keine neue Dramaturgie. Er machte schlicht weiter und schrieb ein seltsames Bühnenstück, das den Titel *Wolokolamsker Chaussee* trägt und aus fünf Teilen besteht: *Russische Eröffnung*, *Wald bei Moskau* und *Das Duell* entstanden von 1984 bis 1986; die zwei anderen Teile, *Die Kentauren* und *Der Findling* 1987. Die *Chaussee* wurde nach wenigen Aufführungen, die für mich eine einzige Marter waren, nicht mehr inszeniert. Dieses fünfteilige Drama – das beliebig verkleinert werden kann, es gab auch Aufführungen nur einzelner Teile, *Der Findling* war zum Beispiel als Einzelaufführung beliebt – ist wieder eher ein Lehrstück als eine Übermalung, erinnert eher an *Mauser* und beweist, dass es Müller nicht mehr so ernst war mit dem Abschied vom Lehrstück, von dem er sich eigentlich – so hatte er zuvor geprahlt – »bis zum nächsten Erdbeben« hatte lösen wollen.

Nach dem Ende der DDR ließ Heiner Müller das Dramen-Verfassen ganz. Es gäbe, so erklärte er, keinen Stoff mehr. Ihm fielen keine Dialoge mehr ein, sagte er und schrieb fortan Gedichte und bastelte mit Zitaten Collagen.

Müller zerstörte in seinem dramatischen Œuvre den Autor in seiner traditionellen Form. Er sah sich auch selber nicht mehr als Produzenten, als Schöpfer eines autonomen Kunstwerks, sondern als einen Anstifter von Prozessen. Diese Rolle, die des Produzenten, gab Müller an den Leser, an den Zuschauer zurück, was sichtbar wird in der *Hamletmaschine*, in der das Foto des Autors zerrissen wird. Und deshalb konstatierte Müller sibyllinisch, wie er es gern tat: Man könne kein Indianer bleiben, wenn man mit der Kunst etwas ausrichten wolle. Etwas ausrichten heiße, in der Kunst etwas hinzurichten – zuerst sich selbst.

Das waren die Sätze, die die Müller-Jünger mochten. Damit löste sich Müller endgültig von der Lehrstück-Methode, der noch der *Mauser*-Text verpflichtet war, der explizit auch auf Brechts Stück *Die Maßnahme* verweist. Wie Brechts junger Genosse sträubt sich bei Müller die

Figur B. gegen die Vorhaben der Partei – aus Menschlichkeit. Doch *Mauser* endet, anders als Brechts *Maßnahme*, ausweglos pessimistisch. Das Kontinuum der Normalität in der Geschichte ist bei Müller das Kontinuum des Grauens, die Kreisbewegung der Gewalt. Sie lässt sich nicht unterbrechen, nicht anhalten. Müllers Abschied vom Dozieren bedeutet: Er will Leser und Zuschauer mit seinen Texten zuschütten, ihnen Augen, Ohren und Hirn voll stopfen. 1975 polterte er, dass das einzige Mittel der Literatur fortan die Überschwemmung sein müsse. Müllers liebste und einfachste Übung. Zur Überschwemmung – also zur Bilderflut in seinen Texten – tritt nun folgerichtig eine Aktionsflut und eine Blutflut. Dichtete er bisher nur über den verbrecherischen Mechanismus der Geschichte, von der brutalen Gewalt, so lässt er sie jetzt geschehen, malt aus, was passiert während der Zerstörung. Bewusst sucht er sich Antonin Artauds »Theater der Grausamkeit« zum Vorbild und zerstört auf der Bühne nun nicht mehr bloß Gedanken, sondern auch Körper. Müller erfindet Blutorgien, amputiert Körperteile; er lässt foltern, lässt vergewaltigen. Er zeigt eine haltlose und heillose Gesellschaft; aus Körpern werden Fragmente – und seine Texte werden gleichfalls fragmentarischer, kleinteiliger. Er sieht – wie Kleist im *Zerbrochenen Krug* – die Welt zu Bruch gehen und beliefert das Theater nur mehr mit Bruch-Stücken. Die *Hamletmaschine* ist so ein Bruch-Stück. Ein Fragment, gewonnen aus einem großen Drama, das zu einem grauenvollen Bilderbogen wird.

1990 inszenierte Heiner Müller seine *Hamletmaschine* zusammen mit Shakespeares *Hamlet*; es wurde eine achtstündige Aufführung im Deutschen Theater in Berlin, der ehemaligen Max-Reinhardt-Bühne. Müller probierte – wieder einmal – das Extrem. Er präsentierte nicht bloß einen beinahe unversehrten, also nicht eingestrichenen

Hamlet, sondern bereicherte ihn noch mit seinem eigenen Text, der *Hamletmaschine*, die nur einen Sinn und Zweck hat: davon zu künden, dass unsere Hoffnung auf Verbesserung der gesellschaftlichen Verhältnisse immer fehl am Platz ist, dass immer etwas faul war und immer etwas faul sein wird. Es war die Zeit nach dem Mauerfall, nach dem Ende der DDR, weshalb Müller auch mit Fremdtexten innerhalb des Shakespeareschen Kosmos zur Tagespolitik Stellung nahm.

Müller wollte auch nicht bloß eine Facette des Hamlet zeigen sondern derer viele: Hamlet, den Liebhaber; Hamlet, den Sohn; Hamlet, den Träumer; Hamlet, den Politiker; Hamlet, den Scheiterer, der in der *Hamletmaschine* sein Debakel eingesteht: »Ich gehe nach Hause und schlage die Zeit tot, einig / Mit meinem ungeteilten Selbst.« Die *Hamletmaschine* – das sind fünf kärgliche Bilder, die wie ein Zitat auf die fünf Akte bei Shakespeare verweisen und in einer kurzen Viertelstunde zu spielen sind. Dieser Text eignet sich (vielleicht) als Prolog oder als Epilog einer *Hamlet*-Inszenierung, ihn aber, wie Regisseur Müller dies tat, vor die fünfte Szene des vierten Aufzugs zu setzen, vor den Auftritt der beklagenswerten, kranken Ophelia, erwies sich als Zerstörung – des Shakespeareschen Originals und der Müllerschen Aufführung.

Hamletmaschine ist einer der schwierigsten und hermetischsten Texte Müllers, das geben sogar die Müller-Bewunderer zu. »Hermetisch« erklärt der Germanist Theo Giershausen so: Es sei der »Extremfall ›dramatischer‹ Entstofflichung von Geschichte. (...) Konkrete historische Vorgänge der Geschichte der sozialistischen Staaten lassen sich in ihm höchstens noch als Destillat aufspüren.« Wahrscheinlich will Herr Giershausen sagen, dass Müller vor allem eines in der *Hamletmaschine* anstrebt und erreicht: Er will Welt und Geschichte und Literatur – schließlich treten auch Richard III., Macbeth und Raskolnikow auf, also legendäre Mörder aus der Literatur – chiffrieren und den Rezipienten, den Lesern oder Zuschauern, die Arbeit der Dechiffrierung, der Auflösung aufbürden.

Zu fragen ist bei der *Hamletmaschine* wie bei der *Bildbeschreibung,* ob es einen Zusammenhang zwischen Bild und Sprache gibt, eine Spannung zwischen ihnen und auch, ob in der Shakespeare-Übermalung überhaupt gehandelt wird. Wird nicht Handlung nur evoziert? Und letztlich gar nicht vollzogen? Ich verweigere mich – das kann man mir vorwerfen – dieser vom Autor geforderten Dechiffrierarbeit, weil ich fest davon überzeugt bin, dass Müllers Chiffren, seine Rätselzeichen, zufällig gesetzte sind, deren Inhalt nicht Bedeutung und Klarheit schaffen kann. Vielleicht verhält es sich mit Müllers mehrdeutiger, sphinxischer Bayreuther *Tristan*-Inszenierung genauso. Die Rätselhaftigkeit machte dann die Spannung dieser Aufführung aus, weil der Zuschauer nicht müde wurde, zu versuchen, die Bilderfindungen mit der Musik in Einklang zu bringen.

Warum Müller trotz aller Einwände meine Leidenschaft ist? Müller war ein Guru, ein Spieler, ein geistiges Chamäleon. Ein glitschiger Fisch, den man nicht fassen, nicht halten konnte. Was von Müller bleiben wird, ist Müller der Plauderer, Müller der Tabubrecher.

Müller der Narr, der alle narrte, ist meine Leidenschaft. Ich finde diesen Lügner grandios und widerlich zugleich. Ich bewundere, wie er sich winden, wie er bedeutsam schweigen und ebenso bedeutsam schwafeln konnte. Und ich verachte ihn, weil jede Provokation ihm recht war. Er spielte, was die Menschen sehen oder hören wollten. Im Westen gab er den anarchistischen Linken, der noch Mitte der achtziger Jahre behauptet, dass die Existenz der UdSSR Hoffnung bedeute und Erfüllung der kommunistischen Utopie. Im

Osten hatte er eine andere Nummer drauf: Er mimte den kritischen Bedenker, und agierte in der Rolle des Ach-ich-wäre-so-gern-ein-Dissident. Er war ein listiger Lügner. Ihm war nicht zu trauen. Nie. Wer so gerne sich verstellt, so gerne Masken trägt – und sich verkleidet: Die Brille, die Zigarre, die schwarzen Klamotten: alles Show, alles Maske –, der verrät die Wahrheit wie die Lüge.

Weil ihn niemand wirklich ernst nahm, konnte er die abscheulichsten und absurdesten Sachen sagen, und selten nur widersprach jemand. Er redete oft baren Unsinn, verpackte das Dümmste aber so wortreich und kompliziert, dass die Gesprächspartner sich nicht trauten zu reagieren. So sagte er, zum Beispiel, dass ein literarischer Text eine viel komplexere Angelegenheit sei als ein Schuh. Beim Schreiben könne man nicht genau kalkulieren, was da entstünde und welche Wirkung es haben wird. Einen Schuh, wenn er seine Funktion erfülle und passe, könne man nicht in Frage stellen. Und einen Schuh herzustellen sei, so Müller, relativ leicht, wenn man das Schuhmachen einmal gelernt habe. Heiner Müller – das stimmt – hat das Schreiben nicht gelernt. 1929 im sächsischen Eppendorf geboren, machte er nach Kriegseinsatz und Gefangenschaft 1949 sein Abitur nach, arbeitete darauf in einer Bücherei und probte das Schreiben.

Die Schuh-Geschichte möchte ich einordnen in der Müller-Rubrik: heiterer Unsinn. Es gibt aber auch den ärgerlichen, verheerenden Unsinn. Hiroshima, bemerkte Heiner Müller, sei die jüdische Rache für Auschwitz. Sie habe den Falschen getroffen, wie es jetzt eben die Palästinenser träfe. Müller, der Narr, wurde nicht beim Wort genommen. Er wurde – und das zeigt ja, dass er als Narr akzeptiert war – von der konservativen *FAZ* wie vom sozialistischen *Neuen Deutschland* gleichermaßen gelobt, er ließ sich auf Alexander Kluge ein und auf Herrn Biolek. Wer ihn je beim

Wort nehmen wollte und ihn auf seine politischen Äußerungen zur DDR-Zeit aufmerksam machte oder auf seine
Bemerkungen nach dem Mauerfall; wer auf Widersprüche
verwies, den beschied er schlicht: Es sei immer ein Irrtum
gewesen zu glauben, dass er ein politischer Dichter sei. Und
an anderer Stelle bekannte er, dass das Schreiben ihm
immer wichtiger gewesen sei als die Moral. Immer wieder
versichert er in der Autobiographie *Krieg ohne Schlacht*,
nicht moralisch schreiben oder lesen zu wollen, von der
Frage nach Recht oder Unrecht abzusehen – er schreibe
alles, es müsse nur dramaturgisch interessant sein. Recht,
Unrecht, Moral: Auch bei seinen öffentlichen Äußerungen
waren ihm diese Begriffe sehr egal.

Claus Peymann, der Müllers Werk offensichtlich nicht
schätzte und es deshalb mied, lästerte, Müller sei »ein
Anarchist nach Gutsherrenart«, womit er gewiss auch
beschreiben wollte, dass Müller im Alter immer konser-
vativer wurde, sich an die Seite von Jünger, Benn und Carl
Schmitt redete. War's Lüge? Spiel? Maske? Wolf Biermann
versuchte im Januar 1996 im *Spiegel* eine Antwort: »In der
zweiten Hälfte seines Lebens verdoppelte er die Masken,
hinter denen er sein Gesicht versteckte. Über die Maske
des linken Pragmatikers Lenin zog er sich zusätzlich die
faszinierende Fratze des rechts-konservativen Machtideo-
logen Carl Schmitt über, dabei blieb er mit einem Bein auf
der Schulter von Brecht, mit dem anderen stellte er sich
auf die Schulter von Ernst Jünger. Eine wacklige Clowns-
nummer im Zirkus der Ideologien. Ich aber gehöre zu
denen, die Heiner Müllers Gesicht gelegentlich nackt
sahen. Er blieb für mich immer ein großmütiger Freund,
immer das, was man ohne alle Ironie einen herzensguten
Menschen nennt. Wenn er noch lebte, würde ich sagen: ein
geborenes Weichei, das sich ein Leben lang unter Schmerzen hart kochte.«

Die meisten kennen nur den maskierten Müller. Den Clown mit den verschiedenen Gesichtern. Was also wird von Müller bleiben, was schätze ich von seinem Werk? Nicht die Prosa, nicht die Lyrik – von wenigen Gedichten abgesehen – und nicht das dramatische Stückwerk. All das wird in den schönen schwarzen Suhrkamp-Bänden aufbewahrt und bald vergessen werden, da bin ich sicher. Kaum noch gelesen, kaum vorgetragen, nicht gespielt. Bleiben werden für mich zwei Texte für das Theater und – jetzt endlich rücke ich damit heraus, womit mir Heiner Müller wirklich ein literarisches Vergnügen bereitete – seine Interviews. So wie Kerr die Kritik zu einer literarischen Form machte, gelang es Heiner Müller, das Frage-Antwort-Spiel zu einem Kunstwerk aufzupolieren.

Zuerst aber zu den beiden Stücken. Das eine ist *Philoktet*, das andere *Quartett*. *Philoktet* wurde am 13. Juli 1968 am Bayerischen Staatsschauspiel uraufgeführt. Von der Vorlage, dem *Philoktet* des Sophokles, hat Müller allein die Äußerlichkeiten sowie die Hauptfiguren Odysseus, Neoptolemos und eben Philoktet übernommen. Müller interessiert hier, was ein Leben lang sein Thema bleiben wird: die Lüge als Machtmittel, diesmal gebraucht von einem doppelzüngigen Pragmatiker. In den metaphernreichen Wortnetzen des Odysseus, des großen Verführers, zappeln seine Gegner – und resignieren. Auch in diesem Text, in dem sich längere Monologe und kurze Dialoge abwechseln, wird Wirklichkeit chiffriert. In einem Brief an den Regisseur der Uraufführung, Hans Lietzau, entwickelt Müller sein Philoktet-Modell: Er will die Handlung als Parabel verstanden wissen, nicht als Historie. Er verweist auf Parallelen, auf die Nibelungen und auf Stalingrad. Der Ablauf der Ereignisse sei zwangsläufig, solange niemand das System in Frage stelle. Für Müller ist dieser Text ein ideologisches Spiel mit Modellfunktion, also ein Lehrstück, in dem die drei Hauptfiguren die Clowns seiner Weltanschauung sind. Müller wünscht sich die Schauspieler mit Masken.

Mein Lieblingsstück von Müller aber heißt *Quartett* und ist eine Bearbeitung von Pierre Ambroise François Choderlos de Laclos' Revolutionsroman *Les liaisons dangereuses* und wurde 1982 uraufgeführt. Laclos' Roman setzt sich zusammen aus 175 Briefen, die von den Teilnehmern eines Spiels der Begierden und Vernichtungen geschrieben werden. Müllers *Quartett* ist ein kurzes, 20-seitiges Zwei-Personen-Stück. Ein Rollenspiel, ein Lügenspiel, ein Verstellungsspiel und ein Stellungskrieg. Madame Merteuil gegen Monsieur Valmont. Heiner Müller beweist damit, dass er als konventioneller Dramatiker durchaus großes Talent besessen hätte, er konnte schneidern nach Schauspieler-Maß, aber es machte ihm offensichtlich größeres Vergnügen, zu arbeiten wie eine Häckselmaschine.

Müller bastelte sich ein Stück über die Unmöglichkeit von Liebe. Er erfand kein Stück – das tat er, wie wir wissen, sehr selten nur – er fand eines. Er schaffte es sich, indem er aus einem Roman einen dramatischen Text formte. In allen seinen Texten reflektiert Müller Geschichte und Literatur. Reflektiert und spiegelt beide. Auch im *Quartett*. Doch in diesem Stück – und deshalb gefällt es mir so sehr – tut er dies zum Vergnügen, zum Vergnügen der beiden handelnden Figuren, die sich verwandeln in andere – die zwei spielen vier, deshalb der Titel *Quartett*. Und er tut es zum Vergnügen der Zuschauer. Nicht *was* sie spielen, ist ihnen und uns Lust, sondern *wie* sie es spielen. Die beiden Figuren simulieren Wirklichkeit, die sie nicht interessiert, und sie haben das größte Vergnügen an der Reflexion über den Genuss. Hier ist Müller Kierkegaard nahe, der zwischen einem ästhetischen und einem ethischen Lebensentwurf unterscheidet. Das Ästhetische in einem Menschen sei das, wodurch er unmittelbar das sei, was er sei, formulierte Kierkegaard. Das Ethische aber mache aus ihm, dass er werde, was er wird.

Es war gewiss kein Zufall, dass Patrice Chéreau, 1985 noch Intendant des Théâtre des Amandiers in dem Pariser Vorort Nanterre, nacheinander Marivaux' *Die falsche Zofe* und Müllers *Quartett* inszenierte. Lüge, Verstellung und Verrat – sie sind bei Marivaux noch Mittel, der Liebe oder der Menschenverachtung auf die Spur zu kommen; bei Müller sind sie Selbstzweck, Überlebens-Mechanismus geworden. Dies aufzudecken, nannte Müller seine »Zerstörungsarbeit«, die lange vor ihm, auch noch vor de Laclos, vor Marivaux begann. Schon die beiden Franzosen zweifelten daran, dass die Gesellschaft so wohlerzogen-ruhig, so aufgeklärt-gesittet ist, wie sie zu sein vorgab. Marivaux und Müller – und wahrscheinlich mag ich deshalb das *Quartett* besonders – haben ein gemeinsames Thema. Sie sind Komplizen. Müller zitiert Marivaux sogar, übernimmt aus dessen Stück *La colonie* einen kurzen Dialog und variiert ihn. Müller gelingt es in diesem dramatischen Text, der ganz konventionell gebaut ist, seine Verzweiflung über die bürgerliche Scheinwelt zu offenbaren. Radikal im Denken und im Formulieren ist Müller, von großer Klarheit und ohne jede Sentimentalität. Müller interessiert die grelle, geile Lust, die brutale Anarchie von Begehren und das gegenseitige Zerstören von Mann und Frau über den Tod hinaus.

Müller schrieb hier einen Text, in dem das Rollenspiel zudem Theaterspiel ist. Angesiedelt in einem Zeitraum von der Französischen Revolution bis zu einem fiktiven Datum »nach dem dritten Weltkrieg«. Orte der Verwandlungsspiele sind ein Salon und ein Bunker. Letzterer könnte auch die Hölle sein wie in Jean-Paul Sartres *Geschlossener*

Gesellschaft, ein Raum, aus dem es kein Entrinnen gibt. Und das Spiel ist kein amüsantes. Denn die Aufforderung der Frau, der Merteuil – »Spielen wir weiter« – ist nicht die Fortsetzung eines warum auch immer unterbrochenen Techtelmechtels, sondern die Kampfansage einer Lustmaschine, die wieder in Gang gesetzt werden, funktionieren will bis zum Tod, nein: über den Tod hinaus.

Der Tod faszinierte Müller, die *Germania*-Stücke beweisen es und die Gedichte. Horst Laube fragte Heiner Müller 1980, was es bedeute, wenn er davon spreche, dass der Mensch sich nach seinem Tode in Landschaft verwandele, und Müllers Antwort war keine: Er finde es gut, das Theaterprogramm von Genet, und fügt hinzu, dass es die Funktion des Dramas sei, Gesellschaft an ihre Grenze zu bringen, dadurch nämlich würden alle restaurativen Kräfte, die die Grenze unbedingt halten wollten, provoziert: »Die meisten Leute leben davon, daß sie die Grenzen befestigen, privat oder öffentlich.« Diese Grenzbefestiger, folgert Müller weiter, würden gern zu Leichenfledderern, »weil sie beweisen müssten, daß da eine Leiche ist. Indem sie sie fleddern, wirds eine Leiche ...« Da haben wir die typisch Müllerschen Rätselantworten, die noch Generationen von Germanisten beschäftigen werden.

Egal. Müllers Gespräche, die als *Gesammelte Irrtümer* in drei Bänden vorliegen, sind zuweilen sehr witzige Schlagabtausche. Fehden mit Worten, Schlachten.

Im September 1991 begegnete ich zusammen mit meinem Berliner Kollegen Rüdiger Schaper Heiner Müller, der im Juli 1990 zum letzten Präsidenten der DDR-Akademie der Künste gewählt worden war, zum Gespräch. Müller, dem Dichter, Müller, dem Opportunisten, Müller, dem Regisseur – er hatte gerade angekündigt, 1993 in Bayreuth *Tristan und Isolde* zu inszenieren – und dem Zyniker.

Wir trafen den Dichter im Restaurant des Deutschen Theaters. Er rauchte, er war gut gelaunt und besonders höflich. Keine noch so aggressive Frage verunsicherte ihn, keine ließ er unbeantwortet. Und das ganze Gespräch war, publiziert in der *Süddeutschen Zeitung*, ein Zeugnis von Müllers Geistesklarheit und seinem Selbstbewusstsein, seinem Hochmut und seinem Humor. Und mehr: Es war ein dialektisches Meisterwerk.

Herr Müller, Sie haben in einem Interview gesagt, daß Sie große Schwierigkeiten hätten, mit Ihrer Berühmtheit fertig zu werden. Nun scheint mir aber, daß Sie die Öffentlichkeit nicht gerade fliehen, sondern im Gegenteil in jedes Mikrophon reden, das vor Ihren Mund gehalten wird.

Völlig richtig beobachtet. Ich hatte mir vorgenommen, ab Oktober vorigen Jahres keine Interviews mehr zu geben. Das ging dann plötzlich nicht mehr wegen der Akademie. Außerdem bin ich nie konsequent gewesen, außer beim Schreiben, denn das ist eine andere Existenz. (...)

Aber Sie machen sich ja mehr Arbeit als Sie haben müßten. Sie müßten jetzt nicht auch noch in Bayreuth inszenieren, zumal diese Aufgabe äußerst riskant ist und viele nicht recht verstehen wollen, warum Sie, der Sie nie mit Musik gearbeitet haben, ausgerechnet TRISTAN inszenieren.

Gegen Risiken habe ich nichts. Die Misere, warum Theater so schnell langweilig wird, entsteht ja daraus, daß Regisseure und Schauspieler, wenn sie irgend etwas können, immer das weitermachen, was sie können. Es kann nur etwas Neues entstehen, wenn man das macht, was man nicht kann.

Warum machen Sie so viel Regie? Wir warten eigentlich auf neue Müller-Texte, seit Jahren.

(...) Der Schiller hat mal sieben Jahre lang kein Stück geschrieben, was soll's.

Der Vergleich ist gut.

Da ist aber noch ein anderer Punkt: Die DDR war schreibend sehr schnell einzuholen, da war nicht so viel zu schreiben. (...) Die DDR war für mich als Schriftsteller ja schon lange zu Ende, bevor sie politisch zu Ende war.

Sie haben dem Staat aber relativ lange die Treue gehalten.

Was heißt Treue?

Sie haben die Ehrungen, die Preise entgegengenommen.

Und das Geld. Geld nehme ich immer. Geld verschafft Freiheit. Außerdem kamen die Ehrungen sehr spät. Das war ja eher eine Entschuldigung des Staats, eine Wiedergutmachung. Volker Braun war noch ein Jahr später dran. Er hat auch lange überlegt, ob er das akzeptieren soll oder nicht. Aber diese heroischen Haltungen ...

In einem anderen Interview formulierten Sie: »Ich bin zuerst Schriftsteller und dann Held.« Was ist heldisch an Heiner Müller?

Ich bin kein Held, das ist nicht mein Job. Ich meinte: Es gibt einfach Prioritäten. Ich bin Schriftsteller zuallererst. Das Wesentliche ist, die Möglichkeit zu finden, das zu schreiben, was ich schreiben will und was nur ich schreiben kann. Das ist die erste Moral. Danach kommt alles andere. (...)

Bei einer Pressekonferenz formulierten Sie, es sei im Moment keine Zeit für Dramen, sondern für Prosa. Bleiben Sie dabei?

Ich war ungefähr vier Wochen lang der Meinung. Gemeint war eigentlich, daß ich kein Interesse daran habe, jetzt ein Stück zu schreiben mit einem unmittelbar gegenwärtigen Stoff. Das interessiert mich nicht. Das, was jetzt hier in der DDR passiert, ist nichts Neues. Das ist eine natürlich sehr variierte und variantenreiche und komplexe Wiederholung einer Sache, die mich als Autor nicht interessiert.

Das heißt konkret?

Ganz aktuell ist jetzt eigentlich der Brecht der Endzwanziger und frühen dreißiger Jahre. Aber ganz schwer zu aktualisieren ist der späte Brecht. Ich glaube, daß die Probleme und Konflikte der Mehrheit der Bevölkerung hier Gegenstand für Prosa sind, für Film und Fernsehen, was immer, aber nicht für Dramen. Das hängt natürlich damit zusammen, daß es keine Politik mehr gibt, weil es kein Feindbild mehr gibt.

Das heißt, unter Stalin kann man Dramen schreiben, unter Kohl nicht?

Unter Kohl kann man gewiß, bloß nicht über Kohl. Drama schreibt sich besser vor dem Hintergrund von Diktatur als von Demokratie, wie auch immer die beschaffen ist. (...)

Demokratie langweilt Sie?

Ja, das auch. Aber es gibt genug Stoff, der mit der Gegenwart zu tun hat. Für mich fängt das, was jetzt passiert, mit Stalingrad an. Mich interessiert viel mehr, über Stalingrad zu schreiben als über den Fall der Mauer, der nur eine Folge ist. Das, was so spektakulär aussieht, ist ja nur die Folge von Erosionen, Veränderungen und Umwälzungen, die unterirdisch stattgefunden haben. Man hat sie weniger gemerkt, aber sie waren viel stärker. An der Oberfläche ist kein dramatischer Stoff zu finden, da muß man schon ein Stück graben.

Neben den Gesprächen wurden nach dem Ende der DDR die Presseerklärungen eine Müller-Spezialität. Am 14.12.1989 schrieb er im *Neuen Deutschland* ein »Plädoyer für den Widerspruch«, ein Meisterwerk der Geistesturnerei, der jedes Mittel recht ist, oder, um im Bilde zu bleiben, bei der jede Übung erlaubt ist. Der vom DDR-Regime privilegierte Müller, der es ganz fürchterlich fand, dass plötzlich alle die Grenze überschreiten konnten, schrieb für die Unprivilegierten. Er – Kämpfer der Entrechteten und Kämpfer für eine Utopie, an die er selber schon lange nicht mehr glaubte. Erst beklagte er – an anderer Stelle, in einem Gespräch –, dass er am Tag nach dem Mauerfall nicht rechtzeitig zum Flughafen kam für den Flug nach New York: »Vorher ging man als Privilegierter immer Richtung Diensteingang mit dem Paß, und jetzt warten Tausende. Es war fast unmöglich, durch diese Menge rechtzeitig zum Flughafen zu kommen. Das war mein erstes Hauptproblem. Der Abbau der Privilegien.« Dann machte er sich stark für die Unprivilegierten. *Das Plädoyer für den Widerspruch* ist solch eine hübsche Heuchelei, in der Müller witzelt und menetekelt, dass Europa ein Ableger der USA werden müsse – »ohne die DDR als basisdemokratische Alternative zu der von der Deutschen Bank unterhaltenen Demokratie der BRD wird Europa eine Filiale der USA sein«.

Der gesamtdeutsche Dichter war nach dem Mauerfall auf Heimatsuche. Im Dezember 1989 sah er sie im Osten. Wahrscheinlich jedoch war für ihn der angemessene Platz weder dort noch im Westen. Er gehörte an jenen Ort, der in der *Hamletmaschine* beschrieben wird: Sein Platz, so sagt der Hamletdarsteller, wäre, wenn sein Drama noch stattfinden würde, »auf beiden Seiten der Front, zwischen den Fronten, darüber«. Es ist ein Verräter-Posten, wie unschwer zu enträtseln ist. Müllers Presseerklärungen sind Meisterwerke der Prosa, Narreteien und Eulenspiegeleien. Texte, die ein Spaß sind.

Für dieses Genre, den schelmischen Geistesstreich, steht ein Text, in der Zeitung *Der Morgen* abgedruckt am 3.10.1990. Er trägt die Überschrift »Dunkles Getümmel ziehender Barbaren«. Alles, was 1989/90 passiert sei, so stellt Müller fest, sei später betrachtet eher klein, und die Wiedervereinigung ein Anachronismus der besonderen Art angesichts der allgemeinen Regionalisierung Europas. Und Müller fährt fort:

Dieses Europa hat nicht mehr die geringste Ähnlichkeit mit dem Europa von 1900. Osteuropäer, Afrikaner und Asiaten haben mittlerweile die Metropolen besetzt, und ein ungeheures Völkergemisch ist entstanden. Dem Gleichgewicht des Schreckens in den 70er und 80er Jahren folgte nach der Öffnung des Ostens eine Zone der Unsicherheit, in welcher keine klaren Grenzziehungen mehr haltbar waren. Die ehemaligen Kolonien rächten sich an den Metropolen, indem sie sie zu zersetzen begannen. Es entstanden Collagen mit Konflikten zwischen den einzelnen Teilen.

Es wird künftig vielleicht ein arabisches Europa werden. Für das Ende des soeben vergangenen Jahrtausends wurde übrigens schon von Nostradamus prophezeit, daß der Islam Europa besetzt. Das hätte den Vorteil, daß nicht mehr alle in diesen blöden Anzügen und mit Krawatte herumlaufen, sondern im nordafrikanischen Burnus – das ist viel bequemer. Jeder darf zehn Frauen haben oder zwanzig, so er sich's leisten kann. Dann könnte man sagen: Das Ergebnis der deutschen Einheit war der Harem.

Von wegen Harem! Stattdessen Stasi. Anfang 1993 wurde offiziell bestätigt, dass die Gauck-Behörde Müller als inoffiziellen Mitarbeiter der Stasi identifiziert hatte, unter dem Decknamen Heiner. Müller erregte sich, er dementierte. Und er schrieb eine Erzählung, die er am 10.1.1993 im Spiegel-TV als Erklärung vortrug.

Wenig später wurde Heiner Müller entlastet – an den Vorwürfen, vorschnell geäußert und veröffentlicht, war nichts dran.

Die *Gesammelten Irrtümer* sind meine Leidenschaft, weil sie den Narren Heiner Müller zeigen, maskenlos, ungestüm, witzig. Er begeistert mich leidenschaftlich, wenn er stolz, vermessen und größenwahnsinnig, eben närrisch, verkündet, dass er grundsätzlich nichts bereue, weil dies zum einen eine absolut unproduktive Haltung sei, und es zum anderen kein Recht gebe auf Integrität in einer schmutzigen Welt. Ich mag ihn, wenn er übertreibt: »Kein Arbeiter traut einem Künstler oder einem Intellektuellen. Mit Recht.« Oder wenn er flott und fies wissentlich Falsches sagt: »Von einer Knechtschaft in die andere, von Stalin zu Deutschen Bank.«

Worauf ich jetzt warte, sind ein Aphorismenband und eine Sammlung der Müllerschen Witze. In solch einem Witzbuch wünsche ich mir, den Witz von dem Blinden zu finden, den Müller so gern erzählte: »Ein Blinder geht mit seinem Hund in die Feinkostabteilung des KDW, dort packt er das Tier an den Hinterbeinen und schleudert es wie ein Lasso. Eine aufgeregte Kundin beschimpft ihn als Tierquäler, da antwortet er: ›Ich wird mich doch wohl mal umsehen dürfen.‹«

Und in dem Aphorismenband darf der Gedanke nicht fehlen, dass es doppelter Unsinn sei, für eine gute Tat Dank zu erwarten. Wer so denke, beweise bloß, dass er weder von der Natur des Menschen etwas verstehe, noch die guten Taten richtig einzuschätzen vermöge. Aber wenigstens eines von beiden sollte ein jeder verstehen. Recht hat Heiner Müller.

VII. Nelly Sachs

In Gotthold Ephraim Lessings Drama *Nathan der Weise*
erklärt der Jude dem Klosterbruder, an was für einem Tag
er von dem Christen das Kind, die Recha, empfangen hatte:

Ihr traft mich mit dem Kinde zu Darun.
Ihr wißt wohl aber nicht, daß wenig Tage
Zuvor, in Gath die Christen alle Juden
Mit Weib und Kind ermordet hatten.

Und Nathan fährt fort, während sein Auge voller Wasser
steht, dass er bei diesem Gemetzel seine Frau und sieben
Söhne verloren und darauf drei Tage und drei Nächte »in
Asch und Staub« verbracht habe, dann erst sei die Vernunft allmählich zurückgekommen. Und diese Vernunft
habe zu ihm gesprochen:

und doch ist Gott!
Doch war auch Gottes Ratschluß das! Wohlan!
Komm! Übe, was du längst begriffen hast;
Was sicherlich zu üben schwerer nicht,
Als zu begreifen ist, wenn du nur willst. Steh auf!

Nathan sei damals, so erzählt er, aus dem Staube aufge-
standen und habe zu Gott gerufen: »Ich will! Willst du nur,
daß ich will!«

Warum erwähne ich hier *Nathan der Weise*, wenn es doch
gilt, über Nelly Sachs' Gedichte und Szenen, über ihre Briefe zu schreiben? Warum dieser Blick ins 18. Jahrhundert?
Weil Nelly Sachs sich ähnlich wie dieser Nathan hat überwinden müssen, nach dem Holocaust in der Sprache der
Täter das Martyrium der europäischen Juden zu beschreiben und die Erinnerung daran zu bewahren.

Kein Dichter hat das Leiden Israels, die Verfolgung der
Juden durch die Nationalsozialisten in ähnlichem Maße
zum Zentrum des eigenen Werks gemacht wie Nelly Sachs.
Horst Bienek würdigte die Dichterin, weil sie den Schmerz
der Jahrhundertmitte artikuliert hatte. Und Hilde Domin
erklärte, Nelly Sachs habe unüberhörbar für die kom-
menden Generationen die Erinnerung an das Unheil leben-
dig erhalten mit ihren Texten. Dennoch: Nelly Sachs'
Name mag vielen (noch) geläufig sein, ihre Werke indes
können wohl kaum als bekannt vorausgesetzt werden; und
Kenntnisse über ihr Leben haben die wenigsten.

Wer weiß schon, dass sie 1966 den Nobelpreis erhalten
hat? Als die deutschen Feuilletons 1972 Heinrich Böll feier-
ten, weil ihm die wichtigste literarische Auszeichnung, die
es zu verleihen gibt, zugesprochen worden war, erinnerten
die Literaturkritiker an die berühmten Vorgänger, an Thomas Mann und Hermann Hesse, Nelly Sachs hingegen
wurde nicht erwähnt. Keineswegs wohl deshalb, weil sie
1940 ins schwedische Exil emigriert war, sondern weil sie
damals schon vergessen war.

Ich möchte Nelly Sachs dem Vergessen entreißen und
der bewussten Verdrängung. Sie, die Dichterin des jüdischen Schicksals und des jüdischen Glaubens, hatte schon

in den fünfziger Jahren, als das Wirtschaftswunder blühte in der Bundesrepublik, keine Lobby mehr und nur wenige Anhänger und Freunde. Gottfried Benn war angesagt, obwohl er während der nationalsozialistischen Herrschaft öffentlich alle Exilschriftsteller als »Verräter« gebrandmarkt und sich sehr für das politische Programm der Nationalsozialisten eingesetzt hatte. Er verkündete, dass die Emigranten die Dinge nicht mit der gleichen Schärfe gesehen und erfahren hätten wie jene, die in Deutschland geblieben seien – und sogar Karriere gemacht hatten.

Es verwundert deshalb nicht, dass Nelly Sachs' erstes Werk nach dem Krieg, der Gedichtband *In den Wohnungen des Todes*, zunächst in Ost-Berlin erschien, 1947. Auch ihr zweites Werk, die Gedichtsammlung *Sternverdunkelung*, die 1947/48 entstand, erschien nicht in der Bundesrepublik Deutschland, sondern in dem angesehenen Exilverlag Querido in Amsterdam. Schon am 10. Mai 1948 hatte sie den Vertrag mit dem Verleger Behrmann-Fischer unterzeichnet. In der Bundesrepublik der Adenauer-Ära fielen ihre Arbeiten unter den Begriff »Emigrantenliteratur« und wurden somit als Fremdes beiseite geschoben. Zudem wurde man damals noch weniger gern als heute an die dunkle Vergangenheit erinnert. Und noch etwas gilt es zu bedenken: Nelly Sachs' Gedichte und szenische Dichtungen machen es den Lesern nicht eben einfach. Nicht, weil die Dichterin eine extrem emotionale, expressive Sprache benutzt; viel entscheidender ist, dass alle Sachs-Werke bereits zur Zeit ihrer Entstehung unzeitgemäß waren. Die Sachs, die bewusst isoliert in Schweden lebte und arbeitete, schwamm nicht auf literarischen Strömungen, modischen gar, und nahm wohl nicht einmal wahr, was Stefan George, Bertolt Brecht, später auch Rolf Hochhuth machten. Sie kannte das epische Theater so wenig wie das dokumentarische. Unbeeindruckt von allem Krach der Welt, widmete sie sich dem Schmerz Israels, des jüdischen Volkes mit nur dem einen Ziel, die Überlebenden wieder ganz leise das Leben zu lehren. So lässt sie *In den Wohnungen des Todes* den Chor der Geretteten anstimmen:

> *Wir Geretteten,*
> *Immer noch essen an uns die Würmer der Angst.*
> *Unser Gestirn ist vergraben im Staub.*
> *Wir Geretteten*
> *Bitten euch:*
> *Zeigt uns langsam eure Sonne.*
> *Führt uns von Stern zu Stern im Schritt.*
> *Laßt uns das Leben leise wieder lernen.*
> *Es könnte sonst eines Vogels Lied,*
> *Das Füllen des Eimers am Brunnen*
> *Unseren schlecht versiegelten Schmerz aufbrechen*
> *lassen*
> *Und uns wegschäumen –*
> *Wir bitten euch:*
> *Zeigt uns noch nicht einen beißenden Hund –*
> *Es könnte sein, es könnte sein*
> *Daß wir zu Staub zerfallen –*
> *Vor euren Augen zerfallen in Staub.*

In den Wohnungen des Todes ist ein Poem über das Leiden – ich ehre es leidenschaftlich. Ich bewundere seine Dichterin; und ich bewundere der Dichterin Mut und ihr Vermögen, einen Bericht zu einem Gedicht zu machen. Nelly Sachs dichtet nach Auschwitz, widerspricht schöpferisch Adornos Verdikt, es sei barbarisch, nach dem Morden in den Konzentrationslagern Gedichte zu schreiben. Und sie dichtete nach Auschwitz ein Werk über das Morden in Auschwitz, über nie zuvor gesehene Schrecken.

In den Wohnungen des Todes, 1943 bis 1944 entstanden,

trug erst einen Titel, den der Verlag nicht akzeptierte, weshalb er seitdem, auch in der Suhrkamp-Ausgabe von 1988, nur im Untertitel genannt wird. Er ist so realistisch, so fürchterlich und zugleich so voller Liebe, dass man erschrickt: »Dein Leib im Rauch durch die Luft.« Die Gedichte dieses Bändchens wenden sich gegen Adornos Verbot und beweisen eindrücklich, dass Auschwitz, dass die Shoah zum Thema der Lyrik werden kann. Nelly Sachs gibt den Ermordeten Stimme, Worte. Die Toten werden von der Dichterin zum Sprechen gebracht. Sie berichten, was ihnen geschah. Und aus diesen Berichten wächst – und dieses Wort ist zentral in Nelly Sachs' Gedichten – Totenklage, die zum Totengedächtnis wächst. Denn immer, wenn die Dichterin Tod schreibt, Tod denkt, schreibt sie von den Lebenden und denkt an sie, thematisiert Sterblichkeit und Vergänglichkeit. Sie findet für diese Spurensuche die schönsten, die absonderlichsten Bilder. Tote, so schreibt sie, verrieten sich nicht – denn sie würden Rauch, Sand. »Himbeeren verraten sich im schwärzesten Wald durch ihren Duft, aber der Toten abgelegte Seelenlast verrät sich keinem Suchen – «

Und doch findet sie die Toten. Und dieser Fund hat nichts Fürchterliches.

»ICH HABE DICH wiedergesehn, Rauch hat dich gezeichnet«, beginnt eines der frühen Gedichte schwarz und düster und endet licht: »Ich habe einen Halm des Windes gefaßt, eine Sternschnuppe hing daran.«

Wer das erste Gedicht aus *In den Wohnungen des Todes* liest, der muss fühllos sein oder sehr sehr gefasst, wenn sich seine Augen nicht wie die Nathans mit Wasser füllen. Ihren eigenen Zeilen hat Nelly Sachs zwei Verse aus dem Buch Hiob vorausgeschickt, was sie häufig macht. Gerne verwendet sie Bibel-Worte oder Funde aus der Kabbala oder Sentenzen von berühmten Rabbinern. Was sie findet, wird letztlich zum eigenen Stil.

Die Hiob-Worte zu Beginn dieser Sammlung lauten: »Und wenn diese meine Haut zerschlagen sein wird, so werde ich ohne mein Fleisch Gott schauen.« Die Zeilen künden von Auferstehung und Hoffnung. Und sie sind deutlich: »ohne Fleisch Gott schauen«, deutet darauf hin, dass in den Wohnungen des Todes das Fleisch verbrannt und durch die Schornsteine als Rauch zu Gott hinaufweht:

O DIE SCHORNSTEINE
Auf den sinnreich erdachten Wohnungen des Todes,
Als Israels Leib zog aufgelöst in Rauch
Durch die Luft –
Als Essenkehrer ihn ein Stern empfing
Der schwarz wurde
Oder war es ein Sonnenstrahl?

O die Schornsteine!
Freiheitswege für Jeremias und Hiobs Staub –
Wer erdachte euch und baute Stein auf Stein
Den Weg für Flüchtlinge aus Rauch?

O die Wohnungen des Todes,
Einladend hergerichtet
Für den Wirt des Hauses, der sonst Gast war –
O ihr Finger,
Die Eingangsschwelle legend
Wie ein Messer zwischen Leben und Tod –

O ihr Schornsteine,
O ihr Finger,
Und Israels Leib im Rauch durch die Luft!

Schon hier, im ersten Gedicht der Sammlung, taucht das Wort *Staub* auf, als »Hiobs Staub«. Staub ist eine von der Sachs häufig verwandte Vokabel. Sie ist Zeichen für alles Lebendige und für alles Vergängliche – und wird von der Dichterin als Metapher benutzt und in ihrem Werk vielfältig verändert.

Zwei andere Symbole scheinen mir in dem Sachs-Band *Fahrt ins Staublose*, in den die zitierten Gedicht-Sammlungen Eingang gefunden haben, wichtig. Und beide sind nicht nur Metaphern für das Leiden in den Konzentrationslagern, sondern verweisen auf das jüdische Volk als das nie sesshafte, immer verfolgte, auf Ahasverus, auf das gelobte Land Israel und auf die ewige Wanderschaft. Es sind die Worte *Sand* und *Schuh*:

»WER ABER leerte den Sand aus euren Schuhen, als ihr zum Sterben aufstehen mußtet?«, fragt Nelly Sachs. »Den Sand, den Israel heimholte, Seinen Wandersand? Brennenden Sinaisand.«

Der »Sand im Schuh« oder im »Kinderschuh« begegnet uns sehr häufig. Es gibt den »heidnischen Sand«. Und einmal finden wir Wüsten- und Goldsand:

»AUS DEM WÜSTENSAND holst du deine Wohnstatt wieder heim. Aus den Jahrtausenden, die liegen in Goldsand verwandelt.«

Ein Sand-Bild ist mir besonders ans Herz gewachsen. Nelly Sachs erfand es für die Totenklage auf eine Tänzerin in den *Wohnungen des Todes*:

DEINE FÜSSE wußten wenig von der Erde,
Sie wanderten auf einer Sarabande
Bis zum Rande –
Denn Sehnsucht war deine Gebärde.

Wo du schliefst, da schlief ein Schmetterling
Der Verwandlung sichtbarstes Zeichen,
Wie bald solltest du ihn erreichen –
Raupe und Puppe und schon ein Ding

In Gottes Hand.
Licht wird aus Sand.

Licht wird aus Sand – das ist Erlösung! Und ein Schuh, allein zurückgelassen, schreit gen Himmel und bittet um Gnade:

Ein Schuh
Verlornes Menschenmaß; ich bin die Einsamkeit
Die ihr Geschwister sucht auf dieser Welt –
O Israel, von deiner Füße Leid
Bin ich ein Echo, das zum Himmel gellt.

Nelly Sachs erweckt verlassene, leblose Gegenstände zum Leben und die Toten auch – zu klagen und zu berichten. Sie äußern sich als Individuen in den *Wohnungen des Todes*, wie die Tänzerin oder die Markthändlerin, der Spinozaforscher oder der Steinsammler. Sie äußern sich als Kollektiv. Nelly Sachs komponiert in ihren Gedichten Chöre, und mit ihnen gelingt es der Dichterin, den Tod, die Vernichtung, also auch die Shoah hinter sich zu lassen – wiewohl sie eindringlich den Tod als das eigentliche Weltprinzip sieht. Die Erde wird als »das Gestirn des Todes« beschrieben und Leben als das Schwimmen in den »Meeren des Todes«. Aus den jüdischen Klageliedern, die in der jüdischen Literatur seit dem Buch des Jeremias eine Tradition haben, klingt nun ein überirdisch-tröstlicher Ton. Mit ihm bricht die Macht des Todes und setzt der Macht der Vernichtung, die bis zu den Chören die Gedichte beherrscht, ein Ende, imaginiert eine himmlische Erlösung. Was also erreicht Nelly Sachs? Sie findet einen Weg vom »Chor der verlassenen Dinge« – wie dem Schuh – zum »Chor der Waisen«, der den Verlust der Mütter und Väter beklagt, zum »Chor der Toten«, der klagt und doch zugleich von Heil kündet.

Nach den Chören, am Ende der *Wohnungen des Todes*, erhebt sich die Stimme des Heiligen Landes. Damit scheint der Tod, der allgegenwärtige, zwar nicht endgültig besiegt; allein, das im Schlaf gemordete Kind ersteht auf und verkündet Israel. Dieses Poem beginnt wieder mit einer Totenklage:

O MEINE KINDER,
Der Tod ist durch eure Herzen gefahren
Wie durch einen Weinberg –
Malte Israel rot an alle Wände der Erde.

Und es endet mit einem Hoffnungsschimmer dort, wo Tränen Ewigkeit bedeuten:

Das Kind im Schlafe gemordet
Steht auf; biegt den Baum der Jahrtausende hinab
Und heftet den weißen, atmenden Stern
Der einmal Israel hieß
An seine Krone.
Schnelle zurück, spricht es
Dorthin, wo Tränen Ewigkeit bedeuten.

Dass Abschied, der immer mit dunkel und schwarz assoziiert wird, einen wichtigen Platz in dem Œuvre von Nelly Sachs einnimmt, verwundert nicht. Ebenso das Vergehen – als negative Erfahrung – und das Werden, als positive.

Das Leiden Israels ist in allen Gedichten und dramatischen Texten Nelly Sachs' zentrales Thema. Die Wohnungen der Toten, das sind die Konzentrationslager Auschwitz, Treblinka, Mauthausen, Oranienburg und Buchenwald. In ihnen fand die »Sonderbehandlung« statt, wie im Sprachgebrauch des Unmenschen die »Vernichtung der jüdischen Rasse in Europa« verkleinert wurde, die Hitler am 30. Januar 1939 in einer Reichstagsrede angekündigt hatte.

Nelly Sachs konnte fliehen, nach Schweden, entkam den Unmenschen und lebte fortan in einem Land, das sie sich aus Sprache schuf. Für sie, die deutsche Sprache, in der sie schrieb und dachte, kämpfte sie. Ich halte sogar eines der Gedichte aus der *Sternverdunkelung* für einen Aufruf, den Deutschen nach einem Sieg über dieses Land, ihre Sprache nicht zu nehmen, denn sie wurde, so die Sachs, von den Nationalsozialisten bloß maskiert, zeigte in den Zeiten der Schrecknisse nur ihre dunkle, dem Himmel abgewandte Seite, aber sie hat, strahlend hell, eine andere:

VÖLKER DER ERDE
zerstöret nicht das Weltall der Worte,
zerschneidet nicht mit den Messern des Hasses
den Laut, der mit dem Atem zugleich geboren wurde.

Völker der Erde,
O daß nicht Einer Tod meine, wenn er Leben sagt –
Und nicht Einer Blut, wenn er Wiege spricht –

Völker der Erde,
lasset die Worte an ihrer Quelle,
denn sie sind es, die die Horizonte
in die wahren Himmel rücken können
und mit ihrer abgewandten Seite

wie eine Maske dahinter die Nacht gähnt
die Sterne gebären helfen –

Wer war diese Nelly Sachs, von der die wenigsten noch etwas wissen, die erst dreißig Jahre tot ist? In dem kurzen Lebenslauf, den sie 1967 der Schwedischen Akademie der Künste zukommen ließ – er umfasst ganze drei Sätze –, schrieb sie lapidar: »Nelly Sachs geboren am 10. Dezember 1891 in Berlin. Am 16. Mai 1940 als Flüchtling mit meiner Mutter nach Schweden gekommen. Seit 1940 in Stockholm wohnhaft, als Schriftstellerin und Übersetzerin tätig.« Nelly Sachs starb am 12. Mai 1970, einen Monat, nachdem sich Paul Celan das Leben genommen hatte. Egon Dahinten, ehemaliger Direktor des Goethe-Instituts in Stockholm, berichtet in einem Brief, wie Nelly Sachs auf den Freitod des Freundes reagierte, mit dem sie 16 Jahre lang, von 1954 bis 1969, korrespondiert hatte und den sie den »lieben Bruder« nannte. Sie, die Seelenverwandten, die Opfer der Judenverfolgung, zwei, die sich schuldig fühlten, die Shoah überlebt zu haben, gingen auch rasch hintereinander aus dem Leben.

Wer war diese Frau, die einige ihrer schönsten Gedichte dem Dichter Paul Celan, seiner Frau Gisèle de Lestrange und deren Sohn Eric sandte?

Leonie Sachs wurde am 10. Dezember 1891 in Berlin als Tochter des Fabrikanten William Sachs und seiner Frau Margarete geboren; sie wuchs in großbürgerlichen Verhältnissen in einer Villa im Tiergartenviertel auf. Von 1897 bis 1900 besuchte sie in Moabit die private Dorotheen-Schule. Aus gesundheitlichen Gründen bekam sie die folgenden zwei Jahre Privatunterricht, und danach, von 1903 bis 1908, besuchte sie wieder eine Privatschule. Die junge Nelly Sachs wünschte sich, so wissen wir aus späteren Briefen, Tänzerin zu werden. Mit siebzehn begann sie Aquarelle zu malen und Gedichte zu schreiben, mit Vorliebe Musik- und Tanzgedichte, denn ihr Vater war ein leidenschaftlicher Klavierspieler. Diese Gedichte, schrieb sie im Alter erklärend, seien aus der gemeinsamen Atmosphäre erwachsen, die ihren Vater und sie beinahe wortlos und doch im Innersten verbunden habe. Für die Jahre 1908 und 1909 verzeichnen die Biographen kryptisch eine körperliche und geistige Krise, die durch ein Liebeserlebnis ausgelöst wurde. Sie sei, berichtet Nelly Sachs selbst, während ihrer Ferien an einem Kurort »vom größten Schmerz der Liebe« getroffen worden. Diesen Schmerz hat sie ihr ganzes Leben nicht verwunden. Noch 1959 schrieb sie an einen Schweizer Freund, den Lyriker Rudolf Peyer, dass sie von ihrem siebzehnten Lebensjahr an in einem Schicksal gestanden hätte, dessen Schmerzenssinn ihr verborgen geblieben sei. Welch große Bedeutung diese unglückliche Liebe für sie hatte, beweisen viele spätere Gedichte, beweist vor allem aber auch das Geheimnisvolle, mit dem sie diese Liebe umgab. Niemandem erklärte sie sich, nicht den besten Freundinnen und Freunden. Der einzige Mensch, der es wusste, sei ihre Mutter gewesen, gestand sie einer Vertrauten, und diese habe das Geheimnis mit ins Grab genommen.

Einmal taucht dieser Mann in Nelly Sachs' Werk auf, nach seiner Ermordung in einem deutschen Konzentrationslager. Ihm sind die 1947 entstandenen *Gebete für den toten Bräutigam* gewidmet.

1910 begann Nelly Sachs Sonette zu verfassen und versuchte, sie zu veröffentlichen. 1919 schickte sie erste Gedichte an Selma Lagerlöf. 1921 erschien ihre erste Veröffentlichung, ein dünnes Bändchen mit dem Titel *Legenden und Erzählungen*. 1929 wurden in der angesehenen *Vossischen Zeitung* in Berlin erste Gedichte von ihr publiziert. Und im selben Jahr freundete sie sich mit Gudrun Dähnert an, einer Krankengymnastin, die es später durch eine abenteuerliche Reise nach Schweden, durch Gespräche mit Selma Lagerlöf und dem Prinzen Eugen, zuwege brachte, dass Nelly Sachs mit ihrer Mutter 1940 emigrieren konnte.

Anfang der dreißiger Jahre schrieb Nelly Sachs einige Puppenspiele; und das *Berliner Tagblatt* publizierte einige Gedichte. Wie die Mehrheit der deutschen Juden sah und empfand sich Nelly Sachs als Deutsche, als Erbin der deutschen Kultur, die sie stolz auch vermitteln wollte. Die Widmung, die sie Selma Lagerlöf in ihr Buch *Legenden und Erzählungen* schrieb, macht dies eindrucksvoll deutlich. Sachs formulierte, sie schicke einen Gruß aus Deutschland, ein Buch von »einer jungen Deutschen«. Dass es ihr wie den anderen Juden schwer fallen musste, zu erfüllen, was die Nationalsozialisten forderten: die Abkehr von der deutschen Kultur und Hinwendung zur jüdischen, versteht sich. Nelly Sachs' wohlhabende Familie interessierte sich für jüdische Themen gar nicht und stand dem Zionismus kritisch gegenüber.

Nach 1933 bekam Nelly Sachs sehr schnell zu spüren, was der Umschwung bedeutete. Sie, die zuvor Gedichte in angesehenen deutschen Zeitungen veröffentlicht hatte, wurde bereits 1936 als jüdische Schriftstellerin vereinnahmt. Ihre Gedichte erschienen nun im *Israelitischen Familienblatt* in Hamburg und in der Wochenzeitung des jüdischen Zentralvereins. Am 4. April erschien in den Monatsblättern des Jüdischen Kulturbundes ihr letztes Gedicht vor der Flucht. Am 16. Mai 1940 floh sie endlich nach Stockholm

Dort schrieb sie 1943 *Eli, ein Mysterienspiel vom Leiden Israels*, das 1951 als auf 200 Exemplare begrenzte Subskriptionsausgabe in Lund herauskam und erst 1962 durch die »neue bühne« an der Goethe-Universität in Frankfurt am Main uraufgeführt wurde. Die Dichtung, so bekannte Nelly Sachs viel später, habe sie in Armut, Krankheit und vollkommener Verzweiflung innerhalb von drei Tagen geschrieben.

Bei *Eli* wollen wir verweilen. Als Zeit der Handlung gibt die Autorin eine vage bleibende »Zeit nach dem Martyrium« an. Der Ort ist eine zerstörte polnische Kleinstadt. Hier wollen Überlebende des Holocaust eine neue Stadt aufbauen. Ein Haus nur, ein guter Ort, blieb wie durch ein Wunder stehen, und auch sein Bewohner, der Schuster Michael, blieb verschont von der Verfolgung. Und dieser Michael ist eine außergewöhnliche Persönlichkeit. Er habe, berichtet die Wäscherin, »den ungebrochenen Blick, / nicht den unsrigen, der nur Scherben sieht – / – den Balschemblick hat er, / von einem Ende der Welt zum anderen.«

Was ist der Balschemblick? Der Blick des Baal-Schem? Und wer ist dieser Baal-Schem? Übersetzt heißt dieser Name: Meister des Namens. Es ist ein Titel, der seit dem Mittelalter demjenigen verliehen wurde, der den wahren Namen der Lebewesen und der Dinge kennt, um ihre Geheimnisse weiß und ebenso *auf* sie wie *durch* sie wirken kann. Der Baal-Schem, schreibt Elie Wiesel in seinem 1972 erschienen Buch *Chassidische Feier*, brauche nur den Blick auf seinen Gesprächspartner zu richten, und dieser finge Feuer. Er erkenne alle, den Dieb und den Bauern, er belohne und strafe. Und – deshalb ist sein Auftreten in Nelly Sachs' *Eli* so bedeutsam – er ermuntere die Juden, vor allem seine Schüler, die Hoffnung nie zu verlieren. Und er sage ihnen auch, dass Traurigkeit durch Freude und nicht durch noch mehr Traurigkeit bekämpft werden müsse. Was Wiesel dem Baal-Schem als Lehrmeinung in den Mund legt, schreibt Nelly Sachs in ihren Gedichten: Der

Mensch, der sich melancholisch betrachte, werde, sobald er bereit sei, mit offenen Augen zu sehen, erst die Schöpfung erblicken und dann, mit diesem Anblick, die Freude kennen lernen.

Nelly Sachs' Michael ist ein Zaddik, ein Vollkommener, ein Bewährter in der Tradition des Chassidismus. Er gilt den Menschen in der kleinen jüdischen Gemeinde als Hoffnung, auch weil er als Schuhmacher es versteht, die Sohlen an dem Oberleder zu befestigen. In der jüdischen Mystik wird solcherlei Können, das Obere mit dem Unteren zu verbinden, obere und untere Welt zusammenzubringen, als eine Annäherung an Gott gesehen. Dieser Michael fühlt es als seine Berufung, den Mörder von Eli zu finden und zu strafen. Eli, er ist zum einen das Gotteskind. Zum anderen der Hirtenjunge des Dorfes. Er war von einem Soldaten mit einem Gewehrkolben erschlagen worden, als er, nur mit einem Hemd bekleidet, seinen Eltern, die zur Liquidierung abgeführt wurden, hinterherlief und währenddessen auf seiner Hirtenflöte blies.

Die Wäscherin berichtet im ersten der siebzehn Bilder der Bäckerin, was geschehen war:

Und als Eli sah,
mit seinen achtjährigen Augen sah,
wie sie antrieben seine Eltern,
durch die Kuhgasse, die Kuhgasse,
hat er die Pfeife an den Mund gesetzt und hat gepfiffen.

Und nicht hat er gepfiffen
Wie man pfeift dem Vieh oder im Spiel,
sagte die Witwe Rosa, als sie noch lebte,
den Kopf hat er geworfen nach hinten,
wie die Hirsche, wie die Rehe,
bevor sie trinken an der Quelle.

Zum Himmel hat er die Pfeife gerichtet,
zu Gott hat er gepfiffen, der Eli,
sagte die Witwe Rosa, als sie noch lebte.

Dieser Pfiff ist kein Pfeifen. Eli bläst den Schofar, das Widderhorn. Es ertönte zum ersten Mal, als Gott sich dem Volke Israel offenbarte. Im jüdischen Synagogendienst wird der Schofar an Rosch ha-Schan'ah und Jom Kippur geblasen. Und dieser Signalton ist ein Symbol sowohl für Gottes Gericht als auch für die endzeitliche Befreiung. Eli blies, so heißt es später in dem Stück, das »Heimholerhorn«.

So wie die Figuren in diesem Drama symbolisch sind, sind es die Dinge: Elis Schuhe, Elis Sterbehemd, Elis Flöte.

Schließlich findet Michael den Mörder »im Nachbarland«, wie es heißt. Im letzten Bild, auf einer Landstraße, begegnet Michael dem Mann; und wir erfahren, warum der Mörder zugeschlagen hatte: Elis Zurückwerfen des Kopfes und sein unheimliches Pfeifen hatte ihn provoziert.

Am Ende zerfällt der Mörder zu Staub. Und das letzte Wort hat eine Stimme: »Fußspuren Israels, / sammelt euch! / Letzte Erdenminuten Israels, / Sammelt euch! Letzte Leidensminuten, sammelt euch!«

Seiner Struktur nach ist das Stück ein Stationendrama, wie es das Mittelalter, aber auch der Expressionismus kannte, für dessen Dramen das sogenannte Weg-Motiv gleichfalls typisch ist. Nelly Sachs' Sprache lässt sich wohl am ehesten beschreiben als ein lyrischer Volkston, weshalb man ihre dramatischen Werke auch als lyrische Dramen bezeichnen könnte. Die Bilder, in denen wieder der Sand und der Schuh wichtige Positionen einnehmen, sind geprägt von der Bilderwelt der Bibel, von den Moses-Büchern, dem Buch Hiob, den Psalmen und den Büchern der jüdischen Mystik des 18. Jahrhunderts, den chassidischen Geschichten eben. Nelly Sachs meinte in einer Anmerkung zu dem Text, sie habe einen Rhythmus geschrieben, der auch mimisch durch den Darsteller die chassidisch-mystische Inbrunst anschaulich machen müsse – jene Begegnung mit der göttlichen Ausstrahlung, die jedes Alltagswort begleite. Viele Motive hat Nelly Sachs in Martin Bubers chassidischen Schriften gefunden: den Jungen mit der Hirtenpfeife, das Bild vom Ungeborenen mit dem Gotteslicht und den Balschemblick natürlich auch.

Warum mag ich dieses unaufführbare Stück, das, so denke ich, in einer Inszenierung nicht bebildert werden kann, weil seine Sprachbilder schon stark genug, vielleicht zu stark sind? Ich mag es, weil der Dramatikerin so viele verschiedene Töne zur Verfügung stehen: Der Psalmenton und der Kindermärchenton und, selbst bei der für das Fürchterlichste stehenden Metapher »Sand«, ein Zauberspruchton – »Sand male ich, Sand-Sand-Sand.« Daneben der volksnahe banale Ton, und Hohe Lieder der Liebe und des Todes.

Ich mag es, weil die Dichterin sich nicht um dramaturgische Gesetzmäßigkeiten kümmert, sondern eher von poetologischen Gesichtspunkten leiten lässt. Und weil sie ihr fehlendes Wissen in der Dramatik durchaus eingesteht, geradezu kokett und witzig und ein bisschen gewürzt mit Understatement: Sie müsse hinzufügen, dass sie nicht die geringste Kenntnis von einer klassischen Dramaturgie habe, erklärte sie in einem Brief. Da wo das Gedicht ihr unzureichend erschienen wäre und die Grenzen gesprengt worden wären, seien diese dramatischen Versuche zustande gekommen.

Ich finde es wunderbar – um zu dem Stück zurückzukehren – wie der Schuster Michael todtraurig sich seiner Liebe erinnert, seiner Braut. Hier tönt vollkommenes Glück und fürchterlichster Schmerz, hier wird Wort zu Musik, und obwohl es keine Instrumente gibt, die einstimmen, ereignet sich, was Ingeborg Bachmann in ihrem Essay *Musik und Dichtung* formulierte: Musik und Wort, so sie gemeinsam aufträten, »halten die Toten wach und stören die Lebenden auf, sie gehen dem Verlangen nach Freiheit voraus und dem Ungehörigen noch nach bis in den Schlaf«.

Im vierten Bild sehen wir Michael, von dem wir schon so viel erfahren haben zum ersten Mal. Er arbeitet bei nächtlichem Mondschein allein in seiner Werkstatt. Er ergreift einen Schuh und hebt ihn hoch, dass er sich schwarz – die Trauerfarbe – gegen das gleißende Mondlicht abhebt. Es ist ein kleiner Damenschuh. Und Michael sagt:

Du gingst so leicht,
die Gräser standen hinter dir auf.
Hier, diese Spange riß,
als du mir entgegeneiltest – damals –
Schnell ist die Liebe,
die Sonne, wenn sie steigt,
ist langsam gegen sie.
Myriam –
Er sinkt nieder, den Kopf zwischen den Knien
Welches Gestirn sah deinen Tod?
War es der Mond, die Sonne oder die Nacht;
mit Sternen, ohne Sterne?

Eli spielt in einer finsteren, in einer schwarzen Welt. Was Nelly Sachs in der Gedichtfolge *In den Wohnungen des Todes* noch chiffrierte, wird hier im elften Bild bloßgelegt. Es ist Nacht. Michael ist auf seiner Suche in einem düsteren Wald angekommen. Und plötzlich dröhnt aus einem Schornstein, einem verfallenen Schornstein, der, so wünscht es sich die Dichterin, die gewiss nie an theaterpraktische Probleme gedacht hat, durch ein »unsichtbares Licht beleuchtet« sein soll – eine Stimme. Später werden Sterne sprechen und Bäume, ja Sandkörner. Sie werden alle von nichts anderem künden als vom Tod der Ermordeten, von dem Blut, das im Sand versickerte, das an die Wurzeln drang und die Nester der Vögel in der Baumkrone blutig färbte. Die Stimme aus dem Schornstein spricht von Flammen, Feuer, obwohl sie diese Worte nicht benutzt:

Wir Steine sind die Letzten, die Israels Leib berührten.
Jeremias Leib im Rauch,
Hiobs Leib im Rauch,
die Klagelieder im Rauch,
der Männer Wiegelieder im Rauch –
Israels Freiheitsweg im Rauch.

Die Szene endet mit Tod. Nelly Sachs möchte, dass die Baumwurzeln erkennbar werden als Leichen mit verrenkten Gliedern. Eine riesenhafte Gestalt umhüllt sich mit einem Gebetsmantel und spricht, während sie in den Himmel steigt: »Höre Israel – Er unser Gott – Er, der eine.« Darauf bricht der Schornstein zusammen, und die Fußspuren im Sande fordern Michael auf, sie aufzusammeln. Michael bückt sich und geht dann in den Fußspuren der Toten fort. Was er sagt, bevor der Vorhang fällt, gilt mir gleichfalls als besonders kostbar im Werk von Nelly Sachs: »Ein Todesminutensammler hat keine Körbe, nur ein Herz zu füllen.«

Eli, das symbolische Drama, das den Holocaust beschreibt und zugleich abstrahiert, gleicht in seiner Struktur dem liturgischen Vollzug des jüdischen Kalenders – vor allem den als Einheit gedachten Festen Neujahr und Versöhnungstag. Es geht im Ritus wie im Stück um Reinigung und um Umkehr.

Nach *Eli* entstehen in den fünfziger und sechziger Jahren noch mehrere andere szenische Dichtungen. Nelly Sachs wünschte sich ein anderes, ein neues, ein ganz unkonventionelles Theater, wusste es aber nicht recht eigentlich zu beschreiben. In einem Brief raunte sie, es sei schwer, über das Theater von morgen, das sie sich erträume, etwas Bestimmtes zu sagen. In der Frühzeit, der Antike sei die Bewegung der erste Ausdruck des Suchens dessen gewesen, für das man noch keine Sprache gehabt hätte. Für sie sei es das Wort, das schöpferisch werde und durch Ausatmung in Mimus und Musik verlängert würde. Auf der Bühne, so die Sachs, solle der ganze Mensch leben. Ohne das Wort zu stören, sollten diese Ausatmungen geschehen. Rätselvoll.

Fest steht, dass ihr so etwas vorschwebte wie ein Gesamtkunstwerk. Sprache, Mimus, Tanz, Bild und Musik sah sie als gleichwertig an in ihrem visionären Welttheater. Jedoch sorgte sie sich nicht, wie denn aufzuführen war, was in ihrer Phantasie wahrscheinlich schon längst Form und Ton angenommen hatte. Sie war maßlos – und nicht nur unkonventionell: Sie strebte nach dem »Kult-«, dem »Totaltheater», Worte, die sie selber prägte. Es gibt bei ihr keine dramatische Fabel oder Handlung im vordergründig einfachen Sinn. Hofmannsthal wünschte sich noch einigermaßen schlicht eine »Bühne als Traumbild«, Nelly Sachs hingegen sucht den Bühnenraum »auf der Netzhaut des Menschen«. Nehmen wir zum Beispiel ihr »Spiel für Wort-Mimus-Musik« mit dem Titel *Abram im Salz*, von 1962. Schon das Personenverzeichnis verblüfft: Hier treten biblische Figuren auf wie Abram und Nimrod und seltsame Märchenfiguren wie die Wasserorakelfrau. Ähnliches lässt sich in dem 1961 publizierten, kurzen Werk *Beryll sieht in der Nacht* finden: Die beiden Hauptfiguren sind Beryll und der Zungenbaum. Außerdem begegnen wir Netzach, Azraela, der Nacht, der Stimme eines Fernsehkommentators und anderen Stimmen.

Nelly Sachs schreibt in ihren Anmerkungen über das Stück, dieses Spiel sei eines, »das nach einer der vielen Sintfluten seinen Beginn nimmt. Das Böhmewort: ›Nichts ist die Sucht nach Etwas‹ weiß um Auferstehung nach jedem Tod – Unverbrauchbarkeit der Schöpfungskraft.

Unsere Zeit ist Sieger- und Besiegten-Zeit – in neuer Form des Erlebens. Der ewige Kreislauf vom Schöpfungsaugenblick an in Natur und Menschen aus- und eingeatmet. Aus dem Atem wurde der Buchstabe geboren und wieder entsteht neue Schöpfung aus dem Wort. Dies ist im Buch des Glanzes – dem Buch Sohar, dem Buch jüdischer Mystik, darin sich die Mystik der ganzen Welt trifft – eingeschrieben. Weiter lebt darin die Vorstellung der sechsunddreißig geheimen Gottesknechte, die in jeder Zeit leben und auf denen das Gewicht des Universums ruht. Sie bleiben unerkannt, und wie Jesaja sagt: im Köcher versteckt Beryll ist einer der Sechsunddreißig, an deren Inbrunst im Leidenswerk die Welt immer wieder neu entsteht.«

Diese mimische Dichtung ist der Entwurf eines kosmischen Dramas, das nur mit Kenntnis der Kabbala zu dechiffrieren ist. Es ist ein Drama, in dem das Wort Thema und Handlung zugleich ist. Das Wort wird Person, dramatis personae. Die Reihung der Bilder ist Nachahmung des menschlichen Atems. Und sie bebildern ein Land, das durch das Alphabet gebildet wird. »Das Alphabet ist das Land, wo der Geist siedelt und der heilige Name blüht. Es ist die verlorene Welt nach jeder Sintflut. Sie muß von den Schlafwandelnden mit Zeichen und Gebärden hereingeholt werden (…)«

Beryll, der, so wünscht die Dichterin, blind sein soll, ist wie der Schuster Michael aus *Eli* einer der 36 verborgenen Gerechten, die, so der babylonische Lehrer Abbaji, »das Antlitz der Gottheit an jedem Tag empfangen«. Wer sind die anderen Figuren dieses Stücks? Nelly Sachs ist genau und bestimmt: Azraela stellt einen gefallenen Engel dar, also den Vernichtungswillen. Netzach, dessen Name Sieg bedeutet, soll stumm sein.

Für die Aufführung wünschte sich die Sachs, es möge der Versuch gemacht werden, »das Wort mit den Gesten des ganzen Leibes« auszuatmen. Farbe und Licht sollen, seltsame Beschreibung, »geschwisterhaft mitwirken«. Und die Musik »soll in der ihr eigenen Dimension die endgültige Vergeistigung der Materie, die das Ganze anstrebt, zur Vollendung bringen«.

Das hat sich bis heute kein Regisseur getraut oder, anders formuliert: zugemutet, wobei die Inszenierung wahrscheinlich weniger kompliziert ist – selbst wenn Fische in der Luft fliegen sollen und über dem Haupte des Beryll die Glorie des Alphabets ranken sollen – als der Versuch, Zuschauern begreiflich zu machen, worum es überhaupt geht. Kurz und vereinfacht: Da die Sprache nach der Sintflut verloren gegangen ist, sind die Bewohner der Arche sprachlos. Es sind Schlafende, Schnarchende, Lallende, Jammernde und Klagende. Es existieren keine Sprechenden mehr außer Beryll und dem Zungenbaum. Die beiden personifizieren die Sprache als das Singen und das Lesen. Der Zungenbaum existiert nur, weil er singt. Beryll nur, weil er liest. Das Wasser als Metapher ist für beider Sprachbehandlung von besonderer Bedeutung: Der Zungenbaum singt mithilfe seiner Blätter aus Meer; und Beryll muss, um lesen zu können, denn er ist ja blind, ins Meer sinken: »Beryll liest im Ertrinken.« Beide sind auf der Suche nach der verlorenen Sprache.

Der Text ist ein sprachphilosophischer, ein sprachpoetischer, der Bibelworte ebenso benutzt wie Naziworte, zum Beispiel das Verb »ausschalten« und das Substantiv »die

Ausgeschalteten«. Es ist der Versuch der Nelly Sachs, sich selbst aus einer Sprache auszuschalten, die nicht länger die eigene ist. Drum will sich Beryll das Leben nehmen, durch Selbstmord der Sprache Wohnung geben, in der sie leben kann. Dieses *Beryll*-Drama ist ein kosmisches Stück, in dessen Zentrum das Wort steht; und der dramatische Spannungsbogen ist aufgegeben zugunsten einer Reihung von Bildern, die den Rhythmus des menschlichen Atmens imitieren soll.

Berryl sieht in der Nacht und die anderen späten szenischen Dichtungen, die sich steigern im Abstraktionsmaß, sind meine Leidenschaft nicht, selbst wenn Germanisten Nelly Sachs als Beckett-Vorläuferin bezeichnen, wofür die kurze, 1962 entstandene Szene *Eine Scheidelinie wird weiter hinausgezogen* spricht, eine Sterbeszene für eine nicht benannte Sie und einen Er. Selbst wenn sich die Sachs gerade mit ihren szenischen Werken, den »mimischen Szenen«, die während ihrer Krankenhausaufenthalte entstanden, für eine Rekonstruktion der zerstörten Sprache, für die Wiederherstellung des gestörten Dialogs einsetzt und für eine neue eschatologische Sprache eintritt und durch sie jüdisches Denken wieder in die europäischen Diskurse integrieren will. Ihre Dramen wie ihre Gedichte mahnen zum Frieden. Der Frieden ist ihr Thema und ihr Ziel, gerade wenn sie den Tod malt und die Wüstenei.

Ebenso wenig begeistern mich die kurz vor ihrem Tode geschriebenen Gedichte, vor allem einige aus dem Zyklus *Glühende Rätsel*; sie sind mir zu enigmatisch. Und doch habe ich bei den späten Gedichten einige gefunden, die ich leidenschaftlich mag. Eines ist eine Liebeswidmung, vielleicht eine sehr späte Erinnerung an jenen Menschen, der ihr soviel Leid gebracht hat und dem wir vielleicht die Dichterin Sachs verdanken, die die Liebe und den Schmerz sublimierte und sich der Kunst zuwandte.

VERGEBENS
verbrennen die Briefe
in der Nacht der Nächte
auf dem Scheiterhaufen der Flucht
denn die Liebe windet sich aus ihrem Dornenstrauch
gestäupt im Martyrium
und beginnt schon mit Flammenzungen
ihren unsichtbaren Himmel zu küssen
wenn Nachtwache Finsternisse an die Wand wirft
und die Luft
zitternd vor Ahnungen
mit der Schlinge des anwehenden Verfolgers
betet:

Warte
bis die Buchstaben heimgekehrt sind
aus der lodernden Wüste
und gegessen von heiligen Mündern
Warte
bis die Geistergeologie der Liebe
aufgerissen
und ihre Zeitalter durchglüht
und leuchtend von seligen Fingerzeigen
wieder ich Schöpfungswort fand:
da auf dem Papier
das sterbend singt:

Es war
Am Anfang
*   Es war*
*   Geliebter*
*   Es war –*

Das zweite ist ein Dreizeiler und ist von solch einfacher Zartheit, dass ich immer wenn ich ihn lese, an Lessings Nathan denke:

Meine Liebe floß in dein Martyrium
durchbrach den Tod
Wir leben in der Auferstehung

Ein Sprung zurück: 1949, sechs Jahre nach *Eli*, publizierte Nelly Sachs ihren zweiten großen Gedichtband *Sternenverdunklung*, in dem die Dichterin den Holocaust zum Thema macht. Im zweiten Zyklus dieses Bandes mit dem Titel *Die Muschel saust* erinnert sie sich biblischer Gestalten und im nächsten, überschrieben *Überlebende*, nimmt sie sich der Mütter, der Waisen und der Greise an. Und sie formuliert 1949 – man bedenke den Zeitpunkt – bereits eine neuerliche Warnung:

WIR SIND so wund,
daß wir zu sterben glauben
wenn die Gasse uns ein böses Wort nachwirft.
Die Gasse weiß es nicht,
aber sie erträgt nicht eine solche Belastung;
nicht gewöhnt ist sie einen Vesuv der Schmerzen
auf ihr ausbrechen zu sehen.

Im Zyklus *Land Israel* begrüßt sie die Staatsgründung; und der letzte Zyklus ist der Mutter gewidmet, die an einer tödlichen Krankheit litt und am 7. Februar 1950 starb.

1956 wird die einzige Prosaarbeit der Sachs in der Darmstädter Zeitschrift *Ariel* veröffentlicht: *Leben unter Bedrohung*. Sie ist autobiographisch, aber die Prosa platzt, lyrische Elemente schaffen sich Raum. Die Sachs fragt, was es bedeutet unter einer Diktatur zu leben und wer denn überhaupt während der Nazi-Zeit diktiert hätte. Ihre Antwort: »Alle! Mit Ausnahme derer, die auf dem Rücken liegen wie der Käfer vor dem Tod. Eine Hand nimmt mir die Stunde fort, die ich mit dir verbringen wollte. Sie nimmt mir die Samentüte daraus blaue Blumen sprießen sollten.« Im Mittelpunkt des Textes, der durchaus von Gefahr spricht, von Bedrohung, steht der sehnsüchtige Wunsch, eines normalen Todes zu sterben und nicht gemordet zu werden.

Nelly Sachs war in ihrem Leben mehrfach psychisch krank, verbrachte längere Zeit in Nervenheilanstalten. Nach dem schmerzhaften Liebeserlebnis in ihrer Jugend und nach dem Tod ihrer Mutter 1950 erlitt sie Nervenzusammenbrüche. Sie litt darüber hinaus aber auch an Paranoia-Anfällen und fühlte sich verfolgt. In ihrer Krankheit steht wie in ihrer Dichtung die Frage nach der Identität im Zentrum. Nelly Sachs war eine deutsche Dichterin mit einer aufgezwungenen jüdischen Identität in einem politischen Exil. Die Dichterin litt darunter. Und sie brauchte Freunde, meist Brieffreunde, zum Trost und zur Überwindung der Krisen. Sie korrespondierte mit Hans Magnus Enzensberger, mit Paul Celan und mit den Rundfunkredakteuren Peter Hamm und Karl Schwedhelm.

Nelly Sachs war es gewesen, die den Kontakt zu Celan gesucht hatte. Im Mai 1954 dankte sie ihm per Brief für das tiefe Erlebnis, das ihr seine Gedichte gegeben hätten. Während sie ihn mit »Lieber Dichter Paul Celan« anschrieb, blieb er bei »Sehr verehrte gnädige Frau«. Sie schreibt »Lieber Freund Paul Celan«, er antwortet »Liebe, verehrte Nelly Sachs«. Bald schloß Nelly Sachs in ihre Wünsche auch Celans Frau Gisèle ein. Diese Freundschaft mit Celan gab ihr den ersehnten Halt. Nelly, die sich fremd fühlte in dem Gastland, brauchte ein Gespinst, engmaschig gewoben, das sie auffangen sollte bei ihren seelischen

Abstürzen. »Lieber Paul Celan«, schrieb sie im Oktober 1959, »wir wollen uns weiter einander die Wahrheit hinüberreichen. Zwischen Paris und Stockholm läuft der Meridian des Schmerzes und des Trostes.« Aus dem Freund wurde dann allmählich der Bruder. 1960 duzten die beiden einander.

Im Mai 1960 verbrachte Nelly Sachs mit den Celans einige Tage in Zürich. Sie war gekommen, um den ihr zugesprochenen Droste-Preis in Empfang zu nehmen, hatte aber nicht in Meersburg übernachten wollen, sondern war gleich weiter nach Zürich gefahren, wo sich die Celans gerade aufhielten.

Am 25. Mai notierte Paul Celan in sein Tagebuch, dass Nelly Sachs im Hotel Storchen abgestiegen sei und sie gemeinsam mit Ingeborg Bachmann zu Abend gegessen hätten. Außerdem sprachen sie mit Max Frisch – »vor dem Hotel«. Am 26. Mai finden wir die Eintragung; »4h Nelly Sachs, allein. ›Ich bin ja gläubig.‹ Als ich darauf sage, ich hoffte, bis zuletzt lästern zu können. ›Man weiß ja nicht, was gilt.‹«

Am 30. Mai widmete der Dichter der Freundin ein Gedicht. Der Gedanke an Gott, an das, was vielleicht gilt, was nicht, hatte Celan offensichtlich bewegt:

Vom Zuviel war die Rede, vom
Zuwenig. Vom Du
und Aber-Du, von
der Trübung durch Helles, von
Jüdischem, von
Deinem Gott.

Da-
von.
Am Tag einer Himmelfahrt, das

Münster stand drüben, es kam
mit einigem Gold übers Wasser.

Von deinem Gott war die Rede, ich sprach
gegen ihn, ich
ließ das Herz, das ich hatte,
hoffen:
auf
sein höchstes, umrocheltes, sein
haderndes Wort –

Dein Aug sah mir zu, sah hinweg,
dein Mund
sprach sich dem Aug zu, ich hörte:
»Wir
wissen ja nicht, weißt du,
wir wissen ja nicht
was
gilt …«

Vom 13. bis zum 17. Juni weilte Nelly Sachs bei den Celans in Paris. Zurück in Stockholm bedankte sie sich überschwänglich für den schönen Aufenthalt. Und fügte hinzu: »Und so umarme ich Euch und bitte um den Segen für Paul, Gisèle und Eric. Eure Nelly.«

Am 2. Juli schickt sie ein Gedicht nach Paris. Es ist mir ans Herz gewachsen. Überhaupt ist Nelly Sachs mir in diesen Gelegenheitsgedichten viel lieber und viel näher als in den Zyklen. Ich mag sie, weil sie so genau, so ehrlich sind. Und das vom 2. Juli 1960 gefällt mir besonders. Es ist von einer anrührenden Zartheit, es atmet Traurigkeit, es verstört und betört gleichermaßen. Abschiedsgedicht und Trostpsalm. Abschied ist für Nelly Sachs' Werk ein Schlüsselwort, ist, wie sie schreibt, ein »aus zwei Wunden blutendes Wort«. Abschiednehmen bedeutet Einüben von Sterben. So wie das Schlafen und das Schweigen Vorwegnahme von Auslöschung sind und – vielleicht – schon eine Ahnung von Ewigkeit.

Aus Stockholm sendet sie Schlaf und Sand. Und wer genau liest, ahnt die Krise, die Nervenkrise, die Nelly Sachs drei Wochen später heimsuchen wird. Hilde Domin interpretierte diese schwere Krankheit als Reaktion auf den Deutschland-Besuch, vor dem sie sich gefürchtet hatte: Vor Aufregung und Glück über die Wiederbegegnung mit dem geliebten und gefürchteten Land sei sie schwer erkrankt, als hätte man sie in Deutschland neu geimpft. 15 Jahre nach Kriegsende sei bei ihr der Nazismus virulent geworden und sie hätte einen schweren, mehrfach wieder aufflackernden Anfall von Verfolgungswahn bekommen und lange Zeit in einer Anstalt verbringen müssen.

Noch aber glaubt Nelly Sachs, in diesem Brief an Celan – der Segenswunsch am Ende macht dies deutlich –, dass Gott noch helfen, eingreifen kann:

Einer steht –
Schweigen Schweigen Schweigen –
nichts schreibt mehr die Sonne ein
und ein Kranz des Schlafes wächst
um ihn
der sich hoch gereckt
höher
bis ans Ende.

Schlaf wächst schon in Sandigkeit
Schweigen Schweigen Schweigen –

Er o Er
läßt seinen Sand

ungeweckt –
Weltall nimmt den Atem ab
ihm
der seine Gewinde
Gottesgesichelt fallen läßt –

Menschengezeichnet
schläft der Sand
Hinterlassenschaft der Liebe –

Schweigen Schweigen Schweigen –
wenn der eine fort sich reckt

setzt die Knospe an im Salz.

In den folgenden Wochen geht es Nelly Sachs schlecht, Paul Celan denkt gar daran, sie zu besuchen, doch sie beruhigt ihn, es ginge ihr schon viel besser; »Kommen jetzt nicht absolut notwendig«.

Am 25. Juli, drei Tage nach dem Beruhigungstelegramm, bricht die Krise dann doch aus – und wunderbar, wie der Freund, der Bruder, der Leidensgenosse, auf die verwirrten Zeilen der Frau antwortet, die er tief verehrt und innig liebt.

So sehr ich ein Bewunderer des *Eli*-Dramas bin und der frühen Sachs-Gedichte, so sehr berührt mich dieser Briefwechsel, weil er von einer Menschlichkeit ist, die – von Menschen einander dargebracht, die letztlich an Unmenschlichkeit zerbrachen – zu Herzen geht, verunsichert und zugleich verdeutlicht, wie Liebe heilen kann. Man mache sich dabei klar, dass Celan selbst gleichfalls litt: Ihn beunruhigte der ansteigende Antisemitismus in Deutschland, er zweifelte an sich und seiner jüdischen Identität, und auch er litt unter Verfolgungsvorstellungen. All diese

Ängste und Zweifel hatte er Nelly Sachs gebeichtet, mitgeteilt, vielleicht auch aufgebürdet. Sodass vielleicht ihre erneut ausbrechende Krankheit und seine überraschende Fröhlichkeit in einem Zusammenhang stehen. Mag sein. Sicher ist, dass Nelly Sachs von nun an, wie sie im Rückblick formulierte, eine »Höllenfahrt der Erinnerung« durchmachte.

Am 25. Juli 1960 sendet sie Celan also den Hilferuf:

Paul Lieber
nur schnell einige Zeilen
    Eine Nazi-Spiritist-Liga jagt mich so schrecklich raffiniert mit Radiotelegraph, sie wissen alles, wohin ich den Fuß setzte. Versuchten mit Nervengas als ich reiste. Schon seit Jahren heimlich in meinem Haus, hören durch Mikrophon durch Wände.

Paul Celan versucht zu trösten auf so brüderliche, so zärtliche Weise, dass man bei der Lektüre glaubt, der Schreiber und die Leserin weinten, als sie schrieben, als sie lasen:

Paris, am 28. Juli 1960

Meine liebe, liebe Nelly!
    Es geht dir besser – ich weiß.
    Ich weiß es, weil ich spür, daß das Böse, das Dich heimsucht – das auch mich heimsucht –, wieder fort ist, ins Wesenlose zurückgewichen, in das es gehört; weil ich spür und weiß, daß es nie wiederkommen kann, daß es sich aufgelöst hat in ein kleines Häuflein Nichts.
    So jetzt bist du frei, ein für allemal. Und – wenn Du mir diesen Gedanken erlaubst – ich mit Dir, wir alle mit Dir. (...)
    Und wenn Du Lust hast, daß ich nach Stockholm

komm, um noch einige schwedische Dialekte hinzuzu-
lernen, so sag mir, bitte, auch das. Aber: ich kann mir
vorstellen, daß ich nicht nur dieser Dialekte wegen käme.
   Von ganzem Herzen
   Dein Paul
   Eric schickt Dir ein selbstgemaltes Glasfenster – aus
echtestem *Glas!*

Im Krankenhaus, wo sie auch in den folgenden Jahren häufiger behandelt werden musste, schrieb sie die Zyklen *Fahrt*
ins Staublose – 1959/60 – und *Noch feiert Tod das Leben,*
1961, in dem eine Krankenhausabteilung geschildert wird.
Die Sachs nannte die Sammlung »eine Orestie des Jam-
mers, ein schwarzes Leidensbuch«. Und aus dem Kran-
kenhaus schrieb sie ihrem »Brüderchen« Paul und seiner
Familie Briefe, widmete ihnen einige jener Gedichte, die
dann in die Zyklen aufgenommen wurden; auch jenes
Werk, das der Sammlung ihren Titel gab.
   Am 14.12.1960 verfasst sie in einem Brief gleich zwei
Gedichte, das zweite ist vielleicht Selbstermahnung, den
Selbstqualen ein Ende zu bereiten. Gewiss dichtet sie die
Erfahrung, dass der Tod, den sie zeitlebens ihren »Lehr-
meister« nannte, immer noch triumphiert in und über ihr
Leben:

Noch feiert der Tod
das Leben in dir
Närrin in der Spirale der Eile
jeder Schritt weiter entfernt von den kindlichen Uhren
und näher und näher gefaßt vom Wind
dem Räuber der Sehnsucht –
Vor Ehrfurcht erheben sich Stühle und Betten
denn die Unruhe ist meerhaft geworden

und Türen –
der Schlüssel auf Abwehr gestellt
ändert die Richtung mit Einlaß nach draußen –

Die weißen Schwestern sterngebadet
vom Berühren der Zeichen aus Fremde
von ihm der die Adern hier speist
aus seiner unterirdischen Quelle des Durstes
deren die Visionen sich satt trinken müssen –

und noch eins für Paul!

Paul Celan und Nelly Sachs führen in ihrer Korrespondenz ein lyrisches Gespräch, eines der schönsten im 20. Jahrhundert. Und sie werden einander in ihren Spätwerken, auch dies ist beglückend zu sehen, immer ähnlicher.

Am 3. September schreibt Nelly Sachs einen Brief aus dem Beckomberga-Krankenhaus in Stockholm-Bromma: »Paul, bevor ich in zwei Tagen in die Wohnung zurückkehre – auf Versuch – ob ich wieder in Freiheit leben darf – noch diesen Gruß aus dem Krankenhaus – und Segenswunsch für Euch drei – meine geliebte Familie!«

Das Gedicht, das sie diesen Zeilen voranstellt, gehört zu jenen, die ich besonders mag. Nein: ich liebe es:

Wer ruft?
Die eigene Stimme!
Wer antwortet?
Tod!
Geht die Freundschaft unter
im Heerlager des Schlafes?
Ja!
Warum kräht kein Hahn?

Er wartet bis der Rosmarinkuß
auf dem Wasser schwimmt!

Was ist das?
Der Augenblick Verlassenheit
aus dem die Zeit fortfiel
getötet von Ewigkeit –

Was ist das?

Schlaf und Sterben sind eigenschaftslos

War Nelly Sachs aus der Vernunft geworfen? Träumte sie? Ich weiß es nicht. Eines jedoch ist gewiss: dass sie den Wahnsinn nicht fürchtete, sondern ihn annahm als eine schmerzende Gottesgabe, als ein Geschenk, das leidend macht und in der Kunst zur Vollendung führen kann. In ihrem Nachlass fanden sich mehrere Zettel in ihren Büchern mit einem Platon-Zitat aus *Phaidros*, das belegt, wie sehr sie Wahn und literarisches Werk zusammendachte: »Wer ohne den Wahnsinn der Musen und der Toren der Dichtkunst sich naht in der Einbildung, seine Fertigkeit werde hinreichen, ihn zum Dichter zu machen, der bleibt ein Stümper, und seine verstandesmäßige Kunst wird völlig verdunkelt von der des in Wahnsinn verzückten.«

Im November 1969 die letzten Briefe, es sind Abschiede, Vorboten des Todes. Um den 20. April 1970 begeht Paul Celan Selbstmord in der Seine; am 12. Mai stirbt Nelly Sachs in Stockholm. Am selben Tag wird Paul Celan auf dem Cimetière Parisien bei Orly begraben. Dass Celan seit Anfang April vermisst wurde, hatte man seiner Seelenschwester verheimlicht.

Hier die letzten Lebenszeichen der beiden – füreinander:

Stockholm, 14. November 1969
Paul, Lieber Du – welche Freude für mich Deine per-
lende Handschrift wieder zu sehn. Hab Dank. Ich bin
wieder zu Hause, nachdem ich ungefähr ${}^{1}/_{2}$ Jahr in zwei
verschiedenen Krankenhäusern war, liege aber meistens.
Habe Schmerzen Tag u. Nacht u. lebe nur die Stunden
da ich Betäubungsmittel nehme. Freue mich so, daß Du
eine neue Wohnung hast.
Teile dich Nacht
deine beiden Flügel angestrahlt
zittern vor Entsetzen
denn ich will gehn
und bringe dir den blutigen Abend zurück
Deine Nelly

Am 15. Dezember ein letzter Gruß von Nelly Sachs: »Paul
Lieber Du, viele gute Wünsche. Alle Deine Gedichte sind
bei mir in der Schmerzenszeit.«

Der 126. und letzte Brief dieser Korrespondenz, unda-
tiert, stammt von Paul Celan: »Alles Frohe, liebe Nelly,
alles Lichte!«

1965 hatte Nelly Sachs in der Frankfurter Paulskirche den
Friedenspreis des Deutschen Buchhandels erhalten, den sie
persönlich in Empfang nahm. Im Anschluss besuchte sie
zum ersten und einzigen Mal nach ihrer Emigration als
Ehrenbürgerin der Stadt Berlin. Am 10. Dezember 1966,
ihrem 75. Geburtstag, erhielt sie aus der Hand des Schwedischen Königs den Literatur-Nobelpeis. Sie trug ein blaues Kleid, sah sich selber in dieser Aufmachung als ein seltsames Zwitterwesen: »halb Sozietätsdame, halb Engel«
und gedachte, auf sehr humorvolle Weise – denn sie war

beileibe nicht ohne Witz und Ironie – ihres Vaters. Er hät-
te, so sagte sie bei dem Festakt, an jedem 10. Dezember,
Nellys Geburtstag, gesagt: »Nun feiern sie wieder in Stockholm das Nobelfest.« Und zum Abschluss sprach sie das
Titelgedicht der Sammlung *Flucht und Verwandlung*, das
viel über ihr Leben sagt, denn in ihm wird Abschied und
Flucht durchaus als Bedingung gesehen für einen neuen
Anfang und für Frieden. Schon die Frankfurter Rede und
viele Briefe beweisen es: Nelly Sachs, die in ihrem Drama
Nachtwache behauptete, dass nur was in der Seele gesche-
he, die Welt verändere, sah ihr Werk als eines der Versöhnung. Sie wollte Frieden, weshalb sie am Ende ihres
Lebens – wenn ihre Dichtungen den jüdischen, den kab-
balistischen, den mystischen Raum sprengen und die Welt
meinen; wenn sie christliche Motive aufnimmt wie Ölberg,
Kreuz und Himmelfahrt, die Namen Christus und Jocha-
naan und Franziskus verwandte; wenn sie sich um die politischen Konflikte in Israel sorgt und warnt, »daß die Ver-
folgten nicht Verfolger werden« – die ganze Menschheit
zum Frieden führen will. Nicht nur der Juden Leid thematisiert Nelly Sachs am Ende ihres Lebens, sondern sie
bezieht in ihr Werk die ganze leidende Menschheit mit ein.

Wie Thomas Bernhard dachte und dichtete Nelly Sachs
allein über die letzten Dinge. Und sie hat wie Bernhard
wundersam richtig und einfach Dinge benannt und Emotionen. Warum Nelly Sachs meine Leidenschaft ist, wird
jetzt deutlich sein. Allein, drei Sätze möchte ich hinzufügen, weil sie mir lieb und für mein Leben wichtig geworden sind.

»Angst ist unser Erdteil«, singen zwei Chöre, der eine,
so wünscht es sich die Dramatikerin Nelly Sachs »am
Mond», der andere »an der Sonne aufgehangen«, heißt es
in einem »Spiel von der Freiheit« mit dem Titel *Vergebens
an einem Scheiterhaufen*. »Ein Seufzer – ist das die See-

le?«, fragt die Lyrikerin Nelly Sachs. Und in einem anderen Gedicht ein Schrei, in wahnsinniger Verzweiflung ausgestoßen, vielleicht vor der Auslöschung, vor dem Ende: Acht Worte, die sich in mich fraßen und nicht mehr fort, nicht fliehen können:

Vokale und Konsonanten
schreien in allen Sprachen:
Hilfe!

VIII. JEAN COCTEAU

»Und nun muß ich das Unverzeihliche gestehen, das Ärgernis in einer Zeit, die das Glück verachtet: Ich bin glücklich«, beginnt Jean Cocteau das Kapitel »Geständnis« in seinem 1953 erschienenen Erinnerungsessay *Démarche d'un poète*, das den deutschen Titel *Der Lebensweg eines Dichters* trägt.

Mir ist bewusst, dass Cocteau nicht wegen dieses Satzes meine Leidenschaft wurde, sondern wegen einer Zeichnung, aber als ich auf diese Äußerung stieß, wusste ich: Dieser Mann musste mir gefallen. Kluge Köpfe, die nicht miesepetrig und griesgrämig sich in Bibliotheken verstecken, sondern Leben und Luxus lieben, gefallen mir. Und als ich den zweiten Satz dieses Geständnisses gelesen hatte, wusste ich, dass ich irgendwann meinen Fund würde weitergeben müssen. An dieser Stelle will ich es tun. Der zweite Satz, das Rezept zum Glücklichsein, lautet so: »Ich will auch das Geheimnis meines Glücks verraten. Es ist einfach. Ich liebe meine Mitmenschen. Ich liebe zu lieben. Ich hasse den Haß. Ich bemühe mich, zu verstehen und gelten zu lassen.« Und noch ein wenig später erklärt Jean Cocteau, dass er ein Pessimist aus Optimismus sei, weil er bei jeglichem, was ihm geschieht, zu der Überzeugung komme, »daß alles besser ist, als es sich darstellt, aus einem völlig närrischen Verlangen nach Eintracht«.

Auf Cocteau wurde ich erstmals aufmerksam durch ein Blatt, auf dem ein Junge, in der rechten Hand einen Schneeball, auf dem Kopf eine Baskenmütze, stürmisch flieht. Hinter ihm, die Hände zum Himmel gereckt, schreit ein anderer Junge – gewiss um Hilfe. Man erzählte mir, dass der Fliehende der Junge Dargelos sei, ein Held aus Cocteaus Roman *Les Enfants terribles*. Viel später erst las ich diesen Roman. Denn das erste Buch, das ich mir zu diesem Autor kaufte, war eines mit Cocteau-Gedichten, und der Verfasser war nicht Cocteau, sondern Jean Marais. *Histoires de ma Vie* nannte der Schauspieler seine Lebenserinnerungen, die 1975 in Paris erschienen und erst 1988 in deutscher Sprache herauskamen als *Spiegel meiner Erinnerung*.

Auf diesen Band – aber das erfuhr ich erst viel später – hatten sich die Franzosen gestürzt, das Pariser Kaufhaus Galeries Lafayette verkaufte ihn sogar an einem Stand auf dem Trottoir. Erwartet wurde ein Skandal. Doch Marais erzählte mit der allergrößten Offenheit und zugleich diskret vom Glück, das er mit seinem Freund Jean Cocteau gelebt habe. Die schlüpfrige Enthüllung, auf die manche spekuliert, andere gehofft hatten, blieb aus. Marais berichtet mit Feingefühl, was diese Freundschaft, die 1937 begann, ihm geschenkt, wie sie sein Leben verändert hatte.

Marais sprach von einer sehr sauberen Liebe, plauderte nicht aus der Gosse. Er nahm darin auch seinen Cocteau in Schutz gegen dessen Kritiker und gegen die Heuchler, die an Cocteaus Leben – vor allem an seiner gelebten Homosexualität – Anstoß nahmen: »Wenn durch ein Wunder alle, die sich ein abfälliges Urteil über ihn erlaubten, die Möglichkeit gehabt hätten, ihn eine Sekunde lang zu sehen, wie er wirklich war, so wären sie vor Scham gestorben.«

Ich war überrascht und berührt, ja gerührt von dieser

lebenslangen Liebesgeschichte, von dieser Beziehung, die Ewigkeit wollte und vielleicht – weiß man's – Ewigkeit erlangte. In einem Brief hat Cocteau diese Ewigkeit beschworen: »Sage Dir unaufhörlich«, schrieb er dem Freund, »daß mein Herz in Deiner Brust schlägt, daß Dein Blut in meinen Adern fließt und daß ich viel weniger allein bin als viele andere, weil wir trotz der Entfernung, die uns trennt, eins sind.«

Cocteau – und das machte damals auf mich, den pubertierenden Jungen, dem nur erhabene Gefühle als echte Gefühle galten, großen Eindruck – beschwört für seinen »Märchenprinz«, wie er Marais in einem Gedicht nennt »die wunderbare Gewißheit, daß unsere Herzen dahinziehen und sich wie Wellen ineinanderschlingen«.

Er schenkte Marais die schönsten Liebesgedichte – und sie las ich vor seinen Romanen und Theaterstücken. Viele davon verfasste er des Nachts, schlaflos im Zimmer neben Marais. Und hatte er sie auf Papierschnitzel geschrieben, schob er diese unter der Tür hindurch, sodass Marais die Verse am Morgen fand. Folgendes Gedicht ist mir besonders lieb:

Ohne dich ist die Welt Welt
Und das Leid ist Leid.
Ohne dich ist die Erde rund
Und Tier das Tier

Mit dir aber ändert sich alles
Nichts ähnelt irgendetwas anderm.
Ein Soldat ist ein Engel,
Die Nacht leuchtet in der Sonne.

Nobel ist das Hotel von Roye
(Es wird zum Hintergrund für dich)

Ich ziehe als Matrose in den Krieg
Und bin noch jung!

Dem Matrosen sollte ich – als ich mich näher mit dem Werk Cocteaus auseinander setzte – noch öfter begegnen.

Wer war dieser Mann, den die einen verspotteten, die anderen vergötterten und der, glaubt man Marais – aber welchem Liebenden kann man schon glauben –, so ganz anders gewesen sein muss als die Welt ihn sah?

Jean Cocteau wurde am 5. Juli 1889 in Maisons-Laffitte im Département Seine-et-Oise, nahe Paris geboren. Als Sohn einer wohlhabenden Familie, sagen die Biographen, »in einer einfachen und reizenden Familie« verklärte Cocteau in *Der Lebensweg eines Dichters*. Der Vater war Amateurmaler, der Großvater, der großen Einfluss auf den Knaben hatte, sammelte Gemälde und Kunstgegenstände, und seine Freunde waren Virtuosen, Geigenspieler und Cellisten, mit denen er Quartette bildete. Zudem besuchte die ganze Familie leidenschaftlich gern die Oper. All das zusammen erweckte in dem jungen Cocteau eine – wie er es formuliert – »unbestimmte Liebe zur Malerei, zur Musik und zum Theater«. Zehn Jahre nach seiner Geburt beging der Vater aus ungeklärten Gründen Selbstmord. Auf der Schule hatte der junge Jean wenig Glück und noch weniger Erfolg. Nachdem er dreimal hintereinander die Reifeprüfung verpatzt hatte, gab er 1907 seine Schulausbildung auf. Ein Jahr später schon las er öffentlich seine Gedichte und fasste Fuß im mondänen Pariser Gesellschaftsleben, verkehrte mit Marcel Proust, mit der Lyrikerin Anna de Noailles und dem Komponisten Reynaldo Hahn.

1909 erschien seine erste Buchveröffentlichung, ein Gedichtband mit dem Titel *La lampe d'Aladin*. Im selben Jahr wurde Cocteau Mitbegründer der Literaturzeitschrift

Schéhérazade. Und er lernte in irgendeinem Pariser Salon den Leiter der Balletts Russes Sergej Diaghilew kennen. Welch ein Glück diese Bekanntschaft sein würde, ahnte er damals gewiss noch nicht. Dass es eines war, erwies sich bereits 1911 – Cocteau fertigte Zeichnungen für die Balletts Russes an.

Jean Cocteau – so scheint es, beschäftigt man sich mit seiner Vita – hatte viel Glück, er traf immer die richtigen Menschen zum rechten Zeitpunkt: 1911 begegnete er dem Komponisten Igor Strawinsky, dessen *Le Sacre du printemps* 1913 uraufgeführt wurde. Diese Komposition beeindruckte Cocteau so sehr, dass er sich noch im selben Jahr von allem, was er bisher geschaffen hatte, distanzierte. Seine ganze literarische Produktion betrachtete er jetzt als oberflächlich und gefällig. »*Le Sacre du printemps* rief eine völlige Umwälzung in mir hervor. Strawinsky, bei dem ich schon 1913 in Leysin gelebt hatte, war der erste, mich jenes Beleidigen der Gewohnheiten zu lehren, ohne welche Kunst stagniert und zu einem bloßen Spiel entartet.«

1913 wurde sein erstes Prosawerk publiziert: *Le Potomak* (*Das Potomak*), das er von nun an an den Beginn der Liste seiner Arbeiten setzt. Im Ersten Weltkrieg wurde er vom Kriegsdienst zurückgestellt und diente – allerdings bloß bis 1916 – als freiwilliger Ambulanzhelfer. Nachdem er sich endgültig hatte ausmustern lassen, arbeitete er zusammen mit Erik Satie und Pablo Picasso an dem Ballett *Parade*.

Über diese Zeit mit Picasso schreibt Cocteau in dem *Lebensweg eines Dichters*: »Nach einer ziemlich langen Periode, worin der Erfolg mich verblendete (von 1910 bis 1916), wurden mir mehrere große Begegnungen zuteil, die mir die Augen öffneten. Ich wurde gewissermaßen erst mit zwanzig Jahren geboren, in jenem Alter, in dem Raymond Radiguet sterben sollte, nachdem er seinen Fuß niemals auf einen Abweg gesetzt und uns mit fünfzehn die Pfade gezeigt hatte, denen es zu folgen galt.«

Wer ist Raymond Radiguet? Ein Junge, der 1919, als er dem damals dreißigjährigen Cocteau begegnete, gerade sechzehn Jahre jung war. Radiguet war gewiss nicht Cocteaus erster Freund, aber gewiss der erste, der ihm sehr nahe war. Auch in der Arbeit. Mit Radiguet gründete er die Zeitschrift *Le Coq*. Mit ihm reiste er 1922 für Monate nach Le Lavandou und Pramousquier an der Côte d'Azur. 1923 starb Radiguet an Typhus – und unter diesem Tod litt der Freund sehr.

Das Jahr vor dieser schmerzhaften Trennung war für Cocteau ein besonders produktives: An der Côte d'Azur schrieb er *Le grand écart* (*Die große Kluft*), *Thomas l'imposteur* (*Thomas der Schwindler*), den Gedichtband *Vocabulaire* und den Essay *Le secret professionnel* (*Das Berufsgeheimnis*).

Thomas der Schwindler ist wahrscheinlich neben *Les Enfants terribles*, den *Kindern der Nacht,* das in Deutschland bekannteste Cocteau-Werk. Und jener Junge, der Schwindler nämlich, und der Schneeballwerfer Dargelos in den *Kindern der Nacht* ähneln sich sehr.

Guillaume Thomas von Fontenoy, der »weder der Neffe des Generals de Fontenoy, noch überhaupt mit ihm verwandt« war, sondern »nur in einem Flecken namens Fontenoy, unweit von Auxerre, geboren« wurde und sich durch diesen Namensschwindel einen Aufstieg ermöglichte, wird von Cocteau bei seinem ersten Auftritt folgendermaßen beschrieben: »Er sah so jung aus, daß er in seiner Uniform wie ein Kadett wirkte. Was aber seine Jugend unglaubwürdig machte, war eine schmale Unteroffizierslitze auf dem Ärmel seines knappen Militärrocks. Sein hübsches Gesicht, von einer animalischen Frische, war eine bessere Empfehlung als jeder Ausweis.« Die Lüge, der

Selbstbetrug, der Schwindel sind in Cocteaus Werk oft zu finden. Sie sind »eine Art Vorzimmer zu künftigen Abenteuern«. Und es macht dem Dichter die größten Freuden, Lügen zu erfinden und Lügen zu enthüllen. Verkleidungen – die Verwendung von Schmuckstücken zum Beispiel oder teurer Kleider und Anzüge – sind, Cocteau weiß es, ebenfalls Möglichkeiten zu schwindeln, sich eine andere Existenz anzuziehen. Doch bei manchen fliegt der Schwindel gleich auf, bei anderen nie und wieder andere, ganz arme Wichte, sind die ehrlichsten von der Welt – und doch werden sie für Blender, für billige Trickser gehalten: »Es gibt Leute, die alles besitzen, und niemand glaubt es ihnen: Reiche, die so arm, Adlige, die so gewöhnlich sind, daß der Unglaube, dem sie überall begegnen, sie schließlich einschüchtert und ihr Benehmen etwas Verdächtiges bekommt. An gewissen Frauen werden die schönsten Perlen zu falschen Perlen. Während an andern die falschen wie echte wirken. Ebenso gibt es Menschen, die ein blindes Vertrauen einflößen und Vorrechte genießen, auf die sie keinen Anspruch besitzen. Guillaume Thomas gehörte zu dieser glücklichen Sorte.«

Thomas ist schön. Und Dargelos, dem der Junge Paul verfallen ist, verführt mit seiner Schönheit und seiner Kraft die Mitschüler und die Lehrer: »Die Vorrechte der Schönheit sind unermeßlich: Sie wirkt selbst auf die, welche sie nicht gewahren. Die Lehrer liebten Dargelos.«

Thomas der Schwindler ist nicht mein Cocteau-Lieblingsbuch. Doch ein Satz aus ihm hat sich mir eingeprägt. Eine Handleserin liest einem Kameraden von Thomas, einem jungen Mann namens Guillaume, während des Ersten Weltkrieges aus der Hand und, als sie sich die Linien dieser Hand genau ansieht, bemerkt sie überrascht: »So was! (...) Eine solche Hand ist mir noch nicht vorgekommen. Er hat nicht eine Lebenslinie, er hat mehrere.« Guil-

laume, im Angesicht des Krieges, fragt nach seinem Tod –
und schon kneift die schöne Frau: »Wissen Sie, ich verstehe mich nur so ein bißchen darauf. Ich sehe nur das
Ganze. Der Gesamteindruck Ihrer Hand ist ausgezeichnet.«

Viele Leben – und ein Tod, sofort.

Les Enfants terribles, das Prosawerk, 1929 bei dem
berühmten Pariser Verlag Grasset erschienen, gilt mir als
das dichteste, das überzeugendste Werk Cocteaus. Hier
gelang Cocteau, was er häufiger versuchte, aufs Allerbes-
te: Avantgarde und Mythologie zu vereinen, um mit diesem seltsamen Zwitter den Zeitgeist zu treffen und zugleich
geradezu autobiographisch seine eigene Jugend zu bedenken und seine sexuellen Begierden zu verarbeiten.

Bevor ich mich diesem Werk widme, möchte ich noch
einmal einen Blick in den autobiographischen Essay
Lebensweg eines Dichters werfen, denn darin versucht
Cocteau eine Verbindung herzustellen zwischen Kunst und
Sex. Ein Kapitel ist »Eine unbekannte Sexualität« über-
schrieben:

*Der Mechanismus, der uns treibt, die Schönheit eines
Gemäldes zu empfinden – oder, genauer, die Verbindung
von Linien und Formen, die uns zu erschüttern imstande ist –, stellt ein ähnliches Phänomen dar wie jenes, das
unsere Vernunft überwältigt, wenn die Sexualität spricht.
Eine Art psychischer Sexualität ruft eine Erektion hervor, die der geschlechtlichen Erektion insofern gleicht,
als sie unserer Kontrolle entzogen ist und uns unmittelbar beweist, daß gewisse Formen und Farben geeignet
sind, eine geheime Stelle in unserem Organismus zu
überzeugen. Tritt diese seelische Erektion nicht ein, so
entspringt der Genuß, den ein Kunstwerk hervorruft, nur*

einem intellektuellen Platonismus, dessen Wahl kein
Werturteil begründet.

Wenn, wovon Cocteau überzeugt ist, »die Klugheit eine
Mumie« ist, dann sind just die Liebesgedichte, das *Weiß-*
buch und die *Kinder der Nacht* Werke, die, weil sie nicht
verschweigen, dass Sexualität sie angestiftet hat, diese geistige Erektion hervorrufen – eine Erregtheit.

Wer kann sich der erotischen Stimmung entziehen, die
von den Zeichnungen und Texten im *Weißbuch* ausgeht,
dieser erotischen Autobiographie Cocteaus? Es ist ein
Bericht über die Suche und die Entdeckung der männlichen
Liebe. Es ist ein kleines skandalöses Buch, das 1928
anonym erschien und erst unter dem Ladentisch verkauft
wurde. 1982 – über fünfzig Jahre danach – wurde die erste
deutschsprachige Ausgabe im Berliner Albino Verlag publiziert.

Ich möchte hier auf dieses Buch eingehen, weil Cocteaus
Werk verständlich wird durch diesen offenherzigen Bericht, den er im Alter von 39 Jahren schrieb. Zuerst erfahren wir – Cocteau beginnt mit einem Rückblick auf seine
Kindheit –, dass er als Knabe erschreckt und zugleich
ergötzt war beim Anblick nackter Männer. Nachdem er
den Knecht nackt auf einem schnaubenden Pferd hat rei-
ten sehen, sei ihm Hören und Sehen vergangen – »mein
Gesicht lief tiefrot an. Die Knie wurden mir weich. Das
Herz schlug mir, wie einem Mörder, bis in den Hals.«

Das zweite Erlebnis: zwei nackte Zigeunerknaben. Das
dritte: ein junger Hausangestellter. Als Tertianer trat Cocteau ins Condorcet-Gymnasium ein. »Der Klassenraum
roch nach Gas, Kreide und Sperma. Dieses Gemisch ekel-
te mich an. Ich muß zugeben: was in den Augen aller Schüler als Laster galt, stellte für mich keines dar oder genauer gesagt, äffte bloß dürftig eine Ausdrucksform der Liebe

nach, die ich aus Instinkt achtete, war ich doch der einzige, dem diese Umstände gegen den Strich gingen. (…) Aber Condorcet war keine Internatsschule. Diese Praktiken gingen nie in Verliebtheiten über und selten über ein verstohlenes Spiel hinaus.«

Einer seiner Mitschüler war Dargelos, der Held aus *Kinder der Nacht*, jener Junge, der dem Knaben Cocteau wegen seiner »Männerbeine« und seiner »mächtigen Locke« und »den etwas dicken Lippen« auffiel und dem er verfiel. Wohl auch, weil dieser sich bewusst war, wie er mit seiner »weit über sein Alter entwickelten Männlichkeit« auf seine Freunde wirkte. Cocteau bemerkt aus der Erinnerung: »Er stellte sich schamlos zur Schau und schlug aus dem Theater, das er selbst Schülern außerhalb der Klasse bot, Gewinn, indem er seltene Briefmarken oder Tabak dafür eintauschte.«

Die Nähe von Dargelos machte Jean krank. Aus Jean wird in dem Roman Paul. Der reale Knabe wie der fiktive versuchen beide alles, um ihrem Idol nahe zu sein. Liebe? Begehren? Sexuelle Gier? »Mein Gefühl blieb im Dunkeln«, steht im *Weißbuch*. »Es gelang mir nicht darüber Klarheit zu gewinnen. Mal war ich betrübt, mal hingerissen.«

Wie in *Kinder der Nacht* gibt es im *Weißbuch* eine Dreierbeziehung, sie besteht aus Jean und Alfred, einem Zuhälter, und seinem Mädchen Rose. »Eines Tages trat der Zimmerkellner ein und sah, wie wir uns rechts und links von Rose wälzten. ›Das sind sie, Jules‹, rief sie ihm zu, während sie auf uns beide wies, ›mein Bruder und mein Herzchen! Die sind für mich alles, was ich liebe.‹«

In dem Roman, in dem ein Junge namens Gérard auf ein Geschwisterpaar trifft, das dem Thomas Mannschen *Wälsungenblut*-Paar Siegmund und Sieglind ähnelt, heißt es dann so: »Gérard konnte nicht ohne Elisabeth sein, die in seinem Herzen unmerklich Pauls Stelle einnahm. Was er an Paul bewunderte, war ja in Wahrheit von jeher vor allem das Haus der Rue Montmartre, waren sie beide, Paul und Elisabeth, gewesen.«

Irgendwann wird Jean erwachsen, er sucht Vergnügungen in Bädern und in einem Tanzlokal, wo er auf einen Dargelos-Doppelgänger stößt und dessen »freche und lässige Art« ihn ebenso anzieht wie dessen »Klapphosen, die es den Matrosen früher ermöglichte, sie bis zum Oberschenkel aufzuknöpfen«. Was in den nächsten Passagen folgt, ist 1929 schockierend und gewagt. André Gide verfasste am 11. Oktober eine Tagebuchnotiz, in der er sich erfreut zeigt, dass im *Weißbuch* einige Obszönitäten charmant erzählt seien. »Lu le Livre blanc de Cocteau prêté de Roland Saucier, en attendant l'exemplaire promis par Cocteau (…) Que d'agitation vaine dans les drames qu'il raconte! Que d'apprêt dans son style! De souci de la galerie dans ses attitudes! … que d'artifice! … Pourtant certaines obscénités sont racontées d'une manière charmante. Ce qui choque, et beaucoup, ce sont les sophismes pseudo-religieux.«

Jean Cocteau erzählt nämlich im Folgenden, wie er, der junge Mann, die ersten sexuellen Erfahrungen macht – auch schmutzige. Im Matrosenlokal: »Zu einer schmalzigen und schmachtenden Musik tanzten wir Walzer. Die Körper kommen in Schwung, verlöten am Kolben, in schweren Gesichtern senken sich Blicke, sie geben sich nicht so schnell wie die Füße, die mal tänzeln und mal bleiern wie ein Huf auf der Stelle treten. Die Hände, die frei sind, befinden sich in der hübschen Lage, die es Männern ermöglicht, gleichzeitig das Glas und den Hahn zu halten.«

Das ist das Obszöne am *Weißbuch*, aber was findet André Gide blasphemisch? Jean stößt auf einen jungen Mann, der ohne Badehose ins Meer geht, spricht ihn an und plötzlich war es so weit, »daß wir uns liebten, ohne ein Wort über die Liebe verloren zu haben«. Dieser junge Mann, so lesen wir später, habe an Gott geglaubt:

Die Kirche, so beschied mich dieser liebenswerte Ketzer, verlangt uns eine moralische Metrik ab im Range der Verskunst eines Boileau. Mit einem Bein in der Kirche stehen, die behauptet, unerschütterlich zu sein und mit dem anderen im modernen Leben, heißt, bewußt ein zerrissenes Leben zu führen. Dem passiven Gehorsam setze ich den aktiven Gehorsam entgegen. Gott liebt Liebe. Wenn wir uns lieben, beweisen wir Christus, daß wir zwischen den Zeilen lesen können, die der Gesetzgeber mit unerbittlicher Härte vorschreibt. Sich an die Massen zu wenden, verbietet, das Gewöhnliche mit dem Ungewöhnlichen zu vermischen. Er mokierte sich über meine Gewissensbisse und hielt sie für Schwäche. Meine Vorbehalte schlug er in den Wind. »Ich liebe Sie«, sagte er wiederholt, »und ich beglückwünsche mich – was für ein Glück, Sie zu lieben.«

Als Jean Cocteau ganz einsam ist, verlassen, ohne Freund, ohne Geliebten und ernsthaft darüber nachdenkt, ob er nicht in eine Ehe flüchten sollte, die naturgemäß keine Liebesehe sein würde, da sieht er selbst im Glauben keine Rettung: »In meiner gräßlichen Einsamkeit kam es mir nicht in den Sinn, mich der Kirche wieder anzunähern; es wäre zu billig gewesen, die Hostie als Heilmittel und das Abendmahl als folgenlose Stärkung einzunehmen. Es geht nicht, sich einfach jedesmal an den Himmel zu wenden, wenn wir, was uns auf der Erde verzauberte, verlieren.«

Das *Weißbuch* endet mit einem wunderbaren Absatz, der alles, was in Cocteaus Œuvre folgen wird, bereits ankündigt. Die letzten Sätze, leidenschaftlich formuliert, können jemanden, der lieben und frei sein will, sich sein Geschick zu wählen, nicht kalt lassen. Bei mir erregte Cocteau damit den Geist und die Phantasie. Es ist ein selbstbewusster Appell und eine Liebeserklärung an die Liebe: »Das Laster liegt bei der Gesellschaft und nicht in meinem aufrechten Gang. Ich ziehe mich zurück. Dank des Strafgesetzbuches, das seit Napoleon und dem Lebenswandel des Chefs seiner Justiz, Cambacérès, noch immer gilt, bringt mich dieses Laster in Frankreich nicht ins Gefängnis. Aber ich dulde nicht, daß man mich toleriert. Dafür bin ich zu verliebt in die Liebe und in die Freiheit.«

Wie verliebt er war in die Liebe – und wie selbstverständlich ihm seine Homosexualität erschien – beweisen alle Werke. Vor allen aber die Gedichte für Jean Marais, den Geliebten, den Freund, Lebensgefährten, Mann. Eines meiner liebsten trägt den Titel *Laß uns mehr noch lieben*:

Laß uns mehr noch lieben,
Die Mühe der Liebe macht schön
Unter deiner Sonne habe ich kein Alter mehr,
Selbst am Rande deines Schattens ist das Grab nicht
                                        mehr.

Wir liebten uns ohne Aufruhr,
Unsere Liebe spiegelte sich im Wasser,
Schließen wir uns in diesem Käfig ein,
Wo der Spiegel einen einsamen Vogel leben läßt.

Fliehn wir das Leid, fliehn wir die Stadt,
Verriegeln wir uns zu zweit
Und gedenken der Insel,
Wo der Schweiß des Bluts zusammen uns die lockigen
                                        Lilien klebte.

Für dich will ich schreiben und leben,
Will meinen Morgen länger machen.
Er soll durch Buch und Bühne
Die Zukunft unsern Kindertraum erfahren.

Was Jean Cocteau als Kind sich erträumte, was er 1929 in
dem – zeitgleich mit dem *Weißbuch* erschienenen – Roman
Kinder der Nacht als Wunsch anderer versteckte, veröffentlichte er bis ans Ende seines Lebens in seinem ganzen
Œuvre: den Appell, der Liebe eine Zukunft zu geben.

Der Roman ist ein Psychodrama und eine völlig verrückte Geschichte. Die Geschichte eben nicht von Dargelos, sondern von dem Geschwisterpaar Paul und Elisabeth,
die sich so ähnlich sehen wie Thomas Manns Geschöpfe:
»Man sah sofort die Ähnlichkeit mit Paul; sie hatten die
gleichen blauen Augen unter dichten schwarzen Wimpern,
die gleichen blassen Wangen.« Und sie bewohnen – wohl
seit Ewigkeiten schon – gemeinsam ein Zimmer, das nie
aufgeräumt wird. Oder ist es doch ein ganzes Haus, von
dem sie nur einen Raum nutzen? Die Unordnung, so erklärt
Cocteau, hatten die beiden ebenso wie »die Eleganz« und
»die wilden Launen« vom Vater geerbt; die »bleiche Maske« von der Mutter. Der gemeinsam geteilte Ort ist vor
allem das Reich von Elisabeth. Sie, älter als der Bruder,
sieht sich selbst als Hüterin dieses Tempels, in den nur eingelassen wird, wer an ihr vorbeikommt – eben allein die
zwei anderen Freunde Gérard und Agathe. Gérard liebt
eigentlich Paul, überträgt dieses Begehren nun aber auf Elisabeth. Agathe liebt eigentlich Elisabeth – und wählt dann
doch Paul, wissend, dass sie Elisabeths Zuneigung nie
gewinnen wird. »Der Mechanismus, der Gérard von Paul
zu Elisabeth geführt hatte, führte Agathe von Elisabeth zu
Paul.« Während Paul aber die Zuneigung erwidert, gar
»eine gewisse Erregung« spürte, wenn Agathe anwesend

war und unbewusst »die wirre Traumlast, die er über Dargelos angehäuft hatte, auf Agathe übertragen« hatte, ahnt Gérard zu Beginn, was er bald weiß: Niemand wird Elisabeth, dieses böse geniale Kind, das alle in ihr Reich zwingt und alle dominiert, je gewinnen. Weshalb, folgerichtig, Elisabeths Verlobter, ein reicher junger Mann, der nie zugelassen und vorgelassen wurde in den Mythenraum der vier, bereits einen Tag nach der Hochzeit stirbt. Die vier ziehen in das Palais des Verstorbenen. Und ihr Leben geht weiter wie zuvor, Elisabeths Reich soll hier – größer, weiter, der Vieren selbst gewähltes Gefängnis sein. Es geht weiter wie gewohnt: »Elisabeth und Paul, die für die Kindheit geschaffen waren, fuhren fort zu leben, als lägen sie in einer Zwillingswiege. Gérard liebte Elisabeth. Elisabeth und Paul vergötterten und zerfleischten einander.«

Und was ist aus Dargelos geworden, jenem starken Jungen, Pauls Idol, der ihn einst mit einem Schneeball niedergestreckt hatte? Er verwandelte sich für Paul »in ein schüchternes junges Mädchen«. Zuerst. Doch er kehrt zurück. Nicht zu Paul. Gérard trifft ihn, und Dargelos fragt ihn, ob er noch immer mit »Schneeball« verkehre. Als dieser ihm erklärt, dass er ihn noch häufig sehe, macht Dargelos Paul ein Geschenk, das Gérard ihm mitbringt: »eine etwa faustgroße, dunkelfarbene Kugel, die mit einem jener chinesischen Papiere überzogen war, die sich wie Watte abzupfen lassen«. Die vier in ihrem Verlies fragen sich nun, ob diese seltsame nach Zwiebel und Geraniumessenz riechende Kugel wohl Gift sei oder Rauschgift. Die Kugel ist eine tödliche Droge – Paul stirbt. Auf dem Sterbebett gesteht er Agathe seine Liebe, doch durch eine Intrige kettet Elisabeth den Bruder, den sie für sich behalten, keinesfalls verlieren will, ganz an sich: Spielt nochmals mit ihm ihre Spiele, inzestuöse Séancen – und tötet sich selbst durch einen Revolverschuss. In *Kinder der Nacht* ist das Leben ein böser Traum, ein Liebestraum, ein Traum vom Siegen und ein Albtraum vom Verlust. »Denn wie eine Liebende ihre Lust hinauszögert, um die des andern zu erwarten, so wartete Elisabeth, den Finger am Abzug, die Todeszuckung ihres Bruders ab, schrie ihm zu, ihr zu folgen, rief ihn bei seinem Namen, lauerte auf den Augenblick der Verzükkung, da sie im Tode einander angehören würden.«

Nicht nur für mich ist dieser frühe Roman bereits der Höhepunkt in Cocteaus Werk. Er ist realistisch in der Erzählhaltung, inhaltlich surrealistisch, oder, um ein Wort zu benutzen, das nicht als ästhetische Kategorie missverstanden werden kann: irreal. Niemand, der auch nur oberflächlich Cocteaus Leben kennt, kann übersehen, dass in *Kinder der Nacht* die eigene Kindheit erinnert, beschworen und schmerzlich verarbeitet wird. Niemand kann sich täuschen – oder wird gar von dem Autor getäuscht: In diesem Roman wird versucht, einen paradiesischen Zustand wieder herzustellen. Eine Kindheit zu imaginieren und zu beschwören, in der das Kinderzimmer ein Tempel war, in dem es eine Tempeljungfrau gab, eine Tempelzofe und zwei der Jungfrau ergebene Tempeldiener; eine Kindheit, in der sexuelle Wirrnis und egozentrisches Begehren keine Vergehen waren. Die wichtigste Passage in *Kinder der Nacht* ist – genau aus diesen Gründen – eine Bemerkung über das Verhalten des Geschwisterpaares, das ungleich stärker ist als das andere Paar, als Agathe und Gérard: »Sie kümmerten sich nicht darum, welche unmittelbaren oder mittelbaren Folgen ihre Handlungen haben konnten, prüften sich selbst ebensowenig, wie ein dramatisches Meisterwerk sich über den Verlauf einer Intrige oder die herannahende Auflösung beunruhigt.«

Wer diesen Passus kennt, wundert sich nicht über einen anderen Satz aus dem autobiographischen Prosatext *Die Farben der Erinnerung*. »Ich möchte gerne von Menschen

gelesen werden, die, komme, was wolle, stets Kinder bleiben. Ich erkenne sie unter Tausenden. Ein Blick, dem sich
die ursprüngliche Zauberwelt auftut, bewahrt besser vor
dem Schimpf des Alters als alle Kuren und Schönheitsmit-
tel.« Ein wunderbarer Rat für jene, die das Alter fürchten:
Kind bleiben!

Seit Radiguets Tod 1923 suchte Cocteau Zuflucht beim
Opium, »das uns verrät, daß Chinas Höflichkeit und Chinas Foltern nicht weit sind«. Cocteau fand Vergessen im
Rausch. Denn er war einsam, und auch die Kirche – der
katholische Religionsphilosoph Jacques Maritain versuchte, ihm wieder im Glauben Halt zu geben – konnte ihn
nicht trösten. Wir wissen es aus dem *Weißbuch*. 1925
machte Cocteau die erste Entziehungskur, ein Jahr später
sagt er sich in der *Lettre à Jacques Maritain* öffentlich vom
Katholizismus los. 1927 befreundete er sich mit dem jungen Schriftsteller Jean Desbordes, von dem er sich bereits
1933 wieder trennt.

Die sechs Jahre mit Desbordes waren sehr erfolgreiche
für Cocteau und sehr schwierige zugleich. Es gelang ihm,
Das Weißbuch, die *Œuvres poétiques* (*Das weltliche Geheimnis*) und »*Opium«. Tagebuch einer Entziehungskur,
Les Enfants terribles* und neben anderen Texten auch noch
La machine infernale (*Die Höllenmaschine*) zu publizieren. 1930 wurde zudem der Monolog *La voix humaine*
uraufgeführt. Der deutsche Titel – *Die geliebte Stimme* –
gefällt mir nicht sonderlich. Und ich weiß nicht, was den
Übersetzer Hans Feist bewogen haben mag, das Adjektiv
»menschlich« durch »geliebt« zu ersetzen. Das Stück ist
ein großes Solo für eine Schauspielerin und Cocteaus meist-
gespieltes Stück. In Roberto Rossellinis Verfilmung hat
Anna Magnani diese Rolle gespielt; in Deutschland Hil-
degard Knef auf der Bühne. Das Thema dieses Stücks ist

Cocteaus Lebensthema: Die Unmöglichkeit von Liebe, der Verlust. Bei der Generalprobe in der Comédie Française im Februar 1930 kam es zu einem Eklat. Paul Eluard, Surrealist und berühmter Lyriker, unterbrach die öffentliche Vorführung. Wütend schrie er: »Das ist obszön! Hören Sie auf! Sie telefonieren mit Desbordes!« Den Surrealisten missfiel Cocteaus offen zur Schau getragene Homosexualität; und das (oft wohl schwierige) Verhältnis von Jean Desbordes und Cocteau war in der Pariser Literaturszene ein offenes Geheimnis.

Die Premiere von *La voix humaine* fand am 17. Februar 1930 statt und wurde ein Erfolg. Dieser Text ist das einzige Stück Cocteaus, das ich leidenschaftlich mag. Allerdings schätze ich auch das frühe Drama *Die Hochzeit auf dem Eiffelturm*, Cocteaus ersten Text für das Theater, 1921 uraufgeführt. Aber ich bin kein Freund seiner *Antigone* und seiner Oedipus-Bearbeitung, die den Titel *La machine infernale* trägt und 1934 uraufgeführt wurde. Selbst seinen Orpheus, den umjubelten *Orphée* von 1926, mag ich nicht sonderlich. Die mythische und mythelnde Selbststilisierung des Dichters, diese Orpheus-Christus-Cocteau-Trinität, diese Mischung aus Scherz, Satire, Ernst und Eitelkeit misshagt mir. Und dass der Dichter ein einsamer Priester ist, der aus (Liebes-)Leid Kunst gestaltet, gleichfalls. Mich ärgert dabei nicht, dass dieses Stück als frauenfeindlich interpretiert werden kann – Frauen hindern den genialen Dichter an seiner Arbeit – oder gar als Homosexuellenstück gesehen wird, wie manche Interpreten glauben, weil Cocteaus schwule Verehrer nach diesem Stück gar nicht mehr von ihm lassen wollten und ihn als »Dichterfürsten der Homosexualität« priesen. Und Cocteau selber leistete dieser Interpretation später noch Vorschub mit seinem Essay *Barbette*. »Vander Clyde, alias Barbette, ist ein junger Amerikaner von 24 Jahren«, beginnt Cocteau seinen Aufsatz. »Er sieht ein wenig buck-

lig aus wie die Vögel.« Barbette ist Artist und Transvestit.
»Die Garderobiere zieht ihm das Kleid über, kräuselt die
Federn, hakt das Oberteil zu (ein Büstenhalter aus Tüll, der
nicht einmal das Fehlen der Brüste verbirgt), und das Gefol-
ge von Garderobiere, Besuchern und Showgirls bewegt sich
zur Treppe, wo sich Barbette, wieder zu einem verkleideten
Jungen geworden, einen Scherz macht und in seine Röcke
gehüllt rittlings das Geländer hinabrutschen möchte. (...)
Der Grund für Barbettes Erfolg liegt darin, daß er sich an
den Instinkt mehrerer Arten von Publikum zugleich richtet
und in dunkler Weise gegensätzliche Stimmen auf sich vereinigt. Denn er gefällt denen, die in ihm die Frau sehen,
denen, die in ihm den Mann erraten, als auch jenen, deren
Seele sich von dem übernatürlichen Geschlecht der Schönheit ergriffen fühlen.« Der Barbette-Aufsatz, der Text über
den Trapezkünstler in einer Transvestiten-Show, erschienen
1926 in der Juli-Ausgabe der *Nouvelle Revue Française*,
macht auch deutlich, dass Kunst für Cocteau neben der Zau-
berei, die er erstrebt, vor allem und fundamental die Inszenierung von Schwindel ist. Der Schwindler ist sich seines
Vorgehens aber bewusst. Es gibt also einen Mechanismus
der Verzauberung, ein handwerkliches Schwindeln. Und
dieses beherrschte Cocteau. Und ihn faszinierte das Thema und die Erscheinung des Transvestiten, wie auch die
Erzählung *Das Phantom von Marseille* beweist, in der
der Ich-Erzähler dem erotischen Reiz eines Transvestiten
erliegt.

So ein Wesen wie Barbette ist Cocteaus Orpheus. Viel
besser als das Theaterstück gefällt mir der Film, 1949
gedreht und 1950 in Venedig mit dem internationalen
Kritikerpreis ausgezeichnet. Aus dem Pferd, das die Bot-
schaften aus dem Jenseits transportierte, wird im Film ein
Autoradio in einem Rolls-Royce. Und es gibt die Liebe
zwischen Orpheus und einer schönen Prinzessin, dem Fräu-

lein Tod, La Princesse La Mort. Der Film ist das richtige Medium für diesen Zauberstoff, er macht das Süßliche erträglich, nimmt dem Schwülstigen die schwere Süße und dem Narzisstischen das Übereitle. Wahrscheinlich aber mag ich den Film allein wegen Jean Marais – den Orpheus – und Maria Casarès, die die Prinzessin spielt.

Und weil ich gerade dabei bin: Der Film *La Belle et la Bête*, für den Cocteau das Drehbuch geschrieben hatte nach dem Märchen von Madame Leprince de Beaumont, gefällt mir auch ausschließlich wegen Jean Marais, dem Tier und dem Prinzen. Und ich mag es, weil Cocteau 57-jährig – der Film kam 1946 heraus – immer noch ein Kind war und das Kindliche von den Zuschauern sich wünschte. Cocteau schrieb den Vorspann zu diesem Film:

Kinder glauben, was man ihnen erzählt, und ziehen es nicht in Zweifel. Sie glauben, daß eine Rose, die man pflückt, Unglück über eine Familie bringen kann. Sie glauben, daß einem Untier, wenn es tötet, die Hände zu rauchen anfangen und daß das Tier sich dessen schämt, wenn ein junges Mädchen in seinem Haus wohnt. Sie glauben noch viele andere einfältige Dinge. Eine Spur dieser Einfalt erbitte ich jetzt auch von Ihnen, und um uns alle zu beglücken, lassen Sie mich drei Zauberworte sagen, das wahre »Sesam öffne dich« der Kindheit: ES WAR EINMAL ...

Viele Werke von Cocteau gefallen mir nicht, weil sie geschmäcklerisch sind und/oder eine seltsame Verbindung eingehen, lustig-vulgär oder ernst-seicht sind. Auch *Die Ritter von der Tafelrunde*, 1937 uraufgeführt und von Cocteau als eine Parabel der Entziehungskur erklärt, ist, so denke ich, von den Theatern zu Recht vergessen worden. *Les parents terribles* indes steht zuweilen noch auf französischen und als *Die schrecklichen Eltern* auch auf deutschen Spielplänen. Das Stück wurde 1938 uraufgeführt und für kurze Zeit als sittenwidrig verbannt von der Bühne, feierte aber rasch danach Triumphe auf den Bühnen von Boulevardtheatern. Es ist ein albernes Stück: Zuerst geht es darum, dass eine Mutter ihren Sohn ein bisschen zu sehr liebt, also mit durchaus erotischer Lust an ihm hängt, dann darum, dass diese Mama es nicht mag, wenn der Sohnemann sich eine andere Frau nimmt – weshalb sie sich umbringt. Und schließlich stellt sich heraus, dass der Vater, inzwischen also Witwer, und der Sohn dieselbe Geliebte haben – ein Mädchen aus dem Arbeitermilieu, das patent Ordnung bringen will in das Tohuwabohu dieser bürgerlichen Familie. Auch dieses Stück, 1948 von Cocteau verfilmt, ist meine Leidenschaft nicht.

Und nicht *Les monstres sacrés* von 1940, in dem ein Schauspielerehepaar im Leben Theater spielt; nicht *La machine à écrire* von 1941 und schon gar nicht das in Alexandriner gezwängte Versdrama *Renaud et Armide*, ein Tristan-und-Isolde-Verschnitt, im selben Jahr entstanden und 1943 uraufgeführt. Auch *Bacchus*, einem Stück über den katholischen Glauben und den protestantischen Glauben und die Liebe, 1951 zum ersten Mal gezeigt, kann ich nichts abgewinnen.

Das bedeutendste Stück Cocteaus heißt *L'Aigle à deux têtes* – in der deutschen Übersetzung *Der Doppeladler* –, 1946 uraufgeführt, 1947 vom Autor verfilmt. Es ist ein Melodram. Alles ist drin in dieser Mixtur: eine schöne Königin und ihr Mörder, böse Buben und irgendwie auch Ludwig II. von Bayern, dem Cocteau schon in dem Gedichtzyklus *Allégories* von 1941 ein Gedicht gewidmet hatte: *Bildnis Ludwig II. von Bayern in ganzer Figur.*

Auch zu diesem Drama hat Cocteau, der sich gern vorweg erklärte, eine Vorbemerkung geschrieben: »Man kennt den erstaunlichen Tod Ludwigs II. von Bayern, das Rätsel, das er aufgibt, und die zahllosen Kommentare, die es zu lösen versuchen. Beim Studium einiger dieser Schriften fiel mir auf, daß es interessant und den Forderungen der hohen Kunst des Theaters zuträglich wäre, einen ähnlichen geschichtlichen Vorfall zu ersinnen und danach ein Stück zu schreiben, in dem dieses Geheimnis enthüllt werden sollte.«

Gewiss interessierte sich Cocteau nicht zuletzt deshalb für den Bayernkönig, weil dieser homosexuell war. Wie auch immer. Das Stück ist vergessen, das Gedicht gleichfalls. Und verraten werden soll hier nur, dass am Ende zwei Liebende, die Königin und ein junger Mann namens Stanislaw, auf sehr merkwürdige und mindestens so merkwürdig tragische Weise sterben. Er stößt ihr ein Messer »zwischen die Schultern« und wird von einem »Gift niedergeschmettert«: »Die Königin bricht zusammen, wobei sie einen der Vorhänge mitreißt. Stanislaw fällt rücklings nieder, rollt die Stufen herab und stirbt unten, durch die ganze Höhe der Treppe von der Königin getrennt. Die Königshymne klingt fort. Vorhang.«

Gerade das dramatische Werk von Cocteau schätze ich nicht – mit Ausnahme der *voix humaine*. Dieses Stück ist zwar auch orakelig wie *Orphée* und die meisten anderen Stücke; auch hier gibt es einen spektakulären Abgang – die Frau erdrosselt sich am Ende mit der Telefonschnur –; und auf einen antikisch hohen Ton möchte Cocteau gleichfalls nicht verzichten: Dennoch, mir gefällt dieser Monolog zu *La voix humaine*, weil er nicht schwül, nicht kitschig ist. Nicht einmal am Ende. Das Telefonkabel um den Hals, steht die Protagonistin auf und geht auf ein Bett zu, immer den Apparat in der Hand:

Also dann ... dann ... Eben wollte ich schon ganz in Gedanken »Auf Wiedersehen« sagen ... Nein, ich zweifle daran ... Man kann nie wissen ... Ach Gott ... Es ist besser so ... viel besser ... Sie legt sich aufs Bett und drückt den Apparat in ihre Arme ... *Mein Liebling ... mein schöner Liebling – Ich bin tapfer. Jetzt mach schnell! Jetzt darfst du trennen! Trenne rasch! Trenne! Ich habe dich lieb! Ich habe dich lieb! Ich habe dich lieb! ... habe dich lieb! ...* Der Hörer fällt zu Boden. Vorhang.

Anders als seine Bühnenfigur nahm Cocteau sich nicht das Leben. Am 11. Oktober 1963 starb er in seinem Haus in Milly-la-Forêt, das er 1947 zusammen mit Jean Marais erworben hatte.

Marais war, das scheint gewiss, der wichtigste Mensch im Leben von Jean Cocteau. Er lernte ihn 1937 kennen, vier Jahre nach der Trennung von Jean Desbordes und sieben Jahre vor dem Tod dieses Freundes, der, bezichtigt einer Untergrundgruppe anzugehören, 1944 von der Gestapo zu Tode gefoltert wurde.

Der erste Brief, der in der Sammlung der Korrespondenz des Paares erscheint, sind Cocteaus wenige Zeilen vom Dezember 1938: »Mein Jeannot. Es ist Weihnachten, das wundervollste Weihnachten meines ganzen Lebens. In meinen Schuhen finde ich dein Herz, deinen Körper, deine Seele, Lebensfreude und die Lust an der gemeinsamen Arbeit (...) Mein Jeannot, niemals werde ich es oft genug gesagt haben: Dank. Dank für dein Schöpfergenie, Dank für unsere Liebe – Dein Jean.« Einer seiner letzten Briefe, datiert mit dem 5. März 1963, beginnt mit: »Mon Jeannot chéri« und endet, nachdem Cocteau berichtet hat, dass am Theater Sarah-Bernhardt seine *Parents terribles* wieder aufgenommen werden sollen: »Wer kann behaupten Deinen Sonnenschein imitieren zu können? Ich umarme dich. Jean.«

Diese Liebe, die keine einfache war, fasziniert mich, weil sie – obwohl vor der Öffentlichkeit nicht geheim gehalten – so diskret, so nobel war. So schreibt Cocteau 1939: »Mein Jeannot, ich liebe dich, (...) Ich danke dir für all das Glück, das du mir schenkst und von dem du dich trennst. Du bist mein Engel. Ohne dich würde ich den Kopf verlieren inmitten dieser vielen Theater- und Filmgeschichten. Ich hätte alles dafür gegeben, damit du dich in mich verliebst. Aber da der Himmel es nicht so wollte, bewahre mir einen verborgenen Platz in deinem Herzen und in den Empfindungen deines Herzens. Aime-moi«.

So recht bekommt man trotz der veröffentlichten Korrespondenz, trotz der publizierten Liebesgedichte, die Cocteau seinem Freund schrieb, nicht raus, wie diese beiden ihre Liebe, ihre Freundschaft lebten und ob sie wirklich die zwei Leben zu einem einten und das eine gemeinsam lebten. Sicher ist allein, dass Cocteaus Liebe größer war als die von Jean Marais. Und dass Cocteaus Begehren so groß war wie seine Sorge, dass diesem Mann, den er in manchen Briefen Engel nennt oder Sohn, nie etwas zustoßen möge.

Jean Cocteau war der Intellektuelle in dieser Beziehung; und er vermochte seinen Freund genau einzuschätzen, als Schauspieler – wie Cocteaus Tagebuchaufzeichnungen beweisen – und als Mensch.

Erstaunlich scheint mir zum Beispiel diese Bemerkung vom 7. Oktober 1951: »Eine Glückswelle festzustellen heißt schon, ihrer verlustig zu gehen. Wenn Jean Marais von seinem Glück spricht, kann er das, weil es dieses Glück nicht gibt. Er macht es sich. Er tauft das Unglück Glück. Hätte es dieses Glück wirklich gegeben, so hätte er es im Keim erstickt.«

Das Unglück Glück zu taufen, dieser heitere Behauptungswille war Jean Cocteau nicht gegeben. Er, den der oberflächliche Leser, der flinke Betrachter seiner Bilder, abtun könnte als witzig, kokett und affektiert. Werten könnte als einen Dichter mit einem gefährlichen Hang, literarische Moden aufzunehmen und einer kunsthandwerklichen Fertigkeit im Erfinden und Formulieren von Zauberhaftem und Phantastischem. Er ging keineswegs unkritisch mit sich und seinem Werk um. Der Narziss – die Tagebücher zeigen es – ging mit sich und den literarischen Moden ins Gericht. »Die Mode ist wichtig für die Kunst. Sie entlarvt sich sofort und zwingt die Kunst, das Gewehr umzuschultern«. An anderer Stelle: »Meine einzige Stärke ist gewesen, daß ich mich keiner Schule angeschlossen habe (was einen zeitweilig teuer zu stehen kommt) und nur aufeinanderfolgenden Bewegungen angehört habe. Denn wenn man erst zu einer Schule gehört, an deren Stelle eine andere tritt, kann man sich nur setzen.«

Und wie verhielt sich Cocteau während der deutschen Besatzungszeit? Als die deutschen Truppen 1940 in Paris einmarschierten, zog er sich nach Perpignan zurück und machte eine weitere Entziehungskur. Im Herbst kehrte er zurück und wurde 1941 von der rechten Presse – nach der Uraufführung von *La machine à écrire* heftig angegriffen.

Er war kein sehr politischer und kein sehr vorsichtiger Mensch: Er schrieb Arno Breker anlässlich einer Pariser Ausstellung seiner Werke ein freudiges »Salut à Breker«, das die Franzosen ihm sehr übel nahmen. Das war 1942. Im selben Jahr setzte er sich andererseits für den angeklagten Jean Genet ein. Die Freundschaft zu Breker (wie die zu Picasso, de Chirico und anderen) beendete er auch nach Kriegsende nicht, sowenig wie er sich von Genet lossagte. In den Tagebüchern und in Jean Marais' Autobiographie finden wir die Fortsetzung der Breker-Geschichte, die 1942 begann: »Jean nahm mich mit in eine Arno-Breker-Ausstellung. Dieser Bildhauer und Intimus Hitlers war in Deutschland wenig beliebt. Man nannte ihn den ›Franzosen‹, weil er Frankreich liebte, wo er von 1927–1933 gelebt hatte. Seit jener Zeit kannte Jean ihn und war ihm freundschaftlich verbunden. Ich glaube sogar, sie haben zusammen gewohnt. Für Jean kannte die Freundschaft keine Staatsgrenzen, sie ging ihm über alles.«

Im Oktober 1952 trifft Cocteau die Brekers wieder: »Die Brekers gesehen, die wie in Quarantäne zu leben scheinen. Arno hat den Platz innegehabt, den alle haben wollten. Das verzeiht man ihm nicht. Wer hätte, wenn er ohne einen Pfennig gewesen wäre, widerstanden, wenn ihm alles angeboten wurde? Keiner von denen, die es ihm vorwerfen. Man müßte Christus sein, um auf dem Berge zu widerstehen. Durch Breker sind Picasso und ich vor dem Schlimmsten bewahrt worden. Das werde ich ihm nie vergessen.«

Cocteaus Verehrung der Brekerschen Werke konnten, glaubt man Marais, in Paris nicht alle verstehen oder gar teilen. Paris habe sich, so Marais, gegen Brekers Enormitäten mit einem Witz gewehrt: »Auf der Breker Ausstellung in der Orangerie riesige, sinnliche Menschengestalten, ein Eindruck, der Sacha Guitry zu der Bemerkung veranlaßte: ›Wenn alle diese nackten Männer eine Erektion bekämen, wäre hier kein Durchkommen mehr.‹«

1943 starb Cocteaus Mutter, ein Jahr später sein Freund Max Jacob, der von den Nazis deportiert worden war.

Die Nachkriegszeit wurde für Cocteau wieder höchst erfolgreich: eigene Filme, Verfilmungen seiner Bücher, Reisen nach Amerika und in den Nahen Osten. Allmählich kommen auch die Auszeichnungen: Er wird 1949 zum Ritter der Ehrenlegion ernannt, 1951 wird er – auch dies eine Auszeichnung – Präsident der französischen Autoren- und

Komponistengewerkschaft. 1952 dann findet in München die erste umfassende Ausstellung seines graphischen und malerischen Werks statt. 1953 wird Cocteau Vorsitzender der Jury des Internationalen Filmfestivals in Cannes. Und 1955 – endlich! – die Aufnahme in den Kreis der Unsterblichen: Cocteau wird Mitglied der Académie française und der Académie Royale de langue et de littérature française de Belgique. 1956 verleiht ihm die Universität Oxford den Titel eines Ehrendoktors. 1961 wird er Kommandant der Ehrenlegion. Zu diesem Zeitpunkt ist Jean Cocteau schon sehr krank. 1954 erlitt er den ersten Herzinfarkt; 1959 einen Blutsturz, und im April 1962, ein halbes Jahr vor seinem Tod, einen Herzanfall.

Jean Cocteau gehört zu meinen Leidenschaften – trotz vieler Texte, die ich nicht sonderlich schätze; trotz der wenig entschlossenen Haltung während der deutschen Besatzung –, weil er so wunderbare Worte fand für die Liebe, und Hitler und Liebe gar in einem Gedicht zu vereinen vermag – und Hitler geht verloren, die Liebe besteht:

Der Wein

Hitler hat seine Freunde umgebracht
Solche Verbrechen sind nicht erlaubt ...
Aber vor dem Himmel und der Kirche
Ist unsere Leidenschaft erlaubt.

Die Pflanzen und die Tiere
Lehren uns unsere Ahnen
Wenn du meine Reben setzt,
Ernte ich den Wein der Worte

Cocteau gehört zu meinen Leidenschaften, weil er garstige Aperçus zu sagen und zu schreiben verstand. An das Bonmot von Raymond Radiguet, der schon als fünfzehnjähriger Knabe auf die Frage, ob er ein Laster habe, geantwortet haben soll: »Ja, jeden Morgen schlüpfe ich in meine Hose«, fügte Cocteau Prinzipielles zum Thema Laster: »Die Befriedigung dessen, was man ein Laster nennt, ist immer ›frisch‹, insofern sie abweicht vom Gewohnten, dem entspricht, was anderen das sonntägliche Frühstück im Grünen, am Straßenrand bedeutet.« Auch was er über die Schlager-Berieselung bemerkt, gefällt mir: »Die Sänger und Sängerinnen im Radio. Ohne alle Erfindung in der Melodie. Nur ein Gejammer. *Pariser* Spatz – *Pariser* Bengel und andere Schwachsinnstexte. Im Genre Klagelied. Und in allen Häusern rinnt dieses lauwarme Wasser aus dem Hahn. Das *Pariser* Chanson kann einem Paris für alle Zeiten verleiden.« – Eine Bemerkung aus dem Jahre 1952, Cocteau kannte weder den Rap noch den Grand Prix d'Eurovision.

Auch Aphorismen sind eine Cocteau-Stärke, diese Klarheit im Denken und Formulieren wünschte ich mir öfter in seinem dramatischen Werk: »Die Jugend muß ihr Genie unvermittelt entzünden – Jugendlichkeit allein ist deprimierend.« Und wenn er nicht schwindelt, sondern genau und verärgert beobachtet, dann ist mir Cocteau besonders lieb: »Flugzeug Air France (Nizza–Paris). Diese Manie der Reisenden, unentwegt an den Frischluftdüsen herumzufummeln – sie auf sich zu richten oder aber den Mitreisenden einen eiskalten Strahl zu verpassen. Es ist nicht warm im Flugzeug. Und dennoch ersticken die Damen, fächeln sich Luft zu, fingern an der Luftzufuhr herum.«

Der schönste Aufsatz, den ich von Cocteau kenne, ist der *Von der Freundschaft* in der Essaysammlung *Die Schwierigkeit, zu sein*. Er begann die Arbeit daran im

Februar 1946, als er sich als Rekonvaleszent und beinahe 60 Jahre alt in Morzine in den französischen Alpen aufhielt. Diese Aufsätze mit Montaignes *Essais* zu vergleichen, ist nicht vermessen. Jean Cocteau geht es um Ethik und Moral; und es geht ihm darum, dass die Kunst eine Haltung zu vertreten habe. Es sind kluge Betrachtungen und zugleich kleine aufrichtige Lehren.

Irgendwann einmal habe ich gesagt, ich verstünde mich besser auf Freundschaft als auf Liebe. Liebe beruht auf kurzfristigen Spasmen. Enttäuschen uns die Spasmen, schwindet die Liebe dahin. Es geschieht nur sehr selten, daß sie die Probe überdauert und zur Freundschaft wird. Freundschaft zwischen Mann und Frau ist schwierig und, genaugenommen, eine Abart der Liebe. Eine Verkleidung der Eifersucht. Freundschaft ist ein friedlicher Spasmus. Ohne Besitzgier. Das Glück eines Freundes beglückt uns. Es entzieht uns nichts. Was daran Anstoß nimmt, ist nicht Freundschaft. Es ist Liebe, die sich verheimlicht.

(...)

Max Jacob sagte mir einmal: »*Du hast keinen Sinn für Kameradschaft.*« *Er hatte recht. Das Wort, das Wilde zu Pierre Louys sprach, paßt besser auf mich. Da man es nicht verstand, verursachte es einen Skandal:* »*Ich habe keine Freunde. Ich habe nur Liebhaber.*« *Gefährliche Ellipse, wenn sie einem Polizisten oder einem Literaten zu Ohren kommt. Er wollte damit sagen, daß ihm alles zum Äußersten ausschlug. Was ihn selber dabei betrifft, so meine ich, daß er sich damit nur brüstete. Er hätte sagen sollen:* »*Ich habe nur Kameraden.*« *Und wäre ich Pierre Louys gewesen, hätte ich daraufhin noch mehr Argwohn geschöpft. (...) Sie, die Freundschaft, bewahrt mich vor der Angst, die der Mensch verspürt, wenn er altert.*

(...)

*Ach, wie viele Schicksalsschläge habe ich hinnehmen
müssen! Genug, um auf und davon zu laufen. Aber die
Seele ist zäh. Sooft man auch ihr Nest zerstört, sie baut
es immer wieder auf. (…)*

*Ja, ich weiß, ich warb um die Freundschaft von Men-
schen, deren Triebwerk zu schnell absurrte, sich auf dramatische Weise abnutzte. Von ihnen entfernt mich heute ein gewisser Vaterinstinkt. Ich wende mich jenen zu,
die nicht unter dem schwarzen Stern stehen. Er sei verflucht! Ich verwünsche ihn. Und wärme in der Sonne
mein altes Gebein.*

Das ist Cocteaus Wort zur Freundschaft. Das Folgende ist
seines zur Liebe. Und vielleicht ist es ein Schlüssel, die Lie-
bes- und Lebensgeschichte der beiden Jeans zu verstehen:

*Warum ich so sehr liebe
Einer liebt mehr – trotz allem – immer,
Das ist das harte, finstere Gesetz.
Nun denk doch, ob ich nicht lieben muß,
Um mehr noch zu lieben als du!*

ix. Else Lasker-Schüler

Was ist von Else Lasker-Schülers Werk geblieben? Was wird bleiben? Wohl vor allem die Gedichte machen noch heute ihren Ruhm aus. Die Lyrikerin wird vertreten sein, wenn Gedichtsammlungen des 20. Jahrhunderts kompiliert werden. Und wenn je eine repräsentative Sammlung der wichtigsten Dramen des vergangenen Jahrhunderts geplant werden wird, dann sollte Lasker-Schülers *Wupper* nicht fehlen. Allein: Ich bin kein leidenschaftlicher Verehrer dieses Dramas, genauso wenig kämpfe ich für jene Gedichte, die den meisten Zeitgenossen wichtig sind: *Mein blaues Klavier* zum Beispiel, vielleicht Else Lasker-Schülers berühmtestes Gedicht, entstanden wohl im Jerusalemer Exil und 1943 von Moritz Spitzer in einer Gedichtsammlung herausgegeben. Sie trug den Titel dieses Gedichts:

Mein blaues Klavier

Ich habe zu Hause ein blaues Klavier
Und kenne doch keine Note.

Es steht im Dunkel der Kellertür.
Seitdem die Welt verrohte.

Es spielen Sternenhände vier
– Die Mondfrau sang im Boote –
Nun tanzen die Ratten im Geklirr.

Zerbrochen ist die Klaviatür .....
Ich beweine die blaue Tote.

Ach liebe Engel öffnet mir
– Ich aß vom bitteren Brote –
Mir lebend schon die Himmelstür –
Auch wider dem Verbote.

Auch die Gedichte *Weltende*, *Weltflucht* und *Weltschmerz*, die vielen als Beweis für das Lasker-Schülersche Genie gelten, sind mir weit weniger nah als die Poeme der Nelly Sachs. Obwohl ich gestehen muss, dass mich viele ihrer Liebesgedichte stark berühren, ganz gleich ob die Liebe zu Gott besungen wird oder die zu einem Menschen, einem Mann.

Welche Sehnsucht spricht aus dem mit *O Gott* überschriebenen Schrei:

Überall nur kurzer Schlaf
Im Menschen, im Grün, im Kelch der Winde.
Jeder kehrt in sein totes Herz heim.

– Ich wollt die Welt wär noch ein Kind –
Und wüßte mir vom ersten Atem zu erzählen.

Früher war eine große Frömmigkeit am Himmel,
Gaben sich die Sterne die Bibel zu lesen.
Könnte ich einmal Gottes Hand fassen
Oder den Mond an seinem Finger sehn.

O Gott, o Gott, wie weit bin ich von dir!

So weit ist sie – und doch so nah, dass die Dichterin sich sehnend Gott anvertraut. Schon in diesem Gedicht gibt es ein Bild, das so eigenartig und so unverschämt gewagt ist wie viele andere, die sich die Lasker-Schüler einfallen ließ oder die ihr – wie dem Sterntalerkind – in den Schoß gefallen sein mögen. Else Lasker-Schüler, die die verrücktesten Vergleiche schuf und sich in ihren zu Unrecht vergessenen dramatischen Werken Dinge und Begebenheiten zu schreiben traute, die noch heute – oder heute mehr denn je – verblüffen, machte ihre Texte zu Konzerten – und *Konzert* heißt auch ein Sammelband ihrer Lyrik.

Aber ich möchte zuerst bei den Liebesgedichten verharren.

Das wunderbare, *Eros* betitelte Werk aus dem 1902 erschienenen Band *Styx* müsste in jeder Anthologie sein. Und hier finden wir sie schon: die Metaphern, an denen man Else Lasker-Schüler erkennen kann. Blut wird zu Bränden geschürt, etwas Flüssiges also, das geeignet sein müsste Glut und Flammen zu löschen, wird entfacht zu einem Feuer. Und Trauer wird umschrieben als etwas Nächtliches, durchaus nichts Ängstigendes:

Eros

O, ich liebte ihn endlos!
Lag vor seinen Knie'n
Und klagte Eros
 Meine Sehnsucht.
O, ich liebte ihn fassungslos.
Wie eine Sommernacht
 Sank mein Kopf
Blutschwarz auf seinen Schoss
Und meine Arme umloderten ihn.
Nie schürte sich so mein Blut zu Bränden,

Gab mein Leben hin seinen Händen,
Und er hob mich aus schwerem Dämmerweh.
Und alle Sonnen sangen Feuerlieder
 Und meine Glieder
Glichen
 Irrgewordenen Lilien.

»Irrgewordene Lilien«. Als Else Lasker-Schüler dieses Adjektiv vor eine Blume setzte, war sie Anfang dreißig, vielleicht auch ein wenig jünger. Das festzuhalten ist wichtig, weil man in ihrem Nachlass Werke mit ähnlich verrückten Wortkreationen fand, die übereifrige und ungesundgesunde Interpreten abtaten als Werke einer im Alter umnebelten, geistig nicht mehr zurechnungsfähigen Frau. O nein, wenn Else Lasker-Schüler denn als verrückt gelten soll, dann, bitte, ihr ganzes Leben lang. Sie war eine bemerkenswert unangepasste Frau, eine Schwärmerin und eine Dichterin, der nichts fern war – nicht die Kindheit, der sie geradezu leidenschaftlich bis ins Alter huldigte, und ganz nah waren ihr die Sterne, die Monde, die Sonnen, die Engel, die sie in ihrer Prosa, ihrer Lyrik, in ihren Dramen und Briefen beschwor.

Der Stern – gewiss auch als der Davidsstern – steht in diesem Œuvre für vieles und für alles, was Else Lasker-Schüler wichtig, groß, hehr ist: Gott und die Liebe, die Schöpfung und – wie für alle (gläubigen) Juden – das Wort, die Sprache. Es gibt die »spielenden Sterne«, die »bösen Sterne« und die »schwarzen Sterne«. Bei Else Lasker-Schüler treffen »Blicke sich wie Sternenfragen« und einmal, in dem Gedicht *Winternacht* fühlt sie sich, als sei sie »spät um Mitternacht gestorben« und »schon ein Sternenleben tot«. Und die Dichterin schuf in dem gleichnamigen Gedicht Liebessterne, von denen sie, der wohl wenig auf Erden und im Himmel merkwürdig-fremd erschien, selbst behauptete, dass es »seltsame Sterne« seien, die zur Erde starrten, »Eisenfarbene mit Sehnsuchtsschweifen«, die »mit brennenden Armen die Liebe« suchten.

Die Liebe ist, so scheint mir – als ganz irdische wie als göttliche – das Zentrum von Else Lasker-Schülers Schaffen. Von der irdischen künden ihre Liebeslieder, in denen sie sich nicht scheut, überschwänglich und wie trunken selig zu frohlocken, weil sie liebt oder geliebt wird. Sie kennt dann keine sprachliche Sparsamkeit, sie geizt so wenig mit Worten wie mit Gefühlen: *Mein Liebeslied* aus der 1911 erschienenen Sammlung *Meine Wunder* ist ein eklatantes Beispiel für diesen Überfluss oder besser: die Fülle der Lasker-Schüler:

MEIN LIEBESLIED

Wie ein heimlicher Brunnen
Murmelt mein Blut,
Immer von dir, immer von mir.

Unter dem taumelnden Mond
Tanzen meine nackten, suchenden Träume,
Nachtwandelnde Kinder,
Leise über düstere Hecken.

O, deine Lippen sind sonnig ...
Diese Rauschedüfte deiner Lippen ...
Und aus blauen Dolden silberumringt
Lächelst du ... du, du.

Immer das schlängelnde Geriesel
Auf meiner Haut
Über die Schulter hinweg –
Ich lausche ...

Wie ein heimlicher Brunnen
Murmelt mein Blut.

Ganz woanders, in dem 1920 publizierten Gedicht *Ver-*
söhnung, gibt es ein Liebesbild, das ich besonders mag:
das vom großen Stern, der denen in den Schoß fällt, die
»in den Sprachen beten, die wie Harfen eingeschnitten
sind«. In diesem Poem sind alle Themen der Else Lasker-
Schüler vereinigt: das Kindsein als Gnade und Aufgabe,
die göttliche und die menschliche Liebe, die Nacht, der
Stern und das Herz. Es äußert, so denke ich, gemeinsam
mit dem *Weltende* einen Zweiklang: den Schmerz und die
Freude am Leben und am Lieben. Gleichzeitig zeugt es von
einer Sehnsucht, das Leben und die Liebe zu bewahren und
von der Sehnsucht, beide zu haben und zu halten – in Zeiten, da beide bedroht waren.

Im *Weltende* hören wir Else Lasker-Schüler wahrsagen,
Zukunft sehen und Vernichtung:

Es ist ein Weinen in der Welt,
Als ob der liebe Gott gestorben wär,
Und der bleierne Schatten, der niederfällt,
Lastet grabenschwer.

Komm, wir wollen uns näher verbergen ...
Das Leben liegt in aller Herzen
Wie in Särgen.

Du! wir wollen uns tief küssen –
Es pocht eine Sehnsucht an die Welt,
An der wir sterben müssen.

Was für ein geheimnisvoll schönes Bild: »wir wollen uns
näher verbergen«. Gemeinsam verstecken heißt dies. Oder

miteinander ineinander verstecken, eins werden, worauf auch jene ganz und gar unsexistische Zeile verweist: »wir wollen uns tief küssen«. Solche Gleichnisse sind eine Lasker-Schüler-Spezialität.

Nach Hitlers Machtergreifung verließ Else Lasker-Schüler Berlin, wo sie lebte, am 19. April 1933 fluchtartig. Einige Tage blieb sie in Zürich, wo sie zunächst herumirrte, bevor Freunde sich ihrer annahmen. Im Sommer desselben Jahres noch zog sie in das Emigrantenzentrum Ascona.

Das Dasein im schweizerischen Exil und später in Israel ist der dritte, der traurigste Abschnitt im Leben der Dichterin.

Die glücklichste Zeit war gewiss ihre Kindheit und Jugend. Else Lasker-Schüler, die sich in ihrem Werk ohne große Umstände aus der Wirklichkeit stiehlt, sich in andere Personen verwandelt, vor allem in männliche, wurde am 11. Februar 1869 in Elberfeld geboren. Die Lasker-Schüler hatte jedoch ihre eigene Art, mit derlei historischen Fakten umzugehen. Und so schrieb sie in einem kurzen Lebenslauf, den sie für die Expressionismus-Anthologie *Menschheitsdämmerung*, die Kurt Pinthus 1920 in Berlin herausgab, anfertigte, sie sei in Theben zur Welt gekommen.

Zu diesem Zeitpunkt, 1920, hatte Else Lasker-Schüler schon längst für sich die Kunstfigur des Prinz Jussuf von Theben gewählt – als Rolle, als ihr Alter Ego. Für Jussuf hatte sie Auftritte arrangiert in ihren Büchern und in der Realität. Verkleidet trat sie auf, die schmale, schlanke Frau mit der Pagenfrisur. Als dieser Prinz Jussuf trug sie zuweilen – wie auf einem Photo des Jahres 1910 zu sehen ist – einen dunklen Seidenhosenanzug, helle Stöckelschuhe, und auf dem Bild schreitet sie majestätisch einher, eine Flöte im Mund: eine mondäne Menschenfängerin.

Else Lasker-Schüler war das jüngste Kind von sechs. Ihr Vater, Aron Schüler, war ein Privatbankier, der ein kleines Bankgeschäft in Elberfeld besaß und es zu Wohlstand gebracht hatte. Auch er profitierte wie viele andere von dem Wirtschaftsboom der Gründerjahre. Elisabeth Schüler wuchs im Haus der Eltern, am Stadtrand von Elberfeld auf. Während ihre Mutter, geborene Jeannette Kissing, eine eher stille, wohl gar melancholische Frau gewesen sein muss, war ihr Vater ein Bonvivant, ein Theaterliebhaber und begeisterter Gastgeber. Nach den Aufführungen, die er stets von der ersten Reihe verfolgte, lud er die Schauspielerinnen und Schauspieler zu sich nach Hause ein. Zu Karnevalszeiten gab er viel gerühmte Hausbälle, bei denen er sich nicht scheute, den Spaßmacher zu geben. Else Lasker-Schülers Urgroßvater war Hirsch Cohen, von dem manche Forscher behaupten, er entstamme der berühmten Rabbiner-Familie Rappaport. Ihm setzte die Urenkelin ein Denkmal. Hirsch Cohen wurde zum Urbild des Rabbuni, zum Oberrabbiner der Rheinlande und Westfalen, in Lasker-Schülers 1932 veröffentlichtem Schauspiel *Arthur Aronymus und seine Väter*. In vielen ihrer Werke finden wir den Rabbiner wieder und die Sorge vor antijüdischen Ausschreitungen, einem Wiederaufflackern des Antisemitismus. Geprägt war diese Angst von den Berichten des Vaters, der selbst Zeuge von judenfeindlichen Übergriffen gewesen war. Else Lasker-Schüler sehnte sich nach einem friedlichen Zusammenleben von Juden und Christen. Später – in Palästina – wünschte sie sich Frieden zwischen Juden und Arabern.

Ganz schlicht und sentimental, zu schlicht, zu sentimental löst Else Lasker-Schüler die christlich-jüdischen Konflikte in *Arthur Aronymus*. Rabbiner und Bischof feiern gemeinsam – im Hause des Juden – den Seder-Abend, das abendliche Mahl vor dem Pessachfest.

Draußen vor dem Hause des reichen und gebildeten Juden schreit die Menge nach ihrem Bischof, den sie sehen will. Darauf stehen alle auf und der Bischof schreitet zusammen mit dem Kaplan auf die Terrasse, zwischen ihnen Arthur Aronymus, das Abbild von Lasker-Schülers Urgroßvater.

Von der Terrasse herab spricht der Bischof nun zur Menge: »Meine geliebten Brüder und Schwestern in Christo! Von tiefer Freude ist mein Herz bewegt. In dieser Stunde, in der ich als Mittler stehe zwischen euch *vor* diesem Hause und denen *in* diesem Hause, erfüllt sich mir das Wort unseres heiligen Apostels Petrus, der da sagte: ›Gott sieht nicht auf die Person, vielmehr ist ihm in jedem Volke wohlgefällig, wer ihn fürchtet und recht tut.‹«

Aus dem Exil noch schrieb Else Lasker-Schüler 1940 Papst Pius XII. einen Brief, in dem sie berichtet, wie der Vater der Familie von den Grausamkeiten erzählte, die die Christen an den Juden verübten: »Heiliger Vater in Rom, als ich noch ein Kind war und mein Vater und mein zweiter Bruder meiner von mir angebeteten Mama und meinen älteren Geschwistern einst von solchen ungeheueren Anschuldigungen berichteten, ja da saßen wir um unseren runden Abendbrottisch in unserem großen Hause und weinten alle wie die Kinder, Heiliger Vater.«

Die »angebetete Mama« starb am 27. Juli 1890, Else Lasker-Schüler war gerade 21 Jahre jung. Und der Verlust dieses Menschen, den sie vergötterte, war der größte in ihrem Leben, das an menschlichen Enttäuschungen nicht eben arm war.

In vielen Gedichten hat sie die Trauer um die Mutter kundgetan. Das erste dieser der Mutter gewidmeten Gedichte wurde 1902 in der Gedichtsammlung *Styx* veröffentlicht und ist *Mutter* überschrieben:

Ein weißer Stern singt ein Totenlied
  In der Julinacht,
Wie Sterbegläut in der Julinacht.
Und auf dem Dach die Wolkenhand,
Die streifende, feuchte Schattenhand
Sucht nach meiner Mutter.
Ich fühle mein nacktes Leben,
Es stößt sich ab vom Mutterland,
So nackt war nie mein Leben,
So in die Zeit gegeben,
Als ob ich abgeblüht
Hinter des Tages Ende,
  Versunken
Zwischen weiten Nächten stände,
Von Einsamkeiten gefangen.
Ach Gott! Mein wildes Kindesweh!
... Meine Mutter ist heimgegangen.

Der Tod – eine zweite Geburt. Denn der Eintritt in die Welt
ist bereits der Austritt aus dieser.

In einem anderen Werk zerbricht der Mond am Todes-
tag der Mutter – eine Katastrophe, verheerend für das
Mädchen Else, der schon als Kind der Himmel mit seinen
Gestirnen mehr bedeutete als die Erde.

Von der Jugendzeit in Elberfeld ist wenig bekannt. Wir
wissen nur, dass Else Lasker-Schüler als Elfjährige eine
Nervenkrankheit gehabt hat, weswegen sie aus der Schule genommen werden und zu Hause Privatunterricht bekommen musste. Nach dem Tod der Mutter verlobte sich
Else Schüler mit dem in Elberfeld approbierten Arzt Jona-
than Berthold Lasker. Am 15. Januar 1894 heiratete sie
den Mediziner, der ein Bruder des Schachweltmeisters
Emanuel Lasker war. Mit dem von ihr durchaus geschätz-

ten Mann zog sie noch im selben Jahr nach Berlin. Lasker war neun Jahre älter als sie. Über ihn erfahren wir im Werk der Lasker-Schüler nicht eben viel. Und vielleicht führten die beiden wirklich keine sonderlich glückliche Ehe, vielleicht war Berthold Lasker wirklich nicht der Mann, den Else sich ersehnte, wie Zeitgenossen und Freunde tuschelten oder mutmaßten.

»Möcht einen Herzallerliebsten haben! Und mich in seinem Fleisch vergraben« – dieser Wunsch erfüllte sich für Else Lasker-Schüler immer nur zeitweilig. Es scheint, als sei jede ihrer Beziehungen, die euphorisch begannen, auch die Liaison mit Gottfried Benn, nur für kurze Zeit glückselig. Ein kleiner Exkurs zur Verbindung von Gottfried Benn und Else Lasker-Schüler: Sie waren wohl seit 1912 so etwas wie ein Paar. Dem Geliebten widmete sie mehrere Gedichte:

Höre

Ich raube in den Nächten
Die Rosen Deines Mundes,
Daß keine Weibin Trinken findet.

Die dich umarmt,
Stiehlt mir von meinen Schauern,
Die ich um deine Glieder malte.

Ich bin dein Wegrand.
Die dich streift,
Stürzt ab.

Fühlst du mein Lebtum
Überall
Wie ferner Saum?

Benns Antwort auf solch zarte Zeilen war jedoch nieder-
schmetternd, unmenschlich, widerlich:

Hier ist kein Trost

Keiner wird mein Wegrand sein,
Laß deine Blüten nur verblühen.
Mein Weg flutet und geht allein

Einer liebt immer mehr als der andere. Die Liaison endete 1913.

Aber zurück zu Else Lasker-Schülers Gatten: Ein Wider-
ling war Dr. Lasker nicht, wenngleich wohl durchaus eifer-
süchtig, was wenig verwundern kann. Aber immerhin und
trotz der Eskapaden und Abenteuer seiner Frau erlaubte
ihr der Mann die Anmietung eines Ateliers im Tiergarten.
Else Lasker-Schüler nahm Mal- und Zeichenunterricht bei
Simon Goldberg und lernte zu fotografieren. 1899 gebar
sie einen Sohn, der den Namen Paul erhielt und 1927 starb.
Ob der Vater dieses Kindes Berthold Lasker war oder ein
Geliebter, dazu hat sich Else Lasker-Schüler zeitlebens nie
ernsthaft geäußert. Im Gegenteil: Sie hütete das Geheimnis und kokettierte damit. Die Dichterin, die sich ein Leben
erfand, ihre Vita stilisierte und manipulierte, äußerte in
einem sehr späten Brief vom 19. Mai 1917 an Karl Kraus,
der Vater des Sohnes sei der Grieche Alkibiades de Rou-
an. Gottfried Benn gegenüber soll sie behauptet haben,
Pauls Vater sei ein spanischer Prinz gewesen. Den Schlüssel für diese verschlossene Kammer der Seele und des Herzens von Else Lasker-Schüler findet man nicht, wenn man
in ihrem Leben herumschnüffelt; man muss ihn in ihrem
Œuvre suchen, denn ihr Werk ist sehr autobiographisch.
Der Schlüssel findet sich zum Beispiel in dem 1907 erschienenen Werk *Die Nächte der Tino von Bagdad*, in dem der

Geliebte den Namen Abdul trägt: »O Abdul, deine Augen schweifen immer über die Dämmerung, und mein Herz ist blau geworden, dunkelblau wie der Garten des Jenseits. Auf dem Gipfel des Balkans sehe ich dich herannahen, wie auf dem Buckel eines Dromedars. Abdul, ich bin verliebt in dich, und das ist viel rauschender, als wenn ich dich lieben würde. Wie der Frühling ist es verliebt zu sein …… Immer kommen große Stürme über mein Blut; ich fürchte mich vor ihnen, aber sie überjubeln mich mit tausend blühenden Wundern.«

Später, in dem sehr kurzen, nur aus zwei Sätzen bestehenden Kapitel *Tino und Apollydes* wird die Autorin, die den autobiographischen Hintergrund des Werkes kaum verschleiert, noch deutlicher; so deutlich, dass wir nachlesen können, dass sie nach zweiundfünfzig Monden, also nach vier Jahren und vier Monaten in der Ehe, die Flucht zum Geliebten antrat. Sie, die das Rätselerfinden perfekt beherrschte, fand hier die leichtesten Chiffren, die ihren Nächsten, vor allem ihrem Mann, wohl das Dechiffrieren besonders leicht machen sollten: »Tino von Bagdad hat schon zweiundfünfzig Monde die Erde nicht unverschleiert gesehen, und sie war müde der blinden Blicke und sie verwünschte ihre braunen, langen Haare und alles, was sie von Eva geerbt hatte. An Apollydes schrieb sie, der war ein schöner Griechenknabe – auf den Plätzen ihrer Stadt pries er die Liebe.«

Da ist er, der Griechenknabe – hier Apollydes genannt und, wie zu vermuten ist, einer, der in der Öffentlichkeit von sich reden machte. In dieser wenig bekannten Erzählung feiert die Dichterin ihre Liebe:

Wir sprechen klingende Dinge, aber unsere Lippen bewegen sich kaum, sie sind von heimlicher Farbe, und unsere Augen sind aus Süße zuckender Sommernächte.

Wir wissen nicht, in welchem Lande wir sind, heiß ist
es, und in der Ferne steigen schwarze Feuer auf, die pran-
gen oben tief in schillernden Rosen. Wir berühren kaum
unsere Hände, aber wenn der Blutstropfen hoch steigt
in unseren Schläfen, dann drängen sich unsere Lippen
zusammen, aber sie küssen sich nicht, sie drohen zu zer-
brechen im Wunsch. Nachts liegen wir auf weißen Tep-
pichen und träumen von grausamen Farben – oder Lust-
gestalten kommen und spielen mit unseren zarten,
kühlen Körpern wie mit toten Kindern.

Tod und Liebe wird – wie so oft – auch hier zusammen
gedacht; der Gegensatz mit Worten zu einer Einheit gearbeitet.

Die Dichterin raunt auch von der Eifersucht des betro-
genen Ehemannes, der in der literarischen Szene Berlins als
der gehörnte Gatte dastand, seiner Frau aber trotzdem
ergeben blieb und sich mit ihr über die ersten Buchpubli-
kationen freute: »Die gläsernen Wände der Säle krampfen
sich – wir suchen etwas – zwei kühle Blicke richten sich
spitz auf unsere Herzen – Glasdolche sind es, wir sehen sie
immer wieder durch verschimmernde Spiegel – sie haben
goldene Griffe, zarte Hände – die bewegen sich, sie win-
ken uns – wir möchten uns küssen … uns küssen! Sie win-
ken – in unseren Schläfen lauscht der Blutstropfen, er
streckt seinen Kelch ins Unendliche …«

Doch auch diese Liebe zu Apollydes endete. Else Lasker-Schüler, die selbst im hohen Alter noch Männer, ja Knaben begehrte, die weit jünger waren als sie, hatte mit der
beständigen Liebe nicht viel Glück.

In dem Gedicht *Elegie* finden wir die Klage um diese
Liebe, die zwei Jahre wohl dauerte, deutlich formuliert.
Und dieses Gedicht in Erinnerung an den Griechen ist eine
schmerzensreiche Klage:

Du warst mein Hyazinthentraum,
Bist heute noch mein süssestes Sehnen,
Aber mein Wünschen zittert durch Thränen,
Und meine Hoffnung klagt vom Trauereschenbaum

Tausend Wunschjahre lag ich vor Deinen Knieen,
Meine Gedanken sprudelten wie junge Weine,
Ein Venussehnen lag vor Deinen Knieen!

Zwei Sommer hielten wir uns schwer umfangen,
Ich tauchte in den goldenen Strudel Deiner Schelmen-
                                 launen,
Bis aus den späten Nächten unsere Sterbeglocken
klangen.

(...) Alle Plagen erdrosselten mich
Und reissende Hasse kamen
Und verheerten
Die Haine unserer jung gestorbenen Liebe.
Und wehrten meiner Seele Flucht zu Gott,
Gramjahre bebte ich hin,
Krankte zurück,
Kein Himmel beugte sich zu meinem Harme!
Durch alle Sümpfe schleift' ich mein verhungert
                                 Glück,
Und warf mich müd dem Satan in die Arme.

Hass im Plural! Und »Venussehnen« auf Knien – solche Formulierungen lehren den Leser das Staunen und das (Be-)Wundern.

Berlin wurde der Ort von Else Lasker-Schülers Befreiung – von Konventionen und aus der Enge ihrer Ehe. Zugleich wurde diese Stadt ihr oft zur Hölle. Hier verbrachte sie den zweiten ihrer drei Lebensabschnitte.

Sie lebte in dieser Stadt nicht im Luxus, sondern sehr oft unter den widrigsten finanziellen Bedingungen, und mit ihren Beziehungen hatte sie gleichfalls selten Glück. Nach der Scheidung von Berthold Lasker am 11. April 1903 heiratete sie noch im selben Jahr, am 30. November, den Musiker Georg Levin. Zuvor hatte sie sich – ebenfalls 1903 – von Peter Hille getrennt, einem Vagantenpoeten und einem Bohemien par excellence. Er war es, der sie eingeführt hatte in die »Neue Gemeinschaft«, einen Literatenzirkel der Brüder Heinrich und Julius Hart, der das Ideal eines neuen Menschen proklamierte. Hille war es, der ihr das Angebot machte, in seinem »Cabaret zum Peter Hille« erste eigene Gedichte vorzutragen. Schließlich war er es, der Else Lasker-Schüler, dieser versessenen Spielerin mit der eigenen Identität, den ersten poetischen Namen verlieh: Er nämlich nannte sie Tino; Tino, die Prinzessin von Bagdad. Tino war – noch vor Jussuf – das erste künstlerische Alter Ego der Else Lasker-Schüler, die ihr wahres Ich allmählich ganz versteckte – vielleicht, auch dies mag sein, ging sie ihrer wirklichen Identität verlustig, während sie (für) sich die erdichtete Identität hinzugewann. Letztlich, auch das verdankte sie diesem Mann, machte sie eine neue Bekanntschaft. In der »Neuen Gemeinschaft«, in der neben vielen anderen Martin Buber und Gustav Landauer verkehrten, den neun Jahre jüngeren Musiker Georg Levin kennen lernte, dem sie den Namen Herwarth Walden gab. Mit diesem Namen wurde er berühmt.

Else Lasker-Schüler stilisierte Peter Hille posthum – er starb 1904 – zu einem, zu ihrem Giganten. In dem *Peter Hille-Buch* verschlüsselte sie mythenreich diese Beziehung und die Wanderungen mit Hille, dem Naturlyriker. Er wird von der Ich-Erzählerin schon im ersten Kapitel – »Petrus der Felsen« überschrieben – zu einem Erlöser vergrößert:

Ich war aus der Stadt geflohen und sank erschöpft vor
einem Felsen nieder und rastete einen Tropfen Leben
lang, der war tiefer als tausend Jahre. Und eine Stimme
riß sich vom Gipfel des Felsens los und rief: » Was geizt
Du mit Dir!« Und ich schlug mein Auge empor und
blühte auf, und mich herzte ein Glück, das mich auser-
las. Und vom Gestein zur Erde stieg ein Mann mit har-
tem Bart- und Haupthaar, aber seine Augen waren samt-
ne Hügel. Und kleine Kobolde kletterten über seinen
Rücken und beklopften ihn mit ihren Hämmerchen und
nannten ihn Petrus. Und wir stiegen ins Tal hinab, und
der Mann mit dem harten Bart- und Haupthaar fragte
mich, von wo ich käme – aber ich schwieg; die Nacht
hatte meine Wege ausgelöscht, auch konnte ich mich
nicht auf meinen Namen besinnen, heulende hungrige
Norde hatten ihn zerrissen. Und der mit dem Felsenna-
men nannte mich Tino. Und ich küßte den Glanz seiner
gemeißelten Hand und ging ihm zur Seite.

Walden gründete im Jahr nach der Hochzeit, 1904, den
»Verein für Kunst«. Hier trat Else Lasker-Schüler auf und
las aus ihren Werken. Hier, bei den Vortragsabenden, traf
sie Alfred Döblin, Thomas Mann und Frank Wedekind.
Und als Walden 1910 die Zeitschrift *Sturm* begründete,
veröffentlichte die Lasker-Schüler in den ersten drei Jahr-
gängen viele ihrer Werke. Am 1. November 1912 wurde
die Ehe geschieden – Herwarth Walden hatte sich in eine
andere Frau verliebt: die Schwedin Nell Rolsund. Und Else
Lasker-Schüler war wieder enttäuscht worden – und allein.
    Die zehn Jahre vor dem Ersten Weltkrieg waren die pro-
duktivsten im Leben der Dichterin. 1905 erschien nach
dem Band *Styx* (1902), für den Hille ein glühend begeis-
tertes Vorwort geschrieben hatte, Else Lasker-Schülers
zweiter Gedichtband *Der siebente Tag*. 1906 kam das *Peter*

Hille-Buch heraus. 1909 erschien ihr erstes und einziges berühmtes Stück *Die Wupper*, uraufgeführt erst 1919 in einer Matinee des Vereins »Junges Deutschland« an Max Reinhardts Deutschem Theater in Berlin, inszeniert von Heinz Harald.

Ich weiß, manchen gilt dieses Drama als eines der wichtigsten des Jahrhunderts, dennoch gehört es nicht zu meinen Leidenschaften. *Die Wupper* taugte für viele Skandale – und dies zu allen Zeiten. Vor dem Ersten Weltkrieg und nach dem Zweiten. Der Kritiker Herbert Ihering meinte, das Stück sei »zwanzig Jahre zu früh« gekommen, also avantgardistisch; es sei ein »visionäres Dokument der wilhelminischen Epoche«: Lasker-Schüler »entdeckte die Dramatik des Industriebetriebs. (…) Im ›Wupper‹-Drama wird eine ganze Schicht von innen zerfressen.« Womit Ihering auch zu beschreiben versuchte, dass unter den sozialen Bedingungen und Bedingtheiten, die in den Dialogen sehr offen und direkt zum Vorschein kommen, sich sexuelle Abhängigkeiten verbergen: »Lüste und Gier, Hochmut und starrer Kastengeist – eine Familie stürzt. Ein Hölllensturz.«

Nichts an diesem Befund ist falsch – und gerade deshalb gefällt mir das Stück nicht. Es behandelt so neblig, so mythelnd die Realität. Es beinhaltet so viele bemühte zu einem großen Enigma gestemmte Selbstverständlichkeiten, die mir missfallen. Viel Ungeklärtes, Verrätseltes ist in diesem Drama, das letztlich ein Untergangsszenarium beschreibt. Verrat, Mord, Selbstmord. Hier trifft die Sozialdemokratie auf den Spiritismus. Und debattiert wird soziale und göttliche Gerechtigkeit, hübsch nebeneinander. Alfred Kerr nannte diese sonderliche Mischung »Phantasto-Naturalismus«. Es gibt jedoch in der *Wupper* einen Dialog, der mein Gedächtnis nicht fliehen wird. Die Fabrikbesitzerin Charlotte Sonntag spricht mit ihrem Sohn Eduard, der konvertieren will.

Eduard: Wenn du Gott liebtest, würdest du nicht versuchen, mich wankend zu machen.

Frau Sonntag: Ich liebe Gott nicht.

Eduard: Weil du ihn mit menschlichen Empfindungen suchst.

Frau Sonntag (melancholisch): Ich habe keine andern.

In diesem Wortwechsel zeigt sich die Dramatikerin als Lyrikerin der Bühne – und sie schätze ich.

In *Die Wupper* gibt es aber auch drei Figuren, die ich mag. Drei Außenseitertypen huschen durch dieses Drama. Else Lasker-Schüler nennt sie »Herumtreiber«. Die drei Männer sind Pendelfrederech – ein Exhibitionist; Lange Anna – ein Transvestit; und Amadeus – ein zartes, wahrscheinlich homosexuelles Jüngelchen. Das zentrale Motiv der Sexualität wird also wieder aufgenommen. Die sozialen Außenseiter sind zugleich auch sexuell Ausgegrenzte, sich selbst Ausgrenzende. Sie finden sich zusammen mit den anderen auf einem Jahrmarkt, in einem Karussell, das ihr Leben und ihre individuellen Untergänge beschleunigt und ihre Begierden zugleich aufwirbelt.

Amadeus ist mit seinen Kumpanen des Nachts auf der Straße, Amadeus, der Mann mit dem Glasherz, das einen Sprung bekommen hat, beginnt:

Amadeus: Ich sag euch, lang mach ich so en Leben nich mehr mit. Pendelfrederech, was hast de von dein Leben?

Pendelfrederich: Ich hab nix von's Leben, aber es hat mir zum Zeitvertreib.

Lange Anna (höhnisch): So ein verfaultes Zeitvertreib.

Das Leben hat den Menschen zum Zeitvertreib. Gott spielt mit dem Menschen – aus Langeweile. Nimmt man sich nicht das Leben, heißt es mitspielen oder mit sich spielen lassen.

Es ist schon wundersam schön, wie wenig sich Else Lasker-Schüler selbst in den dunkelsten Augenblicken ihres Lebens, kurz vor ihrem Tod in Israel, wo sie mittellos ein sehr karges Dasein ertrug, herunterdrücken ließ von äußerlichen Schwierigkeiten, und wie sehr dieses Zauberwesen ein immer Liebendes war. Als alte Frau verliebte sie sich noch einmal leidenschaftlich in einen ganz jungen Mann. Else Lasker-Schüler war übrigens viel älter als sie sich ausgab, weil sie mehrfach in ihrem Leben ihr Alter manipulierte. Ernst Simon hieß der junge Mann, ein Dichter und Religionsphilosoph, auf den sie durch seine Nachschöpfungen der Gedichte Chajim Nachman Bialiks aufmerksam wurde. Ihm schrieb sie Briefe, ihm widmete sie Gedichte, und er verstand sie und wies sie doch ab: »Sie machen den heroischen wie tragischen Versuch, Ihr Dichtertum zu leben. Wir leben in verschiedenen Zeiten. Sie in der Ihren eigenen (…) aber ich lebe (…) in der kühlen Hautoberfläche der Berührung mit fremdem Leben. Bei Ihnen aber ist Herz und Haut eines – das macht Sie so groß und Ihr Leben, heute, so schwer.«

Was ich leidenschaftlich mag an Else Lasker-Schüler ist die Liebesgier und das Vermögen, Enttäuschung, Schmerz und Verletzung zu schmälern durch die Mitteilung derselben: in Gedichten, Dramen, Erzählungen und Briefen. Else Lasker-Schülers Korrespondenzen sind nicht allein in dieser Hinsicht Fundgruben für ihre Verehrer.

Die witzigsten Briefe schrieb Else Lasker-Schüler – die gern korrespondierte und noch lieber mit Widmungsgedichten den Menschen, die sie schätzte, ein Geschenk machen wollte – an den Literaturwissenschaftler Jethro Bithell, der zu der Zeit ihrer Korrespondenz in den Jahren 1909 und 1910 Dozent für deutsche Sprache an der Universität Manchester war.

»Lieber Dichter and Sire«, begann Else Lasker-Schüler ihren Brief vom 12. August 1909,

Jou are a King! But I am also a princess – jou said it – wenn auch meine Paläste zerfallen sind meine Drome-darheerden verhungert auch meinen Tauben sind die Corallen ausgestochen. I have been ill but that is a mala-dy from a bird – eine malady eine Flatterkrankheit without a Ziel. eine schmerzliche Krankheit. Vielleicht it is a Verkommenheit, keinem Herumtreiber hängen die dresses so zerrissen herab wie mir mein Herz.

Ein Hilferuf. Am 10. März des folgenden Jahres, zur Karnevalszeit, ist die Dichterin gelassener: »Dear Jethro Bithell, boy and Earl. Nun hab ich täglich gehofft der neue Comet platzt und das viele Gold fällt in meinen Schoß, aber nicht so, garnicht so und darum sende ich Dir diese schnelle Blitzphotographie vom letzten total langweiligen Maskenball. Immer geh ich wieder hin, man kann ja gar nicht so viel trinken wie diese prickelnde Musik betrunken macht. Aber wie ich Dir schon sagte, ich habe es satt, es war langweilig. Die Berliner nennen Frechheit: Humor. (...) Ich kann Niemand leiden, ich bin aber so weit gekommen, daß ich mit den Leuten spielen kann.«

An anderer Stelle dann wieder, wohl auch im März 1910 geschrieben, die ungeschminkte Wahrheit. Sie ist krank – »ich wollte Dirs nicht schreiben, ich war sehr krank und bin es noch heute. Krieger und Banditen schämen sich allzu großer Schwäche. (...) Immer schnürt sich mein Herz zusammen, manchmal ist es ganz klein dann wieder groß und manchmal wenn ich mich vorwärts bewege, ist es, als ob es abfiel wie eine große, schwarze Beere, die so gern getrunken wurde, aber verboten war. (...) Ich habe Angst vor der Zukunft, wie wird es werden, vielleicht liege ich mal unter 20 Portiersfrauen im Krankenhaus wie schon einmal. Ich bin sehr niedergeschlagen, weil ich alleine gewiß sterben muß.«

Die Anspielung auf das Krankenhaus verweist auf die Geburt ihres Sohnes, den sie unter unwürdigen Verhältnissen in einem schäbigen Krankenhaus zur Welt bringen musste.

Von 1913 bis 1915 veröffentlichte Else Lasker-Schüler in den führenden Zeitschriften des Expressionismus ihren berühmtesten Briefwechsel, die literarischen *Briefe an den blauen Reiter Franz Marc*. Sie sind Zeugnis einer besonderen Künstlerfreundschaft. Franz Marc sandte Else Lasker-Schüler von 1912 bis 1914 viele Kartengrüße, auf die sie antwortete. Beide Künstler waren Doppelbegabungen. Marc erweist sich auf den Karten als ein poetischer Maler, versah die Zeichnungen mit kurzen Texten; Else Lasker-Schüler als zeichnende Poetin verzierte ihre Mitteilungen mit Bildern.

Auf die erste Karte vom 8. Dezember 1912 notierte Marc: »Der blaue Reiter präsentiert Euer Hoheit sein blaues Pferd.« Sie bedankte sich am 9. mit einem von ihr illustrierten Brief für Marcs Zeichnung: »Der blaue Reiter ist da – ein schöner Satz, fünf Worte – lauter Sterne.«

Das ist die private Antwort. Die literarische, im ersten Brief »an den blauen Reiter Franz Marc« lautet anders, ist länger und wundersam – und es gibt darin keine Sterne:

Mein lieber, lieber, lieber, lieber blauer Reiter Franz Marc. Du willst wissen wie ich alles zu Hause angetroffen habe? Durch die Fensterluke kann ich mir aus der Nacht ein schwarz Schäfchen greifen, das der Mond behütet, ich wär dann nicht mehr so allein, hätte etwas zum Spielen. Meine Spelunke ist eigentlich ein kleiner

Korridor, eine Allee ohne Bäume. Ungefähr fünfzig Vögel besitze ich, zwar wohnen tun sie draußen, aber morgens sitzen sie alle vor meinem Fenster und warten auf mein täglich Brot. Sag mir mal einer was auf die Vögel, es sind die höchsten Menschen, sie leben zwischen Luft und Gott, wir leben zwischen Erde und Grab. Meine Spelunke ist ein langer, banger Sarg, ich habe jeden Abend ein Grauen, mich in den langen, bangen Sarg niederzulegen. Ich nehme schon seit Wochen Opium, dann werden Ratten Rosen und morgens fliegen die bunten Sonnenfleckchen wie Engelchen in meine Spelunke und tanzen über den Boden, über mein Sterbehemd herüber und färben es bunt; o ich bin lebensmüde. (...) meine Traurigkeit ist weißer Burgunder, mein Frohsein roter Süßwein.

Diesen ersten Brief unterzeichnete die Dichterin mit »...amen«. Erst der dritte ist unterschrieben mit »Jussuf«. Und vor den Namen setzte sie: »Dein verratener und verkaufter.«

Jussuf Prinz von Theben und später Kaiser – Malik – von Theben ist die von Lasker-Schüler selbst gewählte Kunst-Identität; zugleich ist es aber auch die Hauptfigur in dem Roman *Der Malik*, in dem die Briefe an Franz Marc – oft unverändert – aufgenommen wurden. Dieser Roman ist mir der liebste Text unter ihren Prosawerken, weil sie darin als der einsame, der traurige Jussuf, kundtut, dass dieser Mensch von allen geliebt werden will und alles, wirklich alles anstellt, um Liebe zu empfangen, um angenommen zu werden von seinen Freunden, von Knaben und Männern.

In diesem Roman, in dem Jussuf, der Prinz von Theben, noch einen weiteren Namen hinzugewinnt, sich Jussuf Abigail nennt, wird deutlicher als anderswo in ihrer Prosa, dass sich Else Lasker-Schüler immer in zwei Personen denkt und als zwei Personen darstellt. Es ist keine Spaltung des Ichs, sondern eine Dopplung. *Der Malik* ist ein Schlüsselroman, in dem Franz Marc als Jussufs Halbbruder Ruben auftaucht, und in dem sich der Kaiser, also Jussuf alias Jussuf Abigail erhängt, weil er den Verlust der Freunde nicht überwinden kann. Der Erste Weltkrieg, der Tod Franz Marcs 1915, ist der Beginn eines viel größeren Unglücks für die Künstlerin als all das Unglück, das sie zuvor erlitten und beschworen hatte.

Der Malik ist ein Roman über den Krieg und über die Liebe. Ein wirres Buch. Immer wieder finden sich darin Schmerzensschreie und stets aufs Neue die Sehnsucht nach einem anderen Menschen oder nach dem Ich, das mit dem Ich zusammenleben können soll wie ein Liebespaar.

»Könnte ich mich doch in mich verlieben, ich liege mir doch so nah – man weiß dann, was man hat«, heißt es im siebten Brief des Romans. Der dreiundzwanzigste Brief besteht aus zwei Sätzen nur – Klagerufen: »Ruben, ich bin mitten in der Schlacht. Ruben, denke an mich; o liebe mich, daß ich nicht einsam bin.«

Betrachte ich Else Lasker-Schülers Identitätssuche und ihre Selbstverdopplung, verunsichert mich das Motiv der Verwandlung in einen Mann, der wiederum einen Mann begehrt und liebt, also: das Motiv der Homosexualität.

»In der Nacht spiele ich mit mir Liebste und Liebster; eigentlich sind wir zwei Jungens. Das ist das keuscheste Liebesspiel auf der Welt; kein Hinweis auf den Unterschied, Liebe ohne Ziel und Zweck, holde Unzucht«, heißt es ganz zu Beginn in *Der Malik*. Jussuf beschenkt seinen Lieblingshäuptling, den er trotz seiner Schönheit nicht uneingeschränkt lieben kann, da dieser, Asser mit Namen, Frauen begehrt: »Den herrlichen Jüngling beschenkte der Malik mit Haarperlen und allergold Damast. Nur daß Assers

Herz am Wesen der Frauen hing, verargte vielfach die Freude des Kaisers an seinem Häuptling. Denn Jussuf Abigail verbarg seine Abneigung gegen alles Weib, schon als Prinz von Theben. Und die geraubte Venus von Siam betrachtete er nur wie ein unvergleichliches Kunstwerk.«

Am Ende, während einer Schlacht, holt sich Jussuf Abigails Gegner, Giselheer der Nibelunge, ausgerechnet den Thebenprinzen in sein Gemach: »Am Ring seiner Unterlippe zog der Nibelunge den unerhörten Fang in sein Zelt.« Was sich darin begab? Am nächsten Tag wird der thebanische Prinz geschildert als »noch ermüdet von dem Kampfe und dem holden Liebesvorabend im Zelte des Nibelungen, dem nachfolgenden hochzeitlichen Freundesfeste«.

Als das stärkste Dokument für Else Lasker-Schülers Suche nach Selbstfindung, nach Einigkeit mit sich selbst, nach der Verschmelzung ihrer Identitäten gilt mir das posthum veröffentliche Drama *IchundIch*, das die Dichterin selbst »eine theatralische Tragödie in sechs Akten, einem Vor- und einem Nachspiel« nannte. Die ersten fünf Akte spielen in der Hölle, genauer: in einem Theater im Höllengrund am Davidsturm in Jerusalem; der letzte in dem Garten eines Augenarztes, gleichfalls in Jerusalem. Es ist ein Theater-auf-dem-Theater-Spiel, in dem neben der Dichterin reale und fiktive Gestalten auftauchen. Max Reinhardt studiert hier ein Mysterienspiel ein, das die Spitzen des Naziregimes, natürlich auch Hitler, zeigt, die auf Faust und Mephisto treffen, wobei verrückt und gewagt und so absurd wie sinnig Hitler dem Mephisto seinen Rang als Herr der Hölle streitig machen will – und Mephisto sehr gern dem Diktator seine Rolle abtritt und Hitler als Antichrist und Antijud bezeichnet. Am Schluss des Stücks stirbt die Dichterin im Garten des Arztes.

In diesem Drama werden Faust und Mephisto ein Zwillingspaar. Sie sind nicht länger Gegenspieler, Feinde gar, sondern ein monologisierendes Doppel-Ich. Das Drama ist Zeichen von Else Lasker-Schülers Erlösungssehnsucht. Deutschland will sie erlöst sehen durch den Untergang des Reiches. Sich selbst will sie erlöst wissen durch Gott, der die beiden Teile, in die sie – wie alle Menschen nach Platon – zerfallen ist, wieder eint. Ein Leben lang suchte sie den anderen Teil zu dem ihren und fand ihn in keinem der Männer, die sie liebte, begehrte und denen sie sich auslieferte.

IchundIch ist ein kühnes, ein zuweilen blasphemisches Stück. (Es ist mir weit wichtiger als das eher altmodische, aber gut gemeinte christlich-jüdische Versöhnungsstück *Arthur Aronymus und seine Väter*.) Damit kein Zweifel aufkommt, wovon das Stück handelt, erklärt die Dichterin gleich im ersten Akt, worum es gehen wird. Sie wendet sich an ein Publikum, das auf der Bühne sitzt. Wendet sich an die Könige Saul, David und Salomo – sie sitzen in der Königsloge. In der Direktorenloge hat Max Reinhardt Platz genommen, »aus Hollywood nach Jerusalem zur Inszenierung gebeten«. Ihm gegenüber platziert Else Lasker-Schüler drei Komiker. An alles hat sie gedacht: Es gibt sogar einen Theaterarzt und einen Kritiker. Auf der Bühne sind außerdem zu sehen: der Teufel, Doktor Faust, Frau Marthe Schwerdtlein. Und Stimmen aus dem Publikum sollen auch noch ertönen. Die Dramatikerin möchte, dass auch »die Nazis und ihre Anführer« sich zu Wort melden und »der Baal«.

Else Lasker-Schüler schrieb *IchundIch* in Jerusalem, im kalten Winter 1940/41. Im November berichtete sie Samuel Wassermann: »Ich bin so unruhig einer Sache wegen, da das Schauspiel kaum zu lesen, viele Akte fast unmöglich.« Im Sommer 1941 las sie das Stück einem Jerusalemer Club vor; und sie äußerte: »Mein Stück hat Glück.«
Trotzdem wurde das Drama, das man im Nachlass fand,

erst sehr spät publiziert. Seltsame Gründe, die zeigen, wie dieses Werk fehleingeschätzt wurde, verhinderten eine Veröffentlichung zu einem früheren Zeitpunkt. Der Berliner Kritiker Günther Grack schrieb nach einer öffentlichen Lesung im Berliner *Tagesspiegel*, es sei klar geworden, warum die Nachlassverwalter den Text nicht veröffentlichen wollten, die Zurückhaltung wurzele »nicht in Böswilligkeit oder Unverständnis«, sondern »in einem, wie uns scheint, begründeten Zweifel am Wert dieses skizzenhaft und in mancher Hinsicht abstrus anmutenden Stückes«.

Abstrus – mag sein, skizzenhaft auch, aber ästhetische Zweifel? Warum? Aber Grack war nicht allein. Nach Erscheinen des Nachlassbandes schon – in dem einige Auszüge veröffentlicht worden waren –, erregte sich Ernst Ginsberg im *Spiegel*: »Eine Veröffentlichung dieses Stückes käme einer lieblosen Schändung des Bildes der Lyrikerin gleich.«

1979 wurde *Ichundich* dann doch in Wuppertal und Düsseldorf uraufgeführt. Armin Juhre schrieb daraufhin einen Hymnus auf das Werk, dem ich mich leidenschaftlich anschließen möchte: »Else Lasker-Schülers dramatischer Anschlag auf den ›größten Feldherrn aller Zeiten‹ ist wahrlich von besonderer Art. Sie zeigt in einer politischen Faust-Variation, wie Hitler auch noch die Hölle erobern will. Das geht selbst Mephisto zu weit, er verbündet sich mit Gott – gegen Hitler. Welcher der vielen deutschen emigrierten Schriftsteller hat sich je zu solcher Kühnheit aufgeworfen?«

Else Lasker-Schülers »theatralische Tragödie« ist Welt-Theater, Mysterienspiel und Moritat. Mit einer großen humoristischen Leichtigkeit fügt sie Goethes Faust und die Bibel zu einem Ganzen. Sie macht die Marthe zu einer Goebbels-Geliebten und Mephisto zu einem Hitler-Gehilfen, der stolz bekennt: »Bin mit Herrn Adolf blutsverwandt.« Und Hitler versorgt Mephisto auch mit den Verbrennungsanlagen, den Krematorien: »Den Fegefeuerofen, darin die Sünder braten, lieh ich ihm für den kleinen Cohn.« Else Lasker-Schüler lindert den Schmerz, den sie beim Schreiben empfindet und den der Leser spürt, durch den Kalauer: Als Goebbels darum bittet, den germanischen Gott auf die Bühne zu bringen, fragt Frau Marthe: »Den Heiland? Unsern Jesu Christ?« Und Goebbels antwortet schelmisch: »Als ob Madämchen eben erst zur Welt gekommen ist – Der olle Jude gilt nicht mehr!« Und die Dichterin läßt Schirach klagen: »Adolf, Adolf, warum hast du mich verlassen?!«

Kühn! Nur dieses Wort ist angemessen für dieses monströse Werk, dieses narzisstische, glaubensstarke und witzige Drama, das keineswegs – wie viele Interpreten behaupten – unaufführbar ist. Unaufführbar ist Nelly Sachs' *Eli*; Lasker-Schülers *IchundIch* ist so theatralisch, auch so filmisch gedacht und gebaut, dass es auf der Bühne und vor allem im Film realisiert werden kann, wenn auch nicht leicht.

Am 22. Januar 1945, kurz vor ihrem sechsundsiebzigsten Geburtstag, starb Else Lasker-Schüler im Hadassa Hospital auf dem Skopus. Am folgenden Tag wurde sie auf dem Ölberg begraben. Ihre Jahre im Exil – erst in der Schweiz, dann von 1939 an in Israel – waren keine glücklichen, keine sorglosen. Es war für sie eine beschwerliche, manchmal grässliche Zeit.

Sie, die sich stets für jünger ausgab als sie war und auch als kleiner, kindlicher, wie eine Zürcher Tagebuchnotiz beweist – »Gerne spiel ich ab und zu auf der Bühne meines Herzens zwischen schimmernden Gedanken und Coulissen mir auf Leib und Seele geschriebene Märchenrollen. Am sehnlichsten: Den kleinen Däumling« –, war im Alter nicht mehr die schöne exzentrische, sondern wohl eher eine

auch äußerlich zerstörte Frau. Schalom Ben Chorin erinnerte sich 1945 an eine Begegnung mit ihr in Jerusalem:
»Ein müder Mensch, dessen Antlitz von zerstörter Schönheit zeugt und in dessen großen schwarzen Sulamith-Augen
der Wahnsinn aufloderte, saß mir gegenüber. Ich wurde
stark an wahrsagende Zigeunerinnen erinnert, ja dieser
Eindruck wurde durch die exzentrische Kleidung der Frau
– Pelzmütze im drückend heißen Sommer und übergroße
knallrote Ohrringe – noch erhöht.«

Wie anders hatte sie Gottfried Benn beschrieben: »Sie
war klein, (...) knabenhaft schlank, hatte pechschwarze
Haare, kurz geschnitten, (...) große rabenschwarze beweg-
liche Augen mit einem ausweichenden unerklärlichen
Blick.« Man habe mit ihr nicht über die Straße gehen können, »ohne daß alle Welt stillstand und ihr nachsah: extra-
vagante weite Röcke oder Hosen, unmögliche Oberge-
wänder, Hals und Arme behängt mit auffallendem billigen
Schmuck, Ketten, Ohrringen, Talmiringe an den Fingern,
und da sie sich unaufhörlich die Haarsträhnen aus der Stirn
strich, waren diese, man muß schon sagen: Dienstmäd-
chenringe immer in aller Blickpunkt.« So redete der Mann,
den sie vergötterte. Und der sie nicht begehren wollte.

Else Lasker-Schüler war ein Leben lang einsam, auch
wenn sie für kurze oder längere Zeit mit einem anderen
Menschen durchs Leben ging: Am Ende starb sie sehr sehr
allein. An Sally und Sina Grosshut richtete sie am 10. Juli
1944 einen ihrer letzten Schreie: »Ich bin verzweifelt in der
Einsamkeit! Euer Jussuf.« Sie war eine Stern- und Liebes-
sucherin, eine, die sich ihr Dasein schön träumen konnte
und hell und licht. Am Ende ihres Lebens gelang ihr gar
die Vision von einem Palästina, in dem es zwischen Arabern und Juden Frieden geben würde, und sie hoffte auf
einen Gott, auf Erlösung, auf Gnade:

Gebet

Oh Gott, ich bin voll Traurigkeit .....
Nimm mein Herz in deine Hände –
Bis der Abend geht zu Ende
In steter Wiederkehr der Zeit.

Oh Gott, ich bin so müd, oh, Gott,
Der Wolkenmann und seine Frau
Sie spielen mit mir himmelblau
Im Sommer immer, lieber Gott.

Und glaube unserm Monde, Gott,
Denn er umhüllte mich mit Schein,
Als wär ich hilflos noch und klein,
– Ein Flämmchen Seele.

Oh, Gott und ist sie auch voll Fehle –
Nimm sie still in deine Hände .....
Damit sie leuchtend in dir ende.

Dieses Gebet stammt aus der Sammlung *Mein blaues Klavier*. Es ist ein Liebesgedicht: Else Lasker-Schüler hält um Gottes Hand an und hofft auf eine Vermählung mit ihm. Es ist gewiss kein Zufall, dass der Mond scheint und der Himmel blau ist, wenn sie dies tut. Licht – als Sonne, als Stern, als Mond – ist Else Lasker-Schülers Metapher für Liebe und für Klarheit.

Eine Prosaskizze aus dem Nachlass, die ich schätze wie *IchundIch*, kündet stärker als andere Texte von dem Traum der Dichterin, eins zu werden, zu verschmelzen: mit sich, mit dem Licht, mit Gott. Sie träumt die Utopie von einer Welt, die so ganz anders sein muss, sein soll als jene, in der und an der sie litt:

Ich träumte und sah viele Menschen auf einem Erden-
fleck, auch treue Tiere und andächtige Bäume, und einen
kleinen durchsichtigen Kiesel herabrollen vom Fels, und
sich mit Mensch und Tier und Baum vereinen, und nach
Gott ausschauen. Aber die unsichtbare Schnur, der leuch-
tende Docht, der uns mit dem Herrn der Welt verbin-
det, frei im Weltenraum, beginnt sich zu lockern, aber
auch die unzeitliche Bandschnur, die die Völker und ihre
Menschen vereinte, von Gott geknotet. Der Sehnsucht
innige Verschmelzung erfüllt sich nur noch trübe im fah-
len Lichtverfall. Und stark und stand hielt nur der durch-
leuchtete Lichtparagraph, das Gesetz der Seele; ihm zu
gehorchen heißt: Weltordnung.
Liebreiche Weltordnung läßt keine Not ein.

X. Christa Wolf

»Wie sind wir so geworden, wie wir heute sind«, fragt die Erzählerin in Christa Wolfs Roman *Kindheitsmuster* immer wieder. Und diese Frage – und eine in die Vergangenheit gerichtete Variation davon – stellt die Autorin in allen ihren Werken. Die Variante heißt: Wie sind wir geworden, was wir waren? Denn Christa Wolf, am 18. März 1929 in Landsberg/Warthe geboren, dem heutigen polnischen Gorzów Wielkopolski, hat durchaus bewusst, als Heranwachsende, das nationalsozialistische Regime erlebt. Sie machte – wie viele andere Autoren ihrer Generation – den Nationalsozialismus zum Thema ihrer Texte. Und unternahm zudem vielfältige Versuche, diese deutsche Vergangenheit zu bewältigen. Christa Wolfs Vita und Werk, die persönliche und die literarische Auseinandersetzung, sind eine Einheit, doch sind sie nicht statisch, sondern einem ständigen Wandel ausgesetzt. Oder anders formuliert: Christa Wolf beschäftigte sich ein Leben lang mit diesem Wandel, der zuweilen auch Anpassung ist. Aus einem überzeugten BDM-Mädchen wurde eine mindestens genauso überzeugte Sozialistin. Und nach dem Fall der Mauer war sich Christa Wolf bewusst, dass es noch einmal galt, sich neu zu bestimmen und zu fragen: Wie sind wir geworden, was wir sind – und was werden wir werden? Oder: Was wird aus uns?

In einem Aufsatz mit dem Titel *Es tut weh zu wissen* antwortete sie auf einhundertsiebzig Leserbriefe, die sie nach einem von ihr geschriebenen Aufsatz in der *Wochenpost* erreicht hatten. Sie nahm Stellung gegen die Angriffe, denen sie sich ausgesetzt sah und gegen die Vorurteile, die wie Urteile daherkommen, ohne alle Larmoyanz: »Wir sind erst am Anfang, und ich wünschte inständig, daß wir unnötige Härten und Tragödien bei diesem Neuanfang vermeiden können. Den Schmerz, den wir uns und anderen zufügen, wenn wir jahrzehntealte Verkrustungen aufbrechen, können wir uns nicht ersparen. Mag es ein euphorisches Gefühl sein, wenn die *äußeren* Mauern fallen – viele Leser schreiben, daß sie sich noch nicht so recht freuen können. Mir geht es auch so. Glücksmomente sind selten, Zorn und Trauer überwiegen noch. Ich habe den Eindruck, daß sich jetzt für viele die Frage erhebt, ob denn die Starrheit, zu der sie selbst sich auch gezwungen haben, überhaupt nötig gewesen wäre, wo die gestern noch unangreifbaren Gründe für Grenzen, Geheimhaltungen, Einschränkungen, Verbote über Nacht einfach dahingeschmolzen sind.«

Am Ende dieses Textes, als sie sich fragt, ob es recht sei, sich zu beklagen, dass die Freiheit zu spät komme; ob es recht sei zu frohlocken, dass erst jetzt das Leben beginne, nimmt sie Reißaus vor einer Antwort. Wie sollte sie auch eine parat haben? Klug und erfahren und traurig zieht sie sich wiederum zurück, sich selbst zu befragen: »Ich enthalte mich aller Ratschläge. Ich hoffe nur, wir sind großzügig und weitsichtig genug, so viele wie nur irgendmöglich auf diesem neuen Weg mitzunehmen. Ich glaube daran, daß Menschen sich verändern können, weiß es auch von mir. Und: Gibt es nicht auch ´produktiven Schmerz? Wie einer der Briefschreiber es ausdrückt: ›Es tut weh zu wissen: Ich darf mit Selbstverständlichkeit ich sagen.‹«

Ich streite weniger leidenschaftlich für Christa Wolfs Werk als für eine Frau, eine Intellektuelle, mit der es sich der Westen, die alte Bundesrepublik, zu leicht gemacht hat – als die Kritiker sie in den Himmel lobten: die Literatin aus dem Osten. Zu leicht gemacht hat später, nach der Maueröffnung – als dieselben Kritiker, nicht erst nach der Erzählung *Was bleibt* von 1990, höhnisch über die Literatin herfielen. Viele westdeutsche Intellektuelle benahmen sich geradezu schäbig. Sie richteten über Christa Wolf, die allmählich zum Fall Wolf wurde. Auf einmal wurden selbst jene Texte, die zuvor als Meisterwerke galten, als bislang überschätzt herabgewürdigt.

Christa Wolfs Leistung ist es, sich von dem Schmerz, der dieses Leben bedrückt, nicht zerstören lassen, sondern ihn produktiv genutzt zu haben. Sie ist keine Untergeherin. Im Gegenteil. Mir gilt sie als eine Stehauffrau mit einem klaren Kopf. Ich schätze sie auch, weil sie sich mitunter als eine verblüffend genaue, erschreckend direkte Erzählerin offenbart, die mir zuweilen die Augen geöffnet hat: für Menschen, für politische Zusammenhänge und für die Zwänge, zu leben und zu arbeiten in einer Unordnung, die man, aus ideologischem Optimismus, ideologischer Blindheit als Ordnung, gar als gerechte Ordnung verteidigen will.

Und dass sie das Nelly Sachssche Grauen-Bild aufgegriffen hat – die Schornsteine – in dem der Rauch von Mord kündet, ist ein ausschlaggebender Grund für mich gewesen, sie in dieses Buch aufzunehmen. Die Schornsteine finden sich in dem 1976 publizierten Roman *Kindheitsmuster*, den Wolfgang Emmerich in seiner Laudatio zur Verleihung des Bremer Literaturpreises an Christa Wolf bezeichnete als »der hartnäckig bohrende, vor Verletzungen ihrer selbst nicht zurückschreckende Versuch, den historischen Faschismus wie die unmittelbare Gegenwart aus ihrer eigenen Biographie, ihrer beschädigten Kindheit heraus verstehbar und handhabbar zu machen«.

Schon während der Vorbereitungen zu dem Roman, nach der Publikation von *Nachdenken über Christa T.*, hatte Christa Wolf angekündigt, dass sie vorhabe, die Zeit des Nationalsozialismus literarisch zu bearbeiten, sich der Herausforderung zu stellen, Erinnerungen preiszugeben und zu werten. Sie wollte von den Auswirkungen dieses Unrechtsregimes auf die Menschen damals schreiben – von Auswirkungen, die bis in die Gegenwart reichten und ihr Leben bestimmten. Da ihr – zumindest zu Beginn ihrer Karriere als Dichterin – nach eigenem Verständnis die Nützlichkeit eines jeden Kunstwerks eine unabdingbare Qualität war und sie ästhetische Maßstäbe explizit außer Acht ließ, ging es ihr bei diesem neuen Projekt wohl nicht zuletzt um Erziehung des sozialistischen Menschengeschlechts. Sie wollte mit diesem Roman den Alltag darstellen, nicht um die Generation der Eltern zu entschuldigen, sondern deren Verhalten aufzuzeigen. Und gleichzeitig das eigene. Denn sie erzählt auf zwei Zeitebenen. Ist einerseits auf der Suche nach der verlorenen Zeit und berichtet andererseits aus dem Jetzt, wo sie zu Hause ist und dem Erinnerungsprojekt nachgeht. Die Wolf, die die eigenen Gedanken und Verhaltensweisen in ihren Büchern aufdecken will, für sich und die Leser, schreibt autobiographisch. Deshalb sind, so denke ich, alle ihre Texte, auch die Gelegenheitsartikel für die Zeitungen, Versuche der Selbstfindung und der Ortung.

Obwohl *Kindheitsmuster* extrem autobiographisch ist, nimmt Christa Wolf dennoch Distanz zu dem Erzähler-Ich. Sie erfindet das Kind Nelly und eine Erwachsene, die mit einem Du angeredet wird. Der Roman ist nicht nur in zwei Zeit-Abschnitte geteilt, sondern, will man ganz genau sein, in drei. Der dritte, noch unerwähnte, umfasst eine Polen-

Reise im Juli 1971. Diese Zeiten stehen nicht nebeneinander, die Ebenen vermischen sich. Erstens die Kindheit von 1932 bis 1947; zweitens die Reise nach Polen, drittens die wirkliche Erzählzeit. Letztere reicht von 1972 bis 1975.

Das für mich stärkste Kapitel ist das elfte; es trägt den Titel: *Endlösung*. Hier versteckt sich die Erzählerin, versteckt sich Christa Wolf hinter dem »Du« und gräbt in den Erinnerungen einer Erwachsenen: »Es ist nicht mehr festzustellen, wann du dieses Wort zum erstenmal gehört hast. Wann du, als du es hörtest, ihm den Sinn gabst, der ihm zukommt: Jahre nach dem Krieg wird es gewesen sein.«

Das *Kindheitsmuster* besitzt einen Vorläufer, oder besser: eine Vorstudie, die kurze Erzählung: *Blickwechsel* von 1970. Was darin steht, findet sich im 15. Kapitel des Romans wieder, das die Überschrift trägt: »Die verunreinigte Wahrheit. Der Satz des KZlers«. Auch die Erzählung ist in Kapitel unterteilt. Aber die Autorin setzt ganz andere Akzente in dem frühen Text. Die Wolf arbeitet genauer. Ihre Beschreibungen sind dicht, meiden jede sprachliche Überhöhung, die sich bei ihr manchmal zum Schwulst auswächst. Und in der Erzählung wird ganz deutlich ein Mitgefühl für die entlassenen Häftlinge aus dem Konzentrationslager formuliert. Nicht dass es diese Sympathie im Roman nicht gäbe, aber in dem ausgearbeiteten längeren Prosawerk geht die Erzählerin auf Distanz zu dem, was sie sieht, es fehlen die detaillierten Beobachtungen und Schilderungen. Im Roman bedenkt Nelly, was sie sieht, transportiert, was sie außen wahrnimmt, nach innen. In der Erzählung belässt sie es außen, gibt es den Blicken frei und offenbart ihre Emotionen, die im Roman nicht ausbrechen, lediglich bedacht, analysiert und kommentiert werden.

Mir ist die Erzählung wertvoller als der Roman, mich beeindruckt die radikale Darstellung, die auch eine gnadenlose ist. Und noch eines, was die beiden Werke unterscheidet: Die Erzählung ist filmisch, der Roman hingegen sehr statisch gehalten, vergleichbar am ehesten mit den stehenden Bildern, wie wir sie aus Kirchenraumspielen kennen oder vom Oberammergauer Passionsspiel. Leid und Freude sind hier in ein Bild gefroren – nicht als Entwicklung gesehen. Die Lebendigkeit des kurzen Werkes fasziniert mich. Überhaupt – schon hier soll es verraten werden – die kleine Form der Erzählung ist für mich *die* Christa-Wolf-Form; bei den Romanen überhebt, verhebt sich die Autorin. Das zweite Kapitel des *Blickwechsels* beginnt wieder mit einer der typischen Wolfschen Selbstbefragungen, dem Zweifel am eigenen Tun, dem Schreiben. Diese Haltung ist nicht kokett, sondern ehrlich furchtsam. Die Situation: Das Kind ist auf der Flucht aus dem Osten nach Mecklenburg; und es weiß, wie es in der Erzählung heißt, dass es seine Heimat nie wieder sehen wird. »Es war jener kalte Januarmorgen, als ich in aller Hast auf einem Lastwagen meine Stadt in Richtung Küstrin verließ und als ich mich sehr wundern mußte, wie grau diese Stadt doch war, in der ich immer alles Licht und alle Farben gefunden hatte, die ich brauchte. Da sagte jemand in mir langsam und deutlich: Das siehst du niemals wieder.«

Die Autorin formuliert das Ziel, das sie sich in dieser Erzählung gesetzt hat. Zugleich wird der Schmerz offenbart – ganz früh –, den die Reise zu diesem Ziel der Schreibenden bereiten wird: »Über *Befreiung* soll berichtet werden, die Stunde der Befreiung, und ich habe gedacht: Nichts leichter als das. Seit all den Jahren steht diese Stunde scharf gestochen vor meinen Augen, fix und fertig liegt sie in meinem Gedächtnis, und falls es Gründe gegeben hat, bis heute nicht daran zu rühren, dann sollten fünfundzwanzig Jahre auch diese Gründe getilgt haben oder wenigstens abgeschwächt.«

In Christa Wolfs Romanen kann man immer wieder eines beobachten: Die Flucht der Autorin vor schwierigen Themen. Sie nähert sich ihnen vorsichtig, umkreist sie; bricht ab, sie zu schildern, macht einen erneuten Anlauf, kommt näher heran – und flieht wieder, lässt sich nicht ein, um später doch Faden und Gedanken wieder aufzunehmen. Wir lesen die Schreibschwierigkeiten mit, selbst dann, wenn sie sie nicht thematisiert, was sie im Übrigen sehr gern macht. Denn Christa Wolf bemerkt sie, diese verschiedenen Ansätze, sich dem Erlebten zu stellen und es in Worte zu kleiden und problematisiert dieses Dilemma, die eigene Schwäche.

Zum Diskurs der Vergangenheit und der Gegenwart kommt jener der eigenen Person und ihrer Beziehungen zu den anderen Menschen ihrer Umgebung, die ihr wichtig sind oder für sie wichtig sein müssen. Stets ist sie präsent: Die Fremdheit gegenüber dem eigenen Ich und gegenüber der Geschichte, die es zu erinnern und zu erzählen gilt. Gleich auf der ersten Seite, mit dem ersten Satz macht Christa Wolf in *Kindheitsmuster* dieses Problem deutlich:

Das Vergangene ist nicht tot; es ist nicht einmal vergangen. Wir trennen es von uns ab und stellen uns fremd. Frühere Leute erinnerten sich leichter: eine Vermutung, eine höchstens halbrichtige Behauptung. Ein erneuter Versuch, dich zu verschanzen. (…) Was du heute, an diesem trüben 3. November des Jahres 1972, beginnst, indem du Packen provisorisch beschriebenen Papiers beiseite legend, einen neuen Bogen einspannst, noch einmal mit der Kapitelzahl 1 anfängst. Wie so oft in den letzten einhalb Jahren, in denen du lernen mußtest: die Schwierigkeiten haben noch gar nicht angefangen. Wer sich unterfangen hätte, sie dir der Wahrheit nach anzukündigen, den hättest du, wie immer, links liegen lassen.

Als könnte ein Fremder, einer, der außen steht, dir die Rede abschneiden.

Die Autorin geht mit sich selbst ins Kreuzverhör und findet in sich »Sprach-Ekel«.

Die Selbstbefragungen, die Christa Wolf in vielen ihrer Werke anstellt, sind quälend für sie und quälend für den Leser. Immer wieder dringt sie in sich – auch in der Erzählung *Was bleibt*, für die sie so viele, so heftige, so aggressive Kritiken erhielt. Sie unterbricht im Roman *Kindheitsmuster* immer wieder die Handlung, hält sie an, nicht um das Beschriebene zu reflektieren, sondern um darüber nachzudenken, wie es funktioniert – das Erinnern: »Unser Wissen – unvollständig und in sich widersprüchlich – besteht darauf, daß ein Grundmechanismus nach dem System Einlesen – Speichern – Abrufen arbeite. Ferner soll die erste, leicht löschbare Spur durch bioelektrische Vorgänge zwischen den Zellen aufgezeichnet werden, während die Speicherung, die Übernahme in das Langzeitgedächtnis, wohl eine Angelegenheit der Chemie ist: Gedächtnismoleküle, im Dauerspeicher fixiert … Übrigens soll nach neueren Erkenntnissen dieser Vorgang nachts stattfinden. Im Traum.«

Wiewohl ich mich vor allem mit der Erzählung *Blickwechsel* beschäftigen möchte: Ein letzter Blick in den Roman muss sein. Im schon zitierten elften Kapitel, dessen erster Satz allein aus einem Wort besteht – Endlösung. –, versucht die Autorin sich zu erinnern, wann sie »dieses Wort zum erstenmal gehört« hat; und sie fragt weiter: »Wann du, als du es hörtest, ihm den Sinn gabst, der ihm zukommt; Jahre nach dem Krieg wird es gewesen sein.« Und gleich danach findet sie ein Bild für die Endlösung, für die Judenvernichtung, es ist das Bild, das Nelly Sachs zum Sprechen gebracht hat. Bei Christa Wolf klagen die Schornsteine nicht – sie qualmen und trennen die Opfer von den Tätern. Allein, Christa Wolf spricht in der DDR, in dem antifaschistischen Staat, der mit der deutschen Vergangenheit nichts zu tun haben wollte, und jede Verantwortung ablehnte, nicht von Tätern und Opfen, sondern lieber und kleiner – und falsch – von den Beteiligten und den nicht Beteiligten. Dass sie die Schornsteine erinnert, um Auschwitz zu beschreiben, beeindruckt mich. Dass sie Schuld so kleinmütig nur eingesteht, verstört und ärgert mich: Jahre nach dem Krieg weiß sie, was die Endlösung bedeutete und fährt fort: »Noch später aber – bis heute – hast du bei jedem stark qualmenden hohen Schornstein ›Auschwitz‹ denken müssen. Der Schatten, den dieses Wort warf, wuchs und wuchs. Sich ohne Rückhalt in diesen Schatten stellen, gelingt bis heute nicht; denn die Vorstellungskraft, sonst nicht faul, schreckt vor dem Ansinnen zurück, die Rolle der Opfer zu übernehmen. Für immer sind die Betroffenen von den Nichtbetroffenen durch eine unüberschreitbare Grenze getrennt.«

Der Gutmensch Christa Wolf, diese Frau, die, wie Günther de Bruyn in einem Gespräch sagte, mit allem, was auf der Welt leidet, mitleide und, um sich aus dem Leid zu retten, den Traum von einer besseren Welt brauche, weil der Hauptzug ihres Lebens und Schreibens das Leiden an der Welt sei, will erinnernd Gutes tun: Aus der Geschichte lernend das Bessere lehren. Will, während sie über die autoritären Prägungen in ihrer Kindheit zur Zeit des Nationalsozialismus nachdenkt und davon berichtet, warnen und in Brechtscher Lehrmanier den besseren Menschen predigen und bilden.

Aber es gibt nicht allein die sozialistische Samariterin, die aufräumt mit ihrer nationalsozialistischen Vergangenheit. Es existiert in den Texten auch eine Revolutionärin. Viel deutlicher als in *Blickwechsel* wird im Roman deutlich, dass die Autorin eine Aufbegehrende ist, die gegen ein autoritäres Denkmuster sich verhält. Und dennoch – oder gerade deshalb, weil sie der alten eine neue, gleichfalls autoritäre Ordnung gegenüberstellt – verfällt sie wieder in ein neues autoritäres, ideologisch besetztes Denkschema. Christa Wolf braucht offensichtlich Denkmodelle oder Denkmuster, um sich im Leben, in der Gesellschaft und in der Literatur zurechtzufinden und zu behaupten.

Für Fritz J. Raddatz ist dieses sich aus einer Denkschablone in eine andere denken ein »hochspannender, literarisch geradezu aufregender Vorgang, daß jemand etwas abstreifen will, es aber nicht ganz abstreifen kann. Die BDM-Erziehung, die sie dort schildert, denunziert sie ja, aber sie pappt sich eine nicht-denunzierte, andere Autoritätsstruktur an. Das ist mein Einwand gegen dieses Buch, da wird es seltsamerweise unentschieden.«

Zurück zur Erzählung *Blickwechsel*, gegen die ich keine Einwände vorzubringen vermag. Im dritten und letzten Kapitel trifft das Mädchen die Gefangenen aus dem Konzentrationslager. Und die folgende Passage gehört für mich zum Eindrucksvollsten und Bedrückendsten, was Christa Wolf geschrieben hat. Es stimmt, was der Literaturhistoriker Hans Kaufmann feststellte, dass nämlich Christa Wolfs Erzählen »eigentlich von der Reflexion her konstituiert« ist, allein, in dieser Erzählung schiebt sich das Beschreiben, das Fühlen vor das Denken.

»Dann sahen wir die KZler.« So beginnt die Passage, die mich beim ersten Lesen wegen ihrer radikalen Genauigkeit schreckte und zugleich faszinierte. Und am meisten erregte mich – auch im negativen Sinn – , dass Christa Wolf für die geretteten Häftlinge einen so technischen, so abgeschmackten, von den Tätern benutzten Ausdruck wählte, sie zu beschreiben. Sie, die der Sprache mit einem so ausgeprägten Misstrauen begegnete, setzte diese fünf diskriminierenden Buchstaben für Menschen.

Dann sahen wir die KZler. Wie ein Gespenst hatte uns das Gerücht, daß sie hinter uns hergetrieben würden, die Oranienburger, im Nacken gesessen. Der Verdacht, daß wir auch vor ihnen flüchteten, ist mir damals nicht gekommen. Sie standen am Waldrand und witterten zu uns herüber. Wir hätten ihnen ein Zeichen geben können, daß die Luft rein war, doch das tat keiner. Vorsichtig näherten sie sich der Straße. Sie sahen anders aus als alle Menschen, die ich bisher gesehen hatte, und daß wir unwillkürlich vor ihnen zurückwichen, verwunderte mich nicht. Aber es verriet uns doch auch, dieses Zurückweichen, es zeigte an, trotz allem, was wir einander und was wir uns selber beteuerten: Wir wußten Bescheid. Wir alle, wir Unglücklichen, die man von ihrem Hab und Gut vertrieben hatte, von ihren Bauernhöfen und aus ihren Gutshäusern, aus ihren Kaufmannsläden und muffigen Schlafzimmern und aufpolierten Wohnstuben mit dem Führerbild an der Wand – wir wußten: Diese da, die man zu Tieren erklärt hatte und die jetzt langsam auf uns zukamen, um sich zu rächen – wir hatten sie fallenlassen. Jetzt würden die Zerlumpten sich unsere Kleider anziehen, ihre blutigen Füße in unsere Schuhe stecken, jetzt würden die Verhungerten die Butter und das Mehl und die Wurst an sich reißen, die wir gerade erbeutet hatten. Und mit Entsetzen fühlte ich: Das ist gerecht, und wußte für den Bruchteil einer Sekunde, daß wir schuldig waren. Ich vergaß es wieder.

Die KZler stürzten sich nicht auf das Brot, sondern auf die Gewehre im Straßengraben. Sie beluden sich damit, sie überquerten, ohne uns zu beachten, die Straße, erklommen mühsam die jenseitige Böschung und faßten oben Posten, das Gewehr im Anschlag. Schweigend blickten sie auf uns herunter. Ich hielt es nicht aus, sie *anzusehen. Sollten sie doch schreien, dachte ich, oder in die Luft knallen, oder in uns reinknallen, Herrgott- nochmal! Aber sie standen ruhig da, ich sah, daß man- che schwankten, und daß sie sich gerade noch zwingen konnten, das Gewehr zu halten und dazustehen. Viel- leicht hatten sie sich das Tag und Nacht gewünscht. Ich konnte ihnen nicht helfen, und sie mir auch nicht, ich verstand sie nicht, und alles an ihnen war mir von Grund auf fremd.*

Diese Zeilen sind es, die – wie einige andere – zeigen, dass Christa Wolf es für sich geschafft hat, was in dem Roman wie eine Forderung klingt und doch ein Trost ist: »Wovon man nicht sprechen kann, darüber muß man allmählich zu schweigen aufhören.«

In *Kindheitsmuster*, in dem nicht allein erinnert wird, also Vergangenes erzählt wird, sondern eben auch die Gegenwart, gibt es wörtliche Zitate aus Ingeborg Bach- manns *Malina* und einen wundersam zerbrechlichen, zar- ten Nachruf auf Ingeborg Bachmann, die von Christa Wolf verehrte Dichterin.

Der Nachruf ist chiffriert, aber leicht zu entschlüsseln. Diese kurze Bachmann-Passage und die Frauenstandbilder, die die Wolf an anderen Stellen errichtete, ihre Schwestern zu rühmen und ihnen zu huldigen, sind ebenfalls Auslöser für meine, wenn auch eher zurückgenommene Wolf-Lei- denschaft. Es imponiert mir, dass sie die Kraft und das Leid der Frauen, derer sie sich annahm, zur eigenen Kraft, zum eigenen Leid machte. Und sich als Autorin zwang, »das strenge Nebeneinander von Leben, ›Überwinden‹ und Schreiben aufzugeben und, um der inneren Authentizi- tät willen, den Denkprozeß«, in dem sie steht, »fast ungemildert im Arbeitsprozess mit zur Sprache zu brin- gen.«

Ungemildert – radikal. Christa Wolf gab Medea ihre Stimme, der Christa T., Kassandra, der Günderrode und Ingeborg Bachmann. Sie tat es, im Falle von Ingeborg Bachmann, nicht ganz selbstlos: Sie wollte das Erbe der Dichterin antreten, die in dem Wolf-Text als Undine stirbt. Christa Wolf wollte den Bachmann-Faden aufnehmen, wie eine Norne daran weiterspinnen und erzählen.

An Ingeborg Bachmanns Todestag schreibt Christa Wolf in *Kindheitsmuster*:

Es ist Freitag, der 19. Oktober 1973, ein kühler, regenreicher Tag, 18 Uhr 30 Minuten. In Chile hat die Militärjunta den Gebrauch des Wortes »compañero« verboten. Es gibt also keinen Grund, an der Wirksamkeit von Wörtern zu zweifeln. Auch wenn jemand, auf dessen ernsthaften Umgang mit den Wörtern du seit langem zählst, keinen Gebrauch mehr von ihnen machen kann, sich gehenläßt und diese Tage zeichnet mit dem Satz: Mit meiner verbrannten Hand schreibe ich von der Natur des Feuers. Undine geht. Macht mit der Hand – mit der verbrannten Hand – das Zeichen für Ende. Geh, Tod, und steh still, Zeit. Einsamkeit, in die mir keiner folgt. Es gilt, mit dem Nachklang im Mund, weiterzugehn und zu schweigen.

Gefaßt sein? Worauf denn? Und von Trauer nicht übermannt? Erklär mir nichts. Ich sah den Salamander durch jedes Feuer gehen. Kein Schauer jagt ihn, und es schmerzt ihn nichts.

Ein ferner, früher, nun denn: schauerlicher Tod (...) Ein dunkler Faden schießt in das Muster ein. Unmöglich, ihn fallen zu lassen. Ihn aufzuheben beinah noch zu früh.

Diese Bachmann-Passage findet sich im achten Kapitel, dem ein Zitat der Dichterin vorangeschickt ist: »Mit meiner verbrannten Hand / schreibe ich von der Natur des Feuers«; und es endet mit einer Zeile aus Bachmanns Gedicht *An die Sonne*: »Nichts Schöneres unter der Sonne als unter der Sonne zu sein ...«

Dass Christa Wolf für den Abschied von Ingeborg Bachmann diesen Satz wählte, einen Satz aus einem Hymnus an das Leben, schafft mir eine Nähe zu ihr, die viele andere Texte mir verwehren und die deshalb hier fehlen. Und dass Christa Wolf nur diese Zeile einspann in ihre Totenklage, nur diesen einen Faden einwirkte in den eigenen Roman und die Leser suchen lässt nach dem Bachmann-Original, in dem nicht nur von (Lebens-)Freude die Rede ist, sondern auch vom Tod, der, wenn man ihn sein Leben lang mitdenkt, dem Leben eine viel größere Qualität und Bewusstheit schenkt, das schätze ich sehr.

Der letzte Bachmann-Vers: eine Hymne an die Sonne und eine Klage:

Schöne Sonne, der vom Staub noch die größte
                     Bewunderung gebührt,
Drum werde ich nicht wegen dem Mond und den
                     Sternen und nicht,
Weil die Nacht mit Kometen prahlt und in mir einen
                     Narren sucht,
Sondern deinetwegen und bald endlos und wie um
                     nichts sonst
Klage führen über den unabwendbaren Verlust meiner
                     Augen.

Christa Wolf ist nach 1989 ins Gerede gekommen – ganz besonders nach 1990, als ihre Erzählung *Was bleibt* erschien. Diskutiert wurden nicht mehr ihre Werke, diskutiert wurde, ob man moralische Kriterien von ästhetischen trennen könne, oder ob man sie beide bedenken müsse bei der Beurteilung von literarischen Texten. 1989 noch, kurz vor dem Mauerfall, wurde Christa Wolf von Fritz J. Raddatz in der Wochenzeitung *Die Zeit* für den Nobelpreis vorgeschlagen. Vier Jahre später, 1993, kritisiert er in einem Gespräch, dass DDR-Autoren wie Christa Wolf »so lange ein Ordnungsmodell akzeptiert haben, nicht theoretisch, nicht nur im Kopf, sondern auch in der Seele, in der Überzeugung – das hat auch ihre Kreativität und in der Folge dann wesentliche Teile der Literatur versehrt. Soweit ginge meine Kritik auch am Œuvre von Christa Wolf. Immer da, wo es weich, sentimental, manchmal kitschig wird, hängt das damit zusammen, daß sie aus dem selbstgeschaffenen Bannkreis einer Religiosität nicht herauskam.« Und Raddatz lässt von Christa Wolfs Werken eigentlich nur mehr *Kindheitsmuster, Kassandra* und *Kein Ort. Nirgends* gelten. Endlich fügt er hinzu, dass *Nachdenken über Christa T.* das »vielleicht eindringlichste, honorigste Buch« der Wolf sei. Weil darin, wie in einigen anderen, das Verbotene durchaus vorhanden sei und deshalb diese Bücher »doch sperrig und in gewisser Weise auch politisch, und nicht nur Innerlichkeitsliteratur« seien.

Von einem Moment zum anderen war Christa Wolf im Westen – und im Osten! – weniger wert. Und die Kritiker stürzten sich auf sie, die in ihren ersten Texten – zum Beispiel der *Moskauer Novelle*, die 1961 erschienen war – die Richtlinien des sozialistischen Realismus sehr ernst nahm und zutiefst davon überzeugt war, dass Literatur politisch und verändernd wirken müsse.

Zu Beginn zeichnete Christa Wolf, nein: sie erfand wahrhaft perfekte Monster des sozialistischen Humanismus, die selbstlos waren, versteht sich, und vorbildhaft, nur zum Wohl der anderen agierten und sich engagierten. Christa

Wolf wollte nützlich sein als Autorin und schrieb – belastet durch eine nationalsozialistische Jugend, mit Schuldgefühlen beladene Ergebenheitstexte an die Antifaschisten, die besseren Menschen. Als der »Bitterfelder Weg«, das Kulturprogramm der DDR, 1959 die Aufhebung der Trennung von Kopf- und Handarbeit proklamierte, machte sich die gelehrige Sozialistin 1960 auf nach Halle bei Bitterfeld und betreute eine Gruppe schreibender Arbeiterinnen und wurde selbst Mitglied einer Brigade. Folglich nahm die Arbeitswelt in diesen Jahren großen Raum ein in ihren Werken. Sie funktionierte bitterfeldisch weggenau. In den Erzählungen *Dienstag, 27. September* und *Der geteilte Himmel* haben wir die korrekten Arbeiter, wie sie bei Bertolt Brecht und Heiner Müller tönen. Traktoristen, Ingenieure und fleißige Schüler auf ersten, zweiten, dritten Bildungswegen. Beide Texte gehören nicht zu meinen Leidenschaften.

In *Der geteilte Himmel* bleibt Christa Wolf nicht bei den Werktätigen, nein, sie verquickt höchst bemüht und kunsthandwerklich eine konventionelle Liebesgeschichte mit einer kitschigen Die-sozialistische-Welt-wird-besser-Utopie. Unerträglich zu lesen ist dies – und erträglich nur als Dokument einer Zeit, eines Systems und einer Autorin, die sich wandelte.

Vergessen waren in der Diskussion nach 1990 jene Texte, die Christa Wolfs Ruhm ausmachten und ihren Wert bestimmten, eben auch *Kassandra* und *Medea*. Verdrängt die Endzeitfigur Kassandra, die von der Seherin zur Klagenden und dann zur Rufenden, Fordernden wird. Es ist eine geheimnisvolle diskursive Erzählung von der Frau, die die Frage treibt: »Warum wollte ich die Sehergabe unbedingt?« – wenn sie doch nur Sorgen und Leid mit sich bringt. Dies ist ein Text, der von der literarischen Qualität und Kraft dieser Dichterin zeugt. Unbewusst nimmt

Christa Wolf in der Fiktion zukünftige Realität vorweg. Imaginiert, was geschehen wird nach 1989. »Mit der Erzählung geh ich in den Tod«, steht auf der ersten Seite. Kassandra – ein Alter Ego der Dichterin? Ingeborg Bachmann – eine Schwester?

In ihrer Frankfurter Vorlesung über »Probleme zeitgenössischer Dichtung« formulierte Ingeborg Bachmann: »Denn jeder Schriftsteller befindet sich in einer verwickelten Lage, ob er sich's eingestehen mag oder nicht, er lebt in einem Netz von Gunst und Ungunst, und es ist unmöglich, dafür blind zu sein, daß die Literatur heute eine Börse ist. Aber dieses Wort ist nicht von mir und überhaupt nicht von heute, sondern von Hebbel, Friedrich Hebbel, niedergeschrieben im Jahr 1849. Hierin ändern sich die Zeiten nicht so sehr.«

Wie Recht Hebbel, wie Recht Ingeborg Bachmann hatte. Christa Wolf bekam die Baisse zu spüren.

Seit 1979 lag die *Was bleibt*-Erzählung in einer Schublade im Hause Wolf. 1990 erschien sie bei Luchterhand. Die Autorin beschreibt darin ihr Trauma der Überwachung durch die Staatssicherheit: »Nur keine Angst. In jener anderen Sprache, die ich im Ohr, noch nicht auf der Zunge habe, werde ich eines Tages auch darüber reden«, beginnt der Text. Es ist eine Variation des Satzes aus *Kindheitsmuster*: »Wovon man nicht sprechen kann, darüber muß man allmählich zu schweigen aufhören.«

Einundzwanzig Jahre hatte Christa Wolf geschwiegen anstatt zu sprechen. Der Zeitpunkt der Veröffentlichung sei »schlecht gewählt«, sagte Günter de Bruyn, »weil er als Versuch wirkte, sich zum Opfer zu stilisieren. Das aber war Christa Wolf sicher vorher nicht klar. Sie sah wahrscheinlich nur das Manuskript in der Schublade, das in der DDR nicht hatte gedruckt werden können.« Andere Kritiker sahen es ähnlich. Er könne, so sagte Fritz J. Raddatz in einem Gespräch mit Beate Pinkerneil, »den Wert dieser Erzählung (...) nicht sehr hoch ansetzen, wenn wir von der ästhetischen Apparatur reden. (...) Mir scheint, daß die Zeitkomponente für Christa Wolfs Text ganz wichtig ist. Also, mein Vorwurf wäre: nicht ein radikal mißglücktes Buch, sondern falsch publiziert und dadurch nicht mehr integer.« Warum die Wolf seiner Meinung nach dieses frühe Prosastück denn überhaupt publiziert habe, will Beate Pinkerneil wissen; und Raddatz' Antwort lautet: »Die Motive sind Verdrängung. Das ist ja überhaupt ein Spezifikum von Autoren wie Christa Wolf und etwas, was dann die ästhetische Qualität ihrer Bücher verletzt, daß sie etwas verdrängt hat. Daß sie das wirklich meinte, was sie da geschrieben hat, nämlich die letzten Jahre ihrer Existenz hochrechnete, wo sie es nicht einfach hatte in der DDR, das wissen wir ja, und wo sie auch anderen Menschen geholfen hat. (...) Nur, daß sie selber mal in dem Sumpf ganz anders drinhing, und daß sie selbst sogar Verräterin war, hat sie verdrängt. Da sind wir bei dem, was ich ihr ziemlich unerbittlich vorwerfe, und was ich absolut nicht verstehe und nicht akzeptiere.« Christa Wolf war inzwischen enttarnt worden, man hatte die IM-Akte Margarete gefunden.

Was bleibt schildert einen Tag aus der Sicht der Autorin, die seit der Ausweisung von Wolf Biermann im November 1976 überwacht wurde, Privilegien verloren hatte und sich nicht bloß unwohl, sondern verraten und bedroht fühlte. Die Erzählung ist eigentlich eine Novelle, handelt sie doch von einer wahrlich unerhörten Begebenheit, einem etwas merkwürdigen, nicht-typischen und dennoch glaubhaften Ereignis. Christa Wolfs Erzählen ist kein zauderndes diesmal, kein zögerliches Abtasten des Gegenstandes. Sie gefällt sich in einem labyrinthischen Erzählen, in dem Furcht und Bedrohung zu Konstanten werden. Die Autorin, die Überwachte, die sich wie eine Gefangene fühlt, fragt sich, ob sie lebt oder ob sie gelebt wird. Ob sie ihr Sein selbst bestimmt oder ob nicht ihre Existenz fremdbestimmt ist.

Raddatz' Vorwurf, dass Christa Wolf sich bewusst zum Opfer stilisieren – und damit alle Fehler vergessen machen will: den Verrat, das Mitmachen, das (Ver-)Schweigen –, scheint mir absurd. Dabei geht es mir keineswegs darum, Christa Wolf freizusprechen von ihren Irrtümern. Es ist wahr, sie glaubte sehr lang und sehr starrsinnig daran, dass in der DDR die sozialistischen Ideale verwirklicht würden; sie akzeptierte das Ordnungs- und Unterordnungssystem dieses Staates, und dies nicht bloß theoretisch, sondern durchaus auch praktisch, sogar emotional; sie stellte sich angesichts der Ungerechtigkeit und der Gewalttätigkeiten in diesem Staat blind; sie machte über Gebühr lang mit, duldete widerspruchslos den Einmarsch der Warschauer-Pakt-Truppen in Prag, ärger noch: Sie befürwortete ihn in einem Artikel für das *Neue Deutschland*, sie fand sich ab mit Menschenrechtsverletzungen und Intoleranz. Dennoch möchte ich versuchen, den Text als Dokument eines geschichtlichen Augenblicks zu rehabilitieren. Nicht als literarisches Kunstwerk – das ist *Was bleibt* gewiss nicht –, sondern höchstens als tagespolitisches Dokument.

Christa Wolf bediente sich hier einer Form, die dem Tagebuch nicht unähnlich ist. Niemals hatte ich bei der Lektüre den Eindruck, Christa Wolf habe diesen Text nach 1989 manipuliert, um sich reinzuwaschen: »Möglich, daß ich mich gestern abend lächerlich gemacht hatte; einmal würde es mir wohl peinlich sein, daran zu denken, daß ich mich alle halbe Stunde im dunklen zum Fenster vorgetastet und durch den Vorhangspalt gespäht hatte; peinlich, zugegeben. Aber zu welchem Zweck saßen drei junge Herren viele Stunden lang beharrlich in einem weißen Wartburg direkt gegenüber unserm Fenster.« So etwas schreibt man nicht 1990. Christa Wolf schon gar nicht. Sie schreckte selten davor zurück, sich zu outen; zuzugeben, auf der politisch unkorrekten Seite gestanden zu haben; einzugestehen, Fehler gemacht und Situationen falsch eingeschätzt zu haben.

Wenn Christa Wolf klar beschreibt, was unten auf der Straße passiert, was auf ihrem Esstisch steht – Kaffee, ein Ei »nicht zu weich, selbsteingkochte Konfitüre« –, wenn sie sich fragt, ob sie richtig reagiert hat und ihre Angst und ihren Zweifel in einfache Worte fasst, dann ist der Text durchaus spannend, wenngleich sehr konventionell und schlicht. Aber wehe, sie beginnt Küchenphilosophie zu betreiben: »Und wie anders als kindlich, kindisch, sollte man die unaufhörlichen Gedankenmonologe nennen, auf denen ich mich ertappte und die allzu oft in der absurden Frage endeten: Was wollt ihr eigentlich?« Eine simple Frage – eine alberne Einleitung. Und wie ertappt man sich *auf* Gedankenmonologen?

Schlimm, wenn sie berichtet, dass Familie Wolf die Telefonstecker aus der Steckdose riss, wenn Gäste da waren, und wie eine Handarbeitslehrerin erklärt, »daß die Maßnahmen der anderen und unsere Reaktionen darauf ineinandergriffen wie die Zähne eines gut funktionierendes Reißverschlusses«.

Fürchterlich, wenn Christa Wolf, statt der Kassandra oder der Medea eine Sphinx zu sein, nun auch noch über Galilei spintisiert und Mutmaßungen der seltsamsten Art anstellt: »Galilei, listig und furchtsam, entzieht sich der Inquisition und rettet sein Werk. Die Kirche, die ihn zu vernichten droht, hat ihm immerhin die Waffe geliefert, mit deren Hilfe er gegen sie standhalten kann: den Glauben an den Sinn der Wahrheit. Er mußte nur mit der Angst fertigwerden. Eine reine Charakterfrage also, ob er gegen die Lüge antrat. Wir, angstvoll doch auch, dazu noch ungläubig, traten immer gegen uns selber an, denn es log und katzbuckelte und geiferte und verleumdete aus uns heraus, und es gierte nach Unterwerfung und nach Genuß. Nur: Die einen wußten es, und die anderen wußten es nicht.« – Das lässt sich klarer sagen. Radikal. Auch im real existierenden Sozialismus.

Es gibt schreckliche Formulierungen in *Was bleibt*. Einmal zum Beispiel »umkreist« die Erzählerin »erfolglos den Zeitungskiosk«. Wie das? Ein andermal orakelt sie: »Aber das weiß ich doch, daß man durch willentlichen Entschluß keinen Himmelsschatz erwirbt, der sich unter der Hand vermehrt.« Zudem wiederholt sich Christa Wolf gern: »Also nun mal der Reihe nach, und keine Hektik«, fordert sie sich auf. Drei Seiten später lesen wir dasselbe, aber mit einem Punkt: »Also nun mal der Reihe nach. Und keine Hektik.« Übrigens hält sie sich an die eigene Ermahnung. Der Reihe nach – mal auch der Reihe nach rückwärts – und garantiert nicht hektisch beschreibt sie diesen einen Überwachungstag.

An maniriert geschraubten Formulierungen mangelt es in *Was bleibt* ebenfalls nicht. Die Erzählerin erfährt, woher auch immer, dass ein Mann namens Jürgen M. sie verfolge: »mich und mein Leben«. Und nun sorgt sie sich in einem langen hingequälten Satz: »Daß er jedes Wort kannte, das ich gesagt oder geschrieben, vor allem jedes Wort, das ich verweigert hatte; daß er meine Verhältnisse so genau kannte, wie ein Außenstehender die Verhältnisse eines anderen überhaupt kennen kann; daß er sich in mich hineingedacht, hineingefühlt hatte mit einer Intensität, die mich bestürzte, und daß er mich – was ihn zur Weißglut reizte – für erfolgreich und glücklich hielt.«

Genug davon. *Was bleibt* ist kein Werk, das ich mag. Nicht einmal jene Fragen, die ich von der Wolf so gerne lese, wenn sie sie sich selbst stellt, haben in diesem Text eine Kraft: »Ich selbst. Über die zwei Worte kam ich lange nicht hinweg. Ich selbst. Wer war das. Welches der multiplen Wesen, aus denen ›ich selbst‹ mich zusammensetzte. Das, das sich kennen wollte? Das, das sich schonen wollte? Oder jenes dritte, das immer noch versucht war, nach derselben Pfeife zu tanzen wie die jungen Herren da draußen vor meiner Tür?« Möchte es jemand wissen?

Wer sich seiner Vergangenheit nicht erinnere, der sei dazu verdammt, sie zu wiederholen, heißt es in *Kindheitsmuster*. Deshalb erinnert sie sich und wiederholt nicht die alten Fehler. Allein, sie macht neue.

Ich achte Christa Wolf wegen ihrer Sprache in den Frauen-Texten, obwohl sie gerade in *Kassandra* den ganz hohen Ton anstimmt, menetekelt und im Einfachsten den tiefsten Sinn versteckt. Wirkliches Gefallen finde ich an ihren kleinen Texten, an einigen Erzählungen. Und ich schätze sie, weil sie immer noch davon überzeugt ist, dass Literatur in die Wirklichkeit dringen muss; und mit ihrem Schreiben reagiert auf politische, gesellschaftliche, ja sogar auf private, biographische Veränderungen.

Christa Wolf: Kein Chamäleon, sondern eine Frau mit vielen Leben. BDM-Mädchen, kämpferische Sozialistin, SED-Mitglied, Kandidatin des Zentralkomitees der SED, SED-Aussteigerin, Mitglied des PEN-Zentrums der DDR und der Akademie der Künste der DDR, Mitglied der Darmstädter Deutschen Akademie für Sprache und Dichtung, Geschwister-Scholl-Preisträgerin. Den einen gilt sie als die »Primadonna Dolorosa« der DDR, wie die *Leipziger Volkszeitung* sich mokierte, den anderen als eine Verräterin und Opportunistin. Zuletzt war sie eine Dichterin und eine Frau, die zur Demontage freigegeben ist.

Was vor 1989 beachtet und als »stilistisch unendlich bedeutsam« eingeordnet wurde, wird mit Cioran und Beckett verglichen, und als große Kunst »ohne Bitterkeit und Larmoyanz« beschworen, wie Fritz J. Raddatz am 24. März 1989 schrieb, wird als »sentimental und unglaubwürdig bis an die Grenzen des Kitsches« abgestempelt bei Frank Schirrmacher in der FAZ vom 1. Juni 1990.

Aber ist es nicht – und bleibt es – wundersam schön, wie Christa Wolf in der Erzählung *Kein Ort. Nirgends* eine fiktive Begegnung von Karoline von Günderrode und Heinrich von Kleist im Haus der Brentanos inszeniert? Zwei Menschen, die, wie Anna Seghers erklärte, ihre Stirn an der gesellschaftlichen Mauer wundgerieben hätten. Inszeniert von einer Dichterin, die zu diesem Zeitpunkt, davor und danach – also auf drei Zeitebenen –, von nichts anderem schrieb und schreibt als vom Scheitern im Leben und in der Literatur. Von einem sehr deutschen Scheitern. *Kein Ort. Nirgends* war ein mutiges Buch, um das es im Osten viel Streit gab, es war ein Rückzug und Aufbruch – eine Grenzüberschreitung. Und ein Affront, ein Angriff auf die DDR, schon allein, weil Christa Wolf sich den Romantikern zuwendete, jenen Irrationalisten, die den Denkern im Osten als kaputte Typen, als Irre galten.

Einfach, rüde lässt sich Christa Wolf, die Frau und das Werk, nicht abhaken, nicht einordnen. Sie verletzte viele Tabus – wissentlich, unwissentlich. Immer überzeugt, das Richtige zu tun. Leidenschaftlich unzufrieden, leidenschaftlich traurig, leidenschaftlich leidend an einer Welt, die nie die ihre wurde, so sehr und so schnell sie sich auch den veränderten deutschen Bedingungen anpasste. Christa Wolf: Eine ungeschickte Aufrichtige, der ich glauben will, wenn sie klagt: »Ach, wie beneide ich in schwachen Stunden all die Unschuldigen, die im richtigen Moment auf der richtigen Seite waren, die sich selber keine Fragen stellen und denen auch sonst niemand Fragen stellt.«

XI. Peter Weiss

Am 10. Mai 1982 starb der Dramatiker, Erzähler, Romancier und Filmemacher Peter Weiss im Alter von 65 Jahren in Schweden. Joachim Kaiser schrieb in der *Süddeutschen Zeitung* zwei Tage darauf tief bewegt einen Nachruf, in dem er den Autor als einen leisen tapferen Mann bezeichnete. Er habe, so Kaiser, »zugleich etwas von Marcel Proust (die Hypochondrie, das vielfache Kränkeln)« gehabt »und von Bertolt Brecht (das klare, reine Deutsch, die Phantasie)«. Weiss sei »nicht bullig, nicht stur, nicht auftrumpfend« gewesen, und Kaiser berichtet, wie er Weiss erlebt hat. Mir ist diese Beschreibung deshalb wichtig, weil ich als sehr junger Redakteur Weiss in Stockholm begegnet bin und erfreut und überrascht war, wie uneitel, wie zuvorkommend und höflich Peter Weiss meine eher dümmlichen Fragen beantwortete. Weiss, der in seinem Leben doch wohl mehr Niederlagen einstecken musste als er Siege feiern durfte, muss ein äußerst angenehmer Mensch gewesen sein; die Fotos, auf denen er spöttisch und arrogant lächelt, auf eine eher hässliche Weise überheblich, trügen also.

Kaiser erinnert sich an zwei Szenen. Die erste ereignete sich bei einer Sitzung der Gruppe 47, die über die Vergabe ihres begehrten Preises befinden sollte. Es kam zu einer Stichwahl zwischen Peter Weiss und Johannes Bobrowski. Weiss habe »nervös eine Zigarette nach der anderen«

geraucht – »bis dann die knappe Entscheidung für Bobrowski fiel. Wie er da kurz zusammenzuckte, dann wirklich herzlich gratulierte«, blieb Kaiser in Erinnerung.

Sein Nachruf endet mit einer Prognose, mit einer Frage,
die in diesem Band ja bei jedem Autor gestellt wird: Was
wird bleiben? Was wird bleiben von Peter Weiss? Kaiser
orakelt: »Daß Peter Weiss ein großer Autor unserer Gegenwart war, steht außer Frage. Ob er zu den bedeutenden
Figuren der deutschen Literaturgeschichte gehört, das
kann jetzt noch niemand beantworten, auch wenn die
Freunde und Bewunderer von Peter Weiss, erschüttert über
seinen Tod, im Augenblick gewiß meinen, so bald werde
die Spur von seinen Erdentagen nicht untergehen.«

Was ist von Weiss geblieben? Die eine oder andere Seite im Internet, eine Weiss-Gesellschaft und die Bücher bei
Suhrkamp. Aber seine Stücke sind von den Bühnen verschwunden. Selten nur wagt sich ein Regisseur an seine
Theatertexte. Allein zwei finden sich noch ab und an auf
den Spielplänen. Das geniale *Marat/Sade*-Stück mit dem
umständlichen Originaltitel *Die Verfolgung und Ermordung Jean Paul Marats dargestellt durch die Schauspieler-
gruppe des Hospizes zu Charenton unter Anleitung des
Herrn de Sade* und das Oratorium *Die Ermittlung*, das –
wohl eine Einmaligkeit in der Theatergeschichte – am 15.
Oktober 1965 von 15 Bühnen in einer gemeinsamen
Uraufführung präsentiert wurde. Auch Peter Brook betei-
ligte sich an dieser Simultanaufführung und inszenierte *Die
Ermittlung* in London mit der Royal Shakespeare Company.

Alle anderen Dramen sind verschwunden, ich vermute
auf Nimmerwiedersehen. Wer kennt ihn überhaupt noch –
sehen wir einmal von ältlichen Germanisten, Theaterwissenschaftlern und Dramaturgen ab –, den *Gesang vom
Lusitanischen Popanz*, der im Januar 1967 von einer jun-

gen Stockholmer Theatergruppe uraufgeführt wurde? Ein politisches Stück über die portugiesische Kolonialherrschaft in Angola. Elf Szenen sind hier zu einer Collage zusammengesetzt, zu einem dokumentarischen Theaterstück, das aufregen soll und anregen und motivieren zu politischem Handeln.

Dieses Stück ist den Brechtschen Lehrstücken sehr nah – und diese didaktischen Theatertexte missfallen mir. Und wie sich immer wieder bestätigt, haben diese Werke ein Verfallsdatum, das nicht allzu weit entfernt ist vom Datum der Entstehung. Weiss wollte mit seinem dokumentarischen Theater ein Modell schaffen, um aktuelle Missstände aufzuzeigen. Der *Popanz*-Gesang erlebte in Deutschland nur wenige Inszenierungen.

Schlimmer noch war es um den *Viet Nam Diskurs* bestellt. Das Stück wurde für den Dramatiker ein schmerzlicher Misserfolg. Es ist eine belehrende Rede, nichts entwickelt sich, nichts wird auf der Bühne konkretisiert, nichts wird Bewegung oder Dynamik. Aber wie alle Weiss-Werke, war auch dieses sehr gut gemeint, kämpferisch links. Der volle Titel konnte nicht missverstanden werden. Seine Eindeutigkeit ist frappierend: *Diskurs über die Vorgeschichte und den Verlauf des lang andauernden Befreiungskrieges in Viet Nam als Beispiel für die Notwendigkeit des bewaffneten Kampfes der Unterdrückten gegen ihre Unterdrücker sowie über die Versuche der Vereinigten Staaten von Amerika die Grundlagen der Revolution zu vernichten.*

Das Stück benötigt laut Vorbemerkung des Autors 15 Schauspieler, die alle mehrere Figuren darstellen und mit Ziffern, nicht mit Namen, bezeichnet sind und sich zu Chören formieren. Gleich in der ersten Szene – die »Stadium« genannt wird wie alle anderen Szenen auch – wird deutlich gemacht, worum es gehen wird, viele Seiten lang:

CHOR:
Das Land unsrer Ahnen
wurde von Fremden überfallen
Unsre Ahnen suchten sich ein neues Land
Wir leben in dem Land das unsre Ahnen fanden
Das Land unsrer Ahnen wird von Fremden überfallen
Unsre Ahnen sehen die Dschunken der Fremden
ausfahren vollbeladen
Die Opferschalen an den Gräbern unsrer Ahnen
sind leer
Unsre Ahnen fordern
daß wir das Land von den Fremden befreien.

In Deutschland wurde das Stück in Frankfurt, München, Rostock und am Berliner Ensemble gespielt – im Ausland nicht zur Kenntnis genommen.

Doch es sollte noch schlimmer kommen. Am 20. Januar 1970 wurde am Düsseldorfer Schauspielhaus Harry Buckwitz' Uraufführungsinszenierung von *Trotzki im Exil* gezeigt; und dieser Text wurde für Weiss zur Katastrophe. Der Schriftsteller, der den Sozialisten im Osten Deutschlands bald, eben vor allem nach dem Trotzki-Stück, so unbequem wurde, wie er es den Bürgerlichen im Westen immer war, er hatte sich früh eingerichtet auf einem nicht sehr angenehmen Stehplatz zwischen diesen beiden Stühlen.

Zum einen motivierte ihn der Hass auf die gesellschaftliche Ungerechtigkeit immer wieder, Kunst als ein Mittel des Kampfes anzusehen, also auf der Seite jener zu stehen, die er als die Unterdrückten ansah; zum anderen war er erbost, dass in sozialistischen Ländern die Kunst gegeißelt wurde, eben weil man erkannt hatte, welche Kraft ihr innewohnen kann.

Zum einen sagte er Heinz Ludwig Arnold, dem Herausgeber von *Text + Kritik*: »Es gibt Dinge, die mich mit einem bodenlosen Haß erfüllen, und dieser Haß, der wird nie weggearbeitet, sondern der bleibt da, der ist ja auch ganz fruchtbar; denn ohne eine Wut und ohne einen Haß auf ganz bestimmte Vorgänge kann man auch schwer an ganz entscheidenden Dingen teilnehmen und sich daran engagieren. Man muß ja etwas haben, das einen in Gang setzt.« Zum anderen schreibt Weiss in seinem »Rapport« *10 Arbeitspunkte eines Autors in der geteilten Welt*, wie sehr der Hass, der Kunst zutage fördert, selbst in den kühnsten Formen Ausdruck finden müsse – und analysiert künstlerische Arbeit und künstlerische Ziele im Westen wie im Osten: »So wie die künstlerische Arbeit im westlichen Block den größten Kaufwert hat, wenn sie dem Konsumenten einen ästhetischen und geistigen Genuß oder eine emotionale Sensation vermittelt, so wird auf der Gegenseite nach der praktischen Funktion des Kunstwerkes gefragt.« – Man erinnere sich an Christa Wolfs Äußerungen, in denen sie als Kritikerin und später auch als Autorin genau dies forderte: Der Zweck adelt das Kunstwerk, nicht seine Form.

Weiss fährt fort in seiner Argumentation: »Das formale Experiment, der innere Monolog, das poetische Bild bleiben wirkungslos, wenn sie der Arbeit an der Neuformung der Gesellschaft nicht von Nutzen sind. Herangewachsen unter der Vorstellung einer unbedingten Ausdrucksfreiheit, sehen wir uns hier in unserm Vorhaben behindert – solange wir den Eigenwert der Kunst höher schätzen als ihren Zweck. Erkennen wir den Zweck, können wir auch um die Durchsetzung der Formen kämpfen, denn wir wissen: zu einer Revolution der Gesellschaftsordnung gehört auch eine revolutionäre Kunst.«

Und nun folgert und fordert Weiss etwas, was den Ideologen im Osten suspekt sein musste – so suspekt wie Weiss' Rehabilitierung und Enttabuisierung Trotzkis, so suspekt wie sein Versuch, Revolutionsgeschichte aufzuarbeiten und Verdrängtes wieder an den Tag zu bringen –: Weiss kritisiert das Festhalten an starren ästhetischen Formen, auch am sowjetischen Realismus: »Es ist deshalb ein Widerspruch, wenn in einigen Ländern des Sozialismus die Kunst auf Grund ihrer innewohnenden Kraft niedergehalten und zur Farblosigkeit verurteilt wird, während sie sich in den bürgerlichen Ländern aus Mangel an Bindungen bis zum Anarchismus entfaltet.«

Nach dem Trotzki-Stück schrieb Weiss noch drei andere Dramen. *Hölderlin* heißt eines davon, es ist ein Lehrstück mit Prolog und Epilog, in dem Weiss sinnbildhaft die historische Situation des Dichters mit der gegenwärtigen gleichzuschalten versucht. Weiss trägt wieder sehr dick auf. Am Ende erklärt Hölderlin, der Dichter als Revolutionär, jenen Zuschauern und Lesern, die so gar nicht begreifen wollten oder konnten, was ihnen beinahe zweihundert enggedruckte Seiten eingebläut worden war:

Wir haben die Gestalt des Hölderlin so angelegt
dass er sich drinn befindet und bewegt
als spiegle er nicht nur vergangne Tage
sondern als ob die gleichen Aufgaben er vor sich habe
denen auch manche von den Heutgen gegenüber stehn
ohne die Lösung aus den Widersprüchen noch zu sehn
Sein Wunsch ist dass man ihn nicht mehr verkenne
dass er nicht mehr opfre und verbrenne
will dass man ihn als einen zwischen vielen zählt
der Sprache sich zum Ausdruck und zur Kunst gewählt
nicht trennen will er aus dem Wircklichen den Thraum
es müssen Fantaisie und Handlung seyn im gleichen
                                                        Raum
nur so wird das Poetische u n i v e r s a l

Im Osten fand Weiss' Wertschätzung des Subjekts im revolutionären Prozess keinen Gefallen; im Westen hatten nicht weniger Kritiker Schwierigkeiten mit dem Weissschen Idealismus. Ungeachtet der Kritik inszenierten einige der angesehensten Regisseure Weiss' *Hölderlin*: Claus Peymann in Hamburg, Peter Palitzsch in Stuttgart, Ingmar Bergman in Stockholm und Hans Hollmann am Berliner Schillertheater. In sein Notizbuch schrieb Weiss hierzu am 1. Oktober 1971 »Bühnenbild bombastisch. Mischung aus Meistersinger u Aida. Regietheater. Die Regisseure wissen mit Goethe und Schiller nichts anzufangen. Lassen sie von Damen spielen oder auf Kothurn gehn. Versuche, Hollmann zu überreden, die Szenographie ganz wegzunehmen.«

Im März 1982, zwei Monate vor seinem Tod, wurde Weiss' letztes Drama im Stockholmer Dramatiska Teatern, kurz Dramaten genannt, uraufgeführt: *Der neue Prozeß*. Der Schriftsteller entwirft darin das (fast) realistische (Schreck-)Bild von der Wirklichkeit in einem kapitalistischen System. Weiss blieb also auch in seinem letzten Werk seiner Maxime treu, in seinen Werken die Realität (überzeichnet? übertrieben?) abzubilden und mit der Kunst auf sie einzuwirken. »Wie könnten wir uns etwas Nicht-Authentischem hingeben, wenn das Authentische uns fortwährend mit phantastischer Kraft überwältigt«, schrieb er im April 1972 in sein Notizbuch, also zu Beginn der Arbeit an dem dreibändigen Roman *Die Ästhetik des Widerstands*.

Der Gedanke gilt auch für den Dreiakter *Der neue Prozeß*. Nur weil sich die Realität überall ähnlich darstellt, muss Weiss keine authentischen Namen nennen, nicht die von Politikern oder Wirtschaftsmagnaten. Wieder – und deshalb gehört auch diese sehr freie Kafka-Bearbeitung nicht zu meinen wirklichen Leidenschaften – stellt er die Vorgänge absolut eindeutig und exemplarisch, lehrmodellhaft dar. Und die Menschen, die er grob zeichnet, sind gleichfalls beispielhafte Typen – um Psychologie geht es Weiss in keinem seiner Texte für das Theater.

Im *Neuen Prozeß* gibt es den Konzernboss, der das Wachstum seiner Unternehmen mit allen Mitteln steigern will; es gibt die Militärs, die – versteht sich – mit der Wirtschaft und der Politik eng verbunden sind und zu größeren Rüstungsanstrengungen aufrufen, weil der Krieg als längst fällige Erziehungsaufgabe unbedingt nötig sei; es gibt die Politiker, die in einem totalen Überwachungsstaat herrschen; und es gibt Menschen, die sich als Beherrschte in dieser Gesellschaft nicht mehr zurechtfinden und verzweifeln, weil all ihre Bemühungen, das Disparate ihrer Erfahrungen zu vereinen, scheitern. Überzeichnet, zugespitzt ist dieses Abbild der Wirklichkeit in einem kapitalistischen Staat und in manchem sur-realistisch. Aber wie immer bei Weiss dienen diese Übertreibungen der Verdeutlichung. Der Zuschauer, eben auch der weniger geisteshelle, soll rasch und nachhaltig begreifen, nach welchen Regeln menschenverachtende, friedensstörende Systeme funktionieren und wie die Menschen beschaffen sind, die darin zur Macht gelangen.

Am Beispiel des dreißigjährigen Versicherungsangestellten Josef K. – da haben wir den Verweis auf Kafka – erklärt Weiss, dass es unter den gegenwärtigen Missständen für die Menschen unmöglich sei, sich auf menschenwürdige Weise zu verwirklichen. Es sei denn in der Kunst. Diese letzte Möglichkeit deutet Weiss mit der Figur des Malers Titorelli an, der, abseits der Gesellschaft, Erfüllung, gar Freiheit findet, indem er den Freiraum nutzt, den die Mächtigen unter dem Alibi der Kunst ihm lassen.

Weiss' Stück fehlt Vielschichtigkeit, fehlt der Diskurs – und deshalb gefällt es mir wenig, deshalb wurde es wohl auch von den Theatermachern von Anfang an gemieden.

Eindeutig, zielsicher läuft das Drama auf einen stets ahnbaren Schluss hinaus: Der Staat siegt. Dieses Stück gibt keinem Regisseur große Möglichkeiten der Interpretation, denn alles, was es bedeutet, wird darin bereits gesagt. Es ist Peter Weiss' letzter dramatischer Schrei um Hilfe. 1982 erklärte er mir in einem Gespräch, dass das Thema des Stücks eines nur sei: »Der ständige Traum, daß die einzige Freiheit, die uns heute noch bleibt, in der Kunst zu finden ist. Nur in der Kunst kann sich der Intellektuelle, der Denkende, der fühlende Mensch noch verwirklichen.«

Peter Weiss, der gewiss »ein unglücklicher Mensch« war, wie Rainer Gerlach 1984 befand, wusste, was er wollte: die Gesellschaft durch Kunstwerke verändern. Doch der Künstler fand keinen geistigen Ort für sich, er zerbrach an den zwei entgegengesetzten Gesellschaftssystemen auf dem Boden des geschlagenen Deutschland. Zwischen den Stühlen, zwischen den Welten, zwischen den Ideologien.

Im September 1972 findet sich in seinem Notizbuch der folgende Eintrag: »Die Mitteilung des Todes von Antonow (und Koltchov) beeindruckte mich sehr. Es waren nun so gut wie alle Gefolgsleute Lenins, alle, die die Oktoberrevolution hervorgerufen hatten, liquidiert worden. Wenn du jetzt weiter solidarisch zu Partei stehst, zeigt es sich, ob du ein guter Kommunist bist. Aber ich bin nicht in der Partei – Es gibt doch keine andre Wahl, willst du denn, ich sollte mich auf die bürgerl. Seite schlagen. Sozialdemokratie, das kann mein Weg auch nicht sein, denn es ist nur ein halber Weg.«

Ein Selbstgespräch, eine Selbstbefragung.

In seinem Werk nahm Peter Weiss oft – nicht immer – den ganzen Weg, machte nicht kehrt, sondern kämpfte sich ans Ziel. Seine größte Leistung, wenngleich für mich nicht sein größtes Werk, ist der dreibändige Roman *Die Ästhetik des Widerstandes.*

»heute, Donnerstag den 28. August habe ich die Ästhetik abgeschlossen«, notierte Weiss 1980. Ein Jahrzehnt hatte er daran gearbeitet. 1975 erschien der erste, 1978 der zweite und 1981 der dritte Band. »Der Titel des Buches: *Die Ästhetik des Widerstands* weist schon darauf hin, daß es nicht darum geht, einen reinen Roman des Widerstands gegen den Faschismus zu schreiben. *Die Ästhetik des Widerstands* soll andeuten, daß es darum geht, sich kulturelle Werte zu erobern und gleichzeitig gegen den Faschismus zu kämpfen«, erklärte Weiss sein Buch in einem Gespräch mit Manfred Haiduk am 30. August 1974. »Der Ich-Erzähler steht also unter dem Druck der Gesellschaft, die ihm versagt, Zugang zu finden zur Literatur, zur Kunst. (...) Das Buch schildert diesen Kampf, zu den Werten der Kultur zu kommen, sich selbst einen Ausdruck zu suchen für die eigenen Probleme philosophischer, literarischer, künstlerischer Art. Gleichzeitig steht der Erzähler unter dem Druck der Zeit, der verschärft ist durch die Gewalt des Faschismus. Aber da ist die doppelte Ebene wieder, von Kunst und Politik.«

Vom literarischen Betrieb zunächst eher ignoriert, wurde die *Ästhetik des Widerstands* bald darauf heftig diskutiert. Hans Mayer meinte in einer Rede, gehalten am 22. Oktober 1981 im Historischen Rathaus der Stadt Köln, als Weiss den Literaturpreis der Stadt erhielt, dieses Buch sei »mit keinem anderen zu vergleichen, das heute in unserer Sprache geschrieben wurde. Literaturkritik im Alltagssinne muß davor versagen, wie auch, etwa, vor dem Spätwerk Arno Schmidts seit ›Zettels Traum‹. Seien wir froh, daß unser Freund, eigensinnig wie immer, die Arbeit zu Ende brachte. Sie erst hat sein bisheriges Werk sowohl abgerundet, wie nachträglich interpretiert.«

Fritz J. Raddatz hingegen wehrte sich sehr entschieden »gegen diesen gigantischen Prosairrtum, gegen die vertane Kraft und vergeudete (weil nicht eingesetzte) Phantasie eines großen Schriftstellers«. Er sah nichts darin »als die vollkommen verspielte Chance, ein bedeutendes Thema sinnfällig zu machen«. Heinrich Vormweg schließlich feiert die Bände in einem hymnischen Essay, überschrieben *Ein großer Entwurf gegen den Zeitgeist*: »Anzuzeigen ist die Fertigstellung eines Monstrums (...) Ein sperriger, von Totalitätsansprüchen, utopischen Erwartungen und abgründigen Ängsten zernarbter, sich der beiläufigen Rezeption widersetzender Fremdkörper. Zeitgemäß wäre es, um ihn herumzugehen und ihn links liegenzulassen.« Vormweg sieht in dem Monstrum »die Wunsch-Autobiographie eines spät zu seiner ›gültigen Wahrheit‹ Bekehrten, und zwar der Wahrheit des Sozialismus, die er allerdings immer neu überprüft und auch gegen den Mißbrauch, der mit ihr getrieben wird, erhärtet«.

Weiss erforscht in diesem Buch der Erinnerungsarbeit, diesem Roman eines Linken für die Linke(n), die Dialektik von Kunst und Politik, beschäftigt sich also noch einmal und in größter Ausführlichkeit mit dem Thema, das in allen seinen Werken Zentrum ist. Der Ich-Erzähler – an vielen Details erkennbar als der Autor – durchforscht die politische Geschichte und fragt nach den Wirkungsmöglichkeiten der Kunst auf die Entwicklung der Gesellschaft. »Genuß vermittelte das Werk den Privilegierten, ein Abgetrenntsein unter strengem hierarchischen Gesetz ahnten die andern«, kommentiert der Erzähler, als er, der Sympathisant der KPD, zusammen mit seinem Genossen Coppi den Fries des hellenistischen Altars von Pergamon betrachtet. Und diese Beschreibungen von Kunstwerken – so wie später die der Bilder von Breughel und Picasso – sind für mich die entscheidenden in diesem literarischen Großversuch, weil Weiss darin eine eigene, eine sehr genaue und dennoch poetische Sprache findet. Ich teile also den zwiespältigen Eindruck, den die drei Bände des Romans auch bei Marcel Reich-Ranicki hervorriefen. Er war nicht sonderlich angetan, »was weniger mit den ideologischen und politischen Aspekten des Werks zu tun« habe »als mit seiner Sprache. (...) Gerade da, wo er sich mit (...) Politischem direkt auseinandersetzt, vermochte Weiss adäquate künstlerische Ausdrucksmittel nur selten zu finden. Die Prosa von Weiss lebt hingegen da, wo er seine Helden mit der Kunst konfrontiert.«

In solchen Passagen entwickelt Weiss' *Ästhetik des Widerstandes* einen großen Sog, der den Leser erfasst.

Der Ich-Erzähler und Coppi stehen vor dem Fries:

Die Giganten, die Söhne der klagenden Ge, vor deren Oberkörper wir standen, hatten sich frevelnd gegen die Götter erhoben, andre Kämpfe aber, die über Pergamons Reich hingegangen waren, lagen unter dieser Darstellung verborgen. Die Regenten aus der Dynastie der Attaliden ließen sich von ihren Bildhauermeistern das schnell Vergehende, von tausenden mit ihrem Leben Bezahlte, auf eine Ebene des zeitlos Bestehenden übertragen und damit ein Denkmal ihrer Größe und Unsterblichkeit errichten. Aus der Unterwerfung der vom Norden eindringenden gallischen Völker war ein Triumph adliger Reinheit über wüste und niedrige Kräfte geworden, und die Meißel und Hammer der Steinmetzen und ihrer Gesellen hatten das Bild einer unumstößlichen Ordnung den Untertanen zur Beugung in Ehrfurcht vorgeführt. In mythischer Verkleidung erschienen historische Ereignisse, ungeheuer greifbar, Schrecken, Bewunderung erregend, doch verständlich nicht als von Menschen hervorgerufen, sondern hinnehmbar nur als überpersönliche

Macht, die Geknechtete, Versklavte wollte, in Unzahl, und wenige in der Höhe, die mit einem Fingerzeig die Geschicke bestimmten.

Peter Weiss war nicht immer so sprachmächtig wie an diesem Beispiel vorgeführt. Es ist für mich überraschend, dass er in seinen Notizbüchern, die er führte, während er an der *Ästhetik* arbeitete, oft größer, stärker ist als in seinem eigentlichen opus magnum. Drei Eintragungen zum Beispiel, irgendwann zwischen Mai und September 1973 gemacht, imponieren mir: »Kunst von der Prägung der Imagination (Wahrheit, Echtheit) kann es nur geben, wenn sie, die das Kunstwerk erzeugen von dem Wahren und Echten getrieben werden«. Und: »Kunst entsteht aus paradoxalen Situationen, aus Konflikten – harmonische Kunst von oben bestimmt gegen das Wesen der Kunst gerichtet.« Und: »Werden die Widersprüche weggeschnitten bleibt von Kunst nur die Hülle übrig.«

Peter Weiss war sein Leben lang auf der Suche nach einer, nach seiner Sprache. Er sei nie ein Deutscher gewesen, hat er noch zweieinhalb Jahre vor seinem Tod gesagt und in die Notizbücher geschrieben: »der Name Deutschland bedeutete nichts für mich«. Der Mann mit dem tschechoslowakischen und dem schwedischen Pass, mit den jüdischen Vorfahren aus Ungarn und der Slowakei, wurde zwar am 8. November 1916 in Deutschland geboren, in einem Ort namens Nowawes unweit von Potsdam und wuchs auf in Berlin und Bremen, emigrierte aber bereits 1934 mit der Familie nach England und ging von dort nach Prag, wo er von 1936 bis 1938 die Kunstakademie besuchte. Bald gab es erste Ausstellungen seiner Gemälde in London und Prag. In den Jahren 1937 und 1938 hielt er sich zweimal in der Schweiz auf, bei dem von ihm verehrten Hermann Hesse, der ihm später in einem Brief bestätigen wird, dass er talentiert sei: »Begabung haben Sie ohne Zweifel, sowohl als Dichter wie als Zeichner. Ihre Zeichnungen scheinen mir schon reifer und selbständiger als das Geschriebene. Ich könnte mir denken, daß Sie als Zeichner rascher fertig werden und auch Anerkennung finden, denn als Dichter.« Doch Hesse, auch er eine Doppelbegabung, Dichter und Maler, glaubte nicht, dass Weiss' Dichtungen schon zur Veröffentlichung taugten. Es gäbe »Schönes und Versprechendes« darin, aber Selbständigkeit fehle ihnen gewiss.

1939 ließ sich die Familie Weiss im schwedischen Alingsas nieder, wo Peter Weiss zunächst in der Textilfirma des Vaters mithalf, bevor er 1940 nach Stockholm zog und dort von Gelegenheitsarbeiten und seiner Malerei lebte. Er heiratete – das erste Mal; er bekam 1946 die schwedische Staatsbürgerschaft; er ging als Zeitungskorrespondent nach Berlin und versuchte sich in der Prosa und der Dramatik; er heiratete 1949 zum zweiten Mal; er drehte Experimental- und Dokumentarfilme; er schrieb Filmkritiken und Filmessays, die 1956 unter dem Titel *Avantgarde Film* erschienen. Im Jahr 1952 trat die Künstlerin Gunilla Palmstierna in sein Leben; das Paar heiratete 1963.

1960 erschien das erste Prosawerk von Peter Weiss: *Der Schatten des Körpers des Kutschers*, ein »Mikroroman«, 1952 verfasst und in Deutschland durch Vermittlung von Walter Höllerer, dem Kritiker und Literaturwissenschaftler, in der Reihe *Tausenddrucke* veröffentlicht. Dieser Text begründete Peter Weiss' Ruhm in der Bundesrepublik. Das Buch, mit Collagen des Autors illustriert, ist in elf Abschnitte unterteilt – wie später einige andere Weiss-Werke auch. *Der Schatten des Körpers des Kutschers* ist für seine Zeit absolut avantgardistisch. Präzise und zugleich absurd und ganz gewiss manieriert beschreibt der Autor, was er sieht, was er wahrnimmt oder, auch dies, was er träumt. Eine völlig emotionslose Aufzeichnung eines Ich-Erzählers, ähnlich der »écriture automatique«, wie sie die Surrealisten praktizierten, und zeitgleich mit dem Nouveau Roman, der damals seinen Siegeszug antrat. Weiss arbeitet mit der Sprache wie mit den Bildern, die er in seiner Collage verwendet: Er zerstückelt und berichtet, was er wittert, hört, sieht – in Fetzen nur, in Ausschnitten. Sein Vorgehen filmisch zu nennen ist wohl nicht falsch. Es ist, als fuchtelte er mit einer Kamera und mit einem Mikrophon wild herum – er fängt auf, fängt ein. Und will in einer Gesellschaft, die geprägt ist durch das Fehlen jeglicher Kommunikation, eine obsessive Sexualität und offen ausgetragenen Sadismus, Klarheit in das eigene Denken und Leben zwingen.

Der Erzähler befindet sich mit anderen Mitbewohnern in einer ländlichen Pension und registriert Menschen und Gegenstände und beschreibt die einen wie die anderen mit der gleichen distanzierten Kälte. Wenngleich ich Nathalie Sarrautes Texte diesem frühen Werk Weiss' vorziehe, in dem – wie bei den Arbeiten der Französin für das Theater oder in ihren Wort-Sprach-Romanen – die Sprache selbst Gegenstand der Aufzeichnungen wird, fasziniert mich der Roman noch heute. Der Duktus, der Fluss der Worte erscheint einem fremd bei der Lektüre; und man ist überzeugt, dass Weiss nicht log, als er behauptete, sich die deutsche Sprache so schwierig wie möglich gemacht zu haben, weil er sie sich ja erst habe zurückerobern müssen. Man bedenke, im Jahr der Veröffentlichung war Weiss bereits 44 Jahre alt.

Für seine Wahrnehmungen, seine eskapistischen Träumereien braucht der Erzähler ein Mittel; es ist eher dem Gift verwandt als der Arznei. Immer steht ein Teller mit Salzkörnern neben seinem Bett, von denen er sich einige in seine Augen streut. Sie beginnen zu tränen – und was der Autor sieht, verschleiert sich, nimmt andere Formen an als sie die Gegenstände haben, auf die er geblickt hat:

Meine Tätigkeit in dieser Kammer besteht, neben den alltäglichen Handhabungen des An- und Auskleidens, des Waschens, des Zubettgehens und Aufstehens, und den Versuchen des Schreibens, wobei ich bisher noch nie über mehr als immer wieder neue, kurze, abgebrochene Anfänge hinausgekommen bin, aus einem Erdenken von Bildern. Zu dieser Tätigkeit liege ich ausgestreckt auf meinem Bett; in Reichweite neben mir auf dem Tisch habe ich einen Teller mit Salz stehen, von dem ich mir zuweilen ein paar Körner in die Augen streue. Die Aufgabe der Salzkörner ist es, meine Tränendrüsen zu reizen, und damit meinen Blick verschwommen zu machen; die entstehenden Tränenfäden, Lichtpünktchen und anschwellenden und zerfließenden Lichtkeile legen sich über das deutlich in meine Netzhaut eingeätzte Abbild des Raumes; und selbst wenn dieser Raum nichts anderes enthält als einen Tisch, einen Stuhl, einen Waschtisch und ein Bett, und wenn auch an der einen schrägen Wand nichts anderes vorhanden ist als die Fensterluke über dem Tisch, und an der gegenüberliegenden senkrechten Wand nur eine Tür, und an den beiden anderen, durch das Dach abgewinkelten Wänden nichts, so stößt sich mein Blick doch an diesen Begrenzungen und festen Formen; mit den Tränen löse ich sie auf.

Schon in diesem Text gibt es die extrem langen Sätze, von denen Weiss nicht lassen wird im Laufe seines Lebens. Und mit Absätzen spart er auch – in der *Ästhetik des Widerstands* wird es dann gar keine mehr geben.

»Ich finde es einfach schön, wenn eine große geschlossene Buchseite da ist«, erklärte er dieses Phänomen. »Mich stören die Absätze, mich stören sogar die Fragezeichen, Ausrufezeichen, Bindestriche.« Weiss auf Gertrude Steins Spuren? Nicht wirklich. Ihm geht es um Sprachblöcke, die vom Leser penetriert werden müssen. Nicht um Spiel.

Die Salzkörner-Methode verhilft dem Erzähler auch dazu zu erfinden, zu imaginieren: Nachdem er zusammen mit einem Jungen Steine aufgelesen hat, legte er sich, wie er nochmals betont, »nach dem Aufklauben der Steine« auf sein Bett, streute sich wiederum die Salzkörner in die Augen »und sah, nach einem kurzen verschwommenen Stadium, ein Bild vor mir, oder besser, ich glitt in das Bild hinein; es war als bewege ich mich auf einer Landstraße dahin, einer breiten, asfaltierten Straße; es war als säße ich, bequem zurückgelehnt, in einem Automobil, einem Omnibus ...«

Das war der Durchbruch. 1961 erschien *Abschied von den Eltern* und 1962 *Fluchtpunkt*, ein Rechenschaftsbericht, ein Roman, der den Prozess der Individuation zum Thema hat. Beide Texte, kurz nach dem fast gleichzeitigen Tod der Eltern verfasst, sind autobiographisch. Und der zweite bezieht sich bewusst auf den ersten: »Sie sind aufgebaut aus autobiographischen Stoffen«, erklärte Weiss Jahre später. »Ich habe darin versucht, die Situation der Emigration, die ja für meine ganze Entwicklung wesentlich war, auszudrücken, die Situation von jemandem, der aus seinem natürlichen Milieu herausgesprengt wurde und der also versuchen muß, in dieser Realexistenz einen Standpunkt zu finden. Das war sehr schwer.«

Abschied von den Eltern handelt von der Kindheit und einer gescheiterten Sohn-Eltern-Beziehung, die mit den ersten Sätzen bereits beschrieben wird: »Ich habe oft versucht, mich mit der Gestalt meiner Mutter und der Gestalt meines Vaters auseinanderzusetzen, peilend zwischen Aufruhr und Unterwerfung. Nie habe ich das Wesen dieser beiden Portalfiguren meines Lebens fassen und deuten können. Bei ihrem fast gleichzeitigen Tod sah ich, wie tief entfremdet ich ihnen war. Die Trauer, die mich überkam, galt nicht ihnen, denn sie kannte ich kaum, die Trauer galt dem Versäumten, das meine Kindheit und Jugend mit gähnender Leere umgeben hatte. Die Trauer galt der Erkenntnis eines gänzlich missglückten Versuchs von Zusammenleben, in dem die Mitglieder einer Familie ein paar Jahrzehnte lang beieinander ausgeharrt hatten.«

Auch dieses Buch schätze ich sehr, weil Weiss darin sich zum einen den wilden Phantasien seiner Kindheit stellt und sie – zum anderen – als Erwachsener überprüft, mit einer erstaunlich rationalen Klarheit: »Wie aus einem anderen Leben blicke ich in diese Zeit hinein, fremd vor dem Ich, aus dem ich hervorgegangen bin. Ich sehe die unendlichen Kolonnen, höre den einförmigen Marschtakt, das Scheppern der eisenbeschlagenen Stiefel, das Klirren der Dolche an den Gurten. Wieder und wieder kamen die Fahnen und Standarten, die ausgelöschten, anonymen Gesichter, die Münder im Gesang geöffnet, wieder und wieder kamen die Trommeln, und über der Stadt lag der Schein eines großen Feuers.«

Abschied dokumentiert ein leidvolles Erwachsenwerden, ist auch Abrechnung mit den Eltern. Und es endet positiv. Was Peter Weiss durch das Schreiben erinnerte, was er in Sprache verwandelte, sodass das unbewusste Leben nun zur Bewusstheit wurde, ermöglicht ihm die Zukunft. »Ich war auf dem Wege, auf der Suche nach einem eigenen Leben.«

Fluchtpunkt beginnt mit einer Ankunft an einem Bahnhof: »Am 8. November 1940 kam ich in Stockholm an. Vom Bahnhof fuhr ich zu Schedins Pension in der Drottninggata ...« Exegeten des Weissschen Werks sehen zu Recht in diesem Roman, in dem der Ich-Erzähler sich auseinander setzt mit politischen Vorgängen, bereits nachdenkt über politische Parteinahme, und, zusammen mit Freunden, die Entwicklung der Kunst diskutiert, eine Fortsetzung der Bildungsroman-Tradition. Das Ich entwickelt sich, gewinnt Erkenntnisse und erwirbt Wissen.

Am Ende sitzt der Mann, an einem Frühjahrsabend 1947, in Paris am Ufer der Seine und weiß, dass er fortan »teilhaben konnte an einem Austausch von Gedanken, der ringsum stattfand, an kein Land gebunden«. Er fühlt, nach Kriegsende eine Freiheit, die »absolut« war: »Ich konnte mich darin verlieren und ich konnte mich darin wiederfinden, ich konnte alles aufgeben (…) und ich konnte wieder beginnen zu sprechen. Und die Sprache, die sich jetzt einstellte, war die Sprache, die ich am Anfang meines Lebens gelernt hatte, die natürliche Sprache, die mein Werkzeug war, die nur noch mir selbst gehörte, und mit dem Land, in dem ich aufgewachsen war, nichts mehr zu tun hatte.«

Peter Weiss' Genauigkeit und seine geradezu exzentrische Verweigerung von sprachlicher Schönheit, seine asketische Art mit Sprache umzugehen, ist wundersam und faszinierend. Ich mag diese Lebensberichte wohl auch deshalb, weil Weiss' Kindheitsuntersuchung, diese Recherche mir meinen Rechenschaftsbericht in den eigenen Tagebüchern einfacher machte und mich die Freiheit reizte, von der Weiss schrieb. Sie musste etwas Besonderes sein: die Unabhängigkeit, die jeder Schreiber genießt beim Verfassen von Gedanken, beim Beschreiben von Erschautem und Erfinden von Szenen, Bildern, Geschehnissen.

Warum Weiss zu jenen Autoren zählt, die ich immer wieder lese, warum er in diesem Leidenschafts-Band nicht fehlen darf, ist jetzt schon deutlich.

Allein, es gibt zwei Werke, die mir mehr wert noch sind als die frühen Romane. Es sind zwei seiner Dramen.

1964 wurde der *Marat/Sade* uraufgeführt. Mit diesem Stück gelang dem Dramatiker Weiss der Durchbruch, denn das Drama *Der Turm*, schon 1963 publiziert, wurde kaum beachtet. Henning Rischbieter, der Begründer der Zeitschrift *Theater heute*, jubelte: »Das ist das deutsche Drama!« Und Karena Niehoff, die Berliner Theaterkritikern der *Süddeutschen Zeitung* ließ sich ebenfalls zu einem Hymnus über *Marat/Sade* hinreißen: »Es ist tatsächlich seit Brechts Tod das erste bedeutendere Bühnenstück eines Deutschen; das erste, das vielleicht aus bundesdeutscher Enge in die Welt ausbrechen könnte.«

Der Zweiakter, von dem fünf Fassungen existieren, ist eine Collage, in der der Filmemacher Weiss eine filmische Dramaturgie verfolgt – mit Vor- und Rückblenden. Er schneidet gegeneinander, und er vermag es, mal eine Totale zu zeigen, mal eine Nahaufnahme. Er zwingt das Publikum, Stellung zu beziehen in dieser Debatte zwischen Marat, dem Revolutionär, und de Sade, dem extremen Individualisten. Vorgeführt wird sie als antithetisches Spiel im Spiel, als Theater auf dem Theater.

Mir gilt dieses Stück als ein Geniestreich. Natürlich ist dieses Werk politisches Theater, ist es ein Weissscher Diskurs über Weltanschauungen, aber wie weit entfernt ist der Dramatiker mit dieser dokumentarischen Collage von seinen späteren platten Politdramen in der Lehrstück-Nachfolge! Welche Rolle Weiss sich in diesem Diskurs wünscht, ist nicht leicht auszumachen. Auf welcher Seite wünscht er zu stehen? Seine literarische Arbeit ist bestimmt durch diese Suche nach dem richtigen (geistigen und politischen) Ort: »Ich schreibe, um herauszufinden, wo ich selber stehe, und ich muß jederzeit meine Zweifel in die Arbeit einfließen lassen können. *Marat/Sade* ist voller Zweifel, und natürlich ist das meine eigene Sicht.«

In der 18. Szene, die »SADE PFEIFT AUF ALLE NATIO-

NEN« überschrieben ist, werden die Positionen der beiden
Männer zugespitzt:

Sade eröffnet die Szene, indem er Marat zuruft:

Hörst du Marat
wie sie alle Frankreichs Bestes wollen
Sie überbieten einander an Patriotismus
und mit und ohne Schönheitssinn sind sie bereit
sich für Frankreichs Ehre zu opfern
ob radikal oder gemäßigt
alle wollen sie Blut lecken (...)
Marat
siehst du den Irrsinn dieser Vaterlandsliebe
ich sage dir
ich habe diesen Heroismus längst aufgegeben
ich pfeife auf diese Nation
so wie ich auf alle andern Nationen pfeife«

Wenig später wird de Sade noch deutlicher und formuliert
sein Credo:

Ich pfeife auf diese Bewegungen von Massen
die im Kreis laufen (...)
Ich pfeife auf alle guten Absichten
die sich nur in Sackgassen verlieren
ich pfeife auf alle Opfer
die für irgendeine Sache gebracht werden
Ich glaube nur an mich selbst

Marat, »sich heftig zu Sade wendend«, widerspricht laut-
stark:

Ich glaube nur an die Sache
die du verrätst

Wir haben ein Gesindel gestürzt das fett über uns
thronte
viele haben wir unschädlich gemacht
viele sind entkommen
doch viele von denen die mit uns begannen
liebäugeln wieder mit dem alten Glanz
und es zeigt sich
daß es in der Revolution
um die Interessen von Händlern und Krämern ging
Die Bourgeoisie
eine neue siegreiche Klasse
und darunter der Vierte Stand
wie immer zu kurz gekommen

Wo also steht Weiss? Hinter de Sade, der im Stück der Autor ist, der Verfasser des eingeübten Spiels und zugleich dessen Regisseur. Er schreibt den Irren, mit denen er spielt, die Rollen zu, die sie bei der Aufführung im Badehaus der Anstalt von Charenton im Jahre 1808 übernehmen. Und er ist auch Schauspieler, er spielt sich selbst, während er die Rolle des Marat einem Hautkranken gibt, von dem der Ausrufer behauptet:

zur Ausführung der Rolle haben wir einen erwählt
der zu jenen an Paranoia leidenden Patienten zählt
mit denen wir in unsrer Hydrotherapie
Erfolge erzielen wie sonst noch nie

Tatsächlich sah Weiss, der Mann zwischen den Stühlen, den Marquis de Sade in einer ähnlichen Situation wie sich selbst, als Vertreter eines Standpunktes, der weder von den Anhängern des sozialistischen Gedankens noch von denen des individualistischen formuliert wird: »Sade als Vorkämpfer der absolut freien Menschen befürwortet auf der einen Seite die soziale Änderung (...), doch sieht er auf der anderen Seite die Gefahren, die bei einem entarteten Sozialismus in einem totalitären Staat entstehen können. (...) Wie ein moderner Vertreter des dritten Standpunkts befindet er sich zwischen dem sozialistischen und individualistischen Lager.«

De Sade ist hier ein Mann wie Weiss, der sich öfter als einen extremen Sozialisten bezeichnete, um sich von den Kommunisten ebenso abzugrenzen wie von den bourgeoisen Sozialdemokraten. In einem Gespräch bekennt der Autor sich aber schließlich zu Marat: »Für mich persönlich hat sich der Schwerpunkt (...) immer mehr in Richtung Marat, und mehr noch in die von Roux, verschoben. Er stand ja noch weiter links.«

Ich habe, naturgemäß, keine der Aufführungen in den frühen sechziger Jahren gesehen. Ich sah die erste *Marat/Sade*-Inszenierung im Mai 1988, damals war sie bereits eine Ausgrabung eines Textes, der rasch vergessen worden war. Thomas Schulte-Michels präsentierte am Bayerischen Staatsschauspiel in München seine Version. Der Regisseur ging mit der Vorlage nicht eben zimperlich um, konnte sich bei seiner Manipulation aber auf Weiss berufen, der nach der Berliner Uraufführung allen Regisseuren das Recht auf eine ganz eigene Interpretation einräumte. Schulte-Michels zerrte die antithetische Debatte zwischen dem extremen Individualisten de Sade und dem prämarxistischen Marat über den Sinn der Französischen Revolution in die Gegenwart. Und zwar in die Karnevalszeit.

Auf einer Empore, oberhalb der Bühne, stehen schon schöne Funkenmariechen in Habtachtstellung. Lang lässt der Präsident des Karnevalsvereins sie und die Zuschauer nicht warten. Entschlossen tritt er durch den roten Vorhang. Nett sieht er aus in seinem Frack. In der linken Hand hält er seine schicke Narrenkappe, in der rechten einen Spickzettel. Gut gelaunt annonciert er die Aufführung eines Stücks von Herrn Alphonse de Sade, der auch die Inszenierung besorgt habe. Dann steigt er die Treppe zur Empore hinauf und nimmt in der Mitte der Ehrengardisten Platz.

Was folgt, ist eine grelle, schrille Farce. Und eine Umdeutung. Bei Schulte-Michels will sich de Sade rächen. Gemeinsam mit den Insassen des Hospizes, die keineswegs Irre sind, sondern Ausgeschlossene, Gefangene, Malträtierte, möchte der Marquis es dem Herrn Direktor, dem Zensor vom Karnevalsverein und dem Staat, der von diesem repräsentiert wird, mal so richtig zeigen. Die Kulturmarionetten in den Händen der Herrschenden proben den Aufstand. Sie reden von den Zuständen 1793 und meinen 1988. Die Sprache trägt eine Maske, doch die Gebärden zeigen unverhüllt Gegenwart. Aus den 33 Szenen hatte Schulte-Michels einen kurzen Text kompiliert, Rollen gestrichen und sich auch verabschiedet von den allzu schlichten und papiernen Agitationsphrasen und Deklamationen. (Übrigens verweist Weiss mit den 33 Szenen auf Dantes Weltgedicht, denn er hatte ursprünglich vor, eine Divina-Commedia-Trilogie zu verfassen. Weiss ließ diesen Plan jedoch fallen und erklärte 1965, er werde »das Dante-Drama zu einem selbständigen Stück« machen, »in dem jeder Teil der *Divina Commedia* seine Entsprechung in einem Akt« finden werde und er »eine Dantesche Situation heute zeigen« wollte, »ohne die Religion als Ausweg«.)

Zurück zu Schulte-Michels' *Marat/Sade*. Die Frage, ob Marat oder de Sade Recht hat, oder ob gar Jacques Roux, der ideologisch noch weiter links steht als Marat, die positive Figur ist, interessierte den Regisseur nicht. Thomas Schulte-Michels zeigte sich als ein pessimistischer Moralist. Er präsentierte unkommentiert die Weltentwürfe und provozierte dadurch allein die Wut darüber, dass keine der

Gerechtigkeitsutopien Wirklichkeit geworden war, sondern sich allein die apokalyptischen Visionen erfüllt hatten. So sah er die bundesrepublikanische, die Welt-Wirklichkeit Ende der achtziger Jahre. Schulte-Michels – und das beweist die Qualität der Weissschen Vorlage, die mehrere schlüssige theatrale Vergegenwärtigungen und Deutungen zulässt – inszenierte die Empörung über politische Scheinlösungen. Er offenbarte und kritisierte die Unempfindlichkeit der Menschen gegenüber den Zuständen. Er prangerte die Weltflucht der Reichen an.

Die Konstruktion dieses Stückes, die Offenheit, die es bietet, erlaubte diese Sicht. Andere Regisseure akzentuierten anders und schufen Aufführungen, in denen – wie etwa bei Peter Brooks Arbeit – die Tortur, der Irrsinn und die Folter im Mittelpunkt standen und Weiss' *Marat/Sade* dem »Theater der Grausamkeit« des Antonin Artaud plötzlich sehr nahe stand. Susan Sonntag, die begeistert war von Brooks Weiss-Interpretation, sah durch die Inszenierung und in ihr, was gewiss nicht des Dramatikers Absicht war: ein Bühnenwerk, das in stärkerem Maß als jedes andere moderne Drama dem Artaudschen Theater entspreche.

Das ist gewiss ein Irrtum. *Marat/Sade* kann so inszeniert werden, ließe sich aber auch, wenn ein Regisseur es darauf anlegte, als politisch korrektes, extrem sozialistisches Lehrstück aufführen. Weiss hat gegen die diversen – auch politisch unterschiedlichen – Inszenierungen nie Einspruch erhoben, wenngleich man im Subtext schon vernehmen konnte, dass Brooks Version, die Theatralisierung des Stückes, das als episches Theater verstanden werden sollte, ihm doch ein wenig weit ging: »Jeder Regisseur hat das Recht auf seine eigene Interpretation. Allerdings, wenn der politische Aspekt des Stückes weggelassen wird, dann meine ich schon, daß etwas Wesentliches verlorengeht.«

Schulte-Michels entdeckte mit seinem Zeitbewusstsein ein anderes Stück, aber seine Sicht auf *Marat/Sade* war ohne Zweifel eine engagierte, politische. Der Regisseur arbeitete gegen die Verdrängung, zeitgeistig.

Nichts anderes tat Weiss mit seinem Oratorium *Die Ermittlung*, einem Werk, das bereits vor der Uraufführung für Diskussionen sorgte. Joachim Kaiser verwahrte sich am 4. September 1965 in der *Süddeutschen Zeitung* gegen ein »Theater-Auschwitz«, gegen ein Stück, das dem Publikum jegliche Freiheit nehme, auf das Unmaß des Schreckens zu reagieren und dem deshalb nur eine Möglichkeit der Reaktion bliebe: Es müsse sich »ducken unter der Gewalt des Faktischen«.

Peter Weiss, der für sein Stück Zeugenaussagen von ehemaligen Überlebenden und Angeklagten benutzte, rekonstruierte nicht den Gerichtsalltag, sondern verdichtete die eigenen Aufzeichnungen, die er während des Auschwitz-Prozesses gemacht hatte, und die detaillierten Prozessberichte, die Bernd Naumann in der *Frankfurter Allgemeinen Zeitung* publiziert hatte, zu einem eindringlichen Drama. Weiss wollte nicht auf der Bühne zitieren, nicht im Theater einen Gerichtsprozess nachstellen, sondern anhand von typischen Lebensläufen typischer Häftlinge die Leidenswege aller Opfer exemplarisch darstellen. Er wollte gegen das Verdrängen schreiben und bei den Zuschauern – wie Schulte-Michels es mit dem *Marat/Sade* tat – einen Bewusstseins-Prozess auslösen, provozieren. »Das Stück entbehrt nicht der aktuellen Sprengkraft«, sagte Weiss vor der Uraufführung der *Ermittlung*, die im Entwurf noch den Titel »Das Lager« trug. Und er fuhr fort: »Ein Großteil davon behandelt die Rolle der deutschen Großindustrie bei der Judenausrottung. Ich will den Kapitalismus brandmarken, der sich sogar als Kundschaft für Gaskammern hergibt.«

Weiss nannte *Die Ermittlung* ein »Oratorium in elf

Gesängen«, so der Untertitel. Die elf, jeweils dreiteiligen Gesänge – wiederum eine Dante-Anspielung – folgen weder dem Verlauf der Verhandlung noch dem Geschehen im Lager. Ohne jegliche szenische Mittel – weshalb vielleicht die Form der Lesung die beste Darstellungsweise ist – beschreibt Weiss den Weg in den Tod: von der Ankunft im Lager und der Selektion – im ersten »Gesang von der Rampe« bis zur Auslöschung der bereits Ermordeten im »Gesang von den Feueröfen«. Im ersten »Gesang von den Feueröfen« berichtet der »Zeuge 7«, wie die Gefangenen in die Gaskammern geführt wurden:

Zeuge 7:
Die Menschen gingen langsam und müde
durch das Tor
Die Kinder hingen an den Röcken der Mütter
Ältere Männer trugen Säuglinge
oder schoben Kinderwagen
Der Weg war mit schwarzer Schlacke bestreut
Rechts und links waren ein paar Wasserhähne
auf den Grasflächen
Oft drängten sich die Menschen darum
und das Kommando ließ sie noch trinken
trieb sie aber zur Eile an
Sie hatten noch etwa 50 Meter zu gehen
bis sie zur Treppe kamen
die hinunter in die Auskleideräume führte
Richter:
Was war vom Krematoriumsbau zu sehen
Zeuge 7:
Nur das Verbrennungsgebäude
mit dem großen viereckigen Schornstein
Unterirdisch schloß sich daran
seitlich abzweigend

die Vergasungskammer
und in der Längsrichtung der Auskleideraum
(...)
Richter:
Wie groß war der Auskleideraum
Zeuge 7:
Etwa 40 Meter lang
12 bis 15 Stufen führten hinab
Er war etwas über 2 Meter hoch
In der Mitte stand eine Reihe von Tragpfeilern
Richter:
Wieviele Menschen wurden auf einmal hinabgeführt
Zeuge 7:
1000 bis 2000 Menschen
Richter:
Wußten die Menschen
was ihnen bevorstand
Zeuge 7:
Über der schmalen Treppe
waren Tafeln angebracht
Da stand in verschiedenen Sprachen
BADE- UND DESINFIZIERUNGSRAUM
Das klang beruhigend
und beschwichtigte viele
die noch mißtrauisch waren
Oft sah ich Menschen
froh hinuntergehen
und Mütter scherzten mit ihren Kindern
Richter:
Brach nie Panik aus
zwischen den vielen Menschen
im engen Raum
Zeuge 7:
Es ging alles sehr schnell und effektiv

Weiss erklärte, er hätte das Stück geschrieben, um sich selbst »über die Bedeutung des Frankfurter Auschwitz-Prozesses Klarheit zu verschaffen. Das Konzentrationslager selbst kommt in meinem Stück nicht vor; wir blicken darauf zurück wie diejenigen, die an den tatsächlichen Verhandlungen teilnahmen, aus der Perspektive der Gegenwart.« Dass es Weiss bei diesem Drama nicht primär darum ging, den Holocaust zu thematisieren, sondern – seiner politischen Überzeugung folgend – darum, das Morden an sich zu dokumentieren, beweist eine Bemerkung im Oktober 1965: »In der *Ermittlung* werden nicht Juden vernichtet, sondern Menschen. Die, die umgebracht werden, sind nicht in erster Linie besser oder anders als die anderen; sie werden einfach von einer anonymen Maschinerie selektiert, um die Rolle des Opfers zu übernehmen. Eine andere Drehung des historischen Kaleidoskops – und viele von ihnen hätten genausogut auf der Seite der Nazis stehen können. Es ist in erster Linie eine Frage der sozialen Struktur, die manche Gruppen von Menschen in die eine Richtung treibt und andere Gruppen in die genau entgegengesetzte.«

Weiss war ein besonders kluger Literat, einer, der Worte ausschließlich benutzte, um Wahrheit bloßzulegen, Verdrängtes wieder ans Tageslicht zu zerren, zu künden, zu demonstrieren. Was Wunder, dass ihn »das Geheimnisvolle, Magische in einem Kunstwerk nie interessiert« hat. Dass er »das geschriebene Wort« für »die gefährlichste aller Kunstarten« hält. »Immer zuerst und am hartnäckigsten verfolgt, zensuriert, verboten. (...) Das Wort ist die konkreteste Kunstart. Das Wort am nacktesten, schlagkräftigsten – die Gegengewalt vor allem gegen das Wort gerichtet.«

Ich schätze Weiss wegen dieser Klugheit. Und wegen seiner Ehrlichkeit, die er selbst bei politischen Stellungnahmen nie verriet: »Ich habe nie ein Geheimnis daraus gemacht, daß ich Sozialist bin und daß ich nur in der Veränderung zur sozialistischen Gesellschaftsordnung die Möglichkeit sehe, Ungerechtigkeiten zu beheben. Dies schließt nicht aus, daß ich gegenüber den sozialistischen Gesellschaftsformen kritisch bin, wenn immer Erscheinungen vorhanden sind, die geändert werden müssen.«

Leidenschaftlich liebe ich einen kurzen Satz von Weiss, der beschreibt, warum er schrieb, was er schrieb. Und der erklärt, weshalb Weiss auch ganz bewusst das Platte, das Lehrhafte, das Demonstrative verfasste, selbstbewusst das Unbequeme, Unmodische, Verlachte publizierte – kämpferisch, verbohrt, halsstarrig, hartnäckig: Im August 1980 steht im Notizbuch: »Versuch, mit Kunst das Furchtbare zu vertreiben.«

XII. Nathalie Sarraute

Den ersten Text, den ich von Nathalie Sarraute kennen lernte, las ich nicht, ich hörte ihn. Beim Theaterfestival in Avignon wurde Sarrautes kleiner Einakter *Elle est là* gezeigt, ein Vier-Personen-Stück. Drei Männer, bezeichnet nur als H. 1, H. 2 und H. 3, also als homme un, deux und trois, unterhalten sich mit einer Frau, F. genannt. Was heißt: sie unterhalten sich? – Sie reden aneinander vorbei. Und sie schweigen sich an.

H. 1 beginnt: »Je pense que depuis quelque temps on assiste à une recrudescence ... à une dégradation de plus en plus sensible ...« Und H. 2 antwortet bloß mit zwei Einsilbern und sechs Punkten: »Oui ... oui ...«

In der deutschen Übersetzung von Elmar Tophoven haben die vier Namen bekommen, Allerweltsnamen. Wir begegnen der Frau Fischer und den Herren Müller, Maier und Schulze:

Herr Müller: Ich meine, man beobachtet seit einiger Zeit eine gewisse Zuspitzung ... eine Verschlimmerung, die mehr und mehr zu spüren ist ...

Herr Maier: Ja ... ja ...

Herr Müller: Ich las neulich ... Er war ganz meiner Meinung ... Es handelt sich um einen Trend ...

Herr Maier: Ja ... das stimmt genau ...

Herr Müller: Was wollen Sie? Da kann man nur die Ohren steifhalten ... Es hat übrigens niemand das geringste ... finden Sie nicht?

Herr Maier: Doch, doch, gewiß ... Das finde ich auch ... Aber einen Moment, bitte ... Gestatten Sie ... Entschuldigen Sie bitte ... ich muß nur ... ich komme gleich wieder ...

Drei Wortwechsel und 54 Auslassungspunkte. An letzteren kann man alle Texte der Nathalie Sarraute erkennen. Und man findet sie schon in Sarrautes erstem Werk, den Prosaskizzen *Tropismes*, die 1938 erschienen. Damals war die Autorin bereits 38 Jahre alt und erwies sich gleich mit diesem Erstlingswerk neben Alain Robbe-Grillet und Michel Butor als Wegbereiterin des Nouveau Roman, wenngleich die Öffentlichkeit erst einmal kaum Notiz davon nahm. Jean-Paul Sartre, Max Jacob und Charles Mauron waren die einzigen, die der Autorin Briefe schrieben, in denen sie sich beeindruckt zeigten. Und es erscheint auch nur eine einzige Rezension, und zwar in der *Gazette de Liège*, einem nicht eben ersten Blatt. Die *Tropismen* sind der Vorläufer des Antiromans: Es gibt weder eine zusammenhängende Handlung noch eine Fabel; stattdessen: nichts als Sprache, Wörter und immer wieder die drei Punkte, die Auslassungen. In den *Tropismen* werden zwar Bewusstseinszustände dargestellt –, wie in den Romanen Dostojewskis zum Beispiel, aber nicht etwa in Form von inneren Monologen: Bei Nathalie Sarraute kommunizieren Worte mit Worten, da wagen sprachliche Gemeinplätze eine Konversation mit klaren Gedanken. Die *Tropismen* sind Fragmente. Fragmente von Handlung. Fragmente von Unterhaltung. Fragmente von Beschreibung.

Als Exempel möchte ich den 15. Text der 24 *Tropismen* zitieren, den ich sehr mag. Es ist eine Konversation zwischen einem älteren Herren und einem jungen Mädchen, zwischen einem Franzosen und einer Engländerin, vielleicht – wenig ist sicher bei Nathalie Sarraute. In diesem Pünktchen-Abschnitt haben wir 42 Punkte – die am Satzende nicht mitgezählt –, dazu vier Gedankenstriche, die ebenfalls Pause, Schweigen, signalisieren und eine ungeheure Menge Fragezeichen – 38 nämlich.

Alte Herren wie ihn liebte sie sehr: man konnte mit ihnen sprechen, sie verstanden so viele Dinge, sie kannten das Leben, sie hatten mit interessanten Leuten verkehrt (von ihm wußte sie, daß er der Freund von Félix Faure gewesen war und daß er die Hand der Kaiserin Eugénie geküßt hatte).

Wenn er zu ihren Eltern zum Diner kam, ging sie – ganz kindlich, ganz ehrerbietig (er war so gescheit), ein wenig eingeschüchtert, aber zappelnd (seine Meinungen zu hören, mußte so lehrreich sein) – ging sie als erste in den Salon, um ihm Gesellschaft zu leisten.

Er stand mühsam auf: »Ei! da sind Sie ja! Nun, wie geht es Ihnen denn? Und wie geht es überhaupt? Was machen Sie? Was werden Sie Schönes unternehmen dieses Jahr? Ach, Sie gehen wieder nach England zurück? Ja wirklich?«

Sie ging dorthin zurück ... Wirklich, sie liebte dieses Land so sehr. Die Engländer, wenn man sie kannte ... Aber er unterbrach sie: »England ... Ach! ja, England ... Shakespeare? Wie? Nicht wahr? Shakespeare. Dickens. Ich erinnere mich, sehen Sie, als ich jung war, unterhielt ich mich damit, Dickens zu übersetzen. Thackeray. Sie kennen Thackeray? Th... Th... So sprechen sie es wohl aus? Wie? Thackeray? Das ist es wohl? So sagt man es wohl?«

Er hatte sie gierig ergriffen und hielt sie zur Gänze in

seiner Faust. Er sah zu, wie sie ein wenig zappelte, wie sie sich ungeschickt sträubte und kindisch mit ihren kleinen Füßen in der Luft herumschlug, und dabei immer liebenswürdig lächelte: »Doch, ja, ich glaube so ist es gut. Ja. Sie sprechen gut aus. Tatsächlich, das t-h... Tha... Thackeray ... Ja, so ist es. Aber sicherlich, ich kenne Vanity Fair. Ja bestimmt, das ist von ihm.«

Er drehte sie ein wenig, um sie besser zu sehen: – »Vanity Fair? Vanity Fair? Ach ja, sind Sie sicher, Vanity Fair? Das ist von ihm?«

Sie zappelte anmutig weiter, immer mit ihrem kleinen höflichen Lächeln, mit ihrem Ausdruck forschenden Wartens. Er drückte sie immer mehr: »Und welche Strecke nehmen Sie? Über Douvres? Über Calais? Dover? Nicht wahr, über Dover? So ist es wohl? Dover?«

Es gab kein Mittel, ihm zu entrinnen. Kein Mittel, ihn aufzuhalten. Und sie hatte so viel gelesen ... hatte über so viele Dinge nachgedacht ... Er konnte so reizend sein ... Aber er hatte seinen schlechten Tag, eine seiner wunderlichen Launen. Mitleidlos, pausenlos fuhr er fort: »Dover, Dover, Dover? Wie? Nicht wahr? Thackeray? Wie? Thackeray? England? Dickens? Shakespeare? Nicht wahr? Nicht wahr? Dover? Shakespeare? Dover?« – und sie wird weiter versuchen, sich zu befreien, sanft, ohne heftige Bewegungen zu riskieren, die ihm mißfallen könnten, und wird ehrfurchtsvoll mit leiser, mit gerade ein wenig bedeckter Stimme antworten: »Ja, Dover, richtig. Sie haben wohl oft diese Reise gemacht? ... Ich glaube, es ist bequemer über Douvres. Ja, wirklich ... Dover.«

Er wird erst zu sich kommen, seine Faust lockern, wenn er ihre Eltern kommen sieht, und sie wird endlich, ein wenig rot, ein wenig zerzaust, das hübsche Kleid ein wenig zerknittert, ohne Furcht, daß er verstimmt würde, wagen, ihm zu entschlüpfen.

Selbst wer nur diesen *Tropismen*-Text kennt, wird wenig Schwierigkeiten haben, die Tropismen-Definition des Brockhaus auf die Sprache anzuwenden, auf die Prosatexte und Stücke der Sarraute: »Tropismen: Krümmungsbewegungen festsitzender Organismen (Pflanzen, sessile Tiere) oder von Organen, die durch einen einseitigen Reiz ausgelöst und in ihrer Richtung bestimmt werden, d.h. die Organismen (Organe) nehmen eine bestimmte Lage zur Reizquelle ein.« Sessile Tiere sind übrigens – für alle, die es nicht wissen sollten – festgewachsene, vor allem im Wasser lebende Tiere.

Nathalie Sarraute schafft in den *Tropismen* Situationen, in denen sie die Personen sprachlichen Reizungen aussetzt. Hierdurch verändert sich die Sprache und auch folgerichtig das Verhalten der Personen, ihr Denken über sich selber, ihr Nachdenken über ihre Gefühle und ihre Stimmungen.

Es ist auffallend, dass das Wort »tropismes« in dem Text selbst nicht vorkommt, sondern nur als Titel. Allerdings taucht der Terminus immer wieder auf in Nathalie Sarrautes literaturkritischen Texten, wo Tropismen definiert sind als undefinierbare Bewegungen, die sehr schnell bis an die Grenzen unseres Bewusstseins gleiten.

Nie hat sich Nathalie Sarraute von dieser Methode des Schreibens verabschiedet oder distanziert. Im Gegenteil: Noch im hohen Alter betonte sie, dass die Tropismen die lebendige Substanz aller ihrer Bücher geblieben seien. Der Tropismus, also das Aussenden von Reizen auf die Sprache, ist der rote Faden, der durch alle ihre Werke, die Romane, die Stücke und ihre kritischen Texte führt, also auch durch ihr literaturtheoretisches Hauptwerk *L'Ère du soupçon*, in dem sie sich ausführlich beschäftigt mit »conversation et sous-conversation«, also dem Text und dem Subtext eines Gesprächs, womit wir wieder bei den Auslassungspünktchen sind. Aber dazu später.

Der Tropismus erlaubt Nathalie Sarraute die besonders intensive Erkundung der Beziehungen zwischen Sprache und Bewusstsein, weil sie beide den Reizungen aussetzt, die sie, die Autorin, veranlasst, auslöst. Was Wunder, dass auch in ihren Stücken die Konversation im Zentrum steht. Mal erfindet sie Figuren – drei Männer und eine Frau wie in *Elle est là* und dem Einakter *Pour un oui ou pour un non*; mal gibt sie den Sprechenden Namen wie in dem Stück *Le Mensonge*, in dem gar neun Personen anwesend sind, fünf Frauen und vier Männer. »Zuerst tritt Robert auf«, steht im französischen Original, was leider in der deutschen Bühnenfassung fehlt und doch so wichtig ist, weil »danach Yvonne, Lucie, Simone, Jacques hervortreten, während sie sprechen«. Es gibt also kein Schweigen zu Beginn, die vier platzen auf die Bühne; und sie platzen mit der Sprache heraus.

Die Bühnenanweisung wurde von der Sarraute erst 1970 hinzugefügt, denn *Le Mensonge* war ein Hörspiel, das zum ersten Mal am 2. März 1966 ausgestrahlt wurde – zeitgleich im französischen, belgischen und deutschen Rundfunk.

Lange Zeit konnte sich Nathalie Sarraute nicht vorstellen, dass sie es einmal »wagen würde etwas anderes zu schreiben als Romane«, aber ein Hörspiel zu verfassen schien ihr noch kein zu gewaltiger Schritt fort von dem, was sie zuvor getan hatte, weil die Personen, die Sprechenden, weiterhin unsichtbar sind, keine Menschen aus Fleisch und Blut: »Das Hörspiel hatte schon den Vorteil, daß es mich nicht zwang, wie es ein Theaterstück oder ein Film getan hätte, die Figuren in Fleisch und Blut sich über die Bühne oder die Leinwand bewegend zu zeigen. Hier erhält allein der Dialog zwischen den unsichtbaren Figuren die ganze Aufmerksamkeit.«

Elle est là war dann das erste Werk, das Nathalie Sarraute bewusst für die Bühne schrieb und das 1980, zwei Jahre nach der Publikation, von Claude Régy in Paris uraufgeführt wurde. Ich sah 1986 eine Aufführung, inszeniert von Michel Dumoulin mit dem wunderbaren Jean-Paul Roussillon in der Rolle des Homme 2 und der bezaubernden Maria Casarès als Frau. Mein Initiationserlebnis.

Niemand hat so gut wie die Autorin selbst beschrieben, worum es in diesem dramatischen Text geht. Nicht um Aktion oder gar Aktionen, sondern um einen Disput, einen Diskurs. Wieder entsteht die durchaus aggressive Konversation durch eine Reizung – »une sensation désagréable«, die winzig klein ist – embryonal, sagt die Sarraute – und allmählich monströs groß wird. Und so wird aus einem Kampf der Ideen ein Kampf von Menschen aus Fleisch und Blut. Thema des Stückes wird erstaunlich schnell: die Intoleranz. Mit *Elle est là* hatte Nathalie Sarraute den Beweis erbracht, dass sie für das Theater erfinden kann. Ich erinnere mich genau, wie spannend diese Aufführung war, in der nichts geschah, in der man in Gesichtern lesen, die Bewegungen von Armen, Händen und Fingern dechiffrieren musste. Erinnere mich, wie Jean-Paul Roussillon sich erregte: »Da ist sie!«, muffelte er, runzelte die Stirn verächtlich; die fleischigen Lippen rundeten sich und in den Mundwinkeln sammelte sich Speichel. »Da ist sie!« Maria Casarès lächelte selbstbewusst. Mit leeren Händen stand sie im gotischen Kreuzgang des Cloître de la collégiale von Villeneuve-lez-Avignon. Was den Mann erregt: Die Frau trägt im Kopf eine Idee; eine, die ihm nicht passt. Da er sie ihr aber nicht hat austreiben können, nicht im Gespräch – denn dem hat sich die Frau entzogen, wohl wissend, dass es wieder zum Eklat kommen würde -, nicht mit Gewalt, gibt der Mann letztlich auf. Und wähnt sich tolerant. Wir hörten Gesprächen zu, denen die Haltungen der Schauspieler, die Blicke, das Lächeln einen Subtext gaben. Aber recht eigentlich ist Sarrautes Theater reine Sprache. *La parole pure.* – Gesprochene Sprache, die sich verselbständigt, die Besitz ergreift von den Menschen, die für ihre Ideen, ihre Grundsätze streiten. Doch kämpfen nicht sie, die Menschen gegeneinander, sondern ihre Sätze bekriegen einander. Werden Waffen, spitz und scharf oder schwer und plump. Ihre Stärke, ihre Gefährlichkeit überträgt sich auf die Körper der Sprechenden.

In einem Gespräch, dass Nathalie Sarraute 1980 mit einem Journalisten der Tageszeitung *L'Humanité* führte, erklärte sie ihren Text und hatte keinerlei Bedenken mehr gegen das Theater als Forum für ihre Sprachexperimente. Und dies, obwohl ihr schon im Januar 1976, nach den Uraufführungen von *Le Silence* und *Le Mensonge* im Pariser Petit Odéon von französischen Kritikern vorgeworfen worden war, dass ihre Stücke den Romanen zu sehr verwandt seien. Manche Rezensenten hielten die Dialoge für schwergewichtig, also platt, und die Charaktere, die Rollen für zu wenig ausgearbeitet. Sie hatten nichts verstanden! Auch jene nicht, die vorsichtiger mit dem dramatischen Werk der Dichterin umgingen und es mit den Labels »mince, intelligent, subtil et un peu ennuyeux« versahen, also klein, intelligent, subtil und etwas langweilig. Als »literarisches Theater« würdigten die einen die Stücke, und andere suchten darin, was die Sarraute nicht verstecken und offenbaren wollte. Diese Kritiker mäkelten wie André Ransan am 19. Januar 1967 in *L'Aurore*, Sarraute stelle bloß Ideen aus, und deshalb gab er ihr dann noch ein kleines arrogantes Lob mit auf den Weg – dies jedoch täte sie mit Klarheit.

Ganz falsch: Bei Nathalie Sarrautes Theaterstücken geht es nicht um kaltes intellektuelles Disputieren. Es geht um Leben und Tod, um Opfer. Die Autorin weiß das selber am allerbesten:

»In Elle est là geht es um drei Männer und eine Frau; die Hauptrolle wird hier von einem Mann gespielt, weil es bis heute so ist – Sartre hat es angedeutet – daß die Männer sich mehr mit Gedankenkonstrukten befassen als die meisten Frauen«, sagt sie dem Redakteur von *L'Humanité*.

Dieser Mann kann es nicht ertragen, wenn jemand anders einen Gedanken im Kopf hat, der dem seinen widerspricht. Er ahnt, ohne daß sie etwas sagt, daß seine Begleiterin nicht so denkt wie er. Ich gehe also von etwas aus, das empfunden, nicht analysiert wird, von einem unangenehmen Gefühl, das hier noch im Embryonalstadium ist, das aber monströse Formen annehmen kann, je nach den Umständen. Gegenüber einem Gedanken, der im Gegensatz zu dem steht, was für uns die Wahrheit ist, legen wir alle möglichen Triebe an den Tag. In meinem Stück geht das bis zur Notwendigkeit, den Gegner zu zerstören oder sein eigenes Leben zu opfern für den Triumph, daß dies für unsere Wahrheit geschieht. Ich hoffe, daß aus meinem Stück hervorgeht, daß allein wirksam sein kann, sich selbst zu opfern.

Damit – endlich – sind wir bei Sartre. Im Vorwort zu dem Roman *Portrait d'un inconnu*, dem *Porträt eines Unbekannten*, 1948 im Original erschienen, sechs Jahre später in der deutschen Übersetzung von Elmar Tophoven, zählt Sartre den Roman zu den Antiromanen und möchte in dieser Kategorie auch die Werke Nabokovs und Evelyn Waughs untergebracht wissen. Die Antiromane zeichneten sich, so Sartre, dadurch aus, zwar noch den Anschein des Romans zu wahren, doch nur, um mit dem erfundenen Material »den Roman durch den Roman in Frage zu stellen, ihn in der Zeit seines Entstehens vor unseren Augen zu zerstören«. Sartre glaubt, dass diese Romane über sich

368

selber nachdächten. Schließlich, nachdem er *Das Portrait eines Unbekannten* als die Parodie eines Enthüllungsromans, eine ganz besondere Form eines Kriminalromans ausgegeben hat – in dem die Sarraute übrigens eine Erzähler-Person inszeniert, die einen autobiographischen Bericht abgibt –, wendet sich Sartre den *Tropismen* zu, um zu belegen, dass kein Autor vor Sarraute die Nichtauthentizität zum Thema eines Buches gemacht habe. Zunächst zitiert Sartre aus dem 10. Tropismus, in dem die Sarraute von Tee-Nachmittagen berichtet, bei denen die Beteiligten ununterbrochen sprechen, immer wieder dieselben Dinge wiederholen, die Themen drehen, umdrehen, kneten:

Sie gingen zu Tees. Da blieben sie stundenlang sitzen, ganze Nachmittage vergingen dabei. Sie sprachen: »Jämmerliche Szenen gibt es zwischen ihnen, Schwierigkeiten wegen nichts. Ich muß sagen, bei dem ganzen beklage ich trotzdem ihn. Wieviel? Doch wenigstens zwei Millionen. Und nichts als die Erbschaft der Tante Josephine ... Nein ... wie denn, meinen Sie? Er wird sie nicht heiraten. Er braucht eine Frau für daheim, er macht es sich selbst nicht klar. Aber nein, ich sage es Ihnen. Eine Frau für daheim, das braucht er ... Für daheim ... Für daheim ...« Man hatte es ihnen immer gesagt. Das, sie hatten es wohl immer sagen gehört, sie wußten es: die Gefühle, die Liebe, das Leben, das war ihr Gebiet. Es gehörte ihnen.

Von diesem Zitat ausgehend, erklärt Sartre, dass dies das »›Gerede‹ Heideggers« sei, »das ›man‹ und, um es deutlich auszusprechen, das Reich der Nichtauthentizität«. Und Sartre entdeckt nun, dass die Sarraute genau dies sich zum Thema gemacht habe: die Nichtauthentizität. Er kenne keinen Autor, »der sie mit Absicht zum Thema eines Buches gemacht hätte: weil eben die Nichtauthentizität dem Roman wesensfremd ist«. Die Romanciers vor Sarraute bemühten sich, eine Welt mit Individuen zu gestalten – lauter unersetzliche Einzelcharaktere mit den bösen, schönen, glücklichen Einzelschicksalen. Nicht so Nathalie Sarraute. Sie, so schreibt Sartre, zeige uns »die Mauer der Nichtauthentizität«; und sie zeige sie überall. Und nun fragt sich Sartre und seine Leser, was denn hinter der Mauer sich verberge. Antwort: »Eben *nichts*. Nichts oder fast nichts. Vage Bemühungen um etwas, das man im Dunkeln ahnt, zu fliehen. Die *Authentizität*, das echte Verhältnis zu den anderen, zu sich selbst, zum Tod wird überall suggeriert, bleibt aber unsichtbar. Man ahnt sie, weil man sie flieht.«

Sarrautes Bücher erzählen von den Gefahren beim Sprechen und beim Schweigen. Die Menschen sagen nicht, was sie sagen wollen, sondern verstecken just dies hinter der Glätte der schnellen Jas und Neins. Dort lauert der Abgrund. Irgendwo muss die Seele der Sprechenden ja versteckt sein. Irgendwo muss hinter dem Gemeinplatz ein eigener Platz verborgen sein. Das Reden ist das eigentlich Geheimnisvolle und das Spannende in dem Œuvre von Nathalie Sarraute. Die Menschen, die sie präsentiert, sind keine Charaktere, sie haben keine Geschichte und schon gar keine Geschichten parat. Die Schriftstellerin beschreibt, wie Sartre erklärt, »das unablässige, weiche Hin und Her zwischen dem Besonderen und dem Allgemeinen«. Und hinter allem lauert Vernichtung, manchmal Hoffnung. Sartre behält Recht. Indem Nathalie Sarraute »eine unfaßbare Authentizität ahnen läßt« und versucht, »die beruhigende und öde Welt der Nichtauthentizität zu beschreiben«, hat die Schriftstellerin eine ganz besondere Technik entwickelt. Mit ihr gelingt es ihr, »über das Psychologische hinaus die menschliche Wirklichkeit in ihrer *Existenz* selber zu erreichen«.

Damit haben wir fast eine Definition des Nouveau Roman. Im Unterschied zum traditionellen Roman verzichten die Autoren hier auf realistische Erzähltechniken, auf individuelle Figuren als Handlungsträger mit einer fixierten Identität. Es gibt keine stringente, linear und logisch ablaufende Handlung, keine Fabel – und wer nach psychologischen Entwicklungen sucht, muss enttäuscht werden. Obwohl die Autoren des Nouveau Roman – zu denen neben anderen auch Claude Simon, Robert Pinget und Marguerite Duras zählen – durchaus keine einheitliche Gruppe bilden, benutzen alle die Beschreibung, die genaue detaillierte oberflächlich-registrierende Beschreibung, um verschiedene Sichtweisen zu eröffnen, verschiedene Deutungen zuzulassen. Die Texte der Sarraute, auch die Romane, die Stücke, nicht allein die kritischen Essays, sind Untersuchungen, *recherches du langage*. Der Roman, das Theaterstück diskutiert Sprache, Sprachmuster. Das Schreiben selbst, die Form des Schreibens, wird Zentrum des Kunstwerks.

Wo bleibt dann die Wirklichkeit, die Realität, die in den Texten der Nathalie Sarraute ausgespart wird? Sie kann, sie muss von dem Rezipienten hineingelesen, herausgehört werden. Der Nouveau Roman erfordert die Aktivität des Lesers, der sich an der Schöpfung beteiligt, oder zumindest aufgefordert wird, sich aktiv zu beteiligen. Tut er es nicht, sind Sarrautes Texte vielleicht wirklich nicht mehr als klein, subtil, intelligent, aber unnütz.

Wer aber Sarrautes Sprachexperimente mitmacht, der erlebt Glücksmomente. Die Sarraute, die die Sprache revolutionieren, radikal verändern wollte, so wie es die Maler zuvor schon getan hatten – und Schriftsteller wie Proust, Flaubert und Gertrude Stein –, sie wird, je älter sie wird, desto witziger, böser, frecher. Etwas, das ich mir von Elfriede Jelinek noch erhoffe.

Im Alter von 97 Jahren schrieb sie *Ouvrez*, 1997 in Paris publiziert, drei Jahre später in der deutschen Übersetzung von Erika Tophoven erschienen. Es ist ein absurder Wörterroman, in dem die Wörter zu lebendigen Wesen werden. Aus Fleisch und Blut. Sein erster Satz endet mit drei Punkten: »Oje, da steht sie schon die Wand ...«

Bevor ich mich darüber freue, wie die Konjunktion »dennoch« aus dem Sarrautschen Wörtergefängnis entkommt, möchte ich endlich die Sache mit den Punkten erklären.

Es gibt im Werk der Nathalie Sarraute ein existentielles Verhältnis von Stille und Lärm, Schweigen und Sprechen, Pause und Wort. Von Pünktchen auf der einen, Vokalen und Konsonanten auf der anderen Seite. Stille hat bei ihr eine besondere Dynamik. Sie ist auch eine dieser Reizungen zwischen den Worten. Wenn sich ereignet, was sich die Sarraute von ihren Texten wünscht, dass nämlich die Worte zu so etwas Ähnlichem werden wie Personen, dann passiert zwischen ihnen auch so etwas wie Aktion. Und die Auslassungspunkte strukturieren nicht nur die Aktionen, sondern sie können sie auch auslösen; das ist das Spannendste an den Werken dieser Schriftstellerin. Stille bedeutet zum einen die völlige Abwesenheit von Sprache. Also den Verzicht zu sprechen oder die Verweigerung, sich verbal zu äußern. In beiden Fällen kann das Schweigen durchaus Ersatz sein für das Sprechen, weil das Nichtgesagte, das Nichtsagenwollen den Reiz erhöht für den Konversationspartner, die Stille zu durchbrechen. Entweder, indem er seinerseits auch schweigt und so sein Gegenüber dazu auffordert, die Pause zu beenden. Oder – die einfachere, die schwächere Lösung, die Haltung des Unterlegenen – indem er selbst das Wort ergreift.

Das heißt, wenn bei Nathalie Sarraute geschwiegen wird, ist dies eine Aktion zwischen den Worten; und sie verbirgt Sinn. Sie kann Rückzug signalisieren oder – weit öfter noch – Attacke. Worte sind Waffen, aber auch das Schweigen kann Kampfansage – und späteres Gefecht – sein. Die Romane der Sarraute sind Wettkämpfe. Schweigen hat hier eine agnostische Funktion und eine juristische: Derjenige, der das Wort abgibt und schweigt, verurteilt den anderen, das Wort zu ergreifen und weiter zu kämpfen. Oder das Feld zu räumen.

Es gibt die aggressive Stille und die angriffslustige Stille, als die weniger starke. Es gibt den sprechenden Austausch, den stummen Austausch – klare Verhältnisse also. Dazwischen – und deshalb schätze ich die Sarrauteschen Werke, die in Deutschland ganz zu Unrecht kaum bekannt sind – existiert der stillschweigende Austausch. Er gleicht dem auf den Boden geschleuderten Fehdehandschuh.

Nathalie Sarraute lässt den Worten freien Lauf, gibt ihnen Freiheit. Auf die Stille passt sie auf, bewacht sie. Nicht zuletzt wohl, weil dahinter der Tod sich verbirgt. Während die Menschen plappern, sich hin und her treiben lassen von den Worten, widerspricht die Stille, das Schweigen. Und deshalb brauchen die Sarraute-Texte nicht allein den aufmerksamen Leser, sondern den, der mitmacht, (mit-)forscht.

Es gibt bei der Sarraute die laute Stille, das Verschwiegene im Geäußerten. Damit ist gemeint: Hinter dem Banalsten kann sich das Größte, das Geheimste, das Fürchterlichste verbergen – nämlich die innere Bewegung der Personen. Was will der kluge alte Franzose aus den *Tropismen* auf alle Fälle bei sich behalten, während er wie ein Papagei von Thackeray und Dover quasselt? Begehrt er das Mädchen, das er sich geschnappt hat? Dieses Reden und Nichts-Sagen ist keine Attacke, sondern angstvoller Rückzug. Vielleicht auch nur Fassade, Versteck. Maske.

Nathalie Sarraute – und deshalb gehört sie zu meinen Leidenschaften – transformiert das Unsagbare, das, was niemand sich zu sagen traut, in Worte, die camouflieren. Und das Schweigen enttarnt das Verborgene. Die Sarraute stellt den Worten Fallen, damit der Leser sie fängt. Den Worten, die allen Schriftstellern vorher taugten, spricht die Sarraute ihre Tauglichkeit ab. Sie sucht nach neuen und nach dem Grund der Worte, nach ihrem Fundament.

Sehr klar wird dies in dem 1983 erschienenen Buch *Enfance*, in dem sie ihre Kindheit in Russland und Frankreich in der Zeit vor dem Ersten Weltkrieg erzählt. Die Sarraute, die zuvor ihren Figuren niemals Namen gab, führt eine Natascha ein, die zu Nathalie wird. Auch hier, in diesem sehr persönlichen Buch, das dialogisch konstruiert ist, geht es darum, für die eigene Vita, für das Erinnern, die richtigen Worte zu finden. Das ist das Thema, das bereits mit dem ersten Absatz als Motiv erscheint: »›Du bist also wirklich dazu entschlossen, deine Kindheitserinnerungen herufzubeschwören? … Wie dich diese Worte stören, du magst sie nicht. Gib aber zu, daß es die einzig passenden sind.‹« Gewiss erzählt die Sarraute auch von ihrer Kindheit. Allein, eigentlich ist es eine Suche nach den tauglichen Worten. Sie sieht blühende Bäume, blauen Himmel darüber. Die Luft flimmert – und jetzt sucht sie ein Substantiv, um das Einzigartige, das in diesem Augenblick über sie kam, sie überkam, zu beschreiben. Es is eine mühselige Suche nach einem Wort für dieses Gefühl: »welches Wort kann es erfassen? Nicht das Allerweltswort: ›Glück‹, das sich als erstes einstellt, nein, das nicht … ›Wollust‹, ›Überschwang‹ sind zu häßliche Wörter, sie sollen nicht daran rühren … und ›Schwärmerei‹ … wie sich vor diesem Wort das, was da ist, zusammenzieht! … ›Freude‹, ja, vielleicht … dieses kleine, bescheidene, ganz einfache Wort kann es ohne Gefahr streifen … aber es ist nicht imstande, das in sich aufzunehmen, was mich erfüllt …«

Wundersam, berührend, wie sie den Wörtern Leben gibt:

Es gibt welche, die »sich nicht gut mit den andern zu vertragen« scheinen; welche, deren »Gewohnheiten« sie nicht kennt und von denen sie nicht weiß, »was gut für sie ist«; Worte, von denen sie behauptet, sie fühle sich »nicht sehr wohl bei ihnen«; Worte, die sie »beängstigen«, auf die sie lieber verzichten möchte und sich deshalb wünscht, »sie sollen sich nicht nähern, sie sollen nichts berühren«.

Ich mag die *Kindheit*. Und ich liebe *Hier*, zwanzig kleine Sketche, 1995 erschienen, in denen die Sarraute wieder auf der Suche nach den Wörtern und den Gedanken ist. Sie beschreibt, wie ein Wort hereinkommt in ein Gespräch und fragt erstaunt, entrüstet: »Wie konnte es alle Kontrollen passieren?« Sie sieht erschreckt: »... da springt ein zusammenhangloser Gedanke vor, setzt sich an die Spitze, andere springen nach, lenken wie richtige Freischärler, richtige Banditen den Trupp in eine ganz andere Richtung.« Und sie beklagt, ein wenig beleidigt: »Die Gedankensprünge kennen offensichtlich keine Zurückhaltung mehr, sie glauben, sie können sich alles erlauben ...« Sie erfindet den aberwitzigsten Smalltalk; und sie, die Hüterin des Schweigens, besucht das Schweigen:

Schweigen ... Wie anders konnte man diese Wortlosigkeit zwischen zwei Personen bezeichnen, die sich allein gegenübersitzen, was konnte man anderes sagen, wenn man sie beobachtete, als »sie bewahren Schweigen«. Und man muß zugeben, daß von den vielen, so verschiedenen Arten des Schweigens ... man käme nie an ein Ende, wollte man alle aufspüren ... gerade dieses zu der Sorte gehört, die einen ziemlich schlechten Ruf haben.

Wenn die beiden Personen, die sich offenbar schon lange gut kennen, schweigend dasitzen und das Schweigen zwischen ihnen andauert, so erweckt es oft bei denen, die draußen haltmachen, stehenbleiben, den Ein-

druck von innerer Entfernung, von Überdruß, Lange-
weile, von »Einsamkeit zu zweit«, wovon man weiß, daß
sie noch bedrückender sein kann als die andere ...

Selbst dem phantasielosesten Leser werden die letzten drei
Auslassungspunkte Angst machen oder, schlimmer noch,
ihn erinnern an Einsamkeit in Zweisamkeit.

Wer war diese Nathalie Sarraute, die die Literatur revolu-
tionierte und es fertig brachte, dass wir uns für die Wörter interessieren in einem Roman und nicht für die Personen, nicht für die Handlung, nicht für eine wie auch immer
geartete Psychologie? Wer war sie, die behauptete, dass die
Wörter dafür da seien, um zu provozieren, weil ein kleines Wort ein großes Drama auslösen könne, wenn man es
nicht zähme oder in eine Umgebung setze, wo es keinen
Schaden anrichten dürfe? Wer war Nathalie Sarraute, die
Wörter inszenierte, in Szene setzte, ihnen Auftritte verschaffte und Abgänge und sie sezierte?
  Nathalie Sarraute wurde am 18. Juli 1900 im russischen
Iwanowo geboren. Ihr Vater war Israel Tscherniak, 1869
geboren in Witebsk, Doktor der Chemie an der Universität von Genf. Ihre Mutter war Pauline Tschatunowski,
geboren 1867 in Elisabethgrad – sie wird von Nathalie Sarraute liebevoll beschrieben in *Kindheit*. 1902 trennten sich
die Eltern und Pauline kehrte mit Nathalie nach Paris
zurück, wo sie erneut heiratete. Einmal jährlich besuchte
Nathalie für zwei Monate ihren Vater, entweder in Iwanowo oder in der Schweiz, wo sie zuweilen ihre Sommer-
ferien verbrachte. Dort lernte sie die deutsche Sprache.
  1906 nahmen ihre Mutter und ihr Stiefvater sie mit nach
Sankt Petersburg, aber schon drei Jahre später wurde sie
wieder nach Paris geschickt, wo sie ihren Vater traf, der
ebenfalls wieder verheiratet war. Über diese Zeit, über die

Reisen schreibt Nathalie Sarraute später in ihrem Roman *Kindheit*.

1912 kam Nathalie Sarraute ins Lycée Fénelon – mit dem Eintritt in diese Schule enden ihre Kindheitserinnerungen. 1913 las sie *Krieg und Frieden* – und war begeistert. Als einer ihrer Lehrer in der Klasse fragte, ob jemand diesen Roman gelesen habe, wagte Nathalie nicht den Finger zu heben, weil sie fürchtete, der Lehrer könne sich dann an diesem Werk vergehen, könne wagen, es zu berühren.

1918 machte sie in Montpellier ihr Abitur und schrieb sich dann in Paris als Studentin an der *faculté des lettres* ein. 1920 und 1921 studierte sie in Oxford, erst Chemie, dann Geschichte – um ihrem Vater eine Freude zu machen, das brave Mädchen.

1921/22 ging sie für einige Monate nach Berlin und hörte bei dem Soziologen und Volkswirtschaftler Werner Sombart. Während dieses Aufenthaltes entdeckte sie in einer Bibliothek Thomas Manns *Tonio Kröger*, einen Text, den sie lebenslang schätzte. »Es war ein ziemlich trister Winter«, sagte sie später. »In Berlin war es, wo ich zufällig *Tonio Kröger* von Thomas Mann gelesen habe. Ich fand mich darin wieder. Und er wurde mir wichtig. Danach ging ich endgültig nach Paris zurück und studierte die Rechte.«

1922, nach der Rückkehr, schrieb sie sich an der Pariser Universität in der juristischen Fakultät ein – und befreundete sich ein Jahr später mit Raymond Sarraute. Er, geboren 1902, machte sie bekannt mit der Malerei der Zeit und unterstützte ihre schriftstellerischen Ambitionen. 1925 heirateten sie und erhielten beide die »licence de droit«, also die Rechtsanwaltszulassung. Nathalie arbeitete danach ein Jahr lang bei einem Anwalt. 1926 wurde sie in die Pariser Anwaltskammer aufgenommen und übernahm bis 1941 kleinere Fälle.

Von 1932 bis 1937, fünf Jahre lang schrieb sie an den

Tropismen, die 1939, endlich, erschienen – im Verlag Denoël, nachdem Gallimard und Grasset das Werk abgelehnt hatten. Nathalie Sarraute besaß zu diesem Zeitpunkt schon zwei Töchter: Claude und Dominique. 1941 trennte sich das Ehepaar wegen eines Gesetzes der Nationalsozialisten, das allen Anwälten, die ein jüdisches Elternteil hatten und mit einem Juden oder einer Jüdin verheiratet waren, die Zulassung entzog. Die Mutter von Raymond Sarraute war Jüdin, und Nathalie Sarrautes Vater war gleichfalls Jude – somit war Raymond Sarraute von diesem Gesetz betroffen. Nathalie stimmte widerwillig der Scheidung zu. Dennoch blieben sie in enger Verbindung.

1942 verschaffte Raymond seiner Frau einen neuen Personalausweis, eine neue Identität: Aus Nathalie Sarraute wurde Nicole Sauvage, die bei einer Madame Dieudonné in einem Ort namens Parmain in der Nähe von L'Isle-Adam lebte. 1944 kehrte sie nach Paris zurück. Ob sie, die, wie sie sagte, »sehr links« gewesen sei, nach der Trennung den Judenstern getragen habe, wollte Marc Saporta 1984 wissen. Und sie antwortete: »Nein, ich hatte nie die Absicht, ihn zu tragen. Als die Sterne verteilt wurden, wollte ich den meinen abholen. Man hat mir zwei gegeben wie allen Juden. Ich bat um einen dritten, weil ich, wie ich ihm sagte, drei Töchter hätte und jeder einen geben wollte.« »Gab es eine Reaktion?«, fragte Saporta. – »Keine. Er reichte mir den dritten Stern mit einer absoluten Gleichgültigkeit.« Die Sarraute folgte nicht ihrem Vater in die Schweiz nach Lausanne, wie er vorgeschlagen hatte, sondern ging mit den Töchtern erst nach Janvry in ein kleines Landhaus, wo Raymond Sarraute sie jeden Samstag auf dem Fahrrad besuchte, danach nach Parmain. Sie wurde denunziert und musste mehrfach das Versteck wechseln. Auf die Bemerkung von Saporta, sie sei sehr mutig gewesen, den Judenstern nicht zu tragen und zudem verfolgte kanadische Flieger eine Zeit lang zu verstecken, antwortete die Sarraute: »Nein. Was heißt Mut, wenn man sich erinnert, zu welchem Mut andere Menschen fähig waren. Übrigens war es genauso gefährlich den Stern zu tragen wie ihn nicht zu tragen. Eine meiner Freundinnen wurde festgenommen, weil ein Zacken des Sterns verdeckt war durch den Kragen ihres Regenmantels. Sie wurde deportiert und starb während der Deportation.«

1945 traf Nathalie Sarraute Jean-Paul Sartre wieder im Café de Flore. 1948 erschien: *Portrait d'un inconnu*, mit Sartres Vorwort; 1950 *L'Ère du soupçon*. 1959 begann sie durch die Welt zu reisen: nach Italien, Deutschland, Russland, Schweden, Norwegen, Dänemark, Polen, Kanada, Österreich, England, Irland, in die Schweiz und die Vereinigten Staaten von Amerika, wohin sie noch ein letztes Mal 1995 reiste, im Alter von 95 Jahren.

1963, im April, kam der Band *Fruits d'or* heraus. Auf deutsch: *Die goldenen Früchte*. Ein witziges, ein schlaues, ein charmantes Buch. Der Titelheld ist ein Roman: *Die goldenen Früchte*, also ihr Roman, das eigene Werk. Und was dreißig Jahre später Zeitungsleser und Fernsehgucker amüsieren wird, hat die Sarraute schon imaginiert. Das Geplapper über ein Kunstwerk. Kein Quartett – ein Orchester der Kritiker, der Besserwisser, der Ignoranten. Als Saporta in dem erwähnten Gespräch der Sarraute unterstellt, sie habe diese Dinge in Salons aufgeschnappt, wird sie wütend: »Aber das ist falsch. Absolut falsch. Wer hat Ihnen so etwas erzählt; wie können Sie so etwas glauben? Das ist monströs! Wir führten ein zurückgezogenes Leben mit nur wenigen Freunden (…) Das ist unglaublich. Ich weiß zwar, dass man solche Sachen schon gesagt hat. Und damit tut man so als wären die Konversationen in *Les Fruits d'Or* inspiriert worden von literarischen Cocktails. (…) Ich sage es noch einmal: Wir frequentierten die Gesellschaft nicht.«

Sarrautes Konversationen in dem Roman sind so erlesen gut, dass sie nicht aufgeschnappt sein können, sondern ausgesucht, ausgesucht erfunden, dem Vokabular von Kritikern, professionellen und unprofessionellen, abgetrotzt: »›Und DIE GOLDENEN FRÜCHTE, mögen Sie die?‹ Sanfte, dünne Stimme, die sich einschleicht, sachte darauf hinweist ... (...) Ja, mir gefällt so was ...« Kurz drauf sagt jemand anders: »Ich weiß nicht, ich bin da etwas skeptisch. Man redet soviel darüber ... Lemée bewundert sowas. Das ist ein wenig beunruhigend ...« Und dann viel später, nachdem jemand von Blech faselte und jemand anderer vom authentischen Kunstwerk, nachdem einer moserte: »... ich habe wohl zehnmal von vorn angefangen ... Es ist steif, es ist kalt ... Man glaubt, in saftiges Fruchtfleisch zu beißen, und man zerbricht sich die Zähne am Metall«; nachdem ein anderer in der Runde schwärmte von der »Zauberkraft des gedruckten Worts«, nachdem einer betonte: »das beste Buch, das in den letzten fünfzehn Jahren geschrieben wurde«; folgt ein wundersamer, ein irrwitziger, kluger und geradezu hellseherischer Kommentar.

Und so kommt es, daß Bücher, deren Leere zu füllen jeder eifrig bemüht war ... Die sensibelsten, die intelligentesten Leute schütteten alle ihre Schätze hinein – und mit welcher Großzügigkeit ... Man legte ihre Dürftigkeit als besonders graziös aus ... Man entdeckte in ihrer Unklarheit Gott weiß welche Dichte ... und dann schienen sie wieder leer zu sein ... es war zu schwer für sie ... sie befanden sich wieder in ihrem ursprünglichen Zustand, sie waren wieder auf sich selbst angewiesen ... hohle ... verworrene ... schmächtige .... konventionelle ... armselige Schmöker ... Wer sie heute noch bewundert, scheint ein Trottel, ein Tölpel zu sein ... (...) Sie, die alle gleich sind, die alle das gleiche Brandzeichen tra-

gen, lassen sich leicht zusammenpferchen, sie drängeln sich ein wenig, ihre staubigen Flanken stoßen aneinander, und DIE GOLDENEN FRÜCHTE sind dabei, mitten unter ihnen.

Dieser Roman, der ein Geniestreich ist, kam erstmals 1964 in deutscher Sprache heraus und wurde mit dem Internationalen Literaturpreis von 14 internationalen Verlegern ausgezeichnet. In diesem Werk, so kommentierte die Literatin später, zähle vor allem, dass »zwischen dem Leser und dem fiktiven Roman – ganz egal, was das ist – sich ein Vorhang breitmacht und dazwischen drängt, der Vorhang besteht aus den Meinungen der anderen. (...) Ich wollte ein Spiel vom Schein und der Tropismen in einem völlig reinen Zustand vorführen.«

Ich denke, François Erval, der den Roman am 25. April 1963 in dem Magazin *L'Express* rezensierte, wird Recht behalten: Er hielt den Roman für ein »Reines Meisterwerk ... Es wird noch leben in dreihundert Jahren. Nein, wirklich, *Les Fruits d'Or* sind etwas ganz Besonderes. Eine Art Wunder.«

Im März 1966 wurde das Hörspiel *Le Mensonge* gesendet; einen Monat später erschien der Text als Theaterstück in den *Cahiers Renaud-Barrault*. 1973 kam *Vous les entendez?* heraus, zehn Jahre später *L'Enfance*. 1989 erschien *Tu ne t'aimes pas*: »›Vous ne vous aimez pas.‹ Mais comment ça? Comment est-ce possible? Vous ne vous aimez pas? Qui n'aime pas qui?«

1991 erhielt Nathalie Sarraute die Ehrendoktorwürde der Universität Oxford. Zwei Jahre später folgte ein Triumph besonderer Art: Die Comédie Française nahm *Le Silence* und *Elle est là* in ihr Repertoire auf. Der Sarraute wurden Film- und Fernsehdokumentationen gewidmet und viele internationale Kolloquien. 1996 erschien ihr Œuvre in der renommierten Reihe »Bibliothèque de la Pléiade« bei Gallimard, diese Ehre wird lebenden Autoren nur höchst selten zuteil. Doch die Verleger und Lektoren hatten Nathalie Sarraute unterschätzt. Ihr Œuvre war zu dem Zeitpunkt noch nicht abgeschlossen.

1997 kam mein Lieblingsbuch heraus: *Ouvrez*. Und Nathalie Sarraute gibt vor dem ersten der fünfzehn Kapitel eine kleine Erklärung ab, so als müsse sie, die das unerklärliche Eigenleben der Wörter nie erklärt hat, diesmal etwas erklären. Als hätten ihre Bewunderer nicht inzwischen gelernt, dass ihre Wörter unsichtbare Bewegungen vollziehen, sich verändern und die Standorte verlassen. Dass sie Material sind, das befreit werden oder in eine Zwangsjacke gesteckt werden muss. Mal zerrt sie die Wörter ins Licht, mal zurrt sie sie in die Dunkelheit, wohl wissend, dass sie sich wehren können. Manchmal denke ich, sie hört sie ab, misst ihren Pulsschlag und beachtet, bevor sie eines der Wörter einsetzt, seinen Herzrhythmus. Gesund genug für die Attacke, alt genug zum Verzeihen? Klein genug? Groß genug? Schnell genug? Albern? Witzig? Sie feilt nicht nur, sie korrigiert, präzisiert, rückt den Wörtern auf die Pelle. Sie ist also eine ganz indiskrete Schreiberin, weil sie alles, wirklich alles, wissen will von den Wörtern, bevor sie sich ihrer bedient. Denn, das habe ich noch gar nicht geschrieben: Was ihr taugen soll, muss im Rhythmus passen zu dem, was davor ist; zu dem, was danach sein wird. Dass diese Texte über die Sprache durchaus auch Gefühle transportieren, daß *Kindheit* ein zärtlicher Roman ist, einer, den man Kindern vorlesen möchte und seinen Großeltern, darf ich nicht verschweigen. *Kindheit* ist nicht so experimentell, nicht so verrückt wie die anderen Texte, aber besonders anrührend. Weil Nathalie Sarraute so viel von sich verrät und – auch dies – man sie liebgewinnen muss: das Kind Nathalie, das die erwachsene Sarraute nicht vergessen, nicht verdrängt hat, sondern das ihr ganz nah ist. So nah, dass man selber wieder Kind sein möchte, mit ihr »Das Gesichterquartett« spielen und ihr *David Copperfield* vorlesen möchte.

Aber nun endlich zu meinem Lieblingstext, dem Werk einer 96jährigen Frau – kein kleines, vielmehr ein großes Wunder: *Aufmachen*. Hier ist die Einleitung:

Wörter, durch und durch eigenständige lebendige Wesen, sind die Akteure der folgenden Szenen.

Sobald Wörter von außen kommen, entsteht eine Wand. Auf dem Plan bleiben nur die Wörter, die imstande sind, die Gäste angemessen zu empfangen. Alle anderen ziehen sich zurück und werden sicherheitshalber hinter die Trennwand verbannt.

Aber diese Wand ist transparent, die Ausgesperrten können hindurchschauen und beobachten.

Hin und wieder packt sie die Lust, bei dem, was sie sehen, einzugreifen, sie halten es nicht mehr aus, sie rufen ... Aufmachen.

Das Wort *Dennoch* kann entkommen, ist durch einen Spalt entwischt:

Dennoch, *das sich direkt am Ausgang aufhielt, zappelnd vor Ungeduld wie immer ... drauf und dran vorzupreschen ...* Dennoch *ist durchgeschlüpft ...* Dennoch? *Alle Unwahrheiten halten inne wie erstarrt ...*
Schon schlängeln sie sich an dieses Dennoch *heran, bedrängen es ...* Dennoch? *Was heißt das? Wieso* Dennoch? Dennoch *was? Warum* Dennoch? *Wo kommt es her?* – *Unmöglich,* Dennoch *draußen zu lassen, so allein ...*

An anderer Stelle – ich mag sie besonders – tun sich einige Worte zu einer Gang zusammen und wollen die anderen Worte, die nicht dazu gehören, zwingen, sich zu erkennen zu geben.

> – *Schon machen sie sich an die Arbeit* ...
> – *Sie mustern die dunkle gleichförmige Masse, und was sie als erstes herausfinden, ist:* Frist.
> – *Ja,* Frist *verdiente, genauer untersucht zu werden* ... Frist ... *Warum zum Teufel ist das da?*
> – Frist *kann nicht allein sein. Ganz in der Nähe muß sich* Zahlung *oder* Kündigung *befinden* ...
> – *Sie suchen* ... Zahlung? Kündigung? *Wo sind die? Nichts rührt sich. Sie sind nicht da* ...
> – *Aber ganz nahebei ist* dreißig Jahre ... *Ach so, das ist es also* ...
> – *Es war zu erwarten* ... Verjährungsfrist dreißig Jahre ... *Dann muß ganz in der Nähe* Verbrechen *sein* ...

Was für ein Roman! Er erfreut, er amüsiert und zugleich schärft er das Gespür für die Sprache. Plötzlich haben wir Angst, selbst die einfachsten Worte zu benutzen, ohne darüber nachzudenken, ob sie am richtigen Platz sich befinden und zur rechten Zeit Verwendung finden. Wieviel mehr Furcht hat man, wenn man die großen Worte benutzt, die Drei-Worte-Formel »Ich liebe Dich« oder »Er ist tot« oder »Ich habe Mutter lieber als Vater«. In *L'Usage de la Parole*, 1980 bei Gallimard erschienen, bedenkt Nathalie Sarraute solche Worte, Wortgeflüster, Wortgespinste, Sätze. Sie beginnt mit einem Aufsatz über »Ich sterbe« – im französischen Original stehen die beiden deutschen Worte im Titel. Andere Kapitel tragen die Titel »Und warum nicht?«, »Mon petit« oder »Ich verstehe nicht«.
Mein liebster Text behandelt »Le Mot Amour«, was nie-

manden, der meinen Leidenschaften bis hierher gefolgt ist, überraschen wird. »Le mot ›amour‹ passant de l'un à l'autre accomplit ce miracle: des mondes infinis, fluides, incernables, insaisissables prennent de la consistance, deviennent en tous points semblables, faits d'une même substance. ›L'Amour‹ est un en chacun d'eux.« Nathalie Sarraute beschreibt das Wunder der Liebe, das sich ereignet, wenn das Wort »Liebe« auf den Lippen der Liebenden erscheint und sich draußen zeigt, wie die Flagge, die man auf dem Palast hisst, wenn der König im Palast weilt. Lässt sich Liebe genauer beschreiben, treffender und dennoch poetisch und schön? Ein nüchternes Hohelied auf die Liebe: »Das Wort ›Liebe‹ und seine Ableitungen: ›Ich liebe Sie, ich liebe Dich, wir lieben uns‹ verbreiten Sicherheit und sie besänftigen, wenn sie ausgesprochen werden, wenn sie wiederholt werden wie die Worte von Gebeten.«

Das ist das Einzigartige an Nathalie Sarraute: Sie ist klug, sie kann formulieren; und sie kann (mit-)fühlen. Sie ist unter den Dichterinnen des vergangen Jahrhunderts eine der ersten. Für mich – *une passion passionnante*.

Nathalie Sarraute starb am 19. Oktober 1999 in Paris. Die Zahl 100 wollte sie wohl nicht in ihr Leben dringen lassen.

ZITATNACHWEIS

I. Elfriede Jelinek

14 *Der Mann kommt*: Elfriede Jelinek: Lust, Rowohlt Verlag, Reinbek 1989, S. 24f., Copyright © 1989 by Rowohlt Verlag GmbH, Reinbek

16 *Erika hält Walter Klemmer*: Elfriede Jelinek: Die Klavierspielerin, Rowohlt Verlag, Reinbek 1983, S. 223f., Copyright © 1983 by Rowohlt Verlag GmbH, Reinbek

18 *das alles zudeckt*: Lust, a.a.O., S. 22

18 *knisternd in dem gesalzenen*: ebd.

20 *Die Mutter klappert*: Die Klavierspielerin, a.a.O., S. 34

22 *12. Kapitel*: Elfriede Jelinek: wir sind lockvögel baby! Rowohlt Taschenbuch Verlag, Reinbek 1988, S. 36, Copyright © 1972 by Rowohlt Verlag GmbH, Reinbek

25 *Millionen Österreicher*: Elfriede Jelinek: Die Kinder der Toten, Rowohlt Verlag, Reinbek 1995, S. 473, Copyright © 1995 by Rowohlt Verlag GmbH, Reinbek

28 *FRAUENSTIMME vom Band*: Elfriede Jelinek: Krankheit oder Moderne Frauen, in: Elfriede Jelinek: Theaterstücke, Rowohlt Verlag, Reinbek 1992, S. 67ff., Copyright © 1992 by Rowohlt Taschenbuch Verlag GmbH, Reinbek

30 *In den Kabinen*: Elfriede Jelinek: Raststätte, in: Stecken, Stab und Stangl. Raststätte. Wolken.Heim. Neue Theaterstücke, Rowohlt Verlag, Reinbek 1997, S. 113f., Copyright © 1997 by Rowohlt Taschenbuch Verlag GmbH, Reinbek

30 *ISOLDE: Sie, Herr Elch*: ebd., S. 116

33 *ähnlich dem weiblichen Genital*: Autorinnen: Herausforderun-

gen an das Theater. Hg. von Anke Roeder, Suhrkamp Verlag, Frankfurt am Main 1984, S. 144

33 *Das Entscheidende ist*: ebd.

33 *Ich will keine verschlossene*: Raststätte, a.a.O., S. 74

34 *Ihr solltet uns mal sehen*: ebd., S. 111

36 *MARGIT S. Zum Fleischer*: Elfriede Jelinek: Stecken, Stab und Stangl, in: Stecken, Stab und Stangl etc., a.a.O., S. 22

40 *Nun sei gegrüßt*: Elfriede Jelinek: Wolken.Heim, in: Stecken, Stab und Stangl etc., a.a.O., S. 150

43 *Wir sind wir*: ebd., S. 139

45 *Es hat mich schon oft*: Elfriede Jelinek: Ein Sportstück, S. 35, © 1998 by Rowohlt Verlag GmbH, Reinbek

45 *Endlich Ruhe*: ebd., S. 8f.

46 *den neuesten Haarschnitt*: ebd., S. 38

47 *Wie wollen Sie*: ebd., S. 25

49 *Atemlos*: Die Zeit, 24.2.1989

49 *Unsere Geschichte*: Wolken.Heim, a.a.O., S. 144

50 *Wir aber*: ebd., S. 158

II. Gertrude Stein

51 *Ich glaube der Grund*: Gertrude Stein: How to write, Something Else Press, New York 1973, S. 169

52 *Hat sie nicht*: zitiert nach: Stefana Sabin: Gertrude Stein, Rowohlt Verlag, Reinbek 1996, S. 146

52 *Rose ist eine Rose*: Gertrude Stein: Portraits und Stücke, Bd. 1, Arche Verlag, Zürich 1987, S. 257

52 *Nehmen wir an*: Gertrude Stein: Operas and Plays, Plain Edition, Paris 1932, S. 110

52 *Sie schnitzte immer*: Gertrude Stein: The World is Round, William R. Scott Publishing, New York 1939, S. 53

53 *Rose ist eine Rose*: ebd., S. 53

53 *Nun hören Sie mal zu*: Gertrude Stein: Four in America, Yale University Press 1947, S. VI

53 *If the red is rose*: Gertrude Stein: Zarte Knöpfe / Tender Buttons, Suhrkamp Verlag, Frankfurt am Main 1996, S. 14, © d. dt. Übersetzung Suhrkamp Verlag, Frankfurt am Main 1979

54 *Eine kühle Rose:* ebd., S. 37

55 *Erzählung ist was:* Gertrude Stein: Erzählen. Mit einer Einleitung von Thornton Wilder. Suhrkamp Verlag, Frankfurt am Main 1971, S. 9, © der deutschen Übersetzung Suhrkamp Verlag, Frankfurt am Main 1971

55 *Ich habe gesagt:* Erzählen, a.a.O., S. 72

56 *Call It A Table:* Gertrude Stein: Spinnwebzeit. Bee Time Vine und andere Gedichte, Arche Verlag, Zürich 1993, S. 36f.

56 *Ich liebe das Schreiben:* Gertrude Stein: Jedermanns Autobiographie, Suhrkamp Verlag, Frankfurt am Main 1986, S. 343f., © der deutschen Übersetzung Suhrkamp Verlag, Frankfurt am Main 1986

57 *Ich mag das Gefühl:* Erzählen, a.a.O., S. 36

58 *Außer daß das Verb:* Gertrude Stein: Lectures in America, Random House, New York 1935, S. 211f. (Übersetzung hier und im folgenden aus: Bruce Kellner & Klaus Schmirler: Wie man Gertrude Stein liest und studiert, Achilla Presse, Verlagsbuchhandlung, Hamburg, Bremen 1993, S. 40)

58 *Ein Komma indem:* ebd., S. 220f. (Kellner/Schmirler, S. 59)

58 *Punkte haben:* ebd., S. 218 (Kellner/Schmirler, S. 52)

58 *Das Fragezeichen:* ebd.

59 *Ein wenig schmerzhaft:* Gertrude Stein: Portraits und Stücke, Bd. 2., Arche Verlag, Zürich 1987, S. 120ff.

62 *Das Schauspiel begann:* Jedermanns Autobiographie, a.a.O., S. 216

63 *Es war der Anfang:* ebd., S. 185f.

63 *Essen ist ein Thema:* ebd., S. 191f.

64 *Es ist sehr nett:* ebd., S. 8

65 *Sie sagt immer:* ebd., S. 98

67 *Paris, Frankreich:* Gertrude Stein: Paris, Frankreich. Persönliche Erinnerungen, Suhrkamp Verlag, Frankfurt am Main 1996, S. 7, © der deutschen Übersetzung Suhrkamp Verlag, Frankfurt am Main 1975

68 *Schließlich ist jeder:* ebd., S. 8

68 *Innerhalb eines Jahres:* Die Autobiographie der Alice B. Toklas, Arche Verlag, Zürich 1996, S. 11

69 *Kiss my lips:* Gertrude Stein: Lifting Belly, in: Writings – 1903–1932, The Library of America, New York 1998, S. 439

69 *Ada war dann eine*: Ada, in: Portraits und Stücke, Bd. 1, a.a.O., S. 13f.

71 *Es war dieser Hotelbesitzer*: Jedermanns Autobiographie, a.a.O., S. 61

72 *Niemand ist seiner Zeit*: Gertrude Stein: Was sind Meisterwerke. Mit einer Einleitung von Thornton Wilder, Arche Verlag, Zürich 1985, S. 27

73 *Ach, eine schmierige Manier*: Zarte Knöpfe / Tender Buttons, a.a.O., S. 95

73 *Bei der Zubereitung*: ebd., S. 89

74 *Es braucht viel Zeit*: Jedermanns Autobiographie, a.a.O., S. 81

74 *Ehe ich nach Paris kam*: Das Alice B. Toklas Kochbuch, Byblos Verlag, Berlin 1994, S. 31

75 *Ach, es würde*: ebd., S. 224f.

76 *er ist so freundlich*: Paris, Frankreich, a.a.O., S. 18

77 *I will be well welcome*: Gertrude Stein: Stanzas in Meditation and Other Poems, Yale Edition, Bd. 6, S. 151

III. Bertolt Brecht

79 *den Unterdrückten*: Bertolt Brecht: Die Maßnahme, in: Bertolt Brecht: Gesammelte Werke 2, Stücke 2, Suhrkamp Verlag, Frankfurt am Main 1967, S. 635 , © Suhrkamp Verlag, Frankfurt am Main 1967

79 *Es kann nicht*: Julius Bab: Die Maßnahme, in: Brecht in der Kritik. Rezensionen aller Brecht-Uraufführungen sowie ausgewählter deutscher und fremdsprachiger Premieren. Hg. von Monika Wyss, Kindler Verlag, München 1977, S. 133

80 *Der gelernte Chor*: Bertolt Brecht: Das Badener Lehrstück vom Einverständnis, in: Bertolt Brecht: Gesammelte Werke 2, Stücke 2, a.a.O., S. 610f., © Suhrkamp Verlag, Frankfurt am Main 1967

81 *als die Menge*: Bertolt Brecht: Zur Theorie des Lehrstücks, in: Bertolt Brecht: Gesammelte Werke 17, Schriften zum Theater 3, Suhrkamp Verlag, Frankfurt am Main 1967, S. 1025, © Suhrkamp Verlag, Frankfurt am Main 1963, 1964

82 *Der Stückeschreiber*: Bertolt Brecht: Anmerkungen zu Stücken und Aufführungen, in: Bertolt Brecht: Gesammelte Werke 17, Schriften zum Theater 3, Suhrkamp Verlag., Frankfurt am Main, S. 952f., © Suhrkamp Verlag, Frankfurt am Main 1963, 1964

83 *Der Einzelne hat zwei Augen*: Die Maßnahme, a.a.O., S. 657

84 *Wir brauchen nicht nur*: Bertolt Brecht: Lied vom Flicken und vom Rock, in: Bertolt Brecht: Gedichte und Lieder aus Stücken, Suhrkamp Verlag, Frankfurt am Main 1967, S. 63, © Suhrkamp Verlag, Frankfurt am Main 1963

85 *Und so kommt zum guten Ende*: Bertolt Brecht: Die Dreigroschenoper, in: Bertolt Brecht: Gesammelte Werke 2, Stücke 2, Suhrkamp Verlag, Frankfurt am Main 1976, S. 497, © Suhrkamp Verlag, Frankfurt am Main 1967

86 *Dramatische Form des Theaters*: Anmerkungen zu Stücken und Aufführungen, a.a.O., S. 1009

87 *Eine verfremdende Abbildung*: Bertolt Brecht: Neue Techniken der Schauspielkunst. Etwa 1935 bis 1941, in: Bertolt Brecht: Gesammelte Werke 15, Schriften zum Theater 1, Suhrkamp Verlag, Frankfurt am Main 1976, S. 363, © Suhrkamp Verlag, Frankfurt am Main 1963, 1964

89 *Und die Liebe ist*: Bertolt Brecht: Baal. Drei Fassungen, Suhrkamp Verlag, Frankfurt am Main 1974, S. 19, © Suhrkamp Verlag, Frankfurt am Main 1966

90 *Das Wasser ist warm*: Bertolt Brecht: Baal. Der böse Baal der asoziale. Texte, Varianten, Materialien, Suhrkamp Verlag, Frankfurt am Main 1973, S. 19, © Suhrkamp Verlag, Frankfurt am Main 1968

90 *Was willst du?*: ebd., S. 54

90 *Lieber Cas*: Bertolt Brecht: Große kommentierte Berliner und Frankfurter Ausgabe, Briefe 1, Suhrkamp Verlag, Frankfurt am Main 1998, S. 59, © Stefan S. Brecht 1998

91 *Ich bin mit dem Pferd*: ebd., S. 83f.

92 *Eine junge Dame*: Der böse Baal der asoziale, a.a.O., S. 1

92 *Ich bin der Dichter*: Walt Whitman: Gesang von mir selbst, in: Walt Whitman: Grashalme, in Auswahl übertragen von Johannes Schlaf, Verlag Philipp Reclam jun., Stuttgart 1968, S. 54

93 *Ich bin der, der*: Walt Whitman: Kinder Adams, in: Grashalme, a.a.O., S. 121

94 *Er kennt mehr Genüsse*: Bertolt Brecht: Leben des Galilei, Suhrkamp Verlag, Frankfurt am Main 1972, S. 108, © Suhrkamp
Verlag, Frankfurt am Main 1955

94 *Der Raum war*: Hans Henny Jahnn, in: Sinn und Form, Zweites Sonderheft Bertolt Brecht, 1957, S. 424f.

95 *Mama! Ekart soll weggehen*: Der böse Baal der asoziale, a.a.O.,
S. 66

96 *Zu den feisten Geiern*: ebd., S. 12

96 *Ob es Gott gibt*: ebd.

96 *Daß ich allein war*: ebd.

96 *Geben Sie mir*: Baal. Drei Fassungen, a.a.O., S. 55

97 *Und wenn Baal*: Der böse Baal der asoziale, a.a.O., S. 13

98 *Vierzig Jahre*: Bertolt Brecht: Große kommentierte Berliner und
Frankfurter Ausgabe, Journale 1, Suhrkamp Verlag, Frankfurt
am Main 1994, S. 116, © Stefan S. Brecht 1975

98 *In der Münzstraße*: Bertolt Brecht: Kritik, in: Bertolt Brecht: Gesammelte Werke 11, Prosa 1, Suhrkamp Verlag, Frankfurt am
Main 1976, S. 107, © Suhrkamp Verlag, Frankfurt am Main 1967

99 *Im Dorf Mija*: Bertolt Brecht: Für die Suppe, in: Bertolt Brecht:
Gesammelte Werke 2, Prosa 1, a.a.O., S. 240

99 *Deutschland, du Blondes*: Bertolt Brecht: Gesammelte Werke
8, Gedichte 1, Suhrkamp Verlag, Frankfurt am Main 1987, S.
68f., © Suhrkamp Verlag, Frankfurt am Main 1967

100 *An jenem Tag*: ebd., S. 232

103 *Des Morgens nüchterner Abschied*: ebd., S. 160f.

104 *Jenny: Sieh jene Kraniche*: Bertolt Brecht: Aufstieg und Fall der
Stadt Mahagonny, Suhrkamp Verlag, Frankfurt am Main 1979,
S. 47f., © Suhrkamp Verlag, Frankfurt am Main 1955

105 *Liebeslieder*: Bertolt Brecht: Gesammelte Werke 10, Gedichte
3, Suhrkamp Verlag, Frankfurt am Main 1976, S. 993f., ©
Suhrkamp Verlag, Frankfurt am Main 1967

107 *Ich bin der Glücksgott*: ebd., S. 894

107 *Hollywood*: Bertolt Brecht: Hollywood, in ebd., S. 848

108 *Das Dorf Hollywood*: Bertolt Brecht. Hollywood-Elegien, in
ebd., S. 849f.

110 *Wie lange Dauern*: in: Bertolt Brecht: Gesammelte Werke 8,
Gedichte 1, Suhrkamp Verlag, Frankfurt am Main 1976, S. 387,
© Suhrkamp Verlag, Frankfurt am Main 1967

111 *Es war einmal*: Bertolt Brecht: Kleines Lied, in: ebd., S. 34f.

112 *Ach Wer von einem*: ebd., S. 118

IV. Alfred Kerr

115 *Ihr Lucien ist*: Honoré de Balzac: Verlorene Illusionen, Insel Verlag, Frankfurt/Main 1996, S. 596

116 *Im Jahr 1894*: Alfred Kerr: Werke in Einzelbänden, Bd. I.1: Erlebtes. Deutsche Landschaften, Menschen und Städte. Hg. von Günther Rühle, S. Fischer Verlag, Frankfurt am Main 1989, S. 5

117 *Am Sonnabend*: Alfred Kerr: »Ich sage, was zu sagen ist«. Theaterkritiken 1893-1919. Hg.. von Günther Rühle, S. Fischer Verlag, Frankfurt am Main 1998, S. 37f.

119 *Ich bin hier*: Alfred Kerr: Gesammelte Schriften: Die Welt im Drama, Bd. 1, S. Fischer Verlag, Berlin 1917, S. VII

119 *Der criticus*: ebd.

119 *Feiergeck ohne Derbheit*: ebd., S. XVII

119 *Dem Iren dämmert*: ebd. S. XVI

120 *Der Abend hieß: Dorsch*: Alfred Kerr: Mit Schleuder und Harfe. Theaterkritiken aus drei Jahrzehnten. Hg. von Hugo Fetting, Severin und Siedler Verlag 1982, S.192f. (Lizenz der Quadriga Verlagsbuchhandlung) © Henschel-Verlag Kunst und Gesellschaft 1981, © Sir Michael Kerr und Judith Kneale (geb. Kerr), London

120 *Deutschlands Bühne*: ebd.

120 *Ich sah sie zum erstenmal*: ebd.

120 *Über Herrn Hans Müllers Stück*: ebd.

122 *B. Brecht*: »*Mann ist Mann*«: Mit Schleuder und Harfe, a.a.O., S. 331ff.

125 *Und er kündete*: Alfred Kerr: Ernst Busch in Paris, in: Alfred Kerr: Liebes Deutschland, Gedichte. Hg. Von Thomas Koebner, S. Fischer Verlag, Frankfurt am Main 1991, S. 297

125 *eine große Dankbarkeit*: ebd., S. 618

125 *dass sie unsereins*: ebd.

126 *Dichter haben keine*: Die Welt im Drama, a.a.O., S. XVIII

126 *Ich fordre vom wahren Kritiker*: ebd., S. 8

127 *Der Anblick jedes Kunstwerkes*: ebd., S. 9

127 *Ich bin jedem dankbar*: ebd.

127 *Der blöden Abgrenzung*: ebd., S. 11

128 *im schönsten Fall*: ebd., S. 13

129 *Ich sehe zurück*: ebd., S. XXII

129 *Ich schaue zurück*: ebd.

130 *Wenn jemand sagt*: ebd., S. XIX

132 *Mildernde Freundlichkeit*: Mit Schleuder und Harfe, a.a.O., S. 546

132 *Was Gustav von Wangenheim*: ebd., S. 546ff.

134 *Auf dem Programm*: ebd., S. 548

136 *Gestern, Freitag morgen*: Erlebtes. Deutsche Landschaften, Menschen und Städte, a.a.O., S. 171f.

137 *Soll etwa mein Geschrieb'*: ebd., S. 172

137 *Erstens: Der Henkel*: ebd., S. 153f.

139 *1. Trink bei Tisch*: ebd., S. 151ff.

140 *Da wird man*: Alfred Kerr: Werke, Bd. I.2: Erlebtes. Reisen in die Welt. Hg. von Günther Rühle, S. Fischer Verlag, Frankfurt am Main 1989, S. 12f.

141 *Ich glaube nach allem*: Erlebtes. Deutsche Landschaften, Menschen und Städte, a.a.O., S. 341ff.

142 *Man nennt euch*: Erlebtes. Reisen in die Welt, S. Fischer Verlag, Frankfurt am Main 1989, S. 122f.

143 *Auf einem Giebel*: Erlebtes. Deutsche Landschaften, Menschen und Städte, a.a.O., S. 349

144 *Bahr, Barbar*: Alfred Kerr: Liebes Deutschland, Gedichte. Hg. von Thomas Koebner, S. Fischer Verlag, Frankfurt am Main 1991, S. 188

145 *Hitlers Kunst-Ukas*: ebd., S. 269

146 *Wahn, Wahn, überall Wahn*: ebd., S. 77

147 *Herrn Harden*: ebd., S. 177

147 *Ich lauschte lange dem Gesing*: S. 561f.

149 *Erhebung in den Adelsstand*: Erlebtes. Deutsche Landschaften, Menschen und Städte, a.a.O., S. 18f.

V. Thomas Bernhard

151 *o hör mich*: Thomas Bernhard: In hora mortis, Insel Verlag, Frankfurt am Main 1987, S. 14

152 *Nein, Gott sei Dank*: Süddeutsche Zeitung am Wochenende, 17./18.1.1987

152 *Das ist doch*: Der Spiegel, 29.1.1990

154 *Ich hatte mich*: Thomas Bernhard: Die Kälte, Residenz Verlag, Salzburg 1981, S. 36

155 *Wir gewöhnen uns*: Thomas Bernhard: Alte Meister, Suhrkamp Verlag, Frankfurt am Main 1985, S. 284

156 *Daß ich mich*: Le Monde 7.1.1983, zitiert nach: Frankfurter Allgemeine Zeitung, 24.2.1983

157 *Es sind Bücher*: Ingeborg Bachmann: Werke, Bd. 4, Piper Verlag, München 1993, S. 363f.

157 *Wer viel sieht*: Thomas Bernhard: In der Höhe. Rettungsversuch. Unsinn, Residenz Verlag, Salzburg 1984, S. 60

157 *Alles ist lächerlich*: ebd., S. 85

158 *Geborenwerden ist*: Thomas Bernhard: Der Untergeher, Suhrkamp Verlag, Frankfurt am Main 1983, S. 93

158 *Nur was wir am Ende*: Alte Meister, a.a.O., S. 122

159 *Das Ei weich*: Thomas Bernhard: Der Weltverbesserer, in: Thomas Bernhard: Die Stücke 1969–1981, Suhrkamp Verlag, Frankfurt am Main 1983; S. 891

160 *früher kamen die Universitätslehrer*: Thomas Bernhard: Heldenplatz, Suhrkamp Verlag, Frankfurt am Main 1988, S. 147ff.

161 *Es gibt nichts Besseres*: Thomas Bernhard: Die Auslöschung, Suhrkamp Verlag, Frankfurt am Main 1986, S. 129

162 *Sie haben mich gefragt*: Süddeutsche Zeitung am Wochenende, 17./18.1.1987

162 *Wollen Sie mit dem*: Thomas Bernhard – eine Begegnung. Gespräche mit Christa Fleischmann, Edition S, Wien 1991, S. 42ff.

164 *Steward: Guten Morgen*: Thomas Bernhard: Immanuel Kant, in: Thomas Bernhard: Die Stücke 1969–1981, Suhrkamp Verlag, Frankfurt am Main 1983, S. 599

164 *Manchmal scheint mir*: ebd., S. 603

166 *Das ist ein natürlicher Vorgang*: Thomas Bernhard – eine Begegnung, a.a.O., S. 178ff.

169 *Sie haben zwei Verbrechen*: Alte Meister, a.a.O., S. 111

170 *Im Grunde ist es*: Der Spiegel, 23.6.1980

171 *Wie ich meine Bücher*: Le monde, 7.1.1983, zitiert nach: Frankfurter Allgemeine Zeitung, 24.2.1983

174 *Das ist so*: Thomas Bernhard – eine Begegnung, a.a.O., S. 118

174 *Das ist wieder typisch*: ebd., S. 119

175 *Das kann man auch nicht*: ebd.

175 *Denn was ist überhaupt*: ebd., S. 119ff.

177 *Ich will nichts mehr*: Auszug aus: Böhmen liegt am Meer, in: Ingeborg Bachmann: Gesammelte Werke Bd. 1, Gedichte, Piper Verlag, München 1976, S. 167

177 *Sie sind voll Pathos*: Ingeborg Bachmann: Gesammelte Werke Bd. 4, Piper Verlag, München 1993, S. 362

178 *Im Garten der Mutter*: Thomas Bernhard: Gesammelte Gedichte, Suhrkamp Verlag, Frankfurt am Main 1993, S. 119

VI. Heiner Müller

180 *Der Engel ich höre ihn*: Heiner Müller: Glückloser Engel, 2, in: Heiner Müller: Die Gedichte, Suhrkamp Verlag, Frankfurt am Main 1998, S. 236

181 *Etwas frißt*: ebd., S. 216

182 *Lieber Sohn*: ebd., S. 117

184 *mehr Industrieprodukt*: Heiner Müller: Bildbeschreibung, in: Heiner Müller: Die Prosa, Suhrkamp Verlag, Frankfurt am Main 1999, S. 112

185 *ein Geier mit Pfauenkopf*: ebd.

185 *lang und strähnig*: ebd.

186 *das Lächeln des Mörders*: ebd., S. 114

186 *MATA HARI*: ebd., S. 117

186 *die schrumpfende Fleischbank*: ebd.

187 *Explosion einer Erinnerung*: ebd., S. 119

188 *errichtet eine Kunst-Welt*: Heiner Müller: Revolutionsstücke. Hg. von Uwe Wittstock, Verlag Philipp Reclam jun., Stuttgart 1995, S. 115

188 *indem er Mutmaßungen*: ebd., S. 126

188 *ritualisierter, bestialischer*: ebd.

188 *Blutpumpe des täglichen Mords*: ebd., S. 126f.

189 *Die Welt hat*: ebd., S. 127

189 *die Lücke im Ablauf*: ebd.

191 *Haste nicht*: Der Spiegel, 8.1.1996

194 *Ich gehe nach*: Theo Giershausen (Hg.): Hamletmaschine. Heiner Müllers Endspiel, Prometh Verlag, Köln 1978, S. 19

194 *Extremfall dramatischer*: ebd., S. 15

197 *In der zweiten Hälfte*: Der Spiegel, 8.1.1996

201 *Die meisten Leute*: Heiner Müller: Gesammelte Irrtümer, Bd. 1, Verlag der Autoren, Frankfurt/Main 1996, 3. Aufl., S. 59

202 *Herr Müller, Sie haben*: Heiner Müller: Gesammelte Irrtümer, Bd. 3, Verlag der Autoren, Frankfurt/Main 1994, S. 129ff.

205 *Vorher ging man*: ebd., S. 109

205 *ohne die DDR*: Neues Deutschland 14.12.1989

205 *auf beiden Seiten*: Revolutionsstücke, a.a.O., S. 43

206 *Dieses Europa*: Der Morgen 3.10.1990

207 *Kein Arbeiter traut*: Theater heute, Heft 12, 1989

207 *Von einer Knechtschaft*: Gesammelte Irrtümer, Bd. 3, a.a.O., S. 87

VII. Nelly Sachs

209 *Ihr traft mich*: Gotthold Ephraim Lessing: Werke, Bd. 2, Trauerspiele. Nathan. Dramatische Fragmente. Kommentar: Gerd Hillen, Carl Hanser Verlag, München 1971, S. 316, © 1971 Carl Hanser Verlag, München–Wien

209 *und doch ist Gott*: ebd.

210 *Ich will*: ebd., S. 316f.

212 *Wir Geretteten*: Nelly Sachs: Das Leiden Israels. Eli. In den Wohnungen des Todes. Sternverdunklung, Suhrkamp Verlag, Frankfurt am Main 1996, S. 95f., © Suhrkamp Verlag, Frankfurt am Main 1962

213 *Himbeeren verraten sich*: Nelly Sachs: Fahrt ins Staublose, Suhrkamp Verlag, Frankfurt am Main 1988, S. 169, © Suhrkamp Verlag, Frankfurt am Main 1961

213 *ICH HABE DICH*: ebd., S. 246

214 *Und wenn diese meine*: Das Leiden Israels, a.a.O., S. 71

214 *O DIE SCHORNSTEINE*: ebd., S. 71

215 *WER ABER leerte*: Fahrt ins Staublose, a.a.O., S. 11

215 *AUS DEM WÜSTENSAND*: ebd., S. 129

215 *DEINE FÜSSE wußten*: ebd., S. 37

216 *Ein Schuh*: ebd., S. 48

217 *O MEINE KINDER*: ebd., S. 68

217 *Das Kind im Schlaf*: ebd.

218 *VÖLKER DER ERDE*: Das Leiden Israels, a.a.O., S. 160

222 *Den ungebrochenen Blick*: ebd. S. 10

223 *Und als Eli sah*: ebd. S. 8

224 *Fußspuren Israels*: ebd., S. 67

226 *halten die Toten*: Ingeborg Bachmann: Werke. Hg. Von Christine Koschel, Inge von Weidenbaum, Clemens Münster, Bd. 4, Piper Verlag, München, Zürich 1993, S. 61

226 *Du gingst so leicht*: Das Leiden Israels, a.a.O., S. 18

227 *Wir Steine*: ebd., S. 48

227 *Höre Israel*: ebd., S. 52

227 *Ein Todesminutensammler*: ebd.

229 *das nach einer*: Nelly Sachs: Simson fällt durch Jahrtausende und andere szenische Dichtungen, Deutscher Taschenbuch Verlag, München 1967, S. 151, © Suhrkamp Verlag, Frankfurt am Main 1962

229 *Das Alphabet*: ebd., S. 152

230 *das Wort mit den Gesten*: ebd.

230 *geschwisterhaft mitwirken*: ebd.

230 *soll in der ihr eigenen*: ebd.

230 *Berryl liest im Ertrinken*: Simson fällt durch die Jahrtausende, a.a.O., S. 111

232 *VERGEBENS*: Nelly Sachs: Späte Gedichte, Suhrkamp Verlag, Frankfurt am Main 1965, S. 93. © Suhrkamp Verlag, Frankfurt am Main 1961

233 *Meine Liebe floß*: ebd., S. 171

233 *WIR SIND so wund*: Das Leiden Israels, a.a.O., S. 138

235 *Lieber Paul Celan*: Paul Celan, Nelly Sachs: Briefwechsel, Suhrkamp Verlag, Frankfurt am Main 1996, S. 26, © Suhrkamp Verlag, Frankfurt am Main 1993

235 *4h Nelly Sachs*: ebd., S. 41

235 *Vom Zuviel war die Rede*: ebd., S. 41f.

236 *Und so umarme*: ebd., S. 48
237 *Einer steht*: Paul Celan, Nelly Sachs: Briefwechsel, a.a.O., S. 49f.
238 *Kommen jetzt nicht*: ebd., S. 52
239 *Paul Lieber*: ebd., S. 32f.
239 *Paris, am 28. Juli 1960*: ebd., S. 53f.
240 *Noch feiert der Tod*: Paul Celan, Nelly Sachs: Briefwechsel, a.a.O., S. 68f.
241 *Paul, bevor ich*: ebd., S. 79
241 *Wer ruft?*: ebd., S. 78f.
242 *Wer ohne den Wahnsinn*: Platon: Phaidros, in: Werke III/4, Vandenhoeck & Ruprecht, Göttingen 1997
243 *Stockholm, 14. November 1969*: Paul Celan, Nelly Sachs: Briefwechsel, a.a.O., S. 106
243 *Paul Lieber Du*: ebd.
243 *Alles Frohe*: ebd.
244 *Angst ist unser Erdteil*: Simson fällt durch Jahrtausende, a.a.O., S. 94
245 *Ein Seufzer*: Späte Gedichte, S. 227
245 *Vokale und Konsonanten*: Späte Gedichte, a.a.O., S. 225

VIII. Jean Cocteau:

246 *Und nun muß ich*: Jean Cocteau: Die Farben der Erinnerung. Der Lebensweg eines Dichters, Kritische Poesie IV, Fischer Taschenbuch Verlag, Frankfurt am Main 1988, S. 171
246 *Ich will auch das Geheimnis*: ebd., S. 171
246 *daß alles besser ist*: ebd., S. 171
247 *Wenn durch ein Wunder*: zitiert nach: Jean Cocteau: Ich war im Paradies. Liebesgedichte an Jean Marais, Pendragon Verlag, Bielefeld 1988, S. 129
248 *Sage Dir unaufhörlich*: ebd., S. 131
248 *Märchenprinz*: ebd., S. 21
248 *die wunderbare Gewißheit*: ebd., S. 131
248 *Ohne dich ist die Welt*: ebd., S. 53
248 *in einer einfachen*: Die Farben der Erinnerung, a.a.O., S. 128
249 *unbestimmte Liebe zur Malerei*: ebd., S. 128

250 *Le Sacre du printemps*: ebd., S. 129f.

250 *Nach einer ziemlich langen Periode*: Die Farben der Erinnerung, a.a.O., S. 129

251 *weder der Neffe*: Jean Cocteau: Thomas der Schwindler. Das Phantom von Marseille, Fischer Taschenbuch Verlag, Frankfurt am Main 1988, S. 27

251 *Er sah so jung aus*: ebd., S. 26

252 *eine Art Vorzimmer*: ebd., S. 28

252 *Es gibt Leute*: ebd., S. 55

252 *Die Vorrechte der Schönheit*: Jean Cocteau: Kinder der Nacht, Wolke Verlag, Hofheim 1984, S. 13

252 *So was!*: Jean Cocteau: Thomas der Schwindler, a.a.O., S. 122

253 *Wissen Sie, ich verstehe*: ebd.

253 *Der Mechanismus*: Die Farben der Erinnerung, a.a.O., S. 149

254 *die Klugheit eine Mumie*: Ich war im Paradies, a.a.O., S. 9

254 *mein Gesicht lief*: Jean Cocteau: Das Weißbuch, Albino Verlag, Berlin 1982, S. 12

254 *Der Klassenraum roch*: ebd., S. 16f.

255 *Männerbeine*: ebd., S. 17

255 *mächtigen Locke*: ebd., S. 18

255 *den etwas dicken Lippen*: ebd.

255 *weit über sein Alter*: ebd., S. 17

255 *Er stellte sich schamlos*: ebd.

255 *Mein Gefühl blieb im Dunkeln*: ebd., S. 18

255 *Es gelang mir*: ebd.

255 *Eines Tages trat der Zimmerkellner*: ebd., S. 31

255 *Gérard konnte nicht*: Kinder der Nacht, a.a.O., S. 44

256 *freche und lässige Art*: Weißbuch, a.a.O., S. 37

256 *Klapphosen, die es den Matrosen*: ebd.

256 *Lu le Livre blanc*: André Gide: Journal 1889–1939, Gallimard, Paris 1951, S. 942

256 *Zu einer schmalzigen*: Das Weißbuch, a.a.O., S. 37f.

256 *daß wir uns liebten*: ebd., S. 52

257 *Die Kirche, so beschied mich*: ebd., S. 52f.

257 *In meiner gräßlichen Einsamkeit*: ebd., S. 67

258 *Das Laster liegt*: ebd., S. 72

258 *Laß uns mehr*: Ich war im Paradies. a.a.O., S. 26

259 *Man sah sofort*: Kinder der Nacht, a.a.O., S. 20

259 *die Eleganz*: ebd., S. 25

259 *die wilden Launen*: ebd.

259 *bleiche Maske*: ebd.

259 *Der Mechanismus*: ebd., S. 67

259 *eine gewisse Erregung*: ebd.

260 *die wirre Traumlast*: ebd.

260 *Elisabeth und Paul*: ebd., S. 61

260 *in ein schüchternes*: ebd., S. 68

260 *eine etwa faustgroße*: ebd., S. 107f.

261 *Denn wie eine Liebende*: ebd., S. 199f.

261 *Sie kümmerten sich*: ebd., S. 79

261 *Ich möchte gerne*: Die Farben der Erinnerung, a.a.O., S. 30

262 *das uns verrät*: ebd., S. 40

263 *Das ist obszön*: Nachwort von Reinhard Schmidt in: Jean Cocteau: Die geliebte Stimme. Der Doppeladler. Theater II, Fischer Taschenbuch Verlag, Frankfurt am Main 1988, S. 107

263 *Vander Clyde, alias Barbette*: Jean Cocteau: Das Berufsgeheimnis. Kritische Poesie I, Fischer Taschenbuch Verlag, Frankfurt am Main 1988, S. 160

264 *Die Garderobiere zieht*: ebd., S. 163ff.

265 *Kinderglauben*: Jean Cocteau: Das Blut eines Dichters. Die Schöne und das Tier. Orphee. Filme, Fischer Taschenbuch Verlag, Frankfurt am Main 1988, S. 75

266 *Man kennt den erstaunlichen Tod*: Die geliebte Stimme, a.a.O., S. 49

267 *zwischen die Schultern*: ebd., S. 204

267 *Gift niedergeschmettert*: ebd., S. 205

267 *Die Königin bricht zusammen*: ebd.

268 *Also dann*: ebd., S. 46

268 *Mein Jeannot*: Jean Cocteau: Lettres à Jean Marais, Albin Michel, Paris 1987, S. 11 (Übersetzung hier und im folgenden: C. Bernd Sucher)

268 *Mon Jeannot chéri*: ebd., S. 496

268 *Wer kann behaupten*: ebd., S. 498

269 *Mein Jeannot, ich liebe dich*: ebd., S. 21

269 *Eine Glückswelle*: Jean Cocteau: Vollendete Vergangenheit, Tagebücher 1951-52, Bd. 1, Piper Verlag, München 1998, S. 57f.

270 *Die Mode ist wichtig*: ebd., S. 249

270 *Meine einzige Stärke*: ebd., S. 262

270 *Jean nahm mich mit*: Jean Marais: Spiegel meiner Erinnerung, Heyne Verlag, München 1977, S. 159

271 *Die Brekers gesehen*: Vollendete Vergangenheit, a.a.O., S. 328

271 *Auf der Breker Ausstellung*: Spiegel meiner Erinnerung, a.a.O., S. 160

272 *Der Wein*: Ich war im Paradies, a.a.O., S. 43

273 *Die Befriedigung dessen*: Vollendete Vergangenheit, a.a.O., S. 275

273 *Die Sänger und Sängerinnen*: ebd., S. 295

273 *Die Jugend muß*: ebd., S. 309

273 *Flugzeug Air France*: ebd., S. 337

274 *Irgendwann einmal*: Jean Cocteau: Die Schwierigkeit, zu sein. Kritische Poesie III, Fischer Taschenbuch Verlag, Frankfurt am Main 1988, S. 78ff.

275 *Warum ich so sehr liebe*: Ich war im Paradies, a.a.O., S. 93

IX. Else Lasker-Schüler

276 *Mein blaues Klavier*: Else Lasker-Schüler: Gedichte 1902–1943, Deutscher Taschenbuch Verlag, München 1986, S. 335, © 1959 by Kösel-Verlag München. Alle Rechte bei und vorbehalten durch Suhrkamp Verlag Frankfurt am Main

277 *Überall nur kurzer Schlaf*: ebd., S. 212

278 *Eros*: ebd., S. 32

279 *spielenden Sterne*: ebd., S. 9

279 *bösen Sterne*: ebd., S. 44

279 *schwarzen Sterne*: ebd., S. 95

279 *Blicke sich wie Sternenfragen*: ebd., S. 61

279 *spät um Mitternacht gestorben*: ebd., S. 20

279 *schon ein Sternenleben tot*: ebd.

280 *seltsame Sterne*: ebd., S. 94

280 *Eisenfarbene mit Sehnsuchtsschweifen*: ebd.

280 *Mein Liebeslied*: ebd., S. 140

281 *in den Sprachen beten*: ebd., S. 153

281 *Es ist ein Weinen*: ebd.

284 *Meine geliebten Brüder*: Else Lasker-Schüler: Die Wupper und andere Dramen, Deutscher Taschenbuch Verlag, München 1986,

S. 225, © 1961 by Kösel-Verlag München. Alle Rechte bei und vorbehalten durch Suhrkamp Verlag Frankfurt am Main

284 *Heiliger Vater in Rom*: Else Lasker-Schüler: »Was soll ich hier?« Exilbriefe an Salman Schocken. Hg. von Siegfried Bauschinger und Helmut G. Hermann, Heidelberg 1986, S. 64

285 *Ein weisser Stern*: Gedichte 1902–1943, a.a.O., S. 11

286 *Möcht einen Herzallerliebsten*: ebd., S. 37

286 *Höre*: Else Lasker-Schüler: Sämtliche Gedichte, Kösel-Verlag, München 1977, S. 127, © 1959 by Kösel-Verlag München. Alle Rechte bei und vorbehalten durch Suhrkamp Verlag Frankfurt am Main

288 *O Abdul*: Else Lasker-Schüler: Der Prinz von Theben und andere Prosa, Deutscher Taschenbuch Verlag, München 1986, S. 73f., © 1952–1962 by Kösel-Verlag München. Alle Rechte bei und vorbehalten durch Suhrkamp Verlag Frankfurt am Main

288 *Tino von Bagdad*: ebd., S. 80f.

288 *Wir sprechen klingende Dinge*: ebd., S. 81

289 *Die gläsernen Wände*: ebd., S. 82

290 *Du warst mein Hyazinthentraum*: Gedichte 1902–1943, a.a.O., S. 68f.

292 *Ich war aus der Stadt*: Der Prinz von Theben, a.a.O., S. 7

293 *zwanzig Jahre zu früh*: Herbert Ihering: Theater in Aktion. Kritiken aus drei Jahrzehnten 1913–1933, Argon Verlag, Berlin 1987, S. 292

293 *visionäres Dokument*: ebd.

293 *Lüste und Gier*: ebd.

294 *Eduard*: Wenn Du Gott: Die Wupper und andere Dramen, a.a.O., S. 75

294 *Amadeus*: Ich sag euch: ebd., S. 18f.

295 *Sie machen den heroischen*: Else Lasker-Schüler: Nachlaßarchiv, JNUL, Jerusalem, zitiert nach: Erika Klüsener: Else Lasker-Schüler, Rowohlt Verlag, Reinbek 1980, S. 125

296 *Lieber Dichter*: Else Lasker-Schüler: Die Wolkenbrücke. Briefe, Deutscher Taschenbuch Verlag, München 1972, S. 20, © 1969 by Kösel-Verlag München. Alle Rechte bei und vorbehalten durch Suhrkamp Verlag Frankfurt am Main

296 *Dear Jethro Bithell*: ebd., S. 34

296 *ich wollte Dirs*: ebd., S. 36f.

297 *Der blaue Reiter*: zitiert nach: Franz Marc – Else Lasker-Schüler: Der blaue Reiter präsentiert Eurer Hoheit sein blaues Pferd: Karten und Briefe, Prestel Verlag, München 1987, S. 144

297 *Der blaue Reiter ist da*: ebd.

297 *Mein lieber, lieber, lieber*: ebd., S. 85

299 *Könnte ich mich*: Else Lasker-Schüler: Der Malik, Deutscher Taschenbuch Verlag, München 1986, S. 14, © 1959–1962 by Kösel-Verlag München. Alle Rechte bei und vorbehalten durch Suhrkamp Verlag Frankfurt am Main

299 *Ruben, ich bin*: ebd., S. 25

299 *In der Nacht*: ebd., S. 7

299 *Den herrlichen Jüngling*: ebd., S. 60

300 *Am Ring seiner Unterlippe*: ebd., S. 89

301 *aus Hollywood*: Die Wupper und andere Dramen, a.a.O., S. 235

301 *die Nazis und ihre Anführer*: ebd., S. 235

301 *Ich bin so unruhig*: zitiert nach Erika Klüsener, a.a.O., S. 120

302 *nicht in Böswilligkeit*: Der Tagesspiegel, 21.2.1961

302 *Eine Veröffentlichung*: Der Spiegel, 2.8.1961

302 *Else Lasker-Schülers dramatischer Anschlag*: zitiert nach: Die Wupper und andere Dramen, a.a.O., S. 1

302 *Bin mit Herrn Adolf*: ebd., S. 250

303 *Den Fegefeuerofen*: ebd.

303 *Den Heiland?*: ebd., S. 258

303 *Als ob Madämchen*: ebd.

303 *Adolf, Adolf*: ebd., S. 282

303 *Gerne spiel ich ab und zu*: zitiert nach Erika Klüsener, a.a.O., S. 118

304 *Ein müder Mensch*: Dichtungen und Dokumente. Hg. von Ernst Ginsberg, Kösel-Verlag München 1951, S. 583

304 *Sie war klein*: Walter Lennig: Benn, Rowohlt Verlag, Reinbek 1962, S. 28

304 *Ich bin verzweifelt*: Die Wolkenbrücke, a.a.O., S. 176

305 *Gebet / Oh Gott*: Gedichte 1902–1943, a.a.O., S. 236

306 *Ich träumte und sah*: zitiert nach: Die Wupper und andere Dramen (Nachwort), a.a.O., S. 343

X. Christa Wolf

307 *Wir sind so geworden*: Christa Wolf: Kindheitsmuster, Luchterhand Literaturverlag, Hamburg (jetzt München) 1993, S. 196,
298, 339, © 2000 Luchterhand Literaturverlag GmbH, München

308 *Wir sind erst am Anfang*: Wochenpost, 14.11.1989

308 *Ich enthalte mich*: ebd.

311 *Es ist nicht mehr festzustellen*: Kindheitsmuster, a.a.O., S. 297

312 *Es war jener*: Christa Wolf: Blickwechsel, in: Gesammelte Erzählungen, Deutscher Taschenbuch Verlag, München 1996, S. 13,
© 1999 Luchterhand Literaturverlag GmbH, München

312 *Über Befreiung*: ebd. S. 13

313 *Das Vergangene*: Kindheitsmuster, a.a.O., S. 9

314 *Unser Wissen*: ebd., S. 64

314 *dieses Wort*: ebd., S. 297

314 *Wann du, als du*: ebd.

315 *Noch später aber*: ebd., S. 297f.

316 *hochspannender, literarisch*: Beate Pinkerneil: Gespräche über
Christa Wolf, in: Text + Kritik, Nr. 46: Christa Wolf, 4. Auflage,
1994, S. 18

316 *eigentlich von der Reflexion*: Süddeutsche Zeitung, 9.12.1999

317 *Dann sahen wir die KZler*: Blickwechsel, a.a.O., S. 20f.

318 *Wovon man nicht*: Kindheitsmuster, a.a.O., S. 228

318 *das strenge Nebeneinander*: Süddeutsche Zeitung, 9.12.1999

319 *Es ist Freitag*: Kindheitsmuster, a.a.O., S. 227

320 *Mit meiner verbrannten Hand*: ebd., S. 209

320 *Nichts Schöneres*: ebd., S. 241

320 *Schöne Sonne*: Ingeborg Bachmann: Auszug aus: Schöne Sonne,
in: Gesammelte Werke, Bd. 1, Gedichte, S 137, © Piper Verlag
GmbH, München 1976

321 *so lange ein Ordnungsmodell*: Beate Pinkerneil: Gespräche über
Christa Wolf. a.a.O., S. 17

321 *vielleicht eindringlichste*: ebd., S. 22

321 *doch sperrig*: ebd.

322 *Warum wollte ich*: Christa Wolf: Kassandra. Vier Vorlesungen.
Eine Erzählung. Aufbau Verlag, Berlin und Weimar 1983, S. 210,
© 2000 Luchterhand Literaturverlag GmbH, München

323 *Mit der Erzählung*: ebd., S. 209

323 *Denn jeder Schriftsteller*: Ingeborg Bachmann: Frankfurter Vorlesungen, in: Werke 4. Essays. Reden. Vermischte Schriften.
Anhang, Piper Verlag, München 1978, S. 186

323 *Nur keine Angst*: Christa Wolf: Was bleibt, Luchterhand Literaturverlag, München 1990, S. 7, © 2001 Luchterhand Literaturverlag GmbH, München

323 *schlecht gewählt*: Beate Pinkerneil: Gespräche über Christa Wolf.
a.a.O., S. 13

324 *den Wert dieser Erzählung*: ebd., S. 9

324 *Die Motive*: ebd., S. 16

325 *Möglich, daß ich*: Was bleibt, a.a.O., S. 11f.

326 *nicht zu weich*: ebd., S. 13

326 *Und wie anders als*: ebd., S. 20f.

326 *daß die Maßnahmen*: ebd., S. 28f.

326 *Galilei, listig und furchtsam*: ebd., S. 32

327 *umkreist erfolglos*: ebd., S. 38

327 *Aber das weiß ich doch*: ebd., S. 9

327 *Also nun mal der Reihe nach, und keine Hektik*: ebd., S. 41

327 *Also nun mal der Reihe nach. Und keine Hektik*: ebd., S. 44

327 *mich und mein Leben*: ebd., S. 47

327 *Daß er jedes Wort*: ebd.

328 *Ich selbst*: ebd., S. 57

329 *Ach, wie beneide ich*: Christa Wolf: Auf dem Weg nach Tabou,
Deutscher Taschenbuch Verlag, München 1996, S. 81, © 1994
Luchterhand Literaturverlag GmbH, München

XI. Peter Weiss

330 *zugleich etwas von*: Süddeutsche Zeitung, 12.5.1982

330 *nervös eine Zigarette*: ebd.

331 *Daß Peter Weiss*: ebd.

333 *CHOR: Das Land unserer Ahnen*: Peter Weiss: Diskurs über die
Vorgeschichte …, in: Stücke II/1, Edition Suhrkamp, Frankfurt
am Main 1997, S. 92, © Suhrkamp Verlag, Frankfurt am Main
1967

333 *Es gibt Dinge*: Die Zeit 29.1.1982

334 *So wie die künstlerische*: Peter Weiss: Rapporte 2, Edition Suhrkamp, Frankfurt am Main 1971, S. 17, © Suhrkamp Verlag,
Frankfurt am Main 1971

334 *Das formale Experiment*: ebd.

335 *Es ist deshalb*: ebd.

335 *Wir haben die Gestalt*: Peter Weiss: Hölderlin, in: Stücke II/2, Edition Suhrkamp, Frankfurt am Main 1977, S. 416, © Suhrkamp
Verlag, Frankfurt am Main 1971

336 *Bühnenbild bombastisch*: Peter Weiss: Notizbücher 1971–1980,
Bd. 1, Edition Suhrkamp, Frankfurt am Main 1981, S. 13, ©
Suhrkamp Verlag, Frankfurt am Main 1982

336 *Wie könnten wir*: ebd., S. 59

338 *Der ständige Traum*: Süddeutsche Zeitung, 27.3.1982

338 *ein unglücklicher Mensch*: zitiert nach: Jochen Vogt: Peter Weiss,
Rowohlt Verlag, Reinbek 1993, S. 146

338 *Die Mitteilung*: Notizbücher 1971-1980, Bd. 2, a.a.O., S. 167f.

339 *heute, Donnerstag*: ebd. S. 926

339 *Der Titel des Buches*: Peter Weiss im Gespräch mit Rainer Gerlach und Matthias Richter, Edition Suhrkamp, Frankfurt am
Main 1986, S. 219, © Suhrkamp Verlag, Frankfurt am Main 1986

339 *Der Ich-Erzähler*: ebd., S. 219

339 *mit keinem anderen*: Hans Mayer: Rede auf Peter Weiss, in: Text
+ Kritik, Nr. 37: Peter Weiss, 1982, S. 15

340 *gegen diesen gigantischen*: zitiert nach: Vogt: Peter Weiss, a.a.O.,
S. 146

340 *Anzuzeigen ist*: Süddeutsche Zeitung, 20.5.1981

340 *die Wunsch-Autobiographie*: ebd.

340 *Genuß vermittelte das Werk*: Peter Weiss: Die Ästhetik des Widerstands, Bd.1, Suhrkamp Verlag, Frankfurt am Main 1975, S. 9,
© Suhrkamp Verlag, Frankfurt am Main 1975

341 *was weniger mit*: Frankfurter Allgemeine Zeitung, 12.5.1982

341 *Die Giganten*: Ästhetik des Widerstands, Bd. 1., a.a.O., S. 9

342 *Kunst von der Prägung*: Notizbücher 1971–1980, Bd. 1, a.a.O.,
S. 219

342 *Kunst entsteht*: ebd.

342 *Werden die Widersprüche*: ebd.

342 *der Name Deutschland*: ebd., S. 249

343 *Begabung haben Sie*: zitiert nach Vogt: Peter Weiss, a.a.O., S. 144

343 *Schönes und Versprechendes*: ebd.

345 *Meine Tätigkeit*: Peter Weiss: Der Schatten des Körpers des Kutschers, Suhrkamp Verlag, Frankfurt am Main 1964, S. 17f., © Suhrkamp Verlag, Frankfurt am Main 1960

345 *Ich finde es einfach schön*: Peter Weiss im Gespräch. Hg. von Rainer Gerlach und Matthias Richter. Edition Suhrkamp, Frankfurt am Main 1986, S. 220, © Suhrkamp Verlag, Frankfurt am Main 1986

345 *Mich stören*: ebd.

346 *nach dem Aufklauben*: Peter Weiss: Der Schatten des Körpers des Kutschers, a.a.O., S. 56

346 *und sah, nach einem*: ebd.

346 *Sie sind aufgebaut*: Peter Weiss im Gespräch, a.a.O., S. 65

346 *Ich habe darin versucht*: ebd.

346 *Ich habe oft versucht*: Peter Weiss: Abschied von den Eltern, Suhrkamp Verlag, Frankfurt am Main 1964, S. 7, © Suhrkamp Verlag, Frankfurt am Main 1961

347 *Wie aus einem anderen*: ebd., S. 71

347 *Ich war auf dem Weg*: Abschied von den Eltern, a.a.O., S. 146

347 *Am 8. November*: Peter Weiss: Fluchtpunkt, Edition Suhrkamp, Frankfurt am Main 1962, S. 7. © Suhrkamp Verlag, Frankfurt am Main 1962

348 *teilhaben konnte*: ebd., S. 197

248 *Ich konnte mich darin*: ebd., S. 196

349 *Das ist das deutsche Drama*: Theater heute, Heft 6/1964

349 *Es ist tatsächlich*: Süddeutsche Zeitung, 2.5.1964

349 *Ich schreibe, um*: Peter Weiss im Gespräch, a.a.O., S. 57

350 *Hörst du Marat*: Peter Weiss: Die Verfolgung und Ermordung Jean Paul Marats dargestellt durch die Schauspielgruppe des Hospizes zu Charenton unter Anleitung des Herren de Sade, Edition Suhrkamp, Frankfurt am Main 1969, S. 56f., © Suhrkamp Verlag, Frankfurt am Main 1964

350 *Ich pfeife auf*: ebd., S. 58

350 *Ich glaube nur*: ebd., S. 58f.

351 *zur Ausführung der Rolle*: ebd., S. 14

351 *Sade als Vorkämpfer*: Peter Weiss im Gespräch, a.a.O., S. 45

352 *Für mich persönlich*: ebd., S. 196

353 *das Dante-Drama*: ebd., S. 80

354 *Jeder Regisseur*: ebd., S. 94

355 *Das Stück entbehrt nicht*: ebd., S. 79

355 *Ein Großteil davon*: ebd.

356 *Zeuge 7*: Peter Weiss: Die Ermittlung. Oratorium in 11 Gesängen, Suhrkamp Verlag, Frankfurt am Main 1965, S. 170, © Suhrkamp Verlag, Frankfurt am Main 1965

358 *über die Bedeutung*: Peter Weiss im Gespräch, a.a.O., S. 100

358 *In der Ermittlung*: ebd., S. 101f.

358 *das Geheimnisvolle*: Notizbücher 1971-1980, Bd. 1, a.a.O., S. 438

358 *das geschriebene Wort*: ebd., S. 58

358 *Immer zuerst*: ebd.

359 *Ich habe nie*: Peter Weiss im Gespräch, a.a.O., S. 147

359 *Versuch, mit Kunst*: Notizbücher 1971–1980, Bd. 2, a.a.O., S. 881

XII. Nathalie Sarraute

360 *Je pense que*: Nathalie Sarraute: Œuvres complètes. Gallimard, Paris 1996, S. 1473

360 *Herr Müller*: Nathalie Sarraute: Drei Einakter. Stefani Hunzinger Bühnenverlag GmbH, Bad Homburg o.J., S. 3

362 *Alte Herren*: Nathalie Sarraute: Tropismen, aus dem Französischen von Max Hölzer. Die deutsche Ausgabe erschien zuerst im Verlag Günther Neske, Pfullingen 1958. © Editions de Minuit. Klett-Cotta, Stuttgart 1989, S. 44f.

365 *Zuerst tritt Robert auf*: Nathalie Sarraute: Œuvres complètes, a.a.O., S. 1401. (Übersetzung aus dem Französischen hier und im folgenden von C. Bernd Sucher)

365 *wagen würde*: ebd., S. 2004

365 *Das Hörspiel*: ebd.

367 *mince, intelligent*: Arts, 25.1.1967

368 *In Elle est là*: Œuvres complètes, a.a.O., S. 2024

368 *den Roman durch*: Nathalie Sarraute: Portrait eines Unbekannten, aus dem Französischen von Elmar Tophoven, Verlag Kiepenheuer & Witsch, Köln 1962, S. 5, © 1962 by Verlag Kiepenheuer & Witsch Köln

369 *Sie gingen zu Tees*: Tropismen, a.a.O., S. 32

369 *›Gerede‹ Heideggers*: ebd., S. 8

369 *der sich mit Absicht*: ebd.

370 *die Mauer der Nichtauthentizität*: ebd.

370 *Eben nichts*: ebd., S. 9

370 *das unablässige*: ebd., S. 11

370 *eine unfassbare Authentizität*: ebd., S. 12

370 *über das Psychologische hinaus*: ebd.

374 *Du bist also*: Nathalie Sarraute: Kindheit, aus dem Französischen von Elmar Tophoven, Verlag Kiepenheuer & Witsch, Köln 2000, S. 9, © 1984, 1996 by Verlag Kiepenheuer & Witsch Köln

374 *welches Wort*: ebd., S. 78

375 *sich nicht gut*: ebd., S. 101

375 *Gewohnheiten*: ebd., S. 141

375 *was gut für sie ist*: ebd.

375 *nicht sehr wohl*: ebd., S. 103

375 *sie sollen sich nicht*: ebd., S. 143

375 *Wie konnte es*: Nathalie Sarraute: Hier, aus dem Französischen von Erika Tophoven, Verlag Kiepenheuer & Witsch, Köln 1997, S. 92, © 1997 by Verlag Kiepenheuer & Witsch Köln

375 *... da springt*: ebd., S. 93

375 *Die Gedankensprünge*: ebd., S. 94

375 *Schweigen ...*: ebd., S. 133

377 Es *war ein ziemlich*: Nathalie Sarraute et Marc Saporta: Portrait d'une inconnue, in: L'arc, Bd. 95, 1984, S. 11 (Übersetzung aus dem Französischen hier und im folgenden von C. Bernd Sucher)

377 *In Berlin war es*: ebd.

378 *Nein, ich hatte nie*: ebd., S. 16

378 *Keine. Es reichte mir*: ebd.

379 *Nein.* Was heißt: ebd., S. 18

380 *Aber das ist falsch*: ebd., S. 12f.

380 *Und DIE GOLDENEN FRÜCHTE*: Nathalie Sarraute: Die goldenen Früchte, aus dem Französischen von Elmar Tophoven, Verlag Kiepenheuer & Witsch, Köln 1993, S. 31, © 1964, 1993 by Verlag Kiepenheuer & Witsch Köln

380 *Ich weiß nicht*: ebd., S. 33

380 *... ich habe wohl zehnmal*: ebd., S. 48

380 *Zauberkraft*: ebd., S. 58

380 *das beste Buch*: ebd., S. 64

380 *Und so kommt es*: ebd., S. 164

381 *zwischen dem Leser*: Portrait d'une inconnue, a.a.O., S. 21

381 *Reines Meisterwerk*: L'Express, 25.4.1963

381 *Vous ne vous*: Œuvres complètes, a.a.O., S. 1144

383 *Wörter, durch und durch*: Nathalie Sarraute: Aufmachen, aus dem Französischen von Erika Tophoven, Verlag Kiepenheuer & Witsch, Köln 2000, S. 7, © 2000 by Verlag Kiepenheuer & Witsch Köln

383 *Dennoch, das sich*: ebd., S. 14

384 *Schon machen sie sich*: ebd., S. 59

384 *Le mot ›amour‹*: Nathalie Sarraute: L'usage de la parole, in: Nathalie Sarraute: Œuvres complètes, a.a.O., S. 951

385 *Das Wort ›Liebe‹*: ebd., S. 950 f. (Übersetzung: C. Bernd Sucher)